Civil Law Youth Forum 2024 VOL. 1

于 飞 袁 方 梅向荣 主 编
戴孟勇 易明群 李 华 执行主编

中国民法青年论坛

（一）

物权变动模式

法律出版社
LAW PRESS · CHINA
北京

图书在版编目（CIP）数据

中国民法青年论坛．一，物权变动模式 / 于飞，袁方，梅向荣主编．-- 北京：法律出版社，2024.
ISBN 978-7-5197-9258-9

Ⅰ．D913.04-53；D923.04-53

中国国家版本馆 CIP 数据核字第 2024C5A837 号

中国民法青年论坛(一)：物权变动模式
ZHONGGUO MINFA QINGNIAN LUNTAN (YI): WUQUAN BIANDONG MOSHI

于　飞
袁　方 主编
梅向荣

策划编辑 冯雨春　朱海波
责任编辑 朱海波　杨雨晴
装帧设计 贾丹丹

出版发行 法律出版社
编辑统筹 法律应用出版分社
责任校对 晁明慧
责任印制 刘晓伟
经　　销 新华书店

开本 710 毫米 × 1000 毫米　1/16
印张 20　　**字数** 300 千
版本 2024 年 8 月第 1 版
印次 2024 年 8 月第 1 次印刷
印刷 三河市兴达印务有限公司

地址：北京市丰台区莲花池西里 7 号（100073）
网址：www.lawpress.com.cn
投稿邮箱：info@lawpress.com.cn
举报盗版邮箱：jbwq@lawpress.com.cn

销售电话：010-83938349
客服电话：010-83938350
咨询电话：010-63939796

书号：ISBN 978-7-5197-9258-9
定价：80.00 元

凡购买本社图书，如有印装错误，我社负责退换。电话：010-83938349

主编简介

于　飞

民商法学博士，中国政法大学研究生院常务副院长、民商经济法学院院长，二级教授、博士生导师。曾获得教育部“青年长江学者”、教育部“新世纪优秀人才支持计划”、教育部“宝钢优秀教师奖”、北京市青年五四奖章等。主讲课程入选教育部首批“课程思政示范课程、教学名师和教学团队”。在《中国社会科学》《法学研究》《中国法学》发表权威期刊论文9篇，出版专著2部。研究成果获得教育部第八届高校科研优秀成果奖（人文社会科学）青年成果奖、钱端升法学研究成果奖二等奖等。担任国家社科基金重大项目首席专家。兼任中国法学会理事、中国法学会民法学研究会常务理事、北京市债法学研究会副会长、北京市政府立法工作法律专家委员会委员、国家药监局法律顾问、北京市仲裁委仲裁员等。

袁　方

《中国法律评论》常务副主编，编辑部主任，编审，法学博士。兼任中国法学会法学期刊研究会常务理事、中国法学会案例法学研究会常务理事、中国法学会法理学研究会理事、中国法学会银行法学研究会理事。曾翻译出版多本译著，发表多篇学术论文。

梅向荣

盈科律师事务所创始合伙人、主任、全球董事会主任。清华大学法学院法硕联合导师，中国政法大学客座教授，中国人民大学法学院法律硕士专业学位研究生实务导师，鲁东大学盈科法学院院长，全国工商联中国民营经济国际合作商会常务会长，中华慈善总会第五届理事会名誉副会长，最高人民检察院第六和第七检察厅“民事行政检察专家咨询网”专家，国际商会中国国家委员会（ICCChina）竞争委员会副主席，中国法律援助基金会理事。荣获第五届“一带一路”法律服务特别贡献人物奖，2021、2022年度LEGALBAND风云榜：管理合伙人15强。出版专著《律师事务所战略与发展》《如何做中国最好的律师事务所》等10余部。

执行主编简介

戴孟勇

民商法学博士，中国政法大学民商经济法学院副院长、教授、博士生导师。出版专著2部、译著1部，参编著作6部，发表学术论文50余篇。兼任中国法学会民法学研究会理事、北京市法学会物权法研究会监事长。

易明群

《中国法律评论》执行主编，编辑部副主任。本硕毕业于北京大学法学院，在法律出版社工作20余年，专注于图书和期刊出版，所策划图书多次获得省部级奖项，参与创办《中国法律评论》期刊。兼任中国法学会法学期刊研究会理事、中国法学会宪法学研究会理事、海峡两岸法学交流促进会理事等职。

李 华

盈科律师事务所创始合伙人、副主任、盈科全国业务指导委员会主任。任最高人民检察院第六和第七检察厅“民事行政检察专家咨询网”专家，《盈科全国业务指导委员会系列丛书》总主编。荣登钱伯斯2024/2023大中华区榜单TMT：数据保护&隐私，并获The Legal 500 2024年亚太地区中国法域榜单金融科技领域推荐律师。荣获全国律师行业优秀党员律师、北京市优秀律师等称号。

中国物权变动模式（代前言）

20世纪90年代以来，民法学界对于怎样解释我国民事立法采用的物权变动模式，制定《物权法》或《民法典》时应采用何种物权变动模式，《物权法》或者《民法典》是否承认物权行为理论等问题，一直存在激烈的争议和交锋，形成了赞成物权行为理论派和反对物权行为理论派的尖锐对立。《民法典》颁行后，理论界和实务界同仁编著的《民法典》释义书、评注书和其他相关论著中，也出现了采用和不采用物权行为理论来解释《民法典》规定的物权变动模式的分歧。为了突破既有物权变动模式的理论研究，推动我国民法的理论发展和实践进步，2023年12月9日至10日，以“中国物权变动模式”为主题，《中国法律评论》编辑部与中国政法大学民商经济法学院共同主办了首届“中国民法青年论坛”。《中国法律评论》2024年第1期思想栏目集中刊发了六篇论坛主题报告，对我国民法上物权变动模式的争议问题从不同角度进行解读与回应。

清华大学法学院长聘副教授龙俊《论单一法律行为在物权变动中的多重效力设计》一文致力于构建更加适应我国现实需求的物权变动模式，提出了通用于我国所有物权变动模式的“单一法律行为 + 多重效力”的理论架构。中国政法大学民商经济法学院教授吴香香《中国法上物权合同的适用范式》一文从必要性、独立性、内在无因性、外在无因性四个方面，翔实周密地归纳和分析了中国法上物权变动模式的主要争议问题，系统阐述了物权合同“独立 + 内在无因 + 外在无因”的解释框架及其五大优势。上海财经大学法学院教授叶名怡《中国物权变动模式的实然与应然》一文在系统考证我国物权变动实然模式的基础上，聚焦物权变动应然模式的建构，提出我国应采有因物权形式主义，并指出其有助于更精准地保护善意第三人利益。中国人民大学法学院教授朱虎《物权变动模式的实践检视——以破产和执行为中心》一文，聚焦应否承认物权行为的独立性、无因性两大基本问题，提出物权行为的独立性是一项可以而非必须采取的解释方向，物权变动的无因性问题关涉实质价值判断等观点。在此基础上，作者以执行和破产作为讨论的具体场景，对物权变动有因模式的实质妥当性进行验证剖析。清华大学法学院长聘副教授汪洋《泾渭分明：婚姻财产的内外归属方案与内外效应》一文，聚焦婚姻财产的物权变动模式，提出婚姻财产的内外归属方案，并详细阐述了两种方案的不同效果以及背后的法理意蕴。上海交通大学凯原法学院教授庄加园《动产抵押的顺位设定——以将来取得的财产为中心》一文，聚焦将来取得动产上的抵押权顺位规则，提出《民法典》第 414 条第 1 款第 1 项的登记优先原则不仅适用于既有财产的担保，而且适用于将来取得财产的担保，在担保物权尚未成立时，登记优先原则可为将来成立的担保物权保留优先顺位，从而降低担保交易成本、提高担保效率等观点。

本书在《中国法律评论》2024 年第 1 期收录的六篇论坛主题报告基础上，另外摘选了与会专家学者就该六篇文章所作的十六篇评论文章。本书希望借由这组文章的出版，发掘与培养既立足于中国又放眼于世界、理论功底扎实、问题意识强烈的民法青年学者。

目录 content

论单一法律行为在物权变动中的多重效力设计*

龙 俊**

内容摘要：物权行为理论实现了债权行为和物权行为效力的独立判断，构建了丰富的物债区分效力组合，从历史的角度看确实非常有价值。早期的债权形式主义理论确实存在物债效力区分不足的问题。然而债权形式主义理论自从打上了处分权要件独立和法律行为部分附条件这两个补丁，就已经可以完美实现和承认与物权行为独立性相似的物债二分效果。至于物权行为无因性理论，其对于交易安全的保护并没有显著作用，“单一法律行为＋善意取得＋特别法上的无因性”可以实现更合理且更全面的交易安全保护效果。并且随着现代交易的发展，实践中的需求已经不限于物债效力二分，此时单一法律行为下的多重效力设计更加适应我国的现实需求。从构建统一的解释论框架的角度看，单一法律行为下的多重效力设计可以兼容我国民法典中的公示生效主义和登记对抗主义两种物权变动模式，且有利于公示功能的纯粹化和意思自治的最大化，具有显著的优越性。

关 键 词：物权变动　债权行为　物权行为　公示

* 本文是作者主持的国家社科基金项目“民法典中动产与权利担保体系研究”（19BFX118）的阶段性成果。本文的写作得益于“首届中国民法青年论坛”中王轶、金可可、朱庆育、陈永强、李文涛、张静等学者的精彩评议，本文也尽力回应了各位学者提出的问题，在此表示诚挚的谢意，当然文责自负。

** 清华大学法学院长聘副教授。

一、争点的整理

物权变动理论构造的选择问题可以说是我国民法学界争议最大的问题之一，被认为是中国民法学的希尔伯特问题。〔1〕我国的主流学术观点大体可以分为物权形式主义和债权形式主义两大派，前者承认独立的物权行为，〔2〕后者在大多数交易中不承认存在独立的物权行为。〔3〕特别值得说明的是，债权形式主义物权变动模式为我国学界所创，其理论完善经历了一个发展过程。〔4〕债权形式主义的核心特征是认为债权设定的效果和物权变动的效果都是由统一的债权合同所引发，通常并不存在独立于债权合同外的物权合同。早期的债权形式主义（纯粹的债权形式主义）完全不承认物权合意，〔5〕于是理论上难以解释抛弃等行为的法律构造。然而经过修正的债权形式主义理论认为，存在引发物权变动的物权合意（或称“物权变动效果意思”），只是这种合意大多数情况下被包含在债权合同（或称为物债合一的大合同）中，并不独立显现；只有在没有债权合同的前提下（如抛弃等行为），完全独立的物权变动才独立显现。〔6〕由于这一论战在我国持续了数十年，所以在各个不同的时代会出现针对不同阶段的债权形式主义的理论之争。下文为了集中论述哪一种模式更加

〔1〕 参见朱庆育：《中国民法总则的希尔伯特问题》，载《中外法学》2023年第2期。

〔2〕 代表性的观点参见孙宪忠：《物权行为理论探源及其意义》，载《法学研究》1996年第3期；葛云松：《物权行为理论研究》，载《中外法学》2004年第6期；金可可：《私法体系中的债权物权区分说——萨维尼的理论贡献》，载《中国社会科学》2006年第2期；朱庆育：《物权行为的规范结构与我国之所有权变动》，载《法学家》2013年第6期。

〔3〕 代表性的观点参见梁慧星：《我国民法是否承认物权行为》，载《法学研究》1989年第6期；崔建远：《我国物权法应选取的结构原则》，载《法制与社会发展》1995年第3期；王利明：《物权行为若干问题探讨》，载《中国法学》1997年第3期；王轶：《物权变动论》，中国人民大学出版社2001年版，第48页。

〔4〕 我国债权形式主义的理论灵感可能源于瑞士民法（参见梁慧星：《我国民法是否承认物权行为》，载《法学研究》1989年第6期。文中将瑞士物权变动模式界定为“折中说”）。然而我国学者对债权形式主义理论进行建构时却大都没有引用过瑞士文献或者观点，问题意识也聚焦在中国本土，论战的对手也一般是主张德国民法流派的学者，显示出高度独立的理论发展倾向。

〔5〕 参见梁慧星：《我国民法是否承认物权行为》，载《法学研究》1989年第6期。

〔6〕 参见崔建远：《无权处分辨——合同法第51条规定的解释与适用》，载《法学研究》2003年第1期。

适合我国民法典时代的物权变动理论建构，拟省略部分争议，直接从修正的债权形式主义的理论构造开始讨论。

二、修正的债权形式主义理论构造

修正的债权形式主义物权变动模式，并不严格区分债权行为与物权行为。但是需要指出的是，所谓不严格区分并非没有这两层意思，而是说在一个合同里面，既包含设定债权的效果意思，也包含变动物权的效果意思。[1]

例1：甲与乙于1月1日订立了某古董花瓶的买卖合同，约定甲应该在2月1日前将花瓶所有权移转给乙，后甲于1月30日将花瓶现实交付给乙。

在物权形式主义模式下，甲与乙于1月1日订立了某古董花瓶的买卖合同是一个债权行为，仅仅包含设定债权的效果意思，并不包含移转物权的效果意思；甲于1月30日将花瓶交付给乙的时候，存在一个独立的移转标的物所有权的意思表示。债权形式主义模式下，同样区分设定债权的效果意思和移转物权的效果意思，与物权形式主义的差异仅在于，移转物权的效果意思并非在交付时发生，而是在订立买卖合同的同时就发生了。至于1月30日的现实交付，被看作一个事实行为，其中并不包含任何法律效果意思，其存在只是为了满足物权变动中的公示要件。

值得注意的是，债权形式主义中，现实交付被看作一个事实行为，其中不包含法律效果意思，但是现实交付是基于原占有者的意志而完成的，其中显然包含着意思要素，那么如何解释这种意思要素呢？并且交付除了现实交付还包括观念交付，观念交付中存在更加明显的意思要素，这除了能够解释

[1] 在“首届民法青年论坛”上，被诸多学者质疑的问题是：“物权行为理论并不强调物权合意的位置与交付或者登记绑定。”对此，笔者的回应是，尽管物权形式主义下，物权合意并不必然和交付或者登记绑定，但是却通常与之绑定；正如债权形式主义下其实也承认特殊情形下存在独立的物权合意（如抛弃等），但是却认为存在一个债权合同的前提下，物权合意通常就被包含在债权合同中。因此，物权合意的位置虽然并非物权行为理论的本质特征，却是其与修正的债权形式主义相区别的核心特征。

为法律效果意思，还有何解？[1] 对此问题笔者认为，意思要素并不能等同于法律效果意思。其道理犹如，占有的构成要件既包含“体素”也包含“心素”，其中“心素”显然构成意思要素，然而通说却认为该“心素”并非法律效果意思，而是一种自然意思，[2] 占有本身只被认为是一个法律事实而非法律行为。由此可见，不能仅仅因为存在意思要素就等同于法律效果意思。我们再来看“先占”和“抛弃”，通说认为前者是事实行为，后者是法律行为。然而无论是“先占”还是“抛弃”，都是行为人有意识的行为，都包含着相似的意思要素，那么为何通说要对这种相似的意思要素作出截然不同的法律评价呢？原因之一在于，一旦评价为法律效果意思，就要受行为能力等制度的影响。由于“先占”的结果是受有财产利益，而“抛弃”的结果是遭受财产上的不利益，所以对于行为能力欠缺者而言，允许其有意识地“先占”取得财产而不允许其“抛弃”财产，是有利于行为能力欠缺者的保护的。由此可见，一项意思是否构成法律效果意思，这并非一个客观事实问题，而是价值判断的产物。

其实在大多数情况下，交付中的意思无论是解释为自然意思还是法律效果意思，最终结果都是相同的，差别仅存在于个别极端设例中。但是既然是讨论理论构造的解释力，这些极端设例也有探讨必要。

例 2：甲与乙于 1 月 1 日订立了某古董花瓶的买卖合同（双方均认为是古董花瓶），约定甲应该在 2 月 1 日前将花瓶所有权移转给乙。后甲认为卖便宜了，意欲反悔。乙欺骗甲称该花瓶实为赝品，甲没有吃亏。甲信以为真交付了花瓶，后得知被骗又意欲反悔。甲能否对乙主张自己是花瓶所有权人？

在例 2 中，若将交付看成一个独立的物权行为，那么由于在交付时存在欺诈，这一物权行为是可以撤销的，甲可以对乙主张自己是花瓶所有权人。若将交付看成事实行为，则无所谓欺诈，只要交付过程完成了（当然要符合当事人的自然意思，抢夺不算），所有权就发生了转移。在例 2 中，订立合

---

〔1〕 学者大多认为现实交付还有可能解释为事实行为，观念交付只能解释为法律行为。参见刘家安：《论动产所有权移转中的交付——若干重要概念及观念的澄清与重构》，载《法学》2019 年第 1 期。

〔2〕 参见王泽鉴：《民法物权》（第 2 版），北京大学出版社 2010 年版，第 419 页。

同之初甲乙双方都以为古董花瓶为真，既没有重大误解也没有欺诈，是在甲反悔的前提下，乙才采取欺诈的方式实现了自己的合法债权。从法感情上看，如果此时也要否定乙取得花瓶所有权的正当性，是否显得过于“迂腐”呢？与乙的欺诈相比，甲的无故反悔是否更加不符合诚信原则呢？同理，笔者认为非暴力型的胁迫也不影响交付的有效性（暴力型的胁迫不符合当事人的自然意思），如乙威胁甲如果不交付花瓶就举报甲的其他违法行为（同等尺度的威胁如果发生在合同订立阶段则足以构成撤销合同的胁迫）。简言之，笔者认为合同履行阶段的上述行为均属于债权人的合理自力救济手段（若超出合理范围还有行政法和刑法加以调整），如果均加以否定，相当于逼着债权人只能到法院起诉，徒增成本，且存在执行难的风险。〔1〕

尽管上述观点可能存在争议，但是至少表明，交付中的意思解释为法律效果意思并非理所当然，从价值判断上看，事实行为的解释路径（观念交付中也存在准法律行为的解释路径）也非常有说服力。

并且，修正的债权形式主义一大优势是符合通常人的思维习惯：在订立买卖合同的同时，当事人就具有移转标的物所有权的意思，这是符合常理的；不可能订立买卖合同的时候当事人想不到要移转所有权，直到交付或者登记时才想起来所有权移转的问题。在现实生活中，移转所有权的意思恐怕贯穿在交易的整个过程中，那么关键问题是法律评价的意思是哪一个？（以哪一个意思作为法律效果意思）笔者的回答是，若无特别理由，评价的应该是第一次。其道理犹如，当事人间的合同成立后，双方又反复确认了合同的内容，又达成了无数次“合意”，但是只要合同的内容没有更改，法律只评价第一次合意。也就是说，只要第一次合意达成时没有瑕疵，此后的确认中即使存在欺诈胁迫，也不会影响合同的效力。〔2〕

---

〔1〕 同旨参见王轶：《民法学如何讲道理？——以物权变动模式的立法选择为例》，载《中外法学》2023 年第 1 期。

〔2〕 在“首届民法青年论坛”中，金可可认为“预先的物权合意意义有限”，标的物没有特定化，即使有物权合意、物权变动也无法达成。笔者认为这恰恰是“预先的物权合意”理论的优势所在：可以在标的物特定化前解决物权合意是否成立的问题，从而可以顺畅解释浮动抵押等交易形态；在非浮动类交易中，尽管“预先的物权合意”成立时标的物没有特定化，但是在登记或者交付时会特定化，物权变动就会发生。

三、单一法律行为可以实现物债效力二分

（一）四种效力组合形态

无论是否采取物权行为理论，只要在物权变动领域承认形式主义，就必然会区分债权设定事实和物权变动事实。对于债权设定事实，只要合同成立并有效就会发生相应法律效果；对于物权变动事实，还必须要满足公示要件才会发生物权变动的法律效果。这可以说是不同理论框架下，说“区分原则”一词时的最大公约数。〔1〕

长期以来，物权行为理论的一个优越性就在于，可以对债权行为和物权行为设置不同的构成要件从而形成不同的效力状态。通常理解下，如果只有一个法律行为，那么最终就只能设置为整体有效或者整体无效；但是如果有两个法律行为，就可以形成如下四种效力状态：全体有效；全体无效；债权设定有效，物权变动无效力；债权设定无效力，物权变动有效（见表1）。〔2〕

表1　四种效力组合形态

类型	单一法律行为的通常效力状态		物权行为独立性	物权行为无因性
债权设定效力	√	×	√	×
物权变动效力	√	×	×	√

如表1所示，相较于单一法律行为的通常效力状态，承认物权行为独立性，就多出了“债权设定有效，物权变动无效力”这种效力状态；进一步承认物权行为无因性，就又多出了“债权设定无效力，物权变动有效”这种效力状态。

首先需要说明的是，在绝大多数的交易中，“全体有效”和“全体无效”

〔1〕参见王利明：《论债权形式主义下的区分原则——以〈民法典〉第215条为中心》，载《清华法学》2022年第3期。

〔2〕需要特别说明的是，本文所称的“物权变动无效力”或者“债权设定无效力”中的“无效力”指的是最终效力状态，既可以是法律事实的状态，也可以是法律行为的效果。当指向法律行为的效果时，包括法律行为不成立、未生效、被撤销、效力待定最终未被追认等各种情形。

这两种效力状态是能够满足制度设计需求的。即便是同时承认物权行为独立性和无因性的国家或者地区，由于“瑕疵同一性”理论的存在，绝大多数情况下债权行为和物权行为也是同时“全体有效”或者“全体无效”。当然在学说论争时，往往比较的就是关键少数情形，不能仅仅以大多数情况不需要而否定少数情形下解释力比拼的意义。那么“债权设定有效，物权变动无效力”以及“债权设定无效力，物权变动有效”这两种情形是否在某些情况下成为制度设计上的刚需所在呢?

（二）债权设定有效，物权变动无效力

存在“债权设定有效，物权变动无效力”刚需的典型情形之一，就是无权处分的情形。一方面，当处分人欠缺处分权时，在不涉及第三人争议的前提下，必须要否定物权变动的效力，这样才符合正常人的法感情；另一方面，当处分人欠缺处分权时，如果连债权设定的效果也给否定了，就相当于给了无权处分人逃脱违约责任的机会，尽管此时相对人还有缔约过失责任可以主张，但是缔约过失责任的范围和违约责任总归还是会有些区别。在商业交易中，“未来物交易”“连环买卖”等都属于普遍状况，当事人通过约定违约金等方式从而在合同中提前分配好风险也属于正常的交易形态，如果都因为出卖方没有取得处分权导致合同最终无效，即使赔偿了信赖利益损失，也会使买卖双方当初对风险的提前分配方案落空。因此处理无权处分的问题，最佳的效力组合状态就是“债权设定有效，物权变动无效力”。这种效力组合状态，只要承认了物权行为独立性那么就是信手拈来：只要规定债权行为不受处分权的影响，物权行为效力待定即可实现。

存在“债权设定有效，物权变动无效力”刚需的典型情形之二，就是需要在所有权移转上附条件的情形。例如，所有权保留交易和让与担保交易，前者被认为是附停止条件的所有权移转，后者被认为是附解除条件的所有权移转。在所有权保留交易中，出卖人和买受人订立了买卖合同，债权债务关系就已经设定，但是同时约定出卖人付清价款前所有权不发生转移。此时一般认为交易中附了条件，但是条件是附在买卖合同上吗？显然不是，因为如果条件附在买卖合同上，那么条件不成就则买卖合同不生效，买方也就没有

了付款义务，显然矛盾。对此，只要承认了物权行为独立性，那么就可以认为债权行为没有附条件，只有物权行为附了停止条件，条件不成就不影响买卖合同的效力，卖方可以依据合同对买方主张付款，同时因为条件不成就故物权行为不生效，所有权没有发生转移，确实可以完美解释该交易形态。同理，在让与担保中，借款人和贷款人的借贷关系也不会受解除条件的影响，否则借款人还款会导致借款合同消灭，反而凭空产生不当得利，因此应受解除条件影响的仅仅是所有权移转的效力。在物权行为独立性理论下可以认为物权行为附了解除条件而债权行为没有附条件，也完美解释了让与担保的效力构造。

当然除了上述无权处分、所有权移转附条件这两种“刚需”情形外，承认物权行为独立性还会产生一系列“债权设定有效，物权变动无效力”的效力状态情形。但是正如前述例 2 一样，这些其他情形的正当性并没有很强，只能算作物权行为理论的特征，还谈不上“刚需”。所以论证到这里已经明了，债权形式主义理论若要站得住，就不得不解释清楚无权处分、所有权移转附条件这两种情形下如何构造的问题。此时就必须要谈到债权形式主义理论发展史的两大重要补丁：（1）处分权要件独立；（2）法律行为部分附条件。

“处分权要件独立说”为王轶教授提出。该说认为，要发生一个有效的物权变动，除了要满足合同有效以及公示事实这两个要件以外，还需要一个独立的构成要件——物权出让人或者物权设定人有处分权。〔1〕欠缺处分权对合同效力没有影响，但是会导致物权变动的事实不发生（对标物权行为理论，效果相当于物权行为无效）。处分权并不需要交易初始就具备，可以嗣后补齐（对标物权行为理论，效果相当于原本效力待定的物权行为被追认）。这一学说实现了在无权处分的情形下，“债权设定有效，物权变动无效力”这一效果的达成。在前民法典时代，由于《合同法》第 51 条的存在，该说和法律规范存在冲突，尚不能称为债权形式主义物权变动理论的最优解；从民法典时代开始，无权处分的合同本身不再被认为存在效力瑕疵，那么要实现“物权变

〔1〕 参见王轶：《物权变动论》，中国人民大学出版社 2001 年版，第 213 页。

动无效力”的效果，笔者认为该说是债权形式主义物权变动理论下的最优解。

“法律行为部分附条件说”为崔建远教授提出。该说认为，对于一个附条件的法律行为而言，条件不仅可以附在整个法律行为上，也可以附在法律行为的部分效果上（条件附在法律行为的条款上）。[1]以停止条件为例，如果条件附在整个法律行为上，那么条件不成就则整个法律行为不生效；如果条件附在法律行为的部分效果上，那么条件不成就并非导致整个法律行为不生效，而是相应的法律效果不发生。依据该说，所有权保留交易和让与担保交易都并非整个法律行为附条件，而是合同的履行效果（所有权移转效果）上附了条件，从而也可以根据条件的达成情况产生“债权设定有效，物权变动无效力”的效力状态，“刚需”得到了满足。

综上所述，“处分权要件独立说”和“法律行为部分附条件说”解决了债权形式主义物权变动模式必须要面对的制度“刚需”问题，自此我国自主发展出来的这一物权变动模式终于拥有了可以和比较法上的经典模式进行对决的实力，笔者认为伴随着这两大补丁的完善，债权形式主义物权变动模式可以说从 1.0 时代进化到了 2.0 时代。

（三）债权设定无效力，物权变动有效

如果不仅承认物权行为独立性，同时也承认物权行为无因性，那么就会出现这样的效力形态组合：一个无效（或者被撤销、效力待定未被追认）的负担行为，搭配上一个有效的处分行为，最终可能形成债权设定无效力，物权变动有效的效力状态。那么下面需要讨论的问题是：这一效力状态是否有重大意义，构成了制度设计的“刚需”？

当只考虑交易的当事人双方时，“债权设定无效力，物权变动有效”的效力状态并无任何意义。因为即使“物权变动有效”，也会因为缺乏有效的债权从而导致获得的物权构成了不当得利，需要返还。因此只有出现第三方时，“债权设定无效力，物权变动有效”的效力状态才变得有价值。

---

〔1〕 参见崔建远:《论法律行为或其条款附条件》,载《法商研究》2015 年第 4 期。

例 3：甲将标的物卖给乙，交付给乙后，乙又将该标的物卖给丙。后发现甲和乙的合同中出现了瑕疵（假定该瑕疵仅存在于负担行为中）。

在例 3 中，如果承认物权行为无因性，那么即使甲乙之间的债权合同最终被认定为无效，乙也取得了标的物所有权。那么之后乙又将该标的物卖给丙，这一交易就构成了有权处分，丙就可以无负担地获得标的物的所有权。因此仅就此例来看，可以说物权行为的无因性制度有利于保护交易安全。

然而我们知道，在类似于例 3 这样的例子中，即使不承认物权行为的无因性，由于善意取得制度的存在，只要乙丙之间的交易符合善意取得的构成要件，交易安全也可以得到保护。那么物权行为无因性理论和善意取得制度二者的关系应该如何理解呢?

首先，有必要说明的是，无论是否承认物权行为无因性理论，善意取得制度都是不可或缺的。无因性理论最多在连环交易领域可能和善意取得制度的功能发生重叠，但是在委托物交易领域无因性理论无法发挥作用。

例 4：甲将标的物交给乙保管，乙擅自将标的物卖给丙。

在例 4 中，即使承认物权行为无因性理论，由于甲乙之间并无移转标的物所有权的合意，所以乙无论如何也不可能获得标的物所有权。在该案中，若要保护丙的合理期待，唯有善意取得制度。因此，无论是否承认无因性理论，善意取得制度都是不可或缺的。

并且善意取得作为专为保护交易安全而生的制度，还有一项重要的功能——善恶意的区分。在前述例 3 中，如果依赖物权行为无因性保护交易安全，则丙无论是善意还是恶意，都可以无负担地获得所有权；而如果依靠善意取得制度保护交易安全，则丙只有在善意时才能无负担地获得所有权。这种善恶意的区分恐怕在绝大多数情况下是符合大多数人的法感情的。因此，可以说在保护交易安全的问题上，善意取得制度绝大多数情况下都可以取代无因性制度。

当然，既然前文说的是绝大多数情况，那么想必大家都能猜到肯定也有善意取得制度覆盖不了的场景。首先能想到的场景是前文所说的善意取得制度的善恶意区分功能，只保护善意第三人不保护恶意第三人，在大多数情况下符合大家的法感情。但是有没有某些场景下，即使恶意第三人也值得保护呢？需要特别说明的是，善意取得中所谓的“善意”“恶意”并非伦理问题的判断，并不一定和“好人”“坏人”挂钩。所谓“善意”指的是“不知道且不应当知道”（非因过失而不知），所谓“恶意”指的是“知道或者应当知道”（知道或者因过失而不知）。明确“知道”的第三人固然不值得保护，但是“应当知道却不知道”的第三人如果也不保护，相当于在某些场景下预设了第三人“应当知道”，这也就意味着给第三人赋予了某种程度的调查义务，由此会引发交易中的第三人要支出调查成本。从法经济学的视角来看，如果潜在的交易第三人越多，交易越频繁，那么给第三人增加调查成本的制度设计就显得越不效率；反之，如果潜在的交易第三人越少，交易越不活跃，那么就可以适度给第三人增加调查成本。除了调查成本外，由于善意恶意有时很难分辨，也会带来司法裁判或者仲裁中的辨别成本和辨别时间。〔1〕因此可以说，商事属性越强的交易中，越存在淡化对第三人的善意恶意区分的需求。由此来看，在某些特别重视商事效率的交易中，无因性制度确实有可能比善意取得制度更能适应制度设计需求。

其次，强制执行和破产也是善意取得制度无法覆盖的场景。但是如果承认无因性制度，那么执行程序或者破产程序中的债权人，就有可能得到保护。

例 5：甲将标的物卖给乙，交付给乙后，乙的金钱债权人丙向法院申请扣押了该标的物。此时甲主张甲和乙的合同中出现了瑕疵应属无效（该瑕疵仅存在于负担行为中）。

在例 5 中，丙在向法院申请扣押标的物时，无论是否知晓甲和乙的合同存在瑕疵，因为善意取得制度不能适用于执行时，所以丙不能受到该制度的保护。但是如果承认物权行为的无因性，在瑕疵仅存在于债权行为上时，物权行为的效力不受影响，所以乙已经获得了标的物所有权，此后丙向法院申请扣押的标的物就是乙的标的物，丙可以在执行程序中受偿。显而易见，如

〔1〕 参见龙俊:《中国物权法上的登记对抗主义》,载《法学研究》2012 年第 5 期。

果承认了物权行为的无因性，那么强制执行或者破产场景下也是更加优先保护第三人的信赖，当然这是以牺牲原权利人为代价的。恐怕有此需求的场景，也仍然是高度商事化的场景。

由此可见，在一般的民事交易中，善意取得制度足以保护交易安全，但是在某些高度商事化的场景，可能存在无因性的需求。那么这是否意味着承认物权行为无因性制度更符合商业需求呢？

非也！前文在设例论述无因性理论时，都刻意将案例设计为“瑕疵仅存在于负担行为中”。但是实际上，这种场景并不常见。前文刻意没有讨论一个重要理论——“瑕疵同一性”。由于“瑕疵同一性”理论的存在，即使在承认物权行为无因性的立法例中，上述“无效负担行为＋有效处分行为”也属于非常特殊的情形，因为常见的大多数瑕疵往往是同时存在于负担行为和处分行为之中的。

例 6：甲欺诈乙，将其所有的非学区房说成是学区房，以 1000 万元的价格与乙订立了买卖合同，并完成了过户登记程序。此后乙得知该房并非学区房，撤销与甲的买卖合同的同时能否一并撤销物权行为？

例 7：甲胁迫乙，以 1000 万元的价格与乙订立了房屋买卖合同，并完成了过户登记程序。此后乙撤销与甲的买卖合同的同时能否一并撤销物权行为？

在例 6 和例 7 中，欺诈、胁迫瑕疵存在于买卖合同中没有疑义，需要讨论的是物权行为发生时这些瑕疵是否仍然还存在。也就是说，甲在办理登记时其意思表示是否是自由的。仔细想想就能发现显然不可能是自由的：如果甲在办理登记时已经幡然醒悟或者脱离了胁迫，为什么还会配合乙去办理登记？也就是说，既然当事人履行了一个有瑕疵的合同，有极大的概率是这一瑕疵在履行时仍然存在。因此，“瑕疵同一性”理论导致的结果是，尽管在逻辑上对负担行为和处分行为的效力做独立判断，但是大多数情况下一个瑕疵会同时影响两个行为的效力，这与不承认无因性理论在最终效果上没有任何区别，希冀于物权行为无因性制度特别保护交易安全的诉求恐怕要落空。

实际上，真正需要无因性制度发挥作用的场景，都是高度商事化的场景，此时对无因性的需求与物权行为无因性的制度设计大相径庭。以票据行为的无因性为例，我国《票据法》第13条规定了票据抗辩的切断，被认为是我国票据行为无因性的体现。但是《票据法》第10条同时又规定了"票据的签发、取得和转让，应当遵循诚实信用的原则，具有真实的交易关系和债权债务关系"，在解释上一般认为该条表明票据债务人与直接当事人之间不存在票据无因性。也就是说，我国的票据无因性体现为"相对无因性"，直接前后手之间的关系为有因，间接前后手之间的关系为无因。〔1〕然而如果对标物权行为无因性理论，实际上直接前后手之间的关系才有可能区分为负担行为和处分行为，肯定直接前后手之间存在票据无因性，才更加类似于物权行为无因性。然而这种无因性即使规定了也无甚意义，因为即使承认前后手之间存在票据行为无因性，也会因基础关系的不存在而导致不当得利返还。〔2〕所谓的"相对无因性"，依据《票据法》第13条的规定，票据债务人不能以其对抗出票人的抗辩或者前手持票人的抗辩，对抗现持票人。由于票据的转让可以理解为一种特殊的债权转让，所以该制度也可以理解为债务人不能以其对原债权人的抗辩对抗新债权人。这种特殊的"无因性"制度设计才是满足商事交易需求的制度设计。

综上所述，承认物权行为无因性，追求"债权设定无效力，物权变动有效"这种效力状态并无意义，即使是在承认物权行为无因性的立法例中，由于"瑕疵同一性"理论的存在，也很少出现这种效力状态。善意取得制度足以满足大多数情况下对交易安全的保护需求，某些高度商事化的领域需要的也是特别法上的"无因性"而非一般意义上的"物权行为无因性"。

四、单一法律行为多重效力模式的优越性

正如前文所述，债权形式主义物权变动模式进化到2.0版本后，"全体有

〔1〕 参见傅鼎生:《票据行为无因性二题》,载《法学》2005年第12期。

〔2〕 参见杨继:《我国〈票据法〉对票据行为无因性规定之得失——兼与欧洲立法比较》,载《比较法研究》2005年第6期。

效”“全体无效”“债权设定有效，物权变动无效力”这三种效力状态都可以完美实现，而“债权设定无效力，物权变动有效”这种效力状态通常并无意义，因此可以说债权形式主义物权变动模式满足了物债效力二分的制度设计需求。然而我们知道“承认物权行为独立性，不承认无因性”的物权形式主义也能达到相同的效果。那么这两种理论相较而言，哪一种更加适合作为我国的解释论框架呢？

诚然，如果将目光仅仅局限在采取公示生效主义的物权变动领域，这二者的实际解释效果可谓大体相当。除了类似于前述例2这种极端案例外，其他场景下尽管解释逻辑不同，但是结果是相同的。可以说持哪种观点是一个纯粹解释选择问题。〔1〕然而，如果将目光打开，全面观察我国民法典采取的物权变动制度设计，就会发现其极端复杂性，除公示生效主义外还存在登记对抗主义。并且民法典的制度设计看似以公示生效主义为原则，但是在土地承包经营权、土地经营权、地役权、特殊动产物权、动产抵押权等诸多领域采取了登记对抗主义，可以说从量上看难谓孰主孰辅，二者实际上呈现分庭抗礼之势。因此，我们在讨论物权变动的理论框架时，不能仅仅着眼于公示生效领域，还有必要做整体考虑。如果提出一个物权变动的解释论框架，可大半物权变动却无法纳入其内，显然是不合格的。

笔者认为，相较于物权形式主义理论，债权形式主义与债权意思主义更加具有兼容性。后二者可以提取公因式，表述为“基于单一法律行为既发生债权效力又发生物权效力”，〔2〕通用于我国所有的物权变动领域。并且进一步而言，这种在单一法律行为中构建多重法律效力的理论模式具有高度的灵活性，更能适应民法典时代我国各种新制度的解释需求，具有明显的优越性，笔者称之为我国物权变动理论建构的3.0阶段。以下详述。

---

〔1〕 参见王轶：《民法学如何讲道理？——以物权变动模式的立法选择为例》，载《中外法学》2023年第1期。

〔2〕 朱庆育提出“判断法律行为个数的标准是什么？”对此，笔者的回答是，除不强行切割出物权行为外，判断法律行为个数的标准与大陆法系民法学说的通常标准无异。以德日民法为例，除了德国民法切割出物权行为外，德日民法在其他情形下对法律行为数量的判断并无实质差异，大多根据日常事实判断订立几个法律行为。例如，在一个合同文本中约定购买两套房屋，在债权合同层面也通常只会认为订立了一个买卖合同而非两个买卖合同。

（一）可以兼容登记对抗的理论构造

我国民法典中的登记对抗制度可以分为三种：第一种是第 335 条、第 341 条、第 374 条规定的不动产用益物权中的登记对抗制度；第二种是第 403 条、第 641 条、第 745 条规定的动产和权利担保制度中的登记对抗制度；第三种是第 225 条规定的特殊动产的登记对抗制度。

对于第一种和第二种登记对抗制度而言，条文中明文确定物权自“合同生效时设立”，这里的合同只有可能是债权合同（准确地说是债权意思和物权意思合一的那个合同，本文出于习惯仍称之为“债权合同”），而不可能是伴随登记的物权合同。〔1〕因为按照条文文义“未经登记”时物权已经设立了，此时不可能在登记时再出现一个独立的物权合同。因此对于这种登记对抗制度而言，只有可能解释为基于一个单一的法律行为既发生了债权设定效果又发生了物权设定效果。〔2〕

第一种登记对抗制度和第二种登记对抗制度相比较，共同点是都是“意思主义 + 登记对抗”，但是二者的登记簿编成体例不同。不动产用益物权的登记簿采用的是自然资源部的统一不动产登记簿，属于物的编成主义。〔3〕因此虽然采取的是登记对抗主义，但是登记簿的公信力是较强的。虽然未经登记不能对抗善意第三人，但是一旦登记就是效力完备的物权，可以对抗所有第三人。〔4〕动产和权利担保的登记簿采用的是中国人民银行征信中心的动产融资

---

〔1〕在“首届民法青年论坛”上，也有不少学者将登记对抗相关条文中的“合同”解释为“物权合同”，认为在登记前就发生了“物权合意”。即使不考虑这种解释路径与登记对抗立法例下的理论大相径庭，仅就这种解释路径的合理性而言，那也就是意味着我国法律条文中的这些合同都是物权合同。债权合同没有提及，那么债权合同的影响为何？如果只存在物权合同而不存在债权合同，是否都构成了不当得利需要返还？

〔2〕在作为“意思主义 + 登记对抗”立法例的代表日本法中，也曾有早期理论认为合同仅发生债权效力而不发生物权效力，但是该说因为和日本民法的文义直接冲突，现在已经几乎无人赞同。参见原島重義＝児玉寛「対抗の意義」舟橋諄一＝德本镇『新版注釈民法 6』(有斐閣，1997 年）425 頁。

〔3〕参见《自然资源部关于印发〈土地承包经营权和土地经营权登记操作规范（试行）〉等文件的通知》(自然资发〔2022〕198 号）。

〔4〕我国的第一种登记对抗在理论证成和法律效果上均最接近于日本的登记对抗主义。参见原島重義＝児玉寛「対抗の意義」舟橋諄一＝德本镇『新版注釈民法 6』(有斐閣，1997 年）423 頁以下；吉原節夫「登記がなければ対抗しえない第三者」舟橋諄一＝德本镇『新版注釈民法 6』(有斐閣，1997 年）593 頁以下。

统一登记公示系统，属于人的编成主义。〔1〕这种登记簿上记载的内容完全由当事人自己录入，登记机构不做审查，因此登记簿的公信力较弱，只对竞争性权利的时间排序有价值。不仅未经登记不得对抗善意第三人，即使登记后也不能认为是效力完备的物权，不能对抗正常经营活动中的买受人。也就是说，在动产和权利担保中，未经登记的物权效力略强于传统的债权，〔2〕登记后的物权效力略弱于传统的物权，其效力始终处于传统物权和债权之间的灰色地带。并且这种灰色地带并非仅仅因为是人为设计而产生的，而是与其登记簿的属性相适应。〔3〕因此，即使不考虑民法典条文的表述，仅适用于“物债二元区分”的物权行为独立性理论也难以满足动产和权利担保中多层次的效力设计要求。

第三种登记对抗制度是船舶、航空器和机动车等特殊动产的物权变动。与第一种和第二种登记对抗制度明文采取了“意思主义＋登记对抗”模式不同，第三种登记对抗制度还存在结合《民法典》第224条和第225条的“交付主义＋登记对抗”的解释可能性。〔4〕并且由于“交付生效”，独立的物权合意终于有了安放空间，所以确实有了将交付行为解释为独立物权行为的可能性。但是笔者认为这种解释没有任何意义且极度缺乏体系美感。首先，即使将交付解释为独立的物权行为，但是未经登记不能对抗第三人，也就是说交付后仍然不能产生完全意义上的传统物权，这与适应“物债二元区分”的物权行为独立性理论并不和谐。其次，结合《民法典》第224条和第225条解释出“交付主义＋登记对抗”，这种模式也仅仅只能适用于特殊动产的所有权交易，到了特殊动产的抵押权交易，仍然只能回归“意思主义＋登记对抗”的解释路径。〔5〕那么在抵押权交易中物权行为又跑到哪里去了呢？总不能费了

〔1〕 参见《动产和权利担保统一登记办法》(中国人民银行令〔2021〕第7号)。

〔2〕 有学者认为未登记的物权也是完整的物权，只是因为被第三人善意取得而“不能对抗善意第三人”。参见庄加园:《登记对抗主义的反思与改造:〈物权法〉第24条解析》，载《中国法学》2018年第1期。但是笔者不赞成该观点，原因在于未登记的物权不仅可能被善意第三人买得，而且在破产程序和执行程序中也没有优先效力，可见其效力是显著弱于完整的物权的。参见龙俊:《中国物权法上的登记对抗主义》，载《法学研究》2012年第5期。

〔3〕 参见龙俊:《民法典中的动产和权利担保体系》，载《法学研究》2020年第6期。

〔4〕 参见崔建远:《机动车物权的变动辨析》，载《环球法律评论》2014年第2期。

〔5〕 参见龙俊:《物权变动模式的理想方案与现实选择》，载《法学杂志》2019年第7期。

好大力气解释出一个物权行为，却只能在所有权交易中勉强用用，到了抵押权交易中又放弃吧。

综上所述，独立的物权行为理论与我国民法典中确立的登记对抗制度并不兼容。但是相反，如果认为所有的意思表示都集中在一个单一的法律行为中，登记、交付等公示事实只是特别要件，根据法律的规定产生相应的物权变动效果或者物权对抗效果，那么无论是公示生效主义还是登记对抗主义，都可以解释进一个统一的理论框架中，并且这种解释路径也与我国民法典的条文表述最相适应。

（二）有利于公示功能的纯粹化

物权行为理论虽然也重视公示的作用，但是却将物权合意与公示行为绑定在一起，导致过于重视公示行为中当事人之间的合意，而一定程度上忽略了公示的客观效果。实际上，公示能否发挥真正公示的效果，关键不在于当事人之间的合意，而在于第三人是否有可能识别该公示。对于此点的忽视正是采取物权行为理论立法例的软肋。例如，过于纵容占有改定这种“伪公示”的应用。占有改定虽然名为交付，却没有任何可识别性，实际上发挥不了任何程度上的公示作用（指示交付、简易交付等观念交付或多或少还具有可识别性）。〔1〕因此当法律允许某种交易中占有改定可以产生物权变动效力，实际上就是承认该领域物权变动模式的本质是“意思主义”。〔2〕这在重视标的物使用价值的动产所有权交易中尚可容忍，但是在重视标的物交换价值控制的担保交易中是不可容忍的，这会导致隐形担保的泛滥进而降低动产的融资价值。

在单一法律行为的理论框架下，法律效果意思都集中于统一的合同中，交付或者登记的意义纯粹化为仅在于公示，这更加有利于其中客观公示作用的发挥。物权行为理论常常忽略的一点是，公示不仅存在有无的问题，还存在品质高低的问题。并且这里评价公示品质高低的关键因素并非当事人之间

---

〔1〕 参见龙俊：《民法典中的动产和权利担保体系》，载《法学研究》2020年第6期。

〔2〕 正如刘家安所言，占有改定并非交付，实质上是交付原则的例外。参见刘家安：《论动产所有权移转中的交付——若干重要概念及观念的澄清与重构》，载《法学》2019年第1期。

的合意品质，而是在第三人看来公示的可识别性。

首先来看登记：（1）城市房地产的不动产登记簿几乎做到了登记全覆盖，准确度高公信力强，交易中的第三人可以完全信赖它，故可以要求所有的交易主体都有义务（不真正义务）查询此登记簿，因此采取登记生效主义。（2）农村土地用益物权的不动产登记簿目前尚未做到登记全覆盖，公信力不及城市房地产的不动产登记簿，故只能采取登记对抗主义。（3）动产和权利担保登记簿采取人的编成主义，公信力再次之，不仅要采取登记对抗主义，而且还要搭配正常经营活动中的买受人制度加以限制。显然，我国民法典已经在根据登记的客观可识别性设置相应的物权变动效力。

其次再来看交付：（1）尽管在所有权交易领域承认了占有改定的效力（此时可解释为缓和了公示原则的要求，此场景下承认了意思主义），但是我国在担保领域对占有改定的效力可谓是严防死守，原因就在于占有改定毫无公示品质可言，无法在担保物权这种纯粹以对抗第三人为目的的制度中发挥作用。（2）尽管我国同时承认了浮动抵押制度和流动质押制度，但是对于以登记为公示方式的浮动抵押制度，允许标的物进入抵押人的责任财产范围前就产生物权优先效力；但是对于以交付为公示方式的流动质押制度，却只有在“监管人实际控制货物之日”〔1〕起物权优先效力才产生。之所以允许登记产生溯及既往力而不允许指示交付产生溯及既往力，原因就在于登记的时间可识别且不可能造假，而指示交付的时间难以识别且容易造假。这也就意味着，假设存在两个担保交易，一个交易中当事人选择了浮动抵押，另一个交易中当事人选择了流动质押，除此以外两个交易中当事人的法律效果意思完全相同，都希望在担保设定之日就在标的物上产生物权优先效力（也就是说两个交易中的物权合意追求的法律效果完全相同），但是却纯粹由于公示方式的品质不同，浮动抵押中当事人的效果意思可以获得法律承认，流动质押中却不被承认（必须等到担保品入库时才发生优先效力）。这显著表明我国的制度设计在考虑物权优先效力问题时，更加注重公示的品质而非当事人的意思。

---

〔1〕 参见《最高人民法院关于适用〈中华人民共和国民法典〉有关担保制度的解释》（法释〔2020〕28号）第55条。

综上所述，将法律效果意思从公示行为中剔除，目光更加集中于公示的可识别性本身，更加有利于公示功能的纯粹化，可以完全根据公示的品质设置相应的物权变动效力。笔者认为这才是我国所构建的极端复杂的物权变动体系的隐藏思路。

（三）有利于意思自治的最大化

物权行为理论将物权合意与公示的时间绑定，这导致在公示完成之前当事人之间只存在债权设定意思而缺乏物权变动意思。尽管大多数情况下债权设定意思足以解决当事人之间的纠纷，但是某些特殊情况下也可能力有不逮。

例 8：债权人甲和债务人乙订立借款合同，由丙以其房屋提供抵押担保。然而甲与丙只订立了抵押合同，却未按照合同约定办理抵押登记。

在例 8 中，无论采取哪种理论框架，没有争议的是：抵押合同成立并生效了，因此丙有为甲设定抵押权的义务；因为不动产抵押权采取的是登记生效主义，所以本案中抵押权尚未设立。然而在解释上可能产生疑问的是，如果标的物灭失了或者因为抵押人乙的原因已经无法办理抵押登记了，此时甲能否对丙主张像抵押权人一样受偿呢（注意并非优先受偿）？如果按照物权行为理论，因为在登记时才出现物权合意，所以例 8 中甲和丙之间尚不存在物权合意，由此想解释出直接受偿的效果似乎有些困难，至少解释路径会非常迂回。然而如果肯定物权合意已经存在于此前的抵押合同中，那么解释出当事人之间的受偿效果就是顺理成章的，只是因缺乏登记所以唯独欠缺“优先受偿”的效果而已。从《最高人民法院关于适用〈中华人民共和国民法典〉有关担保制度的解释》（法释〔2020〕28 号，以下简称《担保制度司法解释》）第 46 条来看，直接受偿效果得到了肯定，并且受偿的范围和抵押权有效时如出一辙，连物上代位性都得到了肯定。从法政策的视角看，这种解释路径更加有利于当事人之间的意思自治效果最大化。

在动产和权利担保中，这一问题体现得更加明显。即使抛开民法典中的既有规则不谈，仅仅考虑制度设计的合理性本身，就算再给一次立法的机会，物权行为也很难在此领域发挥作用。例如，物权行为理论要求物权合意与公示同步，并且在公示的时候标的物必须要特定化。[1]然而在动产和权利担保中，当事人的需求往往是：物权优先效力需要在登记时产生，标的物特定化的时间可以延后到担保权实现时。这也就是说，原本一体化的物权行为的功能被切割，分散到不同的时间点：物权生效在合同订立时，对抗力产生在登记时，标的物特定化在执行时。可见动产和权利担保中，抛弃物权行为理论的束缚，才能在有效保护交易安全的前提下实现当事人意思自治的最大化。

当然写到这里可能有人会提出反驳：允许物权合意不与公示同步，固然解决了动产和权利担保的特殊需求，但是如何解释一般的种类物买卖中的所有权转移呢？笔者的观点是，物权合意同样是发生在大合同中（习惯上常称的债权合同），但是必须特定化才能发生特定物所有权移转。然而这里特定化并不需要一个独立的构成要件，而是合并在公示要件中。对于不动产而言，物的编成主义的登记簿先天性地决定了物权登记时标的物就被特定化了；对于动产而言，交付的同时标的物的特定化也天然实现了。因此，在动产和权利担保外的情形，物权合意时标的物没有特定化，公示时标的物特定化，此时发生物权变动，理论上没有不和谐之处。

（四）有利于复杂的多层次法律效果的建构

物权行为独立性理论相对于单一法律行为模式，曾经的优势是可以更直观地实现物债效力二分，然而这一优势从债权形式主义理论发展到 2.0 阶段就被抹平。当然，仅就物权和债权的二元区分而言，债权行为和物权行为的二分确实看起来与之更匹配，更具有形式美感，金可可教授称其构成“内在的支撑”。[2]然而随着实践中各种交易需求的不断发展，我们不仅需要物债效力二分，还需要更多的复杂的效力层次区分。此时基于物债二元区分的物权行为独立性理论反而显得效力区分不足，承认单一法律行为的多层次法律效力

〔1〕 该点也正是持物权形式主义观点的学者批判债权形式主义的关键之一：认为只有在标的物特定化时才能发生物权变动，也只有在此时才可能有物权合意。但是在种类物买卖中，合同订立时标的物尚未特定化，所以此时不可能存在物权合意。以此批驳修正的债权形式主义理论，参见葛云松：《物权行为理论研究》，载《中外法学》2004 年第 6 期；朱庆育：《物权行为的规范结构与我国之所有权变动》，载《法学家》2013 年第 6 期。

〔2〕 参见金可可：《债权物权区分说的构成要素》，载《法学研究》2005 年第 1 期。

反而更加适应实践的需求。

我们来看多重保理规则。尽管债权多重转让的一般规则如何设计仍然是我国立法中的空白，存在广泛争议，但是《民法典》第768条和《担保制度司法解释》第66条至少已经明文确定了在和保理有关的多重债权让与中，按照“有登记看登记，无登记看通知，既无登记又无通知平等受偿”规则处理。我国学界确实很多人排斥这一规则，反对将之作为债权让与的一般规则。[1]但是就算将这一规则只看作特殊规则，那么这一特殊规则又该如何解释呢？如果遵循传统的债权让与理论，明明第一次债权转让合同（保理合同）生效时，债权就发生了转移，登记和通知对于受让人都应该没有意义，无法解释我国的制度。有部分学者基于负担行为和处分行为二分理论，对债权让与的构造提出新说，认为当事人之间的合同只发生负担行为效力，对债务人的通知才发生处分行为效力。[2]于是出让人和受让人之间自合同成立之日起债权转让的债权债务关系就发生了，但是债权转让事实尚未发生，只有对债务人通知了，债权转让事实才发生，此通知的性质也并非观念通知或者事实行为，而是一个标准的法律行为。此债权转让事实既可以对抗债务人还可以对抗其他受让人。但是这种解释也最多只能解释出两层效力，登记的那层效力无法得出。

然而对此问题如果将目光不再局限于物债效力二分，而是肯定一个法律行为中可以蕴藏多层次的法律效果建构，则问题会迎刃而解。债权多重让与中的关系可以分解为三重关系：债权让与人和债权受让人之间的关系、债权受让人与债务人之间的关系、多个债权受让人之间的关系。这三重关系的法律效果意思都在债权让与合同这一个法律行为中，但是三重关系各自的效力要依据各自的附加要件独立判断。对于债权让与人和债权受让人之间的关系，只要债权让与合同生效即可发生债权转让效果，但是这一效果既不能对抗债务人，也不能对抗第三人；对于债权受让人与债务人之间的关系，只有通知债务人才能对抗债务人；对于多个债权受让人之间的关系，必须通过公示才能对抗，并且由于公示的品质有所不同，登记的品质（公示效果更好，造假可能性更低）高于通知的品质，所以优先看登记。也就是说，债权转让事实

〔1〕 参见方新军:《债权多重让与的体系解释》,载《法学研究》2023年第4期。

〔2〕 参见尹飞:《论债权让与中债权移转的依据》,载《法学家》2015年第4期。

虽然因为债权转让合同这一个单一法律行为而发生，但是对抗债务人的法律效果要因为通知而发生，对抗其他受让人的法律效果要因为登记或者通知而发生。

我们再来看夫妻财产制。我们知道因为结婚这一法律行为（单一行为）可以在夫妻之间产生法定夫妻财产制。在我国这一财产制的内涵是非常复杂的，如果按照传统理论，无论解释为其具有债权效力，或者解释为兼具债权效力和物权效力，都可能难以涵盖其全部意义。但是如果我们打破传统思维，将夫妻财产解释为潜在共有，〔1〕对其效力做三重分割：内部归属、外部归属、最终归属，则可以比较合理地解释我国民法典及相关司法解释形成的规则体系。在内部归属的问题上，核心是看夫妻二人对财产取得的贡献，对于婚姻关系存续期间取得的财产，推定二人的贡献相等，核心价值取向是公平；在外部归属的问题上，取决于财产权本身的归属规则，核心价值取向是交易安全；在最终归属的问题上，取决于财产归属于哪一方更加有利于物尽其用，可能采取竞价等特殊方式解决纠纷，核心价值取向是效率。

尤其值得说明的是，如果能接受单一法律行为的多层次法律效力构架，那么并不仅仅是物债二分效力，甚至不仅仅是与物权变动有关的效力问题，任何法律效果都可以通过这种思考模式进行拆解（当然要以法律规定或者当事人的意思为前提），在一个法律行为框架下各层次效力根据各个不同的要件（法定的或者约定的）依次发生。与之相比，债权行为与物权行为的二分反而会限制思维的发展。

我们来看《民法典》第 502 条的合同批准生效规则。该规定相当于将一个批准生效合同切割为了两个效力部分——报批义务部分和合同主给付义务部分，前者的效力可以单独判断，无须合同整体生效。这种切割的好处是，一方违反报批义务不去报批，虽然合同整体上尚未生效，但是报批义务部分的合同拘束力却可以独立发生。这种切割的原理虽然类似于负担行为和处分行为的区分，但是却不能说报批义务部分构成了负担行为，主给付义务部分构成了处分行为。并且《民法典》第 502 条并没有说这里存在两个合同，在

〔1〕 我妻荣『改正親族・相続法解説』(日本評論社，1949 年)72 頁以下；龙俊：《夫妻共同财产的潜在共有》，载《法学研究》2017 年第 4 期。

解释上批准生效合同仍然是一个单一的法律行为。由此可见，单一法律行为下多层次效力区分的解释论框架具有极高的灵活性，可以为现代社会层出不穷的新型交易模式提供法教义学依据。〔1〕

综上所述，单一法律行为下多层次法律效力模式，不仅可以实现债权效力或者物权效力的独立判断，还可以实现处于物债二分灰色地带的效力建构，甚至不限于物权效力和债权效力，还可以作出各种符合我国现实需求的不规则效力区隔。〔2〕

五、结语

物权行为理论实现了债权行为和物权行为效力的独立判断，构建了丰富的物债区分效力组合，从历史的角度看确实非常有价值。1.0 时期的债权形式主义理论确实存在物债效力区分不足的问题（包括纯粹的债权形式主义和修正的债权形式主义均存在此问题）。然而债权形式主义理论自从打上了处分权要件独立和法律行为部分附条件这两个补丁，就已经可以完美实现和承认与物权行为独立性相似的物债二分效果，进化到了 2.0 阶段。至于物权行为无因性理论，其对于交易安全的保护并没有显著作用，“单一法律行为 + 善意取得 + 特别法上的无因性”可以实现更合理且更全面的交易安全保护效果。并且随着现代交易的发展，实践中的需求已经不限于物债效力二分，此时单一法律行为下的多重效力设计更加适应我国的现实需求。从构建统一的解释论框架的角度看，单一法律行为下的多重效力设计可以兼容我国民法典中的公示生效主义和登记对抗主义两种物权变动模式。也就是说，债权形式主义和

〔1〕在“首届民法青年论坛”上，金可可指出此点似乎与物权行为是否独立无关。诚然批准生效合同的法律构造与物权变动的法律构造没有直接关系，但是笔者想说的是，将目光局限于物债二分，并坚持切割出债权行为和物权行为两个法律行为的思维模式没有意义：一个法律行为中可以区分出多个层次的效力，甚至是与物债二分无关的多个层次。既然与物债二分无关的情形可以从一个法律行为中切分出多层次效力，那么在物债二分的情形下也可以从一个法律行为中切分出多层次效力。这在理论上不应该存在障碍。

〔2〕关于债权与物权二元区分的传统物权变动理论的不足，陈永强也提出了物权变动三阶段化的观点。问题意识与本文异曲同工，当然解决路径有所不同。参见陈永强：《物权变动三阶段论》，载《法商研究》2013 年第 4 期。

债权意思主义的区分仅在于公示的作用是生效要件还是对抗要件，在法律行为的构造上二者是完全相同的。笔者称这种通用于我国所有物权变动模式的“单一法律行为 + 多重效力”理论架构为物权变动的 3.0 阶段。这种通用理论构造不仅完美契合民法典以及相关司法解释的文字表述，且有利于公示功能的纯粹化和意思自治的最大化，具有显著的优越性。

单一法律行为构造的可能性及问题

陈永强*

一、基于反思的理论探索：债权形式主义之弊

物权变动的基础要素是由法律行为、意思表示和公示这三者所构成的。这三者的细分或综合或交叉组合，构成了不同类型的物权变动模式，也形成了物权变动的讨论模型。从意思表示与公示的组合来看，可以将物权变动模型区分为意思主义的物权变动模型和公示主义的物权变动模型。前者基于意思表示即可产生物权变动；后者除了意思表示之外，还需要加上公示要件，故称公示要件主义。从法律行为与公示的组合来看，要细分法律行为，即区分债权行为和物权行为：债权行为和公示的组合被称为债权形式主义，物权行为和公示的组合被称为物权形式主义。物权形式主义必然是以物权行为为前提，是物权行为加公示，而物权行为又必然以物权行为与债权行为的区分为基础。与此相区别的是，债权形式主义必定以债权行为为基础，相应地，即不承认物权行为的作用，或者其间并无物权行为参与。

这里就产生一个重要问题，债权行为加公示何以能发生物权变动呢？债权行为是发生债法效果的行为，这是被概念限定的一个知识前提，债权行为无法直接发生物权变动效果，债权行为也无法容纳物权行为，那么物权效果怎么发生的呢？债权形式主义就要依托公示这个概念解释，即动产之交付或不动产之登记。那么，交付和登记又是什么行为呢？债权形式主义认为，交付系纯粹的

* 中国计量大学法学院教授。

事实行为，这样一个债的意思表示加上公示之事实就实现了物权变动。这个理论构造的缺陷是显而易见的。债的意思表示有效只发生债的效果，而公示将作为法定事实来推动物权变动。问题在于，如果当事人在交付时欠缺移转所有权的合意，如被胁迫、误解等无移转所有权之意思，以法定公示来推动所有权转移就违反了民法之根本原则，即自治。

除了违反自治原则之外，欠缺处分权的交付，欠缺行为能力之交付，债权形式主义都不能作出很好的解释。

为了弥补债权形式主义之显而易见的缺陷，龙俊在《论单一法律行为在物权变动中的多重效力设计》一文（以下简称龙文）中提出了修正的债权形式主义，即在单一法律行为下，除了债权意思之外，还需要容纳物权意思。因为欠缺物权意思，始终无法解释物权变动何以能够发生效力。毕竟基于法律行为的物权变动，其根基在于物权意思，这是尊重个人自主和自决的民法精神的规则的内在要求使然。在物权变动中，物权意思必不可少，必不可缺。由此，修正的债权形式主义主张，在债权行为之中纳入物权意思。这样，债权效果的发生与物权效果的发生就可以分别判断了。相应地，处分权、行为能力、自治等物权变动的要素都可以通过物权意思来解决。我不是很确定，龙俊是不是要这么做。如果这样做，跟承认物权行为有什么差异呢？为什么只承认债权行为，却又不认可物权行为呢？如果将发生债法效果的意思归结于债权行为之下，那为什么不能将发生物权效果的意思归结于物权行为之下呢？

有一个问题我想提出来，不知道龙文所称的单一法律行为是什么行为？是一个叫债权行为的法律行为吗？如果这个单一的法律行为不能称为债权行为，那么还有所谓的债权形式主义吗？债权行为和物权行为这两个概念还需要吗？这些问题我想还是需要明确的。

二、实践的法与理念的法

法概念是实践问题的回应和抽象。法概念是一种理念的法，理念的法是理想的、抽象的、脱胎（不是脱离）于实践的，是对实践的一般概括。实践的法是现实、具体、不同于理论的。理念的法与实践的法，两者之间相互贯通、来回穿梭。当你实现自由来回穿梭时，你就实现了知识分子的自由。知识分子的自由最重要的是知识层面的自由，理念与实践的自由。

实践的法与理念的法相互远离。实践的法在某种程度上远离理念的法，理念的法也在某种程度上脱离实践的法。如何将两者贯通起来，就是一流学者要做的。

物权变动与法律行为，某种程度上都是理念的法，是理想模式，或者是一种学理模式，是一种移植的知识，是继受法，不是本土法，不是本土认知和本土生产的知识。例如，不动产物权变动不登记就不能生效，这条规则的知识来自德国法。德国法构建了物权债权的二分体系，认为物权是对世的、绝对的；既然是绝对的、对世的，就应当有配套的手段，这个手段就是公示。未经公示，怎么能够生成具有对世效力和绝对效力的物权呢？这里，理念的法所构建的知识体系是逻辑贯通的，这是一种概念自构型法或逻辑自构型法。这套知识体系放到中国法律实践中行不行？有没有问题？这就要求我们的学习要杜绝本本主义、教条主义。我们的眼睛就需要流转到中国的法实践中去。中国的法实践是怎么样的，要看本土的实践、本国的历史、本土的认知和理解。中国的地契，这是一种什么法律行为？本土的实践能否对接到我们所移植的法律知识体系中去呢？

尽管如此，既然继受了这套知识体系，我们就要坚持守正创新。守正的是什么？创新的又是什么？我不认为概念法学应当休矣，但我要说概念体系要改进了，要调整了。核心原因在于，物权变动的传统知识体系不能回应现实，不能回应本土。理念的法要进行调整，要和实践的法贯通起来。怎么做？守正和创新来了，要认识到理念的法的有限性。我认为龙俊的论文正是在这个意义上提出的创新思考，这是十分有意义的。

法律行为理论是一种精确的理念，我认为这是我们要守正的，要坚持、不能丢弃这些概念。但这不是绝对的，不是非此即彼的。物权行为从交易行为中抽离出来，殊不知，债权行为也是一种抽象，也是从交易行为中抽离出来的。凡法律概念都是理念型的，都是一种对实践的抽象。我们要深知，它未必就能等同于实践。例如，中国传统的土地交易方式，请问这是债权行为还是物权行为？大家能回答这个问题吗？我看过汪洋教授对这个问题做过很好的分析研究。中国的地契交易结构恐怕有很多成分，有债、物、抵债、债的清偿以及物权变动，单一要素的解释体系，恐怕不符合中国的本土实践。因而，中国本土的、中国自主的知识体系就应立足于中国的法律实践。只有立足中国实践，才能构建中国自主的知识体系，讲的就是这个道理。

龙文还有一个很重要的启示，就是以回应实践来提出理论，用不同构成要件来区分债法效果意思和物权效果意思，构成了不同的讨论模型，并以此解释中国民法所采纳的双轨制，即公示要件主义和公示对抗主义。用一个理论来解释多种现象，这是十分有意义的探讨。德国法过于追求抽象概念的区分，不是债权就是物权，不公示就不能生成物权，这都是理念的法所追求的清晰和精确。反观实践，债权和物权实际上并不是非此即彼，实践往往是混合的、混沌的，存在多种债权与物权相混合的形态。债权行为与物权行为也并不是一如德国法那样明确区分并截然不同，也存在物权行为和债权行为相结合的多种现象。这一点我认同龙俊的观点。实践总是模糊的、不清晰的、不精确的，只有理念是清晰的、精确的。法学是综合理念和实践的一门学问，你可以去研究理念的法，但一定不能脱离实践。

立法不一定越精确就越好，不是说越精确的立法就越能实现公正的裁判。但法律概念一定是越精确越好，因为只有精确的法律概念才能实现更精确的分析。从法律分析的角度来讲，物权行为、处分行为一定是物权变动理论无法缺少的基本概念。缺少这些基本概念去谈物权变动恐怕会出现逻辑断层问题。因为，中国法继受了这些概念，法学是科学的事业，科学的事业必然建立在概念和逻辑之上。

有的人会提英美法，英美法没有法律行为概念，没有所谓的债权行为、处分行为，法官裁判不也好好的吗？的确如此，英美法在某种程度上更灵活、更具有可塑性、更与时俱进，还更有助于实现实质正义。但我们的法律思维和推理是概念，丢弃物权行为、债权行为这些概念，怎么进行法律推理呢？法学家一定要在理论与实践这两者之间进行平衡，进行权衡：什么时候应该坚守概念形式，什么时候应该迎接实质。理论如何回应实践，实践如何升华理论，始终是法学家应当思考的核心问题。

法律行为的“分与合”：体系、本原和价值
——以物权变动为视角

李文涛*

一、问题的提出

关于负担行为与处分行为之类型区分的争议在我国由来已久，对于物权行为的独立性与无因性问题各方更是莫衷一是，难有定论。[1]从体系视角出发，或许不同的论争并非真正意义上非此即彼的不可调和之矛盾，毋宁说是不同视角的观察思路。支持负担行为与处分行为区分的观点，更多是从当事人法律关系的内部视角展开了更细致的观察和分析，而反对的观点或许更多在整体上寻找解释方法和路径。毫无疑问，法律关系的分析、法律疑难问题的解决都离不开这两种视角。

二、法律体系的观察

任何法律问题的争论，在某种意义上，都可涉及体系之辨，物权变动中负担行为与处分行为的区分也不例外。法律行为在物权变动中的效力设计，需要基于法律行为、物权变动、效力设计的法教义学的外部体系和内部体系

* 中国劳动关系学院法学院教授。本文系中国劳动关系学院2024年校级科研项目阶段性成果之一。

〔1〕 参见陈卫佐：《处分行为理论之正本清源》，载《政治与法律》2015年第7期；崔建远：《处分行为理论真的那么美妙吗？——〈民法总则〉（草案）不宜采取负担行为与处分行为相区分的设计》，载《中国政法大学学报》2016年第5期。

框架展开。[1]

就法律行为的外部体系而言，法律行为是民事法律事实之一。引起民事法律关系变化的事实还包括其他事实，如事实行为、事件等。法律行为的类型区分与其他民事法律事实体系结构存在关联。虽然民法属于私法，但是法律行为的类型区分与公法、程序法也存在体系上的关联。不同的所有权归属或物权变动，会涉及公法问题，如税收、行政监管等，也会涉及程序法问题，如不同的诉讼程序规则适用问题。

就法律行为的内部体系而言，法律行为包括财产行为，财产行为则包括负担行为和处分行为。财产给予行为又可分为有因行为和无因行为。善意取得制度的作用在于弥补处分权瑕疵，基于对所有权的信赖而保护善意买受人获得物权的正当性，无因行为则是法律行为不包含财产给予的原因，二者分属不同的法律体系范畴。代理权和处分权的区分也是如此。代理权属于意思表示归属领域，而处分权属于权利的处分权限领域，二者分属不同法域，并无直接勾连。

就物权变动的体系而言，物权变动包括基于法律行为和非基于法律行为的物权变动。基于法律行为的物权变动，一般是基于处分行为展开的。物权的公示公信等问题都是围绕基于处分行为的交易展开。物权登记的生效和对抗也是基于处分行为展开。保理中的多重债权让与本质上也是多重处分行为之间的竞争以及对债务人的保护，包括对已受通知的债务人的保护、未受通知的债务人的保护。[2]

负担行为和处分行为的区分，主要是在基于法律行为的物权变动体系中展开的。负担行为与处分行为是民法体系的“任督二脉”，发挥了非常基础的作用。负担行为涉及人与人的关系，产生债务关系（做加法），而处分行为涉及人与权利的关系，直接发生权利减少或消灭之法律效果（做减法）。处分行为要发生法律效力，除了考虑当事人处分的意思表示之外，还需考量权

---

〔1〕 关于体系分析的方法可参见 E.J.H.Schrage, *Unjust Enrichment and the Law of Contract*, Kluwer Law International, 2001, p.142。

〔2〕 参见最高人民法院民事审判第二庭、研究室编著：《最高人民法院民法典合同编通则司法解释理解与适用》，人民法院出版社 2023 年版，第 550~554 页。

利的特定、公示、处分权等多个要素。

负担行为与处分行为的区分以人与物二分的哲学阐释为基础，展现了对法律行为内部体系的深刻剖析，体现了强大的科学解释力。这种分析方法虽然源于德国，由德国学者最早总结提炼出来，但并不意味着专属于德国。比如相对论由爱因斯坦发现并提出，但并不专属于爱因斯坦，而是归属于全人类，是人类共同的精神财富。社会科学的分析方法同样是人类共同的精神财富，世界各国都可以利用该分析方法来观察社会、分析并解决社会问题。或许我们应当重新审视社会科学的视角和方法的公共性。某些经典的社会科学分析方法虽然由国外学者提出，但绝不意味着其可以被垄断或独占，更不意味着其可以被贴上专属于某个国家的标签，仅仅是其首先被某个国家的学者发现并阐释了而已。因此，负担行为与处分行为理论不能仅仅因为由德国学者首先发现并详细阐释，就简单贴上专属德国的标签。它属于人类共同的精神财富，任何国家都可以使用并发展该理论。

将负担行为与处分行为融合为一个法律行为展开观察，同时对公示的效力层级展开分析，不仅是一种创新，更是一种挑战。因为就像龙俊的文章所分析的，二者的基本功能、逻辑构成、生效要素、法律效果分属不同的法域。但是从统合的视野来看，二者都属于法律行为，同属于一个交易过程，可以展开统一的观察和分析。负担行为和处分行为之间并非存在楚河汉界般的天堑而无法逾越，而是一个整体交易行为的两个方面，天然存在千丝万缕的不可割裂的联系。在某种意义上，当事人从事的是一个整体的法律交易，不同的法律关系或法律行为，仅仅是从法律的视野进行了多重的观察和区分而已。

三、法律本原的探究

当事人的法律行为在物权变动中的效力设计，要回归法律行为的本原：对当事人的意思阐释和尊重。法律行为的基本构成和核心要素是当事人的意思表示。同时，在当事人的交易行为中还包括当事人的诸多其他意思，如清偿意思、转移占有意思、受领意思、通知意思等。这些意思有的可全部准用意思表示的规则，有的可以部分准用意思表示的规则。〔1〕当事人的意思在物权变动、法律关系的变动中发挥了基础性、决定性的作用。它不仅是我们分析物权变动法律关系的逻辑起点，也是解决各种疑难复杂问题的本原回归。

在某种意义上，区分负担行为和处分行为，能更清晰地观察和阐明当事人的意思表示。尤其是在非即时交易过程中，当合同订立与合同履行存在时间间隔时，分别考查当事人的负担意思和处分意思，能更贴切地阐释和尊重当事人的意思。在债务清偿过程中，清晰地区分当事人的清偿意思、转移标的物的物权合意、受领意思以及给付目的合意，都能更清晰地观察和尊重当事人的意愿。在物权变动过程中，不仅涉及当事人的意思表示，还涉及当事人的自然意思。如关于动产所有权的转移，动产让与合意是物权的意思表示，而交付则包含当事人移转占有之自然意思的合意。〔2〕虽然交付可以理解为事实行为，但不妨碍其包括当事人的移转占有之自然意思的合意。〔3〕

从尊重当事人意愿的视角来看，精细地拆分当事人的各种意思，能更全面细致地阐释当事人的内心意愿，更妥当地保护并尊重当事人的意思自由。这也是科学分析的方法和思路。但是，将当事人的债权合意、物权合意融合为一个法律行为展开效力评价，是一种综合整体的观察视角。对当事人意思的观察和分析，既可以是细致入微的拆分解析，也可以是统一综合的整体归纳。在某种程度上，当事人的意思需要在统一整体的层面进行把握。无论如何，民法理论和规则的阐明都须坚持全面观察当事人的意思，切实尊重当事人的意思自由的逻辑底线。

四、法律价值的判断和指引

法律规则的设计最终会从属于法律的规范意旨或价值判断。诸多不同的

〔1〕 在关于占有、无因管理、事实行为、准法律行为、好意施惠的研究文献中，可以检索到一些关于自然意思的阐释。参见常鹏翱：《论目的意思独立的事实行为》，载《法律科学（西北政法学院学报）》2012 年第 3 期；昝强龙：《无因管理中管理意思的认定》，载《法学》2021 年第 2 期；常鹏翱：《占有行为的规范分析》，载《法律科学（西北政法学院学报）》2014 年第 2 期。

〔2〕 Vgl.Klaus Müller, Urs Peter Gruber, Sachenrecht, Verlag Franz Vahlen München, 2016, S.272.

〔3〕 Vgl.Wolf Neuner, Allgemeiner Teil des Bürgerlichen Rechts, 2016, S.329.

法律立场、观点和方法几乎都源于法律世界观、价值观的分野。由于物权变动的对世性、民族性，其规则安排必须考虑我国物权交易的习惯、市场安全、社会效能以及现实可操作性。所谓的科学法教义学体系，或者简单的当事人意思之尊重，未必能完美满足上述要求。无论是采取双重法律行为、单一法律行为还是多重法律行为的效力设计，都面临着相同的问题，各方都在寻找更妥当的解决方案或思路，但都要回归法律价值的指引。当事人意思的查明和尊重，物权交易安全的保护，社会公共秩序的维护，国家利益和民族利益的捍卫等价值观，都在指引着物权变动规则的演进和发展。

五、结语

在建设中国自主民法知识体系的背景下，单一法律行为的效力设计是一种值得关注的思路或方法。它可以和我国目前的理论和实务衔接，但是这并不排斥将其他理论作为观察方法进行借鉴和参考。注重法体系的基本框架，源于法本原的思考，回归法价值之判断。我们需要探寻解决中国实际问题，尤其是非典型担保中的法律难题即物权变动的效力规则。

中国法上物权合同的适用范式*

吴香香**

内容摘要：中国法上物权变动模式的争议要点有四：其一，物权合意是否必要（必要性）；其二，如果需要物权合意，该合意是否独立于作为基础关系的债权合意（独立性）；其三，物权意思为债权合同的履行作出，是否以清偿意思为其内在要素（内在无因性）；其四，物权合同效力是否受产生清偿原因的债权合同影响（外在无因性）。这四层问题构成了不同立场阵营的坐标系。我国《民法典》的物债二分体系与法律行为架构，为物权合同提供了逻辑前提，且可容纳双重无因物权合同的解释可能。物权合同"独立+内在无因+外在无因"的适用范式，有其接续物债区分、匹配公示公信、呼应不当得利、延伸自治空间、优化举证分配等解释优势，是可期待的解释方向。

关 键 词：物权合同　物权行为　独立性　内在无因　外在无因

---

* 本文受中国政法大学青年教师学术创新团队支持计划资助（Z1CXTD03）。

** 中国政法大学民商经济法学院教授。

一、问题的提出

物权变动有“基于法律行为的物权变动”与“非基于法律行为的物权变动”之分。“基于法律行为的物权变动”以买卖交易场景下的所有权移转为典型。各类用益物权、意定担保物权同样可能基于法律行为设定、变更和转让。此外，抛弃物权也是基于物权人单方法律行为的物权消灭。本文讨论集中于需双方合意的物权变动，以“物权合同”为题，此类物权合同通常（但不必然）出现在债权合同的清偿阶段。

然而，“物权合同、物权行为”均非我国《民法典》所明文采纳的表述，能否以物权行为理论解释我国现行法，更是聚讼已久。由于《民法典》第208条（物权公示原则）、第209条（不动产登记原则）与第224条（动产交付原则）已明确物权变动的公示要求，意思主义的物权变动模式与公示原则不符，争议看似主要存在于债权形式主义与物权形式主义之间。但物权变动的争议复杂性，并非这两种立场可简单概括。

更精细的立场划分取决于进一步的问题剖解：其一，基于法律行为的物权变动，是否以物权合意为要？此为物权合意的必要性问题。其二，若以物权合意为要，该物权合意是否内含于买卖合同等债权合同？此为物权合同的独立性问题。其三，若物权合意独立于债权合同，其作为债权清偿环节的合意，是否以具备清偿合意为成立要件？此为物权合同的内在无因性问题，即物权合同是否以原因合意（典型者为清偿原因）为内在要素。其四，若清偿意思并非物权合同的成立要件，物权合同的生效是否以债权合同有效为前提？此为物权合同的外在无因性问题。依此层层递进的四重问题，可描绘出物权变动模式的理论坐标系，并据此区分不同阵营。

（一）物权合意必要性问题

对于基于法律行为的物权变动是否以物权合意为要，采物权合意否认说的是意思主义与纯正债权形式主义。意思主义仅以买卖合同等基础关系合意变动物权，不以公示为要。纯正债权形式主义则以“债权合意＋公示”解释物权变动，否认物权合意存在，但区分基础关系与物权变动，认为买卖合同等不直接引起物权变动，物权变动内含于履行，履行是事实行为，不以意思表示为要，处分权则是履行行为的要求，欠缺处分权不影响买卖合同等基础关系的效力。〔1〕

而若认可物权合意的必要，则还须进一步探讨其是否独立于作为基础关系的债权合同。

（二）物权合同独立性问题

肯定物权合意的必要性，但认为物权合意不独立，而是内含于买卖合同等基础关系中的物债合意非区分说，是修正债权形式主义与阶段债权形式主义。修正债权形式主义所“修正”之处，是承认物权合意的存在，但认为其与债权合意二者一体，债权合意与物权合意均不能单独发生效力，据此，处分权也应成为买卖等债权合同的效力要件。〔2〕

阶段债权形式主义则一方面坚持买卖合同同时表达了债权合意与物权合意；另一方面试图将处分权要求剥离出债权合意的效力要件。具体路径是区分买卖合同的不同交易阶段，区分其履行效力与移转效力，前者指向债权合意，后者指向物权合意，并认为出卖人无处分权并不影响买卖合同的履行效力，仅是其移转效力处于效力待定状态。〔3〕

而若主张物权意思并不存在于债权合意之中，继而需要探讨的问题即作为债权合同的履行内容，物权意思与清偿的关系如何。

---

〔1〕 参见尹田：《物权法》（第3版），北京大学出版社2022年版，第77页、第85页；尹田：《民法典总则之理论与立法研究》（第2版），法律出版社2018年版，第430~431页；王轶：《区分原则：区分什么？》，载《东方法学》2022年第4期。

〔2〕 参见梁慧星：《我国民法是否承认物权行为》，载《法学研究》1989年第6期；梁慧星：《民法总论》（第6版），法律出版社2021年版，第174~175页；崔建远：《无权处分辨——合同法第51条规定的解释与适用》，载《法学研究》2003年第1期；崔建远：《无权处分再辨》，载《中外法学》2020年第4期。

〔3〕 参见吴光荣：《物权法精讲：体系解说与实务解答》，中国民主法制出版社2023年版，第274页；有观点虽然一方面认为债权合意与物权合意统一于买卖合同，另一方面认为出卖人无处分权仅影响物权效力，买卖合同仍然有效，但并未明确提出“阶段化”的主张，参见王利明：《论债权形式主义之下的区分原则——以〈民法典〉第215条为中心》，载《清华法学》2022年第3期。

（三）物权合同内在无因性问题

物权清偿行为一体说肯定物权意思的必要性，且认为其并不存在于债权意思之中，但主张物权意思作为债之履行内容，与清偿意思合一。需要说明的是，物权清偿行为一体说认为清偿行为系单方须受领法律行为，物权意思因内含于清偿意思，也是物权人的单方意思。物权变动以清偿发生效力为前提，从而以债权真实存在为要。〔1〕该说也否认物权合同的独立性，只不过并非否认其独立于债权合同，而是否认其独立于清偿。

涉因抽象物权合同说主张物权合意独立于债权合意，但以原因合意（常为清偿原因）为成立要件，只是不以原因真实存在为生效前提。〔2〕涉因抽象物权合同说与物权清偿行为一体说的区别在于：前者虽然也以原因合意（常为清偿原因）为物权合同成立的要件，但原因不必有效，即债权不必真实存在，从而物权合同的效力得抽象于其基础关系；后者则以清偿发生效力为物权变动的前提，基础债权合同有效是物权清偿行为生效的前提，实质是要求内含于清偿意思的物权意思，以买卖合同等债权合同为生效要件。

如果认为物权合同不以原因为内在要素（内在无因），则仍须回应，物权行为的效力是否受基础关系的效力影响，此即外在无因性问题。

（四）物权合同外在无因性问题

物权形式主义承认物权合意的必要性与独立性。但依是否以债权行为有效为生效前提，又可分为有因物权形式主义与无因物权形式主义。有因物权形式主义支持“物权行为独立 + 外在有因”，至于是否“内在无因”则少有明确表态，从而存在“独立 + 内在有因 + 外在有因（双重有因）”与“独立 + 内在无因 + 外在有因”两种解释可能。此派观点的不少主张者学理上倾向无

〔1〕 参见孙维飞：《论物权变动的“清偿模式”》，载《中外法学》2023 年第 1 期；类似观点参见缪宇：《清偿性质“目的给付效果说”的展开》，载《法学家》2023 年第 6 期。

〔2〕 参见［德］霍尔斯特·海因里希·雅科布斯：《十九世纪德国民法科学与立法》，王娜译，法律出版社 2003 年版，第 213 页。

因物权形式主义，但解释论上支持有因物权形式主义。[1]无因物权形式主义的实质是双重无因，即“物权行为独立＋内在无因＋外在无因”。[2]

上述八种解释立场，依物权变动与基础关系的关联强度递减排序，依次为：①意思主义→②纯正债权形式主义→③修正债权形式主义→④阶段债权形式主义→⑤物权清偿行为一体说（≈内在有因＋外在有因）→⑥有因物权形式主义（内在有因／无因＋外在有因）→⑦涉因抽象物权合同说（内在有因＋外在无因）→⑧无因物权形式主义（内在无因＋外在无因）。需要说明的是，物权清偿行为一体说与有因物权形式主义在法律效果方面差异甚微，二者较之涉因抽象物权合同说，物权合同与基础关系的效力关联度均更强。

本文旨在论证我国《民法典》的物债二分体例与法律行为制度为物权合同提供了逻辑前提。自体系解释的角度而言，物权合同理论可体系一贯地解释我国实证法，且物权合同的双重无因适用范式有其解释优势。

对应上述四重问题，下文从四个层面依次展开：其一，物权合同的逻辑前提（第二部分），意在论证物权合意的必要，以及物权行为解释模式具备规范前提，并回应意思主义与纯正债权形式主义；其二，物权合同与债权合

〔1〕 参见谢怀栻、程啸：《物权行为理论辨析》，载《法学研究》2002年第4期；葛云松：《物权行为理论研究》，载《中外法学》2004年第6期；葛云松：《物权行为：传说中的不死鸟——〈物权法〉上的物权变动模式研究》，载《华东政法大学学报》2007年第6期；刘家安：《民法物权》，中国政法大学出版社2023年版，第102页；吴一鸣：《物权行为无因性：逻辑的必然还是价值的衡量》，载《政治与法律》2009年第4期；茅少伟：《民法典编纂视野下物权变动的解释论》，载《南京大学学报（哲学·人文科学·社会科学）》2020年第2期；姚明斌：《民法典体系视角下的意思自治与法律行为》，载《东方法学》2021年第3期。明确反对无因性的有因物权形式主义主张者，参见如李永军：《我国民法上真的不存在物权行为吗？》，载《法律科学（西北政法学院学报）》1998年第4期；叶金强：《公信力与物权行为无因原则》，载《清华法学》2005年第1期；宁红丽：《建立物权变动的新模式的思考——以有因的物权行为制度为中心》，载《政治与法律》2006年第5期；陈永强：《中国民法处分行为之多元模式》，载《法治研究》2020年第4期。

〔2〕 无因物权形式主义的主张，参见孙宪忠：《物权变动的原因与结果的区分原则》，载《法学研究》1999年第5期；孙宪忠：《再谈物权行为理论》，载《中国社会科学》2001年第5期；田士永：《物权行为理论研究——以中国法和德国法中所有权变动的比较为中心》，中国政法大学出版社2002年版，第379页；田士永：《〈物权法〉中物权行为理论之辨析》，载《法学》2008年第12期；朱庆育：《物权行为的规范结构与我国之所有权变动》，载《法学家》2013年第6期；王洪亮：《法律行为与私人自治》，载《华东政法大学学报》2016年第5期；徐涤宇：《物权行为无因性理论之目的论解释》，载《中国法学》2005年第2期；徐涤宇：《无因性原则之考古》，载《法律科学（西北政法学院学报）》2005年第3期；郝丽燕：《所有权转让的抽象性研究》，法律出版社2019年版，第365~366页；张保红：《冒名出卖他人不动产的法律分析》，载《法律适用（司法案例）》2017年第2期。

同（第三部分），分析物权合同的独立性，并检讨修正债权形式主义与阶段债权形式主义；其三，物权合同与清偿原因（第四部分），论证物权合同的内在无因性，并简析物权清偿行为一体说与涉因抽象物权合同说；其四，物权合同的效力无因（第五部分），辨析有因物权形式主义与无因物权形式主义，并论证无因物权形式主义的体系势能与解释潜力。最后的结论落脚于可期待的解释方向。

二、物权合同的逻辑前提：必要性

本部分的论证目的有二：其一，在《民法典》的意思自治理念与规范体系下，基于法律行为的物权变动以物权合意为要（且不论是否独立或无因）；其二,《民法典》的制度架构可容纳物权行为理论的解释可能，即物权合同独立且双重无因的解释模式，可与《民法典》规范相兼容。只有在具备此种解释可能的前提下，才有必要在后文继续讨论该解释模式较之其他解释模式是否更优。

（一）物权合意的必要性

物权合意的必要性至少体现于三方面：其一，物债二分与法律行为；其二，负担行为与处分行为的区分；其三，非债清偿型不当得利的构造。

1. 物债二分与法律行为

物债二分源自绝对权与相对权的区分。作为绝对权的物权具有对世效力，债权作为相对权则只是针对特定人的请求权。既然债权的效力仅在于“请求给付”，即无从仅依债权变动物权，即使债权的给付客体指向某物，也需要借助债务人的“给付行为（履行）”才能实现物权变动。继而产生的问题即在于，既然债权本身无法产生物权变动，作为履行内容的物权变动行为是否需要双方变动物权的“合意”呢？或者更明确地说，物权变动行为是否需要双方具备相应的行为能力，出现错误、受诈欺、受胁迫等意思瑕疵时是否应予救济，能否代理，能否附条件或附期限。一言以蔽之，应否适用意思表示规则。

意思表示是法律行为的核心要素，法律行为则是实现意思自治的制度工具。民法的根本价值理念是在不损及他人的范围内，由私法主体自行设计其法律关系，民法规范的主要功能在于为私主体的自我设计行为提供救济。就此而言，物权变动当以意定为常态，变动物权的意思即意思表示，物权合意即物权要约与物权承诺的结合。换言之，区分物权与债权，并确立法律行为制度，其逻辑推演即设立债权与变动物权需要不同的合意内容。

我国《民法典》在法典层面区分了物权（第114~116条）与债权（第118~122条）的不同效力，编章体例上物权编与合同编、侵权责任编的区分对应物债二分，法律行为制度撑起了总则编。引申而言，甚至可以说，没有物债二分就不需要法律行为，没有法律行为即不需要民法总则。因为法律行为是对依当事人意愿设计权利关系的抽象概括，民事权利以物权、债权所代表的绝对权与相对权二分为基点，若否认规范层面的物权合意与物权行为，所谓法律行为即以债权合同为典型，也就没有必要抽象出“法律行为”概念，停留在“合同”概念层面指称债权合同即可。

可能的质疑是，物债二分甚或绝对权与相对权二分并不周严，存在有绝对效力的相对权（租赁权与预告登记等）、有相对效力的绝对权（限制物权人与所有权人的关系）、公示对抗类物权的有限排他性等中间形态与流动形态。但存在中间状态，并非物债二分的缺陷，而是权利类型序列的固有属性，物债二分仍是民法权利体系的支柱，对于中间或混合状态，也无非是二者的混合，只需探讨各自在多大的范围内适用绝对权或相对权规则。

2. 负担行为与处分行为

物债二分与法律行为制度相结合，即可以推导出负担行为与处分行为的区分。而负担行为与处分行为作为制度分析工具，进一步支撑了物权合意的必要性。首先，负担行为只能创设债权，而不能直接变动既存权利，从而不能负载物权变动的法律效果；处分行为则直接变动既存权利，物权变动意思以处分行为负载最相契合。其次，处分行为适用处分客体特定原则，与物权客体特定原则相呼应；负担行为仅产生给付义务，给付内容可得确定即可，且一项负担行为不妨包含若干项给付义务，无法准确对应待变动的物权。再次，处分行为以处分权为生效要件，负担行为的生效则与处分权无关。处分权的核心是以意思表示变动物权的权限，物权意定变动以处分权为要，需要处分行为性质的物权合意。最后，处分行为奉行效力优先原则，数项处分行为内容相抵触时最初的处分有效；多项给付内容相同的负担行为则效力平等。处分行为一旦生效，对第三人为相同内容的处分即不再可能；买卖合同等负担行为的订立本身则无法阻止当事人一方与第三人另行订立合同。物权意定变动行为只能体现为处分合意，时间在先者效力在先。

《民法典》规范体系中同样隐含了负担行为与处分行为的区分。其一，依第 597 条出卖人即使无处分权，也不影响买卖合同的效力，不以处分权为生效要件，体现的正是负担行为的特征。其二，第 598 条将出卖人主给付义务拆解为交付与移转标的物所有权两项，说明所有权移转并非买卖合同的直接效果，而仅是出卖人负担的给付义务所指向的内容，从而买卖合同仅为负担行为。其三，第 311 条善意取得所涉之“无处分权人将不动产或者动产转让给受让人”的表述中，“转让”指向处分行为，否则不必以“处分权”约束。其四，第 232 条规定“处分”非因民事法律行为取得的不动产物权，“未经登记，不发生物权效力”，其间的“处分”也应解释为处分行为，只有作为处分行为的物权行为才以公示为生效前提。

3. 非债清偿型不当得利

非债清偿型不当得利是最重要的给付不当得利。给付不当得利意义上的给付，是有意识且有目的地增益他人财产。基于清偿原因的给付，如果给付目的（清偿效果）因债务不存在等原因而未能实现，则产生非债清偿型不当得利。[1]具体到买卖交易场景，即使买卖合同无效，双方移转所有权的行为仍构成“给付”内容，给付须“有意识且有目的”，给付人的目的指向清偿，给付人的“意识”则指向让与所有权的意思表示。所有权移转须具备双方合意，此即物权合意。买卖合同无效，将导致清偿目的落空，但并不影响有意识的所有权移转行为产生的物权变动效果，只是该受让人因此取得的物权应予不当得利返还。

我国《民法典》于第三编第二十九章专章规定不当得利，第 985 条但书

---

〔1〕 参见［德］汉斯·约瑟夫·威灵：《德国不当得利法》（第 4 版），薛启明译，中国法制出版社 2021 年版，第 16 页。

的不当得利排除事由均指向给付不当得利，可解释给付不当得利与非给付不当得利的区分，非债清偿型不当得利有其规范基础，也是物权合意必要性的重要注脚。

4. 物权合意否认说简析

（1）意思主义。

有观点将意思主义定性为“债权意思主义”，认为债权合同的生效可直接导致物权变动，不需要物权合意。〔1〕但也有观点恰切地指出，意思主义之下，买卖合同一经生效即移转所有权，其间所涉合意与其说是债权合意，不如说是物权合意。〔2〕此外，在我国的公示生效原则之下，仅债权合意也不能变动物权，否则将产生体系悖反：一方面，承认当事人已经以债权合意变动物权；另一方面，又以未经公示为由否认物权变动。

（2）纯正债权形式主义。

纯正债权形式主义以“债权合同 + 公示”解释物权变动，认为债权合同本身不产生物权变动效果，物权变动是债权合同的履行效果，而履行是效果法定的事实行为，从而不需要物权合意，但需要处分权。据此，若债权合同有效，物权可能发生变动，也可能因欠缺处分权无法变动；若债权合同无效，则物权必然无法变动。此解释模式与《民法典》第 597 条无处分权不影响买卖合同效力的规则并无表面冲突，但却以牺牲意思自治为代价。

其一，否认物权合意的必要性，即否认了物权变动层面意思表示与法律行为规则的适用，尤其是在非即时交易中，将导致一系列有悖意思自治的不公结果：行为能力欠缺者也可无障碍地移转物权，有悖行为能力制度的保护意旨；因意思错误、受诈欺、受胁迫移转物权也难以否定物权变动的后果；〔3〕物权变动丧失代理与附条件附期限的可能性。

〔1〕 参见尹田：《物权法》（第 3 版），北京大学出版社 2022 年版，第 78 页。

〔2〕 参见葛云松：《物权行为理论研究》，载《中外法学》2004 年第 6 期；刘家安：《买卖的法律结构——以所有权移转问题为中心》，中国政法大学出版社 2003 年版，第 121~123 页。

〔3〕 对此，债权形式主义主张不必予以救济，因为即使否认物权变动效力，出让人仍有履行的义务，参见王轶：《民法学如何讲道理？——以物权变动模式的立法选择为例》，载《中外法学》2023 年第 1 期。但本文认为，在多重买卖情形下，出卖人有向其他买受人履行的可能，纯正债权形式主义的主张则无异于要求，买卖合同一经缔结出卖人处分权即受限制。

其二，就所有权保留的构造而言，纯正债权形式主义的解释是，买卖合同中的“所有权转移相关的合同条款附有生效条件”，条款所附生效条件成就，“买受人即得请求出卖人履行转移标的物所有权的合同义务”，[1]即所有权移转义务条款附条件，债权债务产生未附条件。然而，问题在于，得“附条件”者仅限法律行为，若所有权移转义务可附条件，即意味着所有权移转系于当事人的意思，从而并非事实行为，而系物权合意。

其三，该说否认物权合意的前提是，履行（清偿）行为是事实行为。但清偿行为的性质素有争议。《民法典》第560条规定的债务人清偿指定权，似更支持清偿需要清偿意思表示的法律行为说。本文认为，出于维护意思自治的考虑，清偿合意至少是准法律行为，得准用法律行为规则。[2]

其四，需要公示的物权变动是“基于法律行为的物权变动”，即依当事人意思的物权变动，非依法律行为的物权变动（《民法典》第229~231条）则不以公示为前提。所公示的当事人意思，当为物权合意，而非债权合意。但在纯正债权形式主义“债权合同＋公示”的解释模式下，物权变动被解释为“作为事实行为的履行行为”所生效力，因否认其间的意思表示要素，实为非依法律行为的法定物权变动。

（二）双重无因物权合同的解释可能

在意思自治理念下，物债二分与法律行为的体系架构、负担行为与处分行为的区分、非债清偿型不当得利的法律构造，共同支持意定物权变动以“物权合意”为要。继而产生的问题是，物权合意是否区别于债权合同（独立性），其成立是否抽象于（清偿）原因（内在无因），其效力是否抽象于债权合同的效力（外在无因）。

本文的论证方向是双重无因物权形式主义“独立＋内在无因＋外在无因”的解释模式。首先需要说明我国实证法存在此种解释可能性，在此前提下，再分层次（独立→内在无因→外在无因）论证其具体解释结构以及与其他模式相比的解释优势（下文第三部分至第五部分）。

---

〔1〕 参见王轶：《区分原则：区分什么？》，载《东方法学》2022年第4期。

〔2〕 参见吴香香：《〈民法典〉第598条（出卖人主给付义务）评注》，载《法学家》2020年第4期。

就解释可能性而言，《民法典》文义既未明文规定意定物权变动以原因为内在要素，也未明确要求物权变动以基础关系有效为前提。同时，上文支持物权合意必要性的论据，也可进一步用以支持双重无因物权形式主义的解释可能：其一，物债二分与法律行为，可以容纳物权合同独立于债权合同，不以原因为内在要素，且效力不受债权合同影响；其二，负担行为与处分行为的二分，同样与物权合同的独立、内在无因、外在无因逻辑方向一致；其三，非债清偿型不当得利，也与双重无因解释结构相匹配，物权行为的无因性正是由此类不当得利导出的。〔1〕

三、物权合同与债权合同：独立性

上文集中探讨了基于法律行为的物权变动以物权合意为必要，而该物权合意是否独立于债权合同，则是本部分的论证重点。本文所使用的“独立性”系指物权合同相对于债权合同的独立性，即物权合意不能被债权合意所涵括。

（一）物权合同独立性的解释需求

1. 清偿目的物权合同的独立性

债有法定之债与意定之债之分，法定之债的给付内容指向物权让与时，因并无前置的“债权合同”作为基础关系，物权合意只能以独立物权合同的面目出现。意定之债的产生依据也不限于债权合同，单方负担行为所生之债，若以物权让与为给付内容，因“单方负担行为”无法负载合意，也须通过独立物权合同完成物权让与。即使是债权合同的履行，也可能因履行人或受领人并非合同当事人，而无法实现以债权合意负载物权合意，如由第三人履行（《民法典》第 523 条、第 524 条）或向第三人履行（《民法典》第 522 条）的合同。在债权让与情形中，受让人与债务人间也并无先在的“债权合意”，只能以独立物权合同作为给付。

债权合同双方当事人作为履行直接当事人时，同样存在物权合同独立性

〔1〕 参见徐涤宇：《无因性原则之考古》，载《法律科学（西北政法学院学报）》2005 年第 3 期。

的解释需求。兹以最典型的买卖合同为例。

首先，买卖合同双方均负担债务，出卖人的所有权移转需要物权合意，买受人的价款支付同样需要物权合意，所谓债权合意与物权合意合一，预想的对象多为所有权让与合意，但是很难认为买卖合同同时表达了价款所有权移转合意。尤其是在电子化支付背景下，更不宜牵强地认为买卖合同中内含了特定账户金额的债权让与合意。

其次，就买卖标的物所有权移转而言，更需要独立于债权合意的物权合同。其一，物权合意以处分权为要，若债权合意与物权合意一体化于买卖合同之中，处分权要求就只能加诸买卖合同，合乎逻辑的结论是，出卖人欠缺处分权则买卖合同不生效，〔1〕买受人无从主张违约责任，只能主张缔约过失责任。即使在即时交易中亦然。这不仅限制了买受人的救济，且与《民法典》第 597 条的规范内容相悖。其二，种类买卖情形，债权合意与物权合意之间还有另一项意思表示，即“标的物特定化”，前二者无法一体化。〔2〕其三，在不动产买卖、远期 / 远程买卖、未来物买卖、分批履行买卖等非即时交易情形中，买卖合同的订立与履行存在时间差，物权合意有单独适用意思表示 / 法律行为规则的现实需求。

最后，物权合同独立于买卖合同，更有利于履行抗辩权（《民法典》第 525~527 条）的功能实现。若认为物权合意内含于买卖合同之中，在买受人拒付价款时，出卖人即丧失了以拒绝作出所有权让与意思作为抗辩手段的可能。

2. 非清偿目的物权合同的独立性

物权意定变动的目的不限于清偿。在要物合同中，债权合意的成立以“物权已经移转”为前提，物权合意无法内含于尚未成立的债权合意之中。在以物权移转作为债权合同所附“条件”或“期限”时，物权合意同样无从被债权合同涵括。

---

〔1〕 这也确实是修正债权形式主义的主张，参见崔建远：《无权处分辨——合同法第 51 条规定的解释与适用》，载《法学研究》2003 年第 1 期；崔建远：《无权处分再辨》，载《中外法学》2020 年第 4 期。

〔2〕 参见朱庆育：《民法总论》（第 2 版），北京大学出版社 2016 年版，第 173 页。

（二）物权合同独立性的解释效度

物权合同独立性不仅有解释需求，更有其解释优势，体现了法律思维工具的专业化、维护了意思自治空间，并使其对立概念负担行为（债权合同）的面目更清晰。

1. 法律思维工具的专业化

物权合同独立性源自对法律体系的准确思考。物权行为最常面临的质疑是与生活现实不符，现实世界并不存在物权合同。但法律是生活的抽象而非生活本身。〔1〕物权合同是规范工具，生活事实与规范概念并非一一对应，同一生活事实可能同时引发不同法律效果，从而同时符合规范意义上若干项行为的构成要件，在法律上受多重评价。现实存在性并非法律思维概念的恰当判准。〔2〕但这并不影响现实中存在体现独立物权合同的交易素材，〔3〕甚至英美法中也存在可与独立物权合同对应的不动产契据交付。〔4〕物权合同独立性作为法律分析工具的功能，在于更准确地剖析法律关系。专业领域内的技术进步是值得追求的方向，更精细的分析工具导向的是更专业的论证模式。

此外，若论观念上的“拟制”程度，“债权合同”概念较之“物权合同”亦不遑多让，甚至犹有过之。〔5〕在日常买卖交易中，当事人更容易理解的可能反而是标的物所有权的移转与价金所有权的移转，至于负担行为及其所生的债权债务关系与“债”的概念，与现实生活更为疏离。于此，与其说被“拟制”的是“物权合意”，不如说是“债权合意”。

2. 意思自治空间得以维护

物权合同独立性更坚实的理由在于意思自治。虽然物债合意一体说也可能诉诸意思自治，认为二者合一更符合当事人的意思。但由此产生的问题是，

---

〔1〕 参见田士永：《物权行为理论研究——以中国法和德国法中所有权变动的比较为中心》，中国政法大学出版社2002年版，第366页。

〔2〕 参见常鹏翱：《论现实存在与物权行为的无关联性——对相关学理争辨的再辨析》，载《法学》2015年第1期。

〔3〕 有观点在此意义上主张物权行为客观存在，参见谢怀栻、程啸：《物权行为理论辨析》，载《法学研究》2002年第4期。

〔4〕 参见吴一鸣：《英美物权法：一个体系的发现》，上海人民出版社2011年版，第114~115页。

〔5〕 参见葛云松：《物权行为理论研究》，载《中外法学》2004年第6期。

一体说是否允许当事人约定“债权合意”与“物权合意”的分离？若贯彻意思自治的立场，则没有理由反对当事人的“分离约定”。而允许当事人“约定分离”，也就承认了物权合同的独立性。换言之，物权合同独立性是意思自治的必然推论。

独立物权合意与债权合意的时间关系有三：其一，债权合意在先，物权合意在后；其二，债权合意与物权合意同时作出；其三，物权合意在先，债权合意在后。物权合意以何种形式作出，系意思表示解释问题。所谓“一体化”对应的实为“债权合意与物权合意同时作出”，但因债权合意与物权合意的要件与效力均不同，即使“同时作出”，也应分别判断其成立与效力。更重要的是，独立物权合同的解释模式之下，因为就物权合意单独适用意思表示与法律行为规则，与“一体说”相比，当事人的意思自治空间更为广阔。

3. 负担行为的面目更清晰

物权合同与债权合同的区分，不仅使物权合同本身的构造与效力更明晰，也使债权合同作为负担行为的面目更清晰。

其一，在独立物权合同的解释模式下，《民法典》第 215 条所规定的“有关设立、变更、转让和消灭不动产物权的合同”就可解释为仅产生负担效力的债权合同，因为其中并未包含物权合意，从而效力不受物权登记影响，在逻辑上更为一贯。

其二，《民法典》第 221 条预告登记所登记者，也是仅产生负担效果的不动产物权协议。因为剥离了物权合意，预告登记者仅为债权。若不区分“物权合意”与“债权合意”，一体包含于不动产物权协议中，则因该协议中已包括“物权合意”，“预告”即丧失意义，“登记”直接导致物权变动。

其三，《民法典》第 320 条的从物随主物转让规则，宜作为负担行为层面的意思表示解释规则，即仅限负担行为层面的“从随主”，而不及于处分行为。因为处分行为有处分权要求，法律不能强迫无权处分，在主物与从物所有权人不同一时，可解释为主物所有权人亦负担从物所有权移转义务。而若在处分层面解释“从随主”，一方面，不仅只能将此规则的适用范围限定于所有权人同一情形；另一方面，主物所有权人仍负有从物交付义务，该义务的产生依据仍须诉诸负担行为。

其四，同理，《民法典》的“房随地走”规则（第356条、第357条），也可解释为负担行为的意思表示解释规则。因为随走规则所涉的房权与地权主体未必同一，如果强使二者在处分行为层面“一并处分”，无异于法律强制的无权处分。

4. 物债合意非区分说简析

（1）修正债权形式主义。

修正债权形式主义认为债物合意一体化于买卖合同之中，二者只能整体有效或无效，从而主张将处分权要求加诸买卖合同，换言之，出卖人欠缺处分权则买卖合同整体不生效，并据此在立法论层面对《民法典》第597条第1款持怀疑态度。〔1〕本文认为，修正债权形式主义有悖负担处分二分的清晰逻辑，且因一体捆绑物权合意与债权合意，导致物权合意无法单独适用意思表示与法律行为规则，限制了当事人自治空间。而且，当该理论主张物权合意不独立时，与物权合意一体的债权合意也无法独立，其结果是，原本仅适用于物权合意效力的处分权要求被扩张至债权合意之上。

除与实证法规则冲突之外，该解释模式还面临解释难题。债权合意与物权合意一体，且交付之前物权不移转，那么，交付之前当事人一方能否撤回物权合意？依《最高人民法院关于审理买卖合同纠纷案件适用法律问题的解释》（法释〔2020〕17号）第6条、第7条的动产多重买卖履行规则，履行顺序并非以时间先后为优先判定标准，而是以受领交付的买受人的履行顺序最优先为判定标准。假设出卖人甲先与第一买受人乙签订某动产买卖合同，再与第二买受人丙签订同一动产买卖合同，并将该动产交付于丙。如果采修正债权形式主义的解释模式，就意味着甲与乙的买卖合同中包含了物权合意，在甲与丙的买卖合同中也包含了相同内容的物权合意（否则丙无从取得所有权）。由此推论，交付之前买卖合同中的物权合意，一则无法构成对出卖人处分权的限制，否则甲即无权与丙再达成物权合意（即使该合意包含于买卖合同之中）；二则不具有形式拘束力，公示之前可随时撤回（甲与丙订立在后的买卖合同中包含的物权合意结合嗣后的交付，即意味着甲撤回与乙的物权合

〔1〕 参见崔建远：《无权处分再辨》，载《中外法学》2020年第4期。

意）。既然交付前所有权不移转，且交付前可保留买卖合同效力而单独撤回物权合意，那么，出卖人在交付前撤回物权意思表示后，若仍向同一买受人为履行，双方就须再达成一个独立的物权合意。[1] 据此，从修正债权形式主义的前提出发，反而得出了独立物权合意的解释空间。

（2）阶段债权形式主义。

阶段债权形式主义，虽然仍坚持债权合意与物权合意的一体，但区分了买卖合同的不同交易阶段，前一阶段的债权合意发生履行效力，后一阶段的物权合意发生移转效力，处分权仅影响后阶段的物权合意，较之修正债权形式主义的整体无效，增加了债权合意有效但物权合意无效的效力形态。[2] 效力组合形态的增加，意味着自治空间的扩张，在此意义上，阶段债权形式主义比此前的债权形式主义更符合意思自治。阶段债权形式主义在解释效果上与有因物权形式主义已非常接近，只是维持了债权合意与物权合意一体的表象。

然而该一体表象是否值得维持，也颇值疑问。因为将买卖合同理解为债权合意与物权合意的整体时，存在的就不是一个仅产生负担效果的买卖合同，而是“买卖合同+物权合同”的非典型合同中的契约联立。[3] 以此解释买卖合同，无异于创设了一种法律强制的合同联立。

进言之，因阶段债权形式主义将买卖合同区分为债权合意与物权合意两个阶段，应可适用《民法典》第 156 条的“民事法律行为部分无效”规则，合乎规范文义的适用结论似乎应是“债权合意部分”无效，不影响“物权合意部分”的效力；“物权合意部分”无效，也不影响“债权合意部分”的效力。

（三）物权合同的类型序列

本文主张物权合同的独立性，作为双方法律行为，物权合同也符合《民法典》第 464 条第 1 款关于“合同”的定义，可适用合同编通则的要约承诺

[1] 参见葛云松:《物权行为理论研究》,载《中外法学》2004 年第 6 期。
[2] 参见吴光荣:《物权法精讲:体系解说与实务解答》,中国民主法制出版社 2023 年版,第 274 页。
[3] 参见叶金强:《公信力与物权行为无因原则》,载《清华法学》2005 年第 1 期。

等规则（第 467 条第 1 款）。但因物权合同不产生义务，无履行问题，其功能在于保障物权处分基于物权人的自由意志，因而在公示之前并无形式拘束力（可撤回），也不构成处分权的限制。[1] 关于物权变动模式的讨论，多以买卖交易的所有权移转为典型对象，但物权合同的类型不限于所有权让与合同，还有各类用益物权合同与担保物权合同，以及物权废止合同。

依公示效力，可区分公示生效的物权变动与登记对抗的物权变动。

1. 公示生效的物权变动

关于公示生效的物权变动，以居住权为例，设立居住权的物权合同 = 居住权设立的物权合意 + 登记。根据《民法典》第 367 条设立居住权需要订立书面居住权合同，由此产生的问题是，在物权合同独立性观点之下，居住权合同是债权合同还是物权合同？设立居住权的物权合意何在？对此，最高人民法院关于《民事案件案由规定》（法〔2020〕347 号）基于物债二分的逻辑，区分了“居住权合同纠纷”与“居住权纠纷”，并将“居住权合同纠纷”作为债权合同纠纷。据此，“居住权合同”似被解释为债权合同。但本文认为，物权合意何在，是意思表示解释问题，可以明示，亦可默示；可以单独的合意为之（从而与居住权合同、登记有时间差），亦可与居住权合同同时默示作出，还可在登记的同时默示作出（通常可作此解释）。唯在有疑义之时，可将《民法典》第 367 条作为意思表示解释规则，即有疑义时，“居住权合同”是同一文本负载了负担行为与处分行为两项合意，但两项合意仍是规范意义上的两项合同，各自适用债权合同规则与物权合同规则。《民法典》第 348 条的建设用地使用权出让合同、第 400 条的抵押合同、第 427 条的质押合同亦可作类似解释。

2. 登记对抗的物权变动

关于登记对抗的物权变动涉及的问题是，此类物权变动具备合意即可，登记并非生效要件，独立的物权合同是否仍有必要？本文认为，物权合同的独立性与登记对抗并不冲突，引发物权变动的仍是物权合意（处分行为），而非负担行为，仍以处分权为要，适用物权客体特定等处分行为规则，只是

〔1〕 参见苏永钦:《物权行为的独立性与无因性》，载苏永钦:《私法自治中的经济理性》，中国人民大学出版社 2004 年版，第 165~166 页。

此类物权合同所变动的物权与公示生效类物权的排他效力范围不同。据此，《民法典》第 333 条的土地承包经营权合同、第 341 条的流转期限五年以上的土地经营权流转合同、第 373 条的地役权合同、第 400 条的抵押合同等规范，也可作为意思表示解释规则，即有疑义时，解释为当事人以同一文本负载了负担行为与处分行为两项合同，但仍须各自适用债权合同规则与物权合同规则。

作为非典型担保的所有权保留、融资租赁、让与担保，在所有权构造说之下，可解释为负担行为生效，但物权合同附条件，即所有权让与附延缓条件（所有权保留、融资租赁）或解除条件（让与担保）；在担保权构造说之下，则需要通过意思表示解释确认具备设定担保权的物权合意。

四、物权合同与清偿原因：内在无因

在物权意思区别于债权意思，从而无法与债权意思一体化的前提下，继而需要讨论的问题是：作为债权履行内容的物权合同，是否以清偿合意（原因合意）为内在要素（成立要件），此即物权合同的内在无因性问题。

若认为清偿合意是物权合同的成立要件（内在有因），进一步的问题则是，清偿合意所指向的债权无效或不存在，是否影响物权合同的效力。该问题的实质是，物权合同的效力是否受基础关系（如债权合同）的效力影响，此即外在无因性问题。而若认为清偿合意并非物权合同的内在要素（内在无因），同样需要进一步探讨，物权合同的效力是否受基础关系（债权合同）的效力影响。

由此可知，物权合同的内在无因性与外在无因性分别针对两个不同的问题：前者解决的是物权合同的成立是否以清偿合意为要素（而无论清偿合意指向的债权是否真实存在）；后者解决的是物权合同的效力是否受基础关系效力的影响。本部分讨论的内在无因性问题与“原因理论”密不可分。

（一）给与行为与给与原因

“原因”的全称是“给与原因”，用以说明“给与行为”的正当性。给与行为是增益他人财产利益的行为。[1]债权合同与物权合同均是给与行为：债权合同使相对方取得债权，物权合同使相对方取得物权。给与原因是给与行为的法律目的，而非经济目的，从而区别于动机。[2]典型的给与原因有三：清偿原因、取得原因与赠与原因。[3]清偿原因，意味着给与的目的在于履行债务。取得原因，说明给与的目的在于取得某种对待利益，如双务合同一方给与对方债权的目的，在于获得对方提供的对待给付。赠与原因，则意在使对方无偿得利。

依给与原因是否构成给与行为的内在要素，给与行为分为“（内在）有因行为（要因行为）”与“（内在）无因行为（不要因行为）”：前者以给与原因为内在要素，无原因合意或原因合意无效，[4]则给与行为不成立；后者则不以给与原因为内在要素，欠缺原因合意并不影响给与行为的成立。“无因”行为虽然不以给与原因为成立要件，但欠缺原因将导致该给与行为所生财产变动丧失“正当性”，从而构成不当得利。

具体到债权行为与物权行为，仍以买卖交易为例说明。债权行为通常是有因行为，买卖合同是债权行为，给与原因是“取得原因”，即以己方为对方设立债权换取对方的对待给付。若双方未达成买卖合意，如一方认为是买卖，一方认为是赠与，则买卖合同不成立。履行买卖的物权行为，给与原因是“清偿原因”，出卖人移转标的物所有权于买受人、买受人支付价金的目的，均在于清偿己方因买卖合同负担的债务。在此情境下，物权合同是“（内在）有因”还是“（内在）无因”，所讨论的即物权合同是否以“清偿原因”为内在要素（成立要件）。

---

〔1〕参见张俊浩主编：《民法学原理》（修订第3版）（上册），中国政法大学出版社2000年版，第244~246页；朱庆育：《民法总论》（第2版），北京大学出版社2016年版，第139页。

〔2〕Vgl.Andreas von Tuhr, Der Allgemeine Teil des deutschen Bürgerlichen Rechts, 2.Bd., 2.Hälfte, München und Leipzig: Ducker &Humbolt, 1918, S.63.

〔3〕参见芮沐：《民法法律行为理论之全部（民总债合编）》，中国政法大学出版社2003年版，第221页。此三类原因并非穷尽列举，参见［德］维尔纳·弗卢梅：《法律行为论》，迟颖译，法律出版社2013年版，第181~182页。

〔4〕给与原因通常需要双方合意，也可能由给与人单方意思决定。Vgl.Andreas von Tuhr, Der Allgemeine Teil des deutschen Bürgerlichen Rechts, 2.Bd., 2.Hälfte, München und Leipzig: Ducker &Humbolt, 1918, S.80f.

（二）物权意思与清偿意思

1. 物权合同的清偿原因

物权合同作为给与行为，用以说明其正当性的给与原因不限于清偿原因，如要物合同之“要物”物权行为作为给与，目的可能在于取得对方的对待给付。但清偿原因仍是最典型的物权行为给与原因。就买卖场景而言，若认为物权行为“内在有因”，以清偿原因为内在要素，即以双方达成清偿合意为物权合同的成立要件；反之，若认为物权行为“内在无因”，则清偿合意并非物权合同的成立要件，但是欠缺清偿合意的物权移转丧失正当性，受让人依无因物权行为取得的物权应予不当得利返还。

但是，物权合同是否以清偿原因合意为成立要件，与清偿原因合意所指向的债权存在或效力是否影响物权合同的生效，是两个层面的问题。

在内在有因立场下，以清偿原因合意为物权合同的成立要件，至于原因合意所指向的基础债权是否存在或有效，并不影响物权合同的“成立”；但基础债权的存在或效力是否影响物权合同的“生效”，又可有肯定（外在有因）与否定（外在无因）两种观点。物权清偿行为一体说在实质效果上即相当于“内在有因＋外在有因”，涉因抽象物权合同说则系“内在有因＋外在无因”。

在内在无因立场下，清偿原因合意并非物权合同的成立要件，从而原因合意所指向的债权是否存在或有效，也无从影响物权合同的“成立”；至于基础债权的存在或效力是否影响物权合同的“生效”，逻辑上同样可以有肯定（外在有因）与否定（外在无因）两种取向。

本文认为，物权合同不以给与原因为内在要素，从而不以原因合意为其成立要件，即系无因给与行为（内在无因）。[1]《民法典》并无条文明定，物权意定变动以原因合意为成立要件。意思自治理念下，物权让与意思本身即为独立的效果意思，也不宜将外在的另一重“原因合意”强行设置为其成立要件。而且，以原因合意为物权合同的成立要件，还会增加物权移转的举证负担。

---

〔1〕 外在无因行为问题，留待下文第五部分探讨。

2. 物权清偿行为一体说简析

物权清偿行为一体说认为，买卖场景下，出卖人让与所有权的意思包含在清偿意思中，清偿系出卖人的单方法律行为，因而清偿意思与物权意思合一为出卖人的单方清偿行为。[1] 在此意义上，该说认为物权意思并不独立，不过不是不独立于债权合同，而是不独立于清偿行为。该说进而推论，物权变动与清偿效力同时发生，若买卖合同无效，则无从发生清偿效力，也就无法发生物权变动。[2] 本文认为，若物权意思与清偿意思合一，法律效果上即相当于物权行为的“内在有因”；物权变动以买卖合同有效为前提，又与“外在有因”效果一致。据此，物权清偿行为一体说与主张“物权合同内在有因 + 外在有因”的实际效果几无差别。在此观点下，若买卖合同有效，物权清偿行为可能一体有效、也可能最终无效；若买卖合同无效，则物权清偿行为必然一体无效。

物权清偿行为一体说，从清偿视角观察作为履行内容的物权变动，颇具启示价值。但该说仍有其困境：其一，无法解释基于清偿原因之外其他给与原因的物权行为；其二，体系上几乎掏空非债清偿型不当得利，在此观点下，非债清偿无法产生物权变动，也就不产生不当得利；其三，加重了物权移转的举证负担，还须证明清偿意思存在，且清偿效果发生；其四，最重要的是，限制了当事人的自治空间。清偿意思与物权意思本可有时间差，即可同时作出，亦不妨先后作出。[3] 而且，采此观点，还需要回应，是否允许当事人约定清偿意思与物权意思相互分离，若不允许，则有悖自治理念；若允许，则仍需要解释二者分离情形下的交易构造，即物权意思的内在无因。

3. 涉因抽象物权合同说简析

涉因抽象物权合同说在明确区分债权合同与物权合同的前提下，认为物权合同必有原因（典型者为清偿原因），无原因则物权合同不成立，从而为“内在有因”；但原因债权不必有效，即使债权不存在，物权合同仍然发生效力，只是受让人的物权取得构成不当得利，据此，物权合同的效力不受债权

---

〔1〕《民法典》第 560 条第 1 款虽规定了债务人（单方）清偿指定权，但实质是任意规范性质的补充性解释规则，适用于双方当事人未就清偿达成合意情形。

〔2〕参见孙维飞：《论物权变动的“清偿模式”》，载《中外法学》2023 年第 1 期。

〔3〕参见芮沐：《民法法律行为理论之全部（民总债合编）》，中国政法大学出版社 2003 年版，第 226~227 页。

合同效力影响，从而为“外在无因”。[1]

涉因抽象物权合同说实质相当于主张物权合同“内在有因 + 外在无因”。最终的效力组合形态有四：其一，债权合同与物权合同均有效；其二，债权合同与物权合同均无效；其三，债权合同有效 + 物权合同无效；其四，债权合同无效 + 物权合同有效。该理论清楚地显示了“是否需要（清偿）原因合意”与“是否需要有效的原因债权”是两个不同层面的问题：前者回答“内在有因 / 无因”，后者回答“外在有因 / 无因”。内在有因不必然外在有因，内在无因也不必然外在无因。

该说与本文主张的“物权合同内在无因 + 外在无因”仅有一步之遥，即该说仍主张物权合同须以原因合意为内在要素，虽然原因债权本身不必有效。该说产生的后果是，在举证方面，为了证明物权让与，不仅需要证明物权合意 + 公示，还须证明（清偿）原因合意的存在。但本文认为，在意思自治理念下，也应为私法主体预留举证分配的意定空间，将清偿合意从物权合同中剥离，可在举证分配层面扩张自治空间。

（三）独立性与内在无因性

本文在物权合同与债权合同相分离的意义上使用物权行为的“独立性”，就物权合同是否与给与原因合意分离，则被归为“内在有因 / 无因”问题。于此，独立性是讨论内在是否无因的前提。但若认为物权意思与（清偿）原因合意同一，从而并不“独立”，如物权清偿行为一体说，则是在另一意义上使用“独立性”一词。

“内在无因”描述的是不以原因合意为内在要素的给与行为，即不以原因合意作为成立要件，实质相当于“成立无因”。就此而言，“（内在）无因（给与）行为”不限于物权行为，甚至不限于处分行为，负担行为也不妨特约为无因，如票据行为、抽象债务允诺等。[2] 内在无因导致的最重要效果是举证

〔1〕参见［德］霍尔斯特·海因里希·雅科布斯：《十九世纪德国民法科学与立法》，王娜译，法律出版社 2003 年版，第 211~213 页。

〔2〕参见芮沐：《民法法律行为理论之全部（民总债合编）》，中国政法大学出版社 2003 年版，第 235~236 页。

责任的变化，[1]无因行为的成立将原因要素排除，不以证明原因合意的存在为要。即使采内在有因说，也应允许当事人特约为内在无因，从而为举证分配保留意思自治空间。

五、物权合同的效力无因：外在无因

如果说内在无因问题针对的是物权合同与原因合意的关系，是成立上的无因与否；外在无因问题回答的则是，物权合同的效力是否受作为其基础关系的债权合同的效力影响，是效力上的无因与否。

（一）在有因与无因之间

1. 所谓“原因”：两种意义的“原因”

如上文所述，严格意义上的“原因”，系指“给与行为”的“给与原因”。但谈到物权合同的“原因”时，也有观点将其等同于“原因行为”，即作为其基础关系的债权合同。[2]据此，物权合同的“原因”有两种不同用法：其一，指给与原因（常为清偿原因）；其二，指原因行为（常为债权合同）。

2. 何谓“无因”：内在无因与外在无因

与“原因”的两重含义相对应，物权合同的无因性也有两重含义：一重指向物权合同与给与原因的关系，此为内在无因性（内容无因 / 内容抽象 / 内在抽象）问题；另一重指向物权合同与原因行为的关系，此为外在无因性（外部无因 / 外部抽象 / 外在抽象）问题。[3]通常所谓的物权行为“无因性”，

〔1〕参见陈自强：《无因债权契约论》，中国政法大学出版社 2002 年版，第 149 页。

〔2〕参见刘家安：《民法物权》，中国政法大学出版社 2023 年版，第 90 页；茅少伟：《民法典编纂视野下物权变动的解释论》，载《南京大学学报（哲学·人文科学·社会科学）》2020 年第 2 期。

〔3〕Vgl. Wieling/Finkenauer, Sachenrecht, 6.Aufl., Heidelberg: Springer, 2020, S.32; Marina Wellenhofer, Sachenrecht, 34.Aufl., München: C.H.Beck, 2019, S.32；王泽鉴：《民法物权》（第 2 版），北京大学出版社 2023 年版，第 106 页；刘家安：《民法物权》，中国政法大学出版社 2023 年版，第 90 页；王洪亮：《法律行为与私人自治》，载《华东政法大学学报》2016 年第 5 期；常鹏翱：《另一种物权行为理论——以瑞士法为考察对象》，载《环球法律评论》2010 年第 2 期；茅少伟：《民法典编纂视野下物权变动的解释论》，载《南京大学学报（哲学·人文科学·社会科学）》2020 年第 2 期。

多指外在无因性（狭义无因性）。[1] 此外，内在无因的物权行为之给与原因不限于清偿原因；外在无因则几乎仅对基于清偿原因的物权行为有意义，涉及的是产生清偿原因的债权合同与物权合同的效力关系。

3. 有因与无因之争

有因与无因之争，通常限于狭义的外在无因性问题，即物权合同效力是否受其原因行为（债权合同）的影响，并据此区分“有因物权形式主义”与“无因物权形式主义”两大阵营。但若结合外在无因性与内在无因性两重问题，则有四种排列组合浮出水面：“外在有因”存在“内在有因 + 外在有因”与“内在无因 + 外在有因”两种可能；“外在无因”则有“内在有因 + 外在无因”与“内在无因 + 外在无因”两种可能。

在这四种排列组合中，“无因物权形式主义”对应“内在无因 + 外在无因”，实为双重无因；“涉因抽象物权合同说”对应“内在有因 + 外在无因”，该说与“无因物权形式主义”仅一步之遥。“有因物权形式主义”主张物权合同的生效以原因行为（债权合同）有效为前提（外在有因）清晰可辨，有疑问的是，该主张之下的物权合同“内在是否有因”，即是否以“清偿原因合意”为内在要素（成立要件）？

（二）有因物权形式主义简析

1. 债权合同效力何以影响物权合同

有因物权形式主义的共同主张是：物权合同区分于债权合同，但物权合同的生效以债权合同有效为前提。若债权合同有效，物权合同有独立的效力评价空间，可能为有效，也可能为无效；但若债权合同无效，物权合同必然无效。

---

〔1〕 Vgl.Wieling/Finkenauer, Sachenrecht, 6.Aufl., Heidelberg: Springer, 2020, S.32; Marina Wellenhofer, Sachenrecht, 34.Aufl., München: C.H.Beck, 2019, S.32；王泽鉴：《民法物权》（第2版），北京大学出版社2023年版，第106页；刘家安：《民法物权》，中国政法大学出版社2023年版，第90页；王洪亮：《法律行为与私人自治》，载《华东政法大学学报》2016年第5期；常鹏翱：《另一种物权行为理论——以瑞士法为考察对象》，载《环球法律评论》2010年第2期；茅少伟：《民法典编纂视野下物权变动的解释论》，载《南京大学学报（哲学·人文科学·社会科学）》2020年第2期。

由此产生的问题是，债权合同的效力何以影响物权合同的效力？在有因物权形式主义之下，理由在于债权合同是物权合同的基础关系，物权合同是债权合同的履行内容。这就涉及“清偿”问题，所谓“物权合同生效以债权合同有效为前提”，实质是要求物权合同生效以发生清偿效果为前提。而清偿效果的发生至少需要满足两项要件：其一，清偿合意；其二，待清偿债权的有效存在。其中，“待清偿债权的有效存在”意味着作为物权合同基础关系的债权合同须有效，即“外在有因”。“清偿合意”同样会影响物权合同的效力，区别仅在于，是作为物权合同的内在要素发挥作用，还是作为物权合同之外的效力控制因素：若采用前者，为“内在有因”；若采用后者，则为“内在无因”。据此，有因物权形式主义存在两种可能的解释路向：其一，内在有因+外在有因；其二，内在无因+外在有因。

2. 两种路向的有因物权形式主义

目前我国的有因物权形式主义，多在“外在有因”的层面理解“有因”，至于“内在是否有因”则少有论及。不过，新近有观点明确采“内在无因+外在有因”立场，即物权合同不以原因合意为成立要件，但其发生效力以有效的原因行为作为前提。〔1〕

与之相对的是，上文所涉的“物权清偿行为一体说”，是在有因说的前提下，纳入清偿原因的考量，进而主张物权意思与清偿意思一体，〔2〕与“内在有因+外在有因”的双重有因构造在实际的法律效果层面差距甚微。因为双重有因必然要求，一方面物权合同以清偿合意为内在要素；另一方面发生清偿效果为物权合同发生效力的前提。二者结合实质相当于要求清偿合意内含于物权合意，从而与物权合意一体。

由此观之，“物权清偿行为一体说”与“双重有因”物权形式主义，均导向“物权意思与清偿意思的一体”，只不过前者是清偿意思囊括物权意思，将此一体行为命名为“清偿行为”；后者则是物权意思囊括清偿意思，将此一体行为命名为“物权合同”。由此引发的另一差异是，对于非基于清偿的物权

〔1〕 参见姚明斌：《〈民法典〉体系中处分行为问题之研究》，载苏永钦教授七秩华诞祝寿文集编辑委员会编：《法学的想象：大民法典》（第1卷），台北，元照出版公司2022年版，第247页。

〔2〕 参见孙维飞：《论物权变动的“清偿模式”》，载《中外法学》2023年第1期。

意定变动，双重有因模式仍使用“物权合同”指称；“物权清偿意思一体说”则可能失语。〔1〕总体而言，上文关于物权清偿行为一体说的实质评析，也可适用于双重有因物权形式主义。

若在有因物权形式主义“外在有因”的共享前提下，对比“内在有因”与“内在无因”，会发现即使内在无因说也无法摆脱“清偿合意”的影响，因为“外在有因”（物权合同的效力受债权合同的影响）的前提意味着，即使物权合同不以清偿合意为内在要素，确定某一物权合同的基础关系时，也必须借助“清偿合意”的指向来匹配。将某项债权合同作为某项物权合同的原因行为，其间必有“清偿合意”的媒介。

据此，“内在有因”的双重有因物权形式主义与“内在无因”的外在有因物权形式主义区别有二：其一，前者以清偿合意（原因合意）为物权合同的成立要件，后者则仅将其作为外在于物权合同的效力控制因素。欠缺原因合意的法律后果在前者是不成立的，后者是成立但不生效。其二，由此推论，两种模式下的举证分配也不同，前者主张物权合同效力的一方须同时证明原因合意；后者则以原因合意不存在或无效为物权合同的效力抗辩事由，由质疑物权合同效力一方举证。

两种路向的有因物权形式主义相较，“外在无因 + 内在有因”的解释方向，不以物权合意与公示以外的因素作为物权合同的成立要件，与意思自治理念或更契合，且在举证分配方面也更为合理。但在意思自治的贯彻方面，本文认为无因物权形式主义更具解释潜力。

3. 有因物权形式主义的解释强制

本文所主张的双重无因物权合同模式，可能面临《最高人民法院关于适用〈中华人民共和国民法典〉物权编的解释（一）》（法释〔2020〕24 号，以下简称《物权编司法解释（一）》）第 20 条与《最高人民法院关于适用〈中华人民共和国民法典〉合同编通则若干问题的解释》（法释〔2023〕13 号，以下简称《合同编通则司法解释》）第 24 条的解释挑战。但在物权合同独立性的

---

〔1〕该说主张放弃物权行为术语，抛弃仅称抛弃即可，不必上升为“物权行为”，参见孙维飞：《论物权变动的“清偿模式”》，载《中外法学》2023 年第 1 期。但仍未解决的问题是，既非基于清偿，也并非抛弃的“物权行为”应采何术语表达？

前提下，有因物权形式主义也并非上述两项规范唯一的解释可能。

（1）《物权编司法解释（一）》第20条的无因解释路径。

依据《物权编司法解释（一）》第20条，若“转让合同”无效或被撤销，受让人即无从善意取得。有因物权形式主义将此“转让合同”解释为“债权合同”，进而认为，债权合同无效或被撤销，无权处分的物权行为即无从善意取得，即物权合同生效以原因行为有效为前提。[1]于此存在两个层面的问题：一方面，“转让合同”是否只能解释为“债权合同”；另一方面，即使将“转让合同”解释为“债权合同”，该项规范是否一定借此体现了“有因”立场。

其一，若采无因立场，可将“转让合同”解释为“处分行为性质的物权合同”，从而该项规范意味着，如果物权合同有无权处分之外的其他效力瑕疵，则无法发生善意取得效力。采此解释既与《民法典》规范兼容，也与无因性体系一致。由此可见，该项规范本身为有因与无因两种立场都提供了解释空间。

更重要的是，无因解释模式下的利益格局可能更合理。兹举一例（无法律原因的无权处分）：乙丙签订买卖合同后，乙无权处分甲之物于善意的丙，丙支付价款后得知，乙丙间的买卖合同无效。若采有因立场，将《物权编司法解释（一）》第20条的转让合同解释为“债权合同”，则因乙丙间的买卖合同无效，丙无从善意取得，甲可直接向丙主张所有物返还请求权，丙则无法以其价金返还请求权抗辩。相反，若采无因立场，将《物权编司法解释（一）》第20条的转让合同解释为“物权合同”，则因乙丙间的物权合同并不存在效力瑕疵，丙仍可善意取得，又因乙丙间的买卖合同无效，甲可请求乙向其让与对丙的不当得利返还请求权，丙则可以对乙的价金返还请求权对抗甲。[2]相较之下，无因立场维护了善意受让人丙的抗辩可能。

其二，即使将“转让合同”解释为“债权合同”，也可从善意取得制度

〔1〕 参见姚明斌：《民法典体系视角下的意思自治与法律行为》，载《东方法学》2021年第3期。

〔2〕 参见［德］乌尔里希·胡贝尔：《萨维尼和物权法抽象原则》，田士永译，载张双根、田士永、王洪亮主编：《中德私法研究》（第5卷），北京大学出版社2009年版，第84~85页；［德］汉斯·约瑟夫·威灵：《德国不当得利法》（第4版），薛启明译，中国法制出版社2021年版，第111页。

本身寻求解释，而不必强制诉诸有因主义。我国的善意取得追求善意受让人的终局保有，使其取得后也不必负担债法上的返还义务。若债权合同无效也允许善意取得，取得人即仍须因债权合同无效而负担不当得利返还义务，从而无法终局保有所有权。〔1〕此种解释方向虽与有因主义的规范表现相同，但内在机理不同。

（2）《合同编通则司法解释》第24条的无因解释路径。

《合同编通则司法解释》第19条规定了出卖人无处分权情形，买卖合同有效但处分行为无效的效力组合，此与本文所主张的双重无因物权行为模式并不冲突。但有疑问的是，第24条将“返还占有的标的物、更正登记簿册记载等方式”作为合同失败返还请求权的内容，其中“更正登记簿”似乎意味着买卖合同无效时物权变动亦无效，已经登记的物权变动发生错误需要“更正”，似无法与物权行为无因性相协调。

本文认为，第24条的文义本身仍为无因性留下了解释空间。以买卖标的物已过户登记为例，在买卖合同与物权合同均无效情形下，无因模式下适用的也是“更正登记”请求权；在买卖合同无效但物权合同有效情形下，物权已移转于受让人，出让人的返还请求权为不当得利性质的返还请求权，在登记层面体现为请求移转登记，可为该条的“等方式”所容纳。

在意思自治原则下，即使采有因物权形式主义的解释模式，仍可提问：是否允许当事人特约为无因？似无理由限制当事人的自治诉求，那么，就仍需要借助意思表示解释确认当事人是否有此特约，并为此特约下的无因交易构造提供法律解释。

（三）双重无因物权合同的解释潜力

双重无因物权合同说不仅要求物权合同的内在无因，还要求物权合同的效力抽象于债权合同的效力，二者分别判断。双重无因物权合同说之下存在四种效力组合形态：若债权合同有效，物权合同可能有效，也可能无效；若债权合同无效，物权合同可能独立生效，也可能无效。在法技术层面，效力

〔1〕参见刘家安：《民法物权》，中国政法大学出版社2023年版，第101页。

组合的形态越多，往往意味着为当事人提供的自治空间越大。双重无因物权合同的解释模式在物债二分的技术推衍、公示公信的制度匹配、不当得利的体系呼应、意思自治的空间延伸、举证分配的攻防优化等方面均可发挥其体系势能。

1. 物债二分的技术推衍

物权与债权的二分，在法律技术上支持并要求设定债权的法律行为（负担行为）与变动物权的法律行为（处分行为）相分离。进而，债权行为与物权行为作为不同的法律行为，法律效果泾渭分明，各自效力独立是合乎逻辑的技术推衍。一方面，将债权行为有效设定为物权行为的效力控制因素，系为一项法律行为设定外在效力控制因素，〔1〕须诉诸法律特别规定或当事人的适法特约。《民法典》中并无条文明确要求物权合同的生效以债权合同有效为前提。当事人能否为此特约，还须考量对物权公示公信力的影响。另一方面，物权合同的效力无因也是维持债权相对性的需要，效力有因导致债权合同的无效借助物权合同穿透至第三人，〔2〕破坏了债的相对关系及其附带的抗辩可能。债权合同与物权合同在相互对照中，彼此的面目都更加清晰。没有物权合同，债权合同的面目也同样模糊。

2. 公示公信的制度匹配

（1）无因性是公信力的基础。

物权公示的公信力，意味着第三人可信赖公示的权利状况为真，因而以公示状况与实际状况高度相符为制度前提。据此，《民法典》第 216 条第 1 款的登记公信力，以物权行为双重无因为前提，因为公示者仅为物权，若不进入公示的债权行为效力可影响物权变动，则登记簿的权利状况与真实权利状况严重偏离，错误登记的范围大为扩张，登记簿的公信力难以为继。〔3〕可以说，物权公示公信原则为无因性提供了规范基础。

---

〔1〕 参见朱庆育：《物权行为的规范结构与我国之所有权变动》，载《法学家》2013 年第 6 期。

〔2〕 参见朱庆育：《民法总论》（第 2 版），北京大学出版社 2016 年版，第 184 页。

〔3〕 参见苏永钦：《物权行为的独立性与无因性》，载苏永钦：《私法自治中的经济理性》，中国人民大学出版社 2004 年版，第 144 页；朱庆育：《物权行为的规范结构与我国之所有权变动》，载《法学家》2013 年第 6 期。主张以公信力取代无因性的观点，参见叶金强：《公信力与物权行为无因原则》，载《清华法学》2005 年第 1 期。

但这并不意味着，双重无因物权合同的公示只能匹配公示公信。双重无因的物权合同在公示模式上，既可采公示公信，也可容纳公示对抗。《民法典》中登记对抗类的物权变动，也可采双重无因物权合同的解释模式。

（2）善意取得以公信力为前提。

基于物权公示的公信力，即使登记错误，第三人仍可信赖登记簿记载的权利状况为真，自无处分权人处善意取得。善意取得以公信力为基础，公信力又以无因性为前提，善意取得可取代无因性的论断，并不具备逻辑前提。关于善意取得与无因性的关系，可从以下四个方面展开。

其一，无因性与善意取得的制度目的不同。善意取得的制度功能是维护交易安全，但无因性的制度诉求自始就不是交易安全。萨维尼借助罗马法的不当得利制度推导出物权行为的无因性，是准确思考的结果，而非基于交易安全保护的目的考量。[1]虽然物权行为无因性可避免前手交易的瑕疵影响后手交易，从而有促进交易便捷和保护交易稳定的附带效果，但这并非物权合同无因性天然的制度追求。而且，在“债权合同有效＋物权合同无效”的效力形态下，物权合同无因性也并不能维护交易安全。无因性的制度价值毋宁在于贯彻意思自治。

其二，无因性为公信力提供基础，善意取得则以公信力为前提。善意受让人之所以为“善意”，是因为信赖了公示的“权利外观”，而公示的权利外观之所以值得信赖，是因为公示具有公信力，[2]公信力则源自公示的权利状况与真实权利状况相符的高度可能，而这又以无因性为基础。在此意义上，善意取得非但不能取得无因性，反而以无因性为其制度依据。这也是德国法上物权合同无因性与善意取得并存的原因。

其三，无因性可正当化善意取得的举证分配。依据《物权编司法解释（一）》第14条第2款，善意取得的受让人不必证明自己“善意”，而应由原权利人证明受让人“非善意”。受让人之所以不必证明己方的“善意”，恰是因为无因模式支撑的物权公示具有公信力，受让人信赖了具有公信力（值得

〔1〕参见［德］霍尔斯特·海因里希·雅科布斯：《十九世纪德国民法科学与立法》，王娜译，法律出版社2003年版，第168页。

〔2〕参见耿林：《我国不动产善意取得的制度构建》，载《华东政法大学学报》2017年第5期。

信赖）的“权利外观”。反之，在有因模式下，公示的公信力不足，公示的“权利外观”未必值得信赖，且不论在此情形下不应适用善意取得制度，即使可以适用，受让人的“善意”也须由其积极证明，须证明者为“债权合同有效 + 公示错误 + 不知且不应知”。

其四，无因性可在善意取得失效之处发挥作用。善意取得仅可适用于公示公信的物权，在处分行为以债权、知识产权等非有体物为客体时，则无善意取得的适用余地，但仍有处分行为无因性的作用空间。

3. 不当得利的体系呼应

（1）“无因性”的法技术价值。

无因性作为法技术工具，不限于物权行为，还涉及债权让与、债务承担、知识产权处分行为、无因债权行为、票据行为等。双重无因可实现阻隔前手交易风险、维续抗辩可能、翻转举证分配的交易安排，有其不可替代的制度价值。但其技术价值须借助给付不当得利制度的辅助。双重无因行为的效力既抽象于原因合意的存在，也抽象于给与原因的实现。〔1〕无因给与行为并非没有原因，只是不以原因为内在要素。在给与原因无法实现时，〔2〕如非债清偿（存在清偿原因合意，但清偿原因无法实现），给与行为生效，财产移转，但构成给付不当得利，应予返还。甚至可以说，不理解无因性，就无法真正理解原因，无法真正理解给付不当得利。

（2）不当得利的抗辩保障功能。

首先，无因性之下，在债权合同无效而物权合同有效情形中，双方互负不当得利返还义务，受让方返还所有权，出让方返还价款。依差额理论，只能同时返还或按照价值折价。〔3〕而若采有因模式，债权合同无效物权合同即无效，出让人仍保有所有权，从而可主张所有物返还请求权，受让人的抗辩可能落空。

---

〔1〕 Vgl.Andreas von Tuhr, Der Allgemeine Teil des deutschen Bürgerlichen Rechts, 2.Bd., 2.Häflte, München und Leipzig: Ducker &Humbolt, 1918, S.108.

〔2〕 关于不当得利中正当原因与合同履行中给付目的的同一性，参见赵文杰：《给付概念与不当得利返还》，载《政治与法律》2012 年第 6 期。

〔3〕 参见［德］乌尔里希·胡贝尔：《萨维尼和物权法抽象原则》，田士永译，载张双根、田士永、王洪亮主编：《中德私法研究》（第 5 卷），北京大学出版社 2009 年版，第 87 页。

其次，在连锁买卖情形中，无因性结合不当得利，同样可保障后手受让人的抗辩可能。[1]设若甲将某动产出卖于乙，乙又出卖于丙，甲依丙的指示将所有权移转于丙，乙、丙均已支付价款。如果甲乙、乙丙的买卖合同均无效，在无因模式下，甲只能对其合同相对方乙、乙只能对其合同相对方丙主张不当得利返还，且不当得利受价款返还请求权的同时履行抗辩影响。但在有因模式下，因前后手的买卖合同均无效，所有权移转不生效，仍以甲为所有权人，甲即可直接对丙主张所有物返还，丙的价款返还抗辩无以主张。

最后，在“无法律原因的无权处分”情形中，受让人的价款返还抗辩可能，也借由无因性与不当得利实现［上文“五、（二）3.（1）”中“无法律原因的无权处分”部分］。

（3）所谓“无因不利于出卖人”。

基于上述不当得利的抗辩保障功能，将《民法典》第157条民事法律行为无效的返还请求权解释为不当得利返还请求权，也许较之将其界定为原物返还请求权更具合理性。但质疑观点认为，债权合同无效情形中，出让人在有因模式下的物上请求权，在无因模式转化为债上的不当得利请求权，对出让人不利，尤其是在受让人破产情形中。[2]

本文认为，对出卖人不利，并不必然代表不公平。可区分非破产情形与破产情形分别探讨。

第一种，非破产情形。受让人未破产且标的物仍存在于受让人处时，出让人享有的是物上请求权还是不当得利返还请求权，在最终效果上乍看并无实质区别。但无因性之下，即使债权合同无效，出让人的不当得利返还请求权仍受不当得利规则体系的限制。[3]其一，在出让人履行道德义务或明知无给付义务时不得请求返还（《民法典》第985条但书第1项、第3项）；其二，债权合同因违反法律强制性规定或违反善良风俗无效情形，出让人的不法原

［1］参见［德］乌尔里希·胡贝尔：《萨维尼和物权法抽象原则》，田士永译，载张双根、田士永、王洪亮主编：《中德私法研究》（第5卷），北京大学出版社2009年版，第87页。

［2］参见王利明：《论债权形式主义之下的区分原则——以〈民法典〉第215条为中心》，载《清华法学》2022年第3期；孙鹏：《物权行为理论与不当得利》，载《现代法学》2003年第3期。

［3］参见［德］乌尔里希·胡贝尔：《萨维尼和物权法抽象原则》，田士永译，载张双根、田士永、王洪亮主编：《中德私法研究》（第5卷），北京大法出版社2009年版，第86页。

因给付，未必可主张返还（可参照《德国民法典》第 817 条法理）。

第二种，破产情形。受让人破产情形下，已履行的出让人仅得以破产债权人身份主张不当得利返还，而无法原物取回，对出让人不利。但这种情形未必可称为不公。其一，有因模式未能关注买受人地位。在出让人尚未履行，但受让人已经支付价款情形中，若出让人破产，买受人仅享有破产债权，无法全额取回价款。〔1〕出卖人的返还请求权为何必须优于买受人的返还请求权？而且，债权合同无效或可归责于出让人，或可归责于买受人，在可归责于出卖人情形下，有因模式下仍追求出让人返还请求权的优先，恐非正当。〔2〕其二，有因模式下出让人的地位优于受让人的其他破产债权人未必正当。有因模式下，偶然发现给付标的物仍以原物形态存在于破产受让人处的出让人，优先于给付标的物已被消费或让与的其他出让人的返还请求权，也优先于给付标的并非有体物（如提供服务或劳务）的破产债权人的返还请求权，但此种优先欠缺充分理由。〔3〕

4. 意思自治的空间延伸

以买卖交易为例，整个交易链条涉及三重合意：债权合意→清偿合意→物权合意，双重无因物权合同说之下，三重合意可分别作成，并依当事人意思而有时间差，且效力各自独立，只借助不当得利制度勾连。由此，三重合意均可独立适用意思表示与法律行为规则，各层合意上的意思瑕疵均可得到救济，从而扩张了意思自治的空间。同时，公权规则的调控与介入层次也因此而更精细。

5. 举证分配的攻防优化

双重无因模式下，证明静态物权状态，援引公示即可；证明动态物权意定变动过程，仅需援引“物权合意 + 公示”，符合物债二分的逻辑演绎。而在有因模式下，证明静态物权状态，仅援引公示恐尚有未足，因为有因模式难以支撑公示的正确性，未经公示的基础关系瑕疵可能导致物权变动无效，

〔1〕 参见朱庆育：《民法总论》（第 2 版），北京大学出版社 2016 年版，第 185 页。

〔2〕 参见葛云松：《物权行为理论研究》，载《中外法学》2004 年第 6 期。

〔3〕 参见［德］乌尔里希·胡贝尔：《萨维尼和物权法抽象原则》，田士永译，载张双根、田士永、王洪亮主编：《中德私法研究》（第 5 卷），北京大学出版社 2009 年版，第 91 页。

公示错误概率大增；证明动态物权意定变动，至少须援引“债权合同＋物权合意＋公示”，双重有因模式下，甚至需要同时证明“清偿合意”的存在。据此，双重无因物权合同还有优化举证分配的功能。

六、结论

我国语境下，物权形式主义的主要对手债权形式主义一直在发展演化，演化方向是“物权合意的独立性渐强”：从完全否认物权合意的必要性（纯正债形）→到承认物权合意必要但须一体化于债权合意之中（修正债形）→再到承认物权合意的“相对独立”（阶段债形）。阶段债权形式主义之下，虽然债权合意无效物权合意必然无效，但若债权合意有效，物权合意则可能存在独立的效力判断空间（如无权处分效力待定）。而此种效力组合模式，与有因物权形式主义已经无限接近。

有因物权形式主义的解释路向也在向纵深发展。有因物权形式主义共享的前提有二：其一，物权合同区别于债权合同（独立）；其二，物权合同生效以债权合同有效为前提（外在有因）。近年来，物权合同是否以（清偿）原因合意为内在要素（内在是否有因）这一问题，进入有因物权形式主义的讨论视野。由此产生了两种可能的解释路向：其一，双重有因，即“内在有因＋外在有因”；其二，“内在无因＋外在有因”。物权清偿行为一体说也产生于对此问题的讨论，其最终效力模式与“内在有因＋外在有因”的解释路向几无差异，但因更强调物权意思与债权清偿意思的一体，立场上介于债权形式主义与有因物权形式主义之间。

无因物权形式主义的典型观点是：其一，物权合同区别于债权合同（独立）；其二，物权合同的效力不受债权合同效力影响（外在无因）。在此基础上，较精细的观点进一步主张，物权合同不以（清偿）原因合意为成立要件（内在无因）。[1] 结合内在无因和外在无因两个视角，还可能存在“内在有因＋外在无因”的物权变动解释模式，涉因抽象物权合同说即采此观点，居于

〔1〕 参见朱庆育：《民法总论》（第2版），北京大学出版社2016年版，第176~177页；陈自强：《无因债权契约论》，中国政法大学出版社2002年版，第139页。

“有因物权形式主义”与“无因物权形式主义”之间。我国目前虽尚无学者明确采此主张。但随着物权变动模式学理研究的深入，或许也会有此主张出现。

关于物权意定变动的必要性、独立性、内在无因性、外在无因性四重问题，每个问题点上都分化出不同阵营。借由不同的观点碰撞，可拼接出我国物权变动模式的理论阵列。争论中所呈现的恰是理论探讨的不断深入，其间逐渐明晰的线索是：物权合同相对于债权合同的独立性呼之欲出，物权合同是否以清偿合意为成立要件浮出水面，债权合同对物权合同的效力影响更值得深究。争议中无因物权形式主义的“双重无因”面目也更加清晰。

依此发展趋势，也许可以期待，基于无因物权形式主义在物债二分的技术推衍、公示公信的制度匹配、不当得利的体系呼应、意思自治的空间延伸、举证分配的攻防优化等方面的体系势能，“独立＋内在无因＋外在无因”的双重无因解释模式，或可成为具有潜力的解释方向。此外，基于意思自治理念的关照，只要承认物权合意对于物权意定变动的必要性，即使不采无因解释模式，也应允许当事人特约“独立且双重无因”的物权合同。

附表：物权变动模式矩阵

<table>
<tr><td colspan="2" rowspan="2">物权变动模式</td><td rowspan="2">物权意思是否必要</td><td>独立</td><td>内在无因</td><td>外在无因</td><td colspan="2">最终效力组合形态</td></tr>
<tr><td>区别债权合意</td><td>以清偿意思为要素</td><td>债权合同效力影响</td><td colspan="2">以买卖为例</td></tr>
<tr><td rowspan="5">物权合意否认说</td><td rowspan="2">意思主义</td><td rowspan="2">否</td><td colspan="3" rowspan="2">不涉及</td><td colspan="2">买卖合同有效</td></tr>
<tr><td colspan="2">买卖合同无效</td></tr>
<tr><td rowspan="3">纯正债权形式主义</td><td rowspan="3">否</td><td colspan="3" rowspan="3">不涉及</td><td rowspan="2">买卖合同有效</td><td>物权变动（事实行为）</td></tr>
<tr><td>物权未变动（无处分权）</td></tr>
<tr><td colspan="2">买卖合同无效→不产生物权变动</td></tr>
<tr><td rowspan="5">物债合意非区分说</td><td rowspan="2">修正债权形式主义</td><td rowspan="2">必要</td><td rowspan="2">否＝一体</td><td colspan="2" rowspan="2">不涉及</td><td colspan="2">买卖合同（债权合意＋物权合意）一体有效</td></tr>
<tr><td colspan="2">买卖合同（债权合意＋物权合意）一体无效</td></tr>
<tr><td rowspan="3">阶段债权形式主义</td><td rowspan="3">必要</td><td rowspan="3">否＝一体＋分阶段</td><td colspan="2" rowspan="3">不涉及</td><td colspan="2">买卖合同（债权合意＋物权合意）一体有效</td></tr>
<tr><td colspan="2">买卖合同（债权合意＋物权合意）一体无效</td></tr>
<tr><td colspan="2">买卖合同债权合意阶段有效＋物权合意阶段无效（无处分权）</td></tr>
<tr><td colspan="2" rowspan="3">物权清偿行为一体说</td><td rowspan="3">必要</td><td rowspan="3">区分</td><td rowspan="3">二者一体＝单方清偿行为≈内在有因</td><td rowspan="3">外在有因</td><td rowspan="2">买卖合同有效</td><td>物权清偿有效</td></tr>
<tr><td>物权清偿无效</td></tr>
<tr><td colspan="2">买卖合同无效→物权清偿无效</td></tr>
<tr><td colspan="2" rowspan="3">有因物权形式主义</td><td rowspan="3">必要</td><td rowspan="3">区分</td><td rowspan="2">内在有因</td><td rowspan="3">外在有因</td><td rowspan="2">买卖合同有效</td><td>物权合同有效</td></tr>
<tr><td>物权合同无效</td></tr>
<tr><td>内在无因</td><td colspan="2">买卖合同无效→物权合同无效</td></tr>
</table>

续表

<table>
<tr><td rowspan="2">物权变动模式</td><td rowspan="2">物权意思是否必要</td><td>独立</td><td>内在无因</td><td>外在无因</td><td colspan="2">最终效力组合形态</td></tr>
<tr><td>区别债权合意</td><td>以清偿意思为要素</td><td>债权合同效力影响</td><td colspan="2">以买卖为例</td></tr>
<tr><td rowspan="4">涉因抽象物权合同说</td><td rowspan="4">必要</td><td rowspan="4">区分</td><td rowspan="4">内在涉因=原因合意+原因不必真实存在</td><td rowspan="4">外在无因</td><td rowspan="2">买卖合同有效</td><td>物权合同有效</td></tr>
<tr><td>物权合同无效</td></tr>
<tr><td rowspan="2">买卖合同无效</td><td>物权合同有效</td></tr>
<tr><td>物权合同无效</td></tr>
<tr><td rowspan="4">无因物权形式主义</td><td rowspan="4">必要</td><td rowspan="4">区分</td><td rowspan="4">内在无因</td><td rowspan="4">外在无因</td><td rowspan="2">买卖合同有效</td><td>物权合同有效</td></tr>
<tr><td>物权合同无效</td></tr>
<tr><td rowspan="2">买卖合同无效</td><td>物权合同有效</td></tr>
<tr><td>物权合同无效</td></tr>
</table>

注：附表系笔者自制表。

关于中国法上物权合同适用范式的思考

刘家安*

吴香香教授的论文《中国法上物权合同的适用范式》(以下简称吴文),以丰富的文献、缜密的逻辑,在全面总结我国学理上物权变动模式的诸多学说的基础上,论证了无因物权形式主义的优势与可能的解释。在笔者看来,仅就物权变动相关学术讨论的梳理——尤其是为相关理论赋名——这一点而言,吴文已经产生了重要的学术贡献。该文旁征博引、理论精深,其建构的理论体系复杂深奥,并不容易读懂。本人不揣浅陋,在认真学习的基础上,尝试谈谈对几个相关问题的理解。

一、对既往物权变动模式学术争论的总体印象

有关物权变动模式的学术讨论,在20年前就曾掀起过热潮。[1]不过,当年的讨论,相当程度上属于立法论意义上更为自由的讨论。如果说,在传统民法领域,有什么论题一直贯穿于晚近以来中国民法学的学术争论的话,“物权变动模式”恐怕是我们首先能想到的。近年来,伴随着我国民事立法的不断完善以及民法学研究自立法论向解释论的范式转化,对该论题的讨论逐渐转向对我国既有规范的解释选择方向。不过,可以观察到的一个饶有趣味的现象是:

---

* 中国政法大学民商经济法学院教授。

〔1〕 吴文所引文献,许多发表时间都在21世纪初,可见当年确曾就此问题形成学术热点。本人在将近20年前也曾在一篇文章中,论及吴文所讨论的一些问题。参见刘家安:《交付的法律性质——兼论原因理论的发展》,载《法学研究》2004年第1期。

对于在较长的时间跨度内对此问题发表见解的学者而言，无论是以纯粹的立法论视角，还是立足于规范的解释论视角分析，且无论作为解释对象的规范是否发生了变化，很少有人真正改变自己对该问题的立场。既然谁也说服不了谁，学术上的共识很难生成，学界似乎也逐渐对此问题失去了兴趣。

另外，还须指出的是，考虑到我国当前民事司法裁判的一般状况，逻辑自洽且经得起价值评判的学术观点（可能是学术上更优的解释方案），如果具有比较复杂的构造，恐怕也较难为司法裁判所采用。有时不得不感慨，丰满的学术理想，在骨感的现实面前，可能仅具有学术圈子内自娱自乐的意义而已。

二、评判和选择的出发点及逻辑后果的意义追问

（一）出发点

关于物权变动模式选择问题的论证，基本上遵循两条路径：一是逻辑取向，在何种物权变动模式更符合法律行为、物债二分以及与不当得利制度相衔接等方向展开讨论；二是价值取向，典型者，如以符合交易安全维护的法律政策支持物权行为无因性，或以善意取得制度实现交易安全之维护从而无须坚持无因性等。

正如吴文所指出，德国法上物权行为理论的孕育，并非基于保护交易安全的功能取向，而主要是寻求民法体系内逻辑自洽的结果。德意志地区于14世纪开始全面继受罗马法，至19世纪，在罗马法基础之上的共同法早已成为法源。胡果、萨维尼等德国法学家对于物权行为理论的研究，仍然建立在对作为实际法源的罗马法文献的合理解释的基础之上。此类研究主要聚焦于两个问题：（1）如何解释文献中“具有正当原因的让渡”（iusta causa traditionis），尤其是何为“正当原因”。〔1〕（2）就古罗马文献讨论的情形所给

〔1〕 吴文区分内在原因与外在原因讨论，亦是此学术传统的延续。当代的德国罗马法学者，在讨论罗马法上的“正当原因交付”时，往往认为，在古代罗马法上，即已孕育了无因的物权变动规则。如卡泽尔认为，尽管交付是要因的，但清偿（solutio，为履行债务而提供给付）也是合格原因，并且它独立于被清偿之债。参见［德］马克斯·卡泽尔、罗尔夫·克努特尔：《罗马私法》，田士永译，法律出版社2018年版，第250页。

出的诉权配置，即赋予当事人以对物性的所有物返还请求权（rei vindicatio）抑或对人性的返还请求权（condictio，可作“不当得利返还请求权”解），反推物权变动的法律构造。[1]依后世成熟的物权行为无因性理论，原因行为即使无效，只要物权合同本身无效力瑕疵，就可发生物权变动。只不过，作为这一规则的逻辑后果，出让人可向受让人要求不当得利返还。也就是说，物权行为理论为因，不当得利为果。但是，在物权行为理论构建过程中，真实的情形恐怕是，先确定了特定返还情形下的不当得利诉权（从而排除了所有物返还之诉），然后推导出发生在当事人之间的物权合同。也就是说，在理论建构的思维过程中，无因管理为因，物权行为理论为果。

就前述两个研究视角而言，德国法上的物权行为理论体系似乎是先确认了物权行为的无因性，再在为此无因性寻求理论解释时构造出了独立的物权契约（所谓“交付是一个真正的契约”）。

由此可见，就德国法而言，物权行为理论系法学上的“发现”，或者说，其本身就是德意志法自然演进的结果，而非立法者为维护私人自治和交易安全等目的而刻意架构的理论。但是，在中国法的语境下探讨此问题，我们的出发点则完全不同。毕竟，在我们的法源中，并不存在什么可以借以推导出物权合同范式的东西。也正因为如此，我国法学上的物权变动模式问题，只能建构在物债二分、法律行为一般理论等更为基础的范畴之上，且不可避免地从一开始就带着对价值和功能的评判。

（二）逻辑后果的意义追问

吴文总结了多达八种的物权变动（合同）理论模式，每一种模式均有其自身的特点，并在细微之处可能与其他模式具有法效果上的差异。但是，若仅从买卖合同的效力瑕疵是否影响物权变动这一视角观察，忽略不同理论模式对于特定结果的解释力差异，并忽略在诸如实施具体引起物权变动行为时让与人丧失行为能力或存在意思瑕疵等特定情形，则真正带来推理结果差异的应该是有因论和无因论（含所谓“涉因抽象物权合同说”）两大阵营。质言之，在传统

〔1〕 吴文亦指出，萨维尼正是通过非债清偿不当得利推导出物权行为的无因性。

的物权行为理论的两个支柱即分离原则与抽象原则中，更为重要且也能与其他理论模式或立法体例造成实质差异的，应该是抽象原则。而且，在笔者看来，至少就迄今为止我国民法学界的讨论而言，总体来看：分离原则相关讨论更多涉及在逻辑层面对基本确定的规则给出解释，不同理论较量的是解释力的强弱；而抽象原则的取舍，则直接导致至少在形式上截然不同的逻辑后果（发生或不发生物权变动的结果）。而且，对抽象原则的赞同或反对，其理由在相当程度上是建立在对其逻辑后果的正当性评价方面。因而，在逻辑层面支持分离原则者，完全可能主要以价值考量方面的原因支持要因的物权变动。

进一步思考，无因物权变动与要因物权变动的实质差异究竟在何处？或者换一种提问方式，在我国立法者不对无因论或要因论直接表明立场的情况下，如同德国法学家自法源中的不当得利等制度推导出无因物权变动规则一样，我国学者应从哪些制度的蛛丝马迹去推导、论证物权变动的无因性或要因性呢？

众所周知，要因论与无因论的主要区别在于：在原因行为出现效力瑕疵时，依要因论，让与人可向受让人主张所有权返还请求权；而依无因论，让与人向受让人主张返还的请求权基础在于不当得利规范。如前文所述，物权行为理论在德国法上的提出，恰恰是这一逻辑“逆运算”的结果，这也表明该说法大体是不错的。然而，从返还规则的细处考察，就会发现这一传统观点的合理性或许并不像想象得那般可靠。尤其是，在我国《民法典》明确善意得利人与恶意得利人负不同返还之责的情况下，若将买卖合同无效后的返还请求权直接确定为不当得利，并适用善、恶意的认定标准，则其适用结果会存在明显的不合理性（主要是与互负返还之责的要求相悖）。当然，自此视角出发，要因论的逻辑后果也未必就合理。若认为让与人向受让人主张的是所有物返还请求权，则让与人与受让人间的关系就将落入“所有人—占有人关系”之中（《民法典》第459~461条）。与不当得利规范群相比，后一规范群甚至更难满足让与人与受让人间权利义务关系调整的需要。自《民法通则》至《民法典》，尽管并非基于某种深刻反思的结果，但新中国民事立法一直存在专门针对法律行为的无效后果给出专门规范的习惯做法。我们或许应该反思，在解释《民法典》第157条“民事法律行为无效、被撤销或者确定不发生效力后，行为人因该行为取得的财产，应当予以返还……”这样的规范时，是否真的有必要在该表述之外另行寻找返还请求权的规范基础（如《民法典》第235条或第985条）。从司法适用的角度看，《全国法院民商事审判工作会议纪要》（法〔2019〕254号）第32~34条、《最高人民法院关于适用〈中华人民共和国民法典〉合同编通则若干问题的解释》（法释〔2023〕13号）第24~25条都在致力于发展基于《民法典》第157条（对应《民法通则》第61条）的返还规则，由此也可看出，该条规范的独立请求权基础规范的属性越发显著。果真如此，在设定的情形中（如买卖合同无效，但物已经由出卖人以清偿意思或基于买卖双方的物权合意，交付于买受人之情形），至少就返还效果而言，要因论与无因论甚至成了多余的问题。

当然，以上讨论并不意味着，在其他法律效果方面的情形亦是如此。无论如何，在设定情形中，总是需要回答，“此时物归属于何人所有？”这一答案至少在以下几个方面具有意义：（1）在物之占有人面对第三人时，其是否享有所有权直接决定了其实施的处分行为是否为有权处分，或者在发生第三人无权占有或妨害时，所有权人地位的判定当然系确定物权请求权之有无的前提。（2）自强制执行法的视角观察，要因论或无因论的不同立场，应该会影响能否对特定物进行强制执行的判断，或者从反向看，我国强制执行法的规范、理论与实践，似乎也可用于支持或反对无因论。（3）从破产法的视角看，要因论或无因论的不同立场，应该也会影响特定物是否构成破产人责任财产的判断，或者，从反向看，破产法的规范、理论与实践，似乎也可用于支持或反对无因论。在笔者看来，前述第一个方面，以要因或不要因的立场为前提，基本不具有反向论证的可能性。相反，后两个方面，正如萨维尼时代对无因管理与物权变动关系的处理一样，可能成为我国法上论证物权变动模式的重要依据。不过，仍需指出，即使是这后两个视角，也可能遭遇与前述《民法典》第157条类似的问题，即无论强制执行还是破产，均未必严格按照所有权的归属确定相关规则。就此而言，该论题上的学术争论恐怕还会长期进行下去。

吴文虽拟讨论“中国法上”的问题，但是笔者也注意到，作者并未将论题界定为“物权变动的适用范式”，而是以讨论“物权合同”为其旨趣。因此，此处的“中国法上”应具有“中国民法学上”的意义，从而聚焦于物权合同的各种理论建构，以及论证现行法可以容纳其支持之范式（尽管并未论证现行规范不能包容相反的范式）。由于选择了这一视角，对于吴文基本未关注该标题之下的问题，笔者也无法提出批评的意见。

三、“物权合同”或“物权变动”的界定

我国《民法典》物权编采“通则”之立法技术，将所有权的移转、定限物权的设立或移转等纳入“物权的设立、变更、转让和消灭”（“通则”第二章）之下，学理上也倾向于抽象地谈“物权变动”，而非“所有权的移转”或“依法律行为取得所有权”。所谓“物权变动模式”的论题因此而生。但是，除公示要求导致区分居住权合同、抵押合同与居住权设立、抵押权设立的效果外，学说鲜有将物权变动模式的话题扩张至定限物权设立这个层面。“物权变动模式”实际上基本仅围绕“所有权移转”，探讨所有权变动的效果与买卖合同等的关系。

吴文尽管仍以讨论所有权移转为中心，但其也意识到，对“物权变动”或“物权合同”的讨论显然不应局限于所有权移转，确定的相关范式也应能够应用于定限物权的创设。总体来看，学界关于物权行为理论的研究基本未关注这个层面，该问题值得进一步研讨。以文中提及的居住权合同为例，即使支持所有权移转上的独立和无因规则，是否能够或有必要也将同一理论解释运用于居住权的设定不无疑问。尽管都属于物权，定限物权与所有权的法律构造其实存在显著差异，前者原本就应以“物权关系”来界定定限物权人与所有权人之间的关系。若在居住权设定的情形中，仍识别出一个原因行为，并且该行为存在效力瑕疵，则依物权变动无因性规则肯定居住权设定的物权效果，然后再以不当得利剥夺居住权人的利得可能遭遇的质疑恐怕会显著超越对所有权移转问题持有的相似立场。

四、其他两个评议点

（一）关于独立的物权合同

笔者完全赞同吴香香关于独立之物权合同理论优势的阐述。印象深刻的

一个观点是，物权合同使“债权合同的面目更清晰”。关于独立物权合同更能体现私人自制的看法，在此补充一个论证。独立的物权合同，可使转让人更自如地控制所有权移转的时间，以维护自己的利益。这方面的论证多集中于独立之物权行为有利于所有权保留方面。其实，在所谓“观念交付”的几种情形中，独立的物权合同存在的必要性也相当突出。

（二）关于外在原因与内在原因

外在原因与内在原因的区分，系吴文的一个重要的分析工具，尤其是所谓“涉因抽象物权合同说”的基础。前文已提及，物权行为理论也是在对“具有正当原因的让渡”这样的法律范畴的讨论中构建的。因此，可以说，物权变动模式问题当然与原因理论有着重要的关联。

但是，姑且不论此种外在原因与内在原因的区分（甚至“原因”概念本身）是否具有中国法上的基础，在笔者看来，即使是在欧陆法学传统的意义上，所谓“内在原因”与“外在原因”也有其不同的适用对象。总体来看，“内在原因”蕴含于法律行为内部，其实际功能系为法律行为后果提供伦理正当性的支撑。在承认债权合同与物权合同区分的前提下，内在原因仅应存在于债权合同之上，其功能在于为债权契约的拘束力提供支撑（在意思主义之下，“契约原因”可同时作为物权变动的正当性基础）。所谓“外在原因”，其功能本就系为终局的财产变动提供正当性，与不当得利法意义上的“欠缺法律原因”具有对应性，即一个满足外在原因要求的物权变动（取得），不发生不当得利的问题。就此而言，在物权合同的范畴中，将清偿目的作为物权合同的内在原因纳入并无任何意义，因为此种清偿意思既无正当化给付义务的功能（物权合同本身不产生给付义务），也无为物权合同带来的所有权移转效果提供正当性支持的意义。在讨论“具有正当原因的让渡”时，所产生的“假想原因”，其实只不过是物权合意的影子而已。

终结物权行为理论争议的又一尝试

——兼谈法学研究中的一些方法论问题

陈传法 *

基于法律行为的物权变动模式在理论上素有争议。个人因为脑力有限，长期摇摆不定；又因为存在畏难情绪，一度希望这一争端尽快翻篇。直到看到朱庆育《民法总论》的相关篇章，[1]叹为观止，认为这一重大理论争议终于到了该要终结的时点。然而笔者的判断终究过于乐观，直至今日，争议并未止息，反倒有愈演愈烈之势。私下揣度，这一现象背后大约包含文人相轻或学术自信的因素——权威学者不愿放下身段，而学术新锐更愿标新立异。论者或谓，法学学术研究和学术评判不可过于书生意气，学术观点不应脱离真实的法律实践，不能无视现有的法律规则，尤其不可偏离司法裁判的倾向性意见。然而学术界如果众口一词，《民法典》的设计未必不能更加明确，而实务上的某些习惯性做法也未必不能改弦更张。立法者的模棱两可，司法界的相沿成习，映衬着学术界整体实力的孱弱，不免令人失望。当然，"孱弱"的指责也可能过于严苛，毕竟，越是基础性的学术问题，越考验学者的综合能力，意见参差在所难免。特别是中国有那么多热心学术的学者，更加难以形成一致的意见。当学术界难以形成合力之时，正是彰显立法决策者智慧之日，立法者不得以学术分歧而塞责。当然，立法上的不明确，又为学术容留了更大的研讨空间，未尝不是学者之幸——尽管未必是学术之幸。

---

* 北京化工大学文法学院副教授。

〔1〕 参见朱庆育:《民法总论》(第2版)，北京大学出版社2016年版，第153~187页。

幸而，在朱庆育之后，又有吴香香的《中国法上物权合同的适用范式》（以下简称吴文），条分缕析，层层递进，将朱庆育所作的论证推向纵深，并且最大限度地结合了立法司法实践，体大思精，相关争议重新有了终结的希望。

一、吴文的贡献及其周边的迷雾

对于吴文的核心观点、主要论据和理由，笔者毫无保留地予以赞同！除极个别地方因个人学养有限、尚难完全理解外，整篇文章的运思精度、细节处理以及观点表达上的节制，均令人击节赞叹！笔者惊叹于作者思维的缜密，慨叹这样精妙的作品非自己出，徒然艳羡他人的才情。

（一）吴文的贡献

个人认为，吴文最主要的贡献有二：一是建构了一个有关物权变动模式理论的新坐标，并以之为据，对当前物权变动模式理论的“光谱”进行了全面梳理与理论呈现。二是确立了物权合同“独立 + 内在无因 + 外在无因”的新型适用模型，并很好地处理了债权合同、物权合同与其间可能出现的清偿目的与清偿行为的关系。当然，吴文的终极目标仍然是证成物权行为的独立性和无因性（进而推动物权行为独立性和无因性理论在法律实践中的运用），因而有必要考察其终极目标是否达成。

单纯从学术论证的角度看，吴香香（以及之前的朱庆育等学者）对于物权行为独立性的证立，在充分吸纳前人研究成果的基础上，已经达到极其精细而全面的地步，并不存在多少让人反驳的空间。且不说单方允诺之债、法定之债、债权让与、第三人代为履行、向第三人履行等均无从负载物权让与之合意，即便债权合同当事人与履行主体完全一致，物权行为独立性理论以外的其他理论在解释价金所有权（或特定账户金钱债权）让与、种类物买卖之物权移转、未来物买卖之物权移转、分批履行买卖之物权移转、不动产买卖之物权移转、远期或远程买卖之物权移转等情形时，也无不捉襟见肘，或者迂回曲折难以索解，或进一步滋生无穷无尽的学术难题。[1]若不承认独立的物权行为，则意思表示或法律行为的一般规则（解释规则、效力规则、效力附款及代理规则）何以适用？影响处分行为效力的特殊事由——无权处分规则何以设计？履行抗辩权制度何以依附？[2]只要承认物权行为独立性，上述所有难题全部迎刃而解。

对于物权行为无因性的证明，吴文也提出了力度十足且令人无法回避的理据，以及很好的脉络线索与框架结构（包括扩张自治空间、厘清法律关系、整合规范体系、优化举证分配等）。尤其是在面对那些对出卖人不公平的指责和善意取得制度功能替代的畅想时，其作出了针锋相对的有力驳斥。

（二）物权行为理论周边的迷雾

如果每一位学者都有同样的思辨力，或者拥有基本的理解力且同时能够施以足够的同理心，摈斥一切学术外因素的影响，在定位精准的基础上，将学术内的考量限缩在学术论题的核心周围，笔者相信，这一学术问题确实可以画上一个较为圆满的句号。但是，令人悲哀的是，前提条件越多，满足这些前提条件的可能性就越小。何况我们也不可能要求学者们完全摒弃其切身利益（学术创新与学术声誉），因为利益驱动力是来自人性的内驱力，而对抗人性是一件需要大魄力大毅力之事。仅从学术自身的角度而言，由于世界是普遍联系的，再小的学术问题，延展开来都可以无边无际。最终的结果，可能使学术的领域变得越发庞大而混浊，多数人甚至会浑然忘却问题的最初源头与核心。为了使学术问题的核心始终呈现在学者们的面前，就需要驱除其周边的迷雾，廓清其外部环境，这就不可避免地涉及一些方法论问题的思考。为了进一步强化物权

---

〔1〕 例如，日本判例一直坚持的立场是：(1)当事人缔结买卖合同或实施最终能够导致物权变动的法律行为时，原则上自合同成立或法律行为作出时物权变动发生效力。(2)直接发生物权变动效力存在障碍的，自该障碍消除时物权变动发生效力。(3)任何情况下，只要当事人就物权变动的时期达成特别约定，原则上应按照当事人的约定发生效力。参见[日]鎌田薫：《民法笔记：物权法Ⅰ》(第3版)，于宪会译，法律出版社2022年版，第8页。且不说规则三已经迈向了物权合意，规则二也无从解释价金交付、合同订立主体与履行主体不一致等诸种情形，以至于物权变动时期问题成为日本民法学研究的一大难题。

〔2〕 但也有学者认为，如果按照“目的给付效果说”解释清偿，仍可支持履行抗辩权制度。参见缪宇：《清偿性质“目的给付效果说”的展开》，载《法学家》2023年第6期。

行为独立性和无因性理论的说服力，也需要进一步揭示包括吴香香在内的支持者们的思维方式、论证方法以及这些方法本身的合理性。

二、法学中的科学性与人文性

（一）人文社科学术中的一个元问题：科学性问题

学术观点上的对立以及对立观点的长期共存，在文史哲等人文领域，以及社会科学领域，屡见不鲜，相关领域的学者也都习以为常。然而，在验证相对较为容易的自然科学领域时，对立观点中至少会有一方因为被证伪或不可证伪〔1〕而彻底退出人们的学术视野，仅仅成为学术史的关注对象。人们常常以此责难文科（广义）学问的主观性，甚而指斥其为非科学。

面对这一指责，李凯尔特等人文学者自觉地将人文学科（李凯尔特称之为“文化科学”）与社会科学区分开来：令社会科学揭示事物性质与规律，回答“是什么、为什么、怎么样”，进行普遍化、抽象化思考，开展实证研究；令人文学科建构价值体系，致力于具体化、个别化思考，开展价值分析。然而，人文学科与社会科学究竟能否截然二分，并不是一个容易回答的问题；实际情况是，交叉融合的情形广泛存在。

由此，另一些自诩为科学工作者的人文社科专家热情地进行自我辩护，或者作出维护自身所属学科科学性的努力。这种努力在法学学者中表现得尤为突出，至今仍有相关论著行世。〔2〕他们或者重新定义自己所属的学科领域

---

〔1〕 波普尔将不可证伪的理论逐出科学领域。参见［英］卡尔·波普尔：《猜想与反驳——科学知识的增长》，傅季重等译，上海译文出版社1986年版，第52页、第394页。

〔2〕 最近的一些研究成果，集中呈现在舒国滢主编的《法理：法哲学、法学方法论与人工智能》2019年第5卷第1辑（商务印书馆2019年版）中。“法学的科学性”是该文集专题研讨的主题，收录了5篇文章，包括秦锋砺：《法学如何成为一门科学？——“法学的科学性”学术研讨会综述》；赵英男：《追寻科学性的当代中国法学——动因、路径与反思》；亚历山大·佩岑尼克：《法学研究与科学的增长》；阿尔瓦罗·努涅斯·巴奎罗：《法律科学的五种模式》；奥古斯丁·斯奎拉：《法律科学及其对司法的影响》。最新的论文有赵静：《法学的科学性问题研究》，载《北方法学》2022年第6期。最新的著作则有郑戈：《法学是一门社会科学吗？》，法律出版社2022年版。郑戈在这本书（第75页）中主张，“中国法学必须借助社会科学的方法来澄清法律运作的事实状况，而不应像西方法治社会的法学那样变成一种不关注事实而主要着力于规范建构的独立学科”。依此，建构规范的学问似乎与社会科学无涉。

（如将哲学称为科学学），或者重新定义“科学”一词，或者试图将难以避免的主观性问题逐出自己的研究领域，或者试图在自己的研究过程中尽可能降低自身的主观性对研究工作的影响，或者挖掘社会科学自身的客观性，或者采用并改进实证方法（调查、试验、实验，实效验证，思想实验等），或者运用数理逻辑方法及其他数学方法（概率论与数理统计等），〔1〕如此等等，不一而足。然而，凡此种种，均不能消除歧见共存问题。正是因此，人文社科的科学性问题始终是这个领域的学术问题的元问题。

幸而，自然科学的根基也发生了一些动摇：物理学上出现了测不准原理，数学上出现了罗素悖论。科学哲学家库恩在《科学革命的结构》中提出，自然科学的巨大进步总是表现为如同革命一样的范式更替。〔2〕这一命题赢得了不少自然科学学者的赞同，它多多少少动摇了人们对于自然科学真理客观性的信念，因为至少在真理的表述上需要焕然一新——真理需要在新范式的话语体系中进行重构。这在一定程度上缓解了部分人文社科学者的焦虑，甚至出现了一个有趣的现象：库恩的“范式”一词被引入社会科学领域之后，它在社科学者笔下出现的频次远远高于在自然科学文献中出现的频次。〔3〕这一点，恐怕库恩本人也始料未及。〔4〕

（二）法学及其他人文社科领域中科学与人文的交织

所谓人文学科与社会科学的界分，本身就是一种类型思维的产物。实际上，传统归入人文学科的文学、历史、哲学、艺术等，与归入社会科学的社

〔1〕 数学本身不是自然科学（*Shape of A Life*, Yale University Press, 2019, p.63），但却可以成为自然科学的工具，当然也可以充当社会科学的工具。

〔2〕 参见［美］托马斯·库恩：《科学革命的结构》（第2版），金吾伦、胡新和译，北京大学出版社2012年版。库恩称之为“范式转换”，见该书第九章第79页（边码92）。

〔3〕 笔者未作统计，仅凭印象估计，特此说明。

〔4〕 库恩在《科学革命的结构》（第2版）第十四章“后记——1969”之前，引为该书例证的全部实例均取自自然科学领域。而且，库恩所谓的“范式转换”，高度依赖科学共同体结构。因此，库恩对于人们将其主要观点“应用于许多其他的领域”表示“困惑”，所以在第十四章第七节“科学的本性”中专门对此问题进行了讨论。库恩承认自然科学史与文学史、音乐史、艺术史、政治发展史的相似性，但他仍然强调了自然科学的特点——在发展成熟的科学中没有（或者应说很少有）竞争着的派别（参见该书第十四章，第174~176页）。所以在笔者看来，人文社科学者在广泛借用“范式”一词的时候，已经远远脱离了库恩赋予该词的本义。

会学、经济学、政治学、法学等,〔1〕全都既包含一定的人文性,又包含一定的科学性。只不过每一个具体学科中,人文性与科学性的比重各不相同。大体说来,人文学科更偏重人文性,而社会科学更偏重科学性。可以说,人文性的存在,是包含法学在内的人文社科领域科学性不足的一大根源。

总体而言,在同一学科领域之内,试图切割人文性与科学性的努力都是值得赞赏的,但又都是不可能完全成功的。切割代表了一种趋向科学性的努力,但是切割行为本身却是高度个人化的,切割越彻底则切割的结果与科学性的距离越远。更加耐人寻味的是,切割下来的人文性部分会被归纳出某些类似于规律的特征。相应地,人们也会确立起某些更加契合人文性要求的准则,这似乎又具备了一些科学性的味道。当人们对于切割下来的科学性部分开展偏向于实证的研究时,总是不得不将人文性化解为其中的一项考量因素。考量人文因素以及追求人文目标,毫无疑问具有合理性。但这种合理性,与在追求人文目标过程中自带的主观性对科学方案的干扰,是一体两面,不可能完全分割开来,不可能舍彼取此。

法学界近来有一种倾向,试图划分问题类型,诸如区分事实判断问题、价值判断问题、解释选择问题等,进而根据问题的不同类型确定各自独特的思考方法。〔2〕这种努力应予以肯定。它在一些基本问题上具有指示作用,可以排除较为明显的谬误。但其自身所具有的简单化倾向,意味着在面对真正的疑难问题时,不仅不能起到决疑作用,反而可能有误导之嫌。语言哲学和诠释学的成果表明,并不存在独立于解释或语言之外的纯粹事实,因为我们的语言本身就型构了我们的世界,用海德格尔的话说,“语言是存在的家”“人居住于语言的寓所之中”。〔3〕在与法律相关的解释当中,也不存在完全独立于价值评判的解释问题,因为法律解释就是一种规范解释,而规范中内含了价

〔1〕 华勒斯坦认为,可以归入社会科学领域的主要学科有历史学、经济学、社会学、政治学、人类学等五门。其原因可能有:其一,华勒斯坦是美国学者,由于英美的法学教育是较为纯粹的职业教育,因而其法学更像是一门纯粹的实用性技术。其二,华勒斯坦本人认为,“法学似乎过于规范化了,太缺乏经验研究的根基了。它的各种法则不是科学的法则,它的背景似乎也太个别化了”。参见[美]华勒斯坦等:《开放社会科学:重建社会科学报告书》,刘锋译,生活·读书·新知三联书店1997年版,第16页、第30页。

〔2〕 参见王轶:《民法典编纂争议问题的类型区分》,载《清华法学》2020年第3期。

〔3〕 [德]海德格尔:《路标》,孙周兴译,商务印书馆2000年版,第366页。

值评判。对于法律行为的解释亦是如此。以前似乎有一种倾向性意见认为，法律行为成立与否是单纯的事实问题，对法律行为的解释仅能于认定法律行为成立之后针对法律行为的内容进行，解释本身也不介入法律行为的效力评判。事实上，在认定法律行为成立与否的过程中，就已经包含了对意思表示若干要素的解释；而在解释法律行为内容之时，也需要考量可能的解释后果对法律行为效力的影响。〔1〕解释无处不在！在人文社科领域，价值评判也时不时需要抛头露面。

吴文从解释入手，去探究物权行为独立性和无因性问题，当然是正确的。但这绝不意味着独立性和无因性与事实无关、与价值评判无关！因为解释本来就与这二者天然相关。在吴文关于独立性、无因性的解释当中，科学性问题与人文性问题不时浮现。确实，学者需要做的，无非是让它以正确的面目呈现出来。吴文始终坚持的一个价值预设是，扩展私法自治的空间。的确，就私域和私法而言，还有什么价值能够凌驾于自由和自治之上呢？动摇了私域自由和私法自治，即意味着从根本上动摇民法的根基，甚至意味着否定民法存在的价值！以这样的人文性作为立论的基础，不仅不会损害研究的科学性，不会制造科学性和人文性之间的对立，而且能够消解科学性和人文性之间可能存在的紧张关系，因为它将人文性与民法这种事物的性质高度统一起来了，而事物的性质，正是科学探究的对象之一。

（三）法学领域中人文性与科学性的分布

法学被认为是社会科学中的一个分支。然而，如前文所述，其不可避免地具有一定的人文性。不过，在法学领域内的不同部分，人文性与科学性的分布比重并不是均衡的。

实证主义法学（含分析实证主义法学与法社会学）致力于维护法学作为一门社会科学的纯粹性，但是并不能完全摆脱人文性的影响，只是人文性的比重会被有意地降低。价值论法学或者法伦理学则致力于坚持法学的人文性，相应地，其科学性的比重便有所下降。

---

〔1〕 对于最后一点，可参见《最高人民法院关于适用〈中华人民共和国民法典〉合同编通则若干问题的解释》（法释〔2023〕13号）第1条。

在法学研究当中，立法论的研究，建构学说体系的理论研究，或者以法秩序为基础的解释论研究（法教义学研究），虽然要以人文性为底色，或以人文追求为目标，但都会更加重视研究本身的科学性。在法律适用当中，结合个案的法解释行为，相关的推理论证，以及事后针对个案的法律评价，虽然要以逻辑作为最基本的分析工具，但均应以实现个案正义为鹄的，并体现某种人文关怀。

同样是部门法研究，由于民法需要贯彻私法自治原则，法典化的一般私法通常并不负载政府的政策性目标，奉行“目的中立主义”，科学性程度最高，特别私法次之。相对地，经济法、社会法等则要更多地体现政策目标的要求。政策目标的易变性可能会冲击规则的稳定性。虽然目标与手段之间同样需要考量科学性问题，但一方面，要判断规则的实效是一件极其困难的事情，另一方面，受多元目标（价值目标与政策目标）的影响，法律规则本身的科学性程度可能会有所减弱。

总之，在纯粹的实证法学之外，如果民法基础理论研究不追求更高程度的科学性，则整个法学的科学性程度都会随之下降。

三、提高民法基础研究科学性的可能方案

（一）还原论与整体论的利弊

还原论，是一种深入事物内部探究其内在机理的科研方案或主张。还原法，是将复杂事物拆解为不同层级的构成元素（直至最小单元），再根据各种构成元素的体系定位以及不同元素之间的相互作用，重新组合成复杂事物的研究方法。〔1〕整体论〔2〕则是一种不关注事物内部构造与局部细节，只关注事物全局全貌及其整体特性与功能的科学方案或主张。整体论往往对应系统论和黑箱方法。黑箱方法是将系统看作一个看不透的黑箱，维持复杂系统的

〔1〕 参见刘明海:《还原论研究》，中国社会科学出版社 2012 年版，第 18 页。

〔2〕 据说，“整体论” 一词，为斯马茨于 1926 年在《整体论与进化》一书中提出，作为与机械唯物论相对立的概念加以运用。See Paul Edwerds, *The Encylopedia of Philosophy*, Collier Macmillan Publishers, Vol.7, p.465(1967).

整体性不予拆解，不触及系统内部结构和相互关系，仅从其输入输出的特点，或者刺激与反馈的关系，了解该系统规律，从而控制黑箱事物的方法。

还原论和整体论是方向相反的两种研究方案，并不存在绝对的高下优劣之分，但在科学性强度方面却有区别。

从某种意义上来说，整体论更多地代表了一种行动中的智慧。在蒙昧时期，人类当中最有智慧的那些决策者，面对科学无法解释的多数现象，天然地倾向于整体论。中国传统思想的主流，即带有强烈的整体论色彩。天人合一观念，阴阳五行学说，以及中医（及养生）理论，基本上都是整体论的产物。当传统观念深入骨髓，流入现代人的血脉，潜入我们的潜意识深处，整体论思维就成了很多中国人的直觉或自觉。据此而言，我们更容易接受整体论的主张。

在科学不够昌明的时代，整体论不仅有助于决策者作出决断，而且还使普罗大众产生一种模糊的“不明觉厉”的信服心理。关键在于，整体论决断在以下几个方面具有优越性：其一，整体论视角有时候可以让人看到一些在非整体论视角下看不到的东西。“一叶障目，不见森林”，此之谓也。多数情况下，全局观确实有考虑问题更全面的优势。其二，由此作出的决断，大多优于以其他方式作出的决断。虽然它往往依赖于聪明人的直觉（悟性），但相比掷骰子式的决断，它毕竟具有一定的科学依据。与之相比，在科学欠发达阶段，还原论方案往往还得不出任何有效的结论。其三，简化，因而决策成本极低。这一点看似不重要，其实最为重要。节能，或者说节省成本、提高效率，实际上极有可能是隐藏在整个世界背后的一个密码；至少在生物界，它是生物的本能。整体论也并不是不关注事物的本质与发展规律，只不过它更愿意从宏观的角度，从事物与环境的关系当中去推断可能存在的规律。当然，这些推断出来的所谓规律不一定十分可靠，这就隐伏了整体论可能对科学事业的威胁。整体论在决策中的事功，也经常被人当作整体论视角下的事物规律真实可靠的理由，阻止了人们纠错和探究真正规律的步伐。由此，似是而非的伪科学堂而皇之地占据了科学的殿堂。整体论在决策中的有效性，阻碍了人们探究事物内部机理的冲动与行动，后者被人们鄙之为无用功。由此，另一个方向的科学活动难以开展。《中国科学技术史》上著名的李约瑟难题，在其众多可能的答案之中，本文的解答——长期居于主导地位的整体论思维，或许才是最有可能揭示其原因、真相的答案。因此，整体论以及体现整体论思想的中国传统智慧，代表了一种自带光环但又先天不足的早熟的智慧。

整体论的优点，基本上就对应了还原论的缺点。还原论的最大缺点，是当系统极其复杂（试想一下有机体的复杂性）、科学尚未完全揭示事物内部真相时，在具体事务决策中，人们无法据以作出有效的决断。因此，在很多情况下，还原论只能用于满足人们的好奇心。为了满足好奇心，科学家常常愿意不计代价，花笨功夫，做一些在旁人看来毫无意义的研究。科学家眼中的研究意义，与决策者或行动派眼中的研究意义，迥然不同。在后者看来，研究的意义在于现实的有用性；而前者，可能仅仅关心研究本身的必要性（存在知识盲区，或者有辩驳谬误的必要性）与可行性（从研究方向与方法上推断揭开盲区的可能性）。真正的研究，其意义无须外求，研究的意义就是研究本身，或者可以径直说，研究无须意义。一般而言，研究越是贴近所谓的现实需要，其研究的内容与可能取得的成果离真正的科学里程就越远；功利性过强的研究，往往会因其研究的外在目的而遮蔽科学原理的真相。恰恰是单纯的好奇心，才使人类最有可能靠近科学原理。当然，这并不意味着只有好奇心才能产生科学原理（也不意味着好奇心必能诞生科学原理）。目的性研究者如果在研究过程中能自觉屏蔽来自目的的干扰，只接受科学原理本身的指导，严守科学的戒律，未必不能得出科学的结论。关键的问题在于，丝毫不着眼于现实需要的纯粹的科学研究，真的没有现实意义吗？否！今天的人类已经切实感受到了科学的巨大力量，科学彻底改变了我们的世界。只是对于这种改变，科学家不必关心，也无法预判。经验告诉我们，越是干净纯粹的科学研究，越是趋近于根底的基石型研究，能产生巨大的影响力。科学史告诉我们，与整体论相比，还原论才是科学进步的主要源泉。在现代科研中，还原论仍然占据着支配性地位。[1]

要想提高法学的科学性，研究者应当首选还原论。

---

〔1〕 See Richard Gallagher & Tim Appzeller, *Beyond Reductionism*, 284 Science 5411（1999）.

（二）法学中的还原论与整体论

在科学技术发展史上，整体论和还原论曾经各司其职。或许我们可以以整体论与还原论之间的关系为视角，重构库恩的“范式转换”理论。在前科学时代和科学萌芽期，整体论在解决实务问题时大显身手，并展现了一定程度的科学性。但是，当人们逐渐采用还原论方法之后，正如库恩所言，科学不再渐进发展，而是革命式的飞跃。还原论所揭示的科学原理，彻底推翻了之前整体论所申明的那些“原理”，形成了新的科研范式。新的科研范式确立之后，整体论也并未销声匿迹。还原论下形成的新科学未必完整，故而整体论继续发挥其所长，解决现实问题。于是，还原论偏向于科学，整体论偏向于技术，形成了科学和技术的分野。在旧的还原论范式遭遇困顿之时，整体论会在科学的领域内再次登场，维系此种范式进而消解难题，直到其被新的还原论科研范式所取代。

人们或许会说，法学与自然科学不同，法学是实践科学，法律理性是实践理性，法律实践偏重于决断，正应该发挥整体论之所长才是。站在科学与技术分殊的角度看，这一说法毫无问题；整体论作为一种偏于应用的技术方案，在法学决断中必有其用武之地。然而，即便在应用领域，我们也需要保持足够的警惕：整体论多为科学研究不足的情势下，迫不得已的、无奈的选择；整体论所具有的低成本优势，在还原论充分揭示相关科学原理的情况下，不仅可能荡然无存，而且在综合比较成本收益之后，显得得不偿失。更加值得警醒的是，一旦将整体论方案回溯到法律科学相关的问题上来，其对科学事业本身可能造成破坏。

行动中的法律人（含立法者和司法者），本能地趋向于整体论。因为早期的法学学术一定是不够成熟的，学者们固然可以悠闲地坐而论道，但是法律实务家们却必须立即作出决断。实际上，整体论很有可能一直左右着人类社会的法律行动。加之语言领域和制度领域固有的路径依赖现象，当法学研究偏向于经验之时，整体论就会变成整个法律史（法律制度史和学术史）的支配性因素。受整体论思维支配的法律学术，在整体论思维下形成的理论和制度不敷应用之时，可能会改采部分还原论的方法，对原有的理论和制度修修补补。如果不是存在国别差异，如果不是一国的法律史有可能被武力等因素中断，这就会成为整个人类社会法制演进和法学学术演进的常态。

然而，法学的进步其实与自然科学的进步并无不同。法学的科学性高度依赖于还原论。当还原论已经较为完整地揭示法学领域当中事物的性质、元素、相互关系和作用时，还原论应该取代整体论思维下的体系框架，而不是充当法学家打补丁的工具。这当中最大的障碍是路径依赖。革新需要一定的契机，也需要体现主事者高超的智慧。

当然，本文无意于完全否认整体论在法学学术中的作用。整体论有时候可以用于检验还原论学术尚存的不足，并在制度实施阶段弥补之；整体论还可以从全局的角度揭示还原论可能存在的盲区。也许，从来就不存在纯粹的还原论和纯粹的整体论，我们需要作出的现实抉择更有可能是谁主导谁补充？从还原论出发还是从整体论出发？

毫无疑问，在更加注重科学性的领域，为了提升法学的科学性，我们应从还原论出发，并以还原论为主导。

（三）如何在法学中贯彻还原论

1. 分析与综合

分析就是拆解，拆解就需要借助“概念”这一语言工具。不得肆意指斥基于法律概念的研究为概念法学。在今天的法学研究中，概念可以被不断重塑，概念中包含具体概念，有些概念名为“概念”实属类型，其体系本身具有开放性。那种机械刻板的“概念法学”早已退出了历史舞台。

虽然概念可以被重塑，但是未经重塑之前，一定要保持其内涵的稳定性。否则，鸡同鸭讲，学术交流无从进行。

当分析的后续是综合时，分析就不仅是要将事物拆解成一个个元素直至最小单元，分析还需要研究各个单元的体系定位，研究各个单元之间的相互作用，研究相互作用的机理、媒介和可能引起变化的因素。

2. 结构主义与功能主义

虽然整体论天然地偏向于功能主义，还原论天然地偏向于结构主义，但是，考虑到元素之间的相互作用以及最后综合的需要，功能主义仍然存在意义。[1]但是还原论和整体论之间存在主次，在还原的过程中，原则上亦应以结构主义为主、以功能主义为辅，至少要以结构主义为出发点。我国《民法典》在设计法人制度之时，正是颠倒了这一主次关系，导致功能型法人分类取代了结构型法人分类，于是出现抽象性程度不足、规则重复或价值紊乱现象，也就不足为奇了。

3. 法学的人文性与综合中“反思的平衡”

再靠近科学性的法学领域，也不会完全丧失人文性的一面。于此，也许可以借鉴罗尔斯的“反思的平衡”（reflective equilibrium）分析。

罗尔斯在其名著《正义论》开篇第一章提出了此种思考和论证方式。为了更好地描述产生正义原则的“原初状态”，罗尔斯从两端着手，一开始将之描述为一种“普遍享有和弱得可取的条件”，然后看这些条件是否足以强到产生一些有意义的原则。“如果不能，就去修改条件；如果能，再看原则是否符合我们深思熟虑的正义信念。”然后在判断和条件之间往复来回进行修正，最终“达到这样一种对原初状态的描述：它既表达了合理的条件，又适合我们深思熟虑的并已及时修正和调整了的判断”。之所以称之为“反思的平衡”，是因为：“它是一种平衡，因为我们的原则和判断最后达到了和谐；而它又是反思性的，因为我们知道我们的判断符合什么样的原则以及是在什么前提下得出的。”[2]

为了得到更好的分析元素及其相互作用模型，分析中的概念是一端，我们对于事物全貌的整体判断是另一端，通过“目光的往返流转”，或者“诠释学循环”，达致“反思的平衡”。

---

〔1〕 如最新的研究表明，功能主义似乎从另一个方向上揭示了宇宙中那些复杂的、不断变化的宏观现象，科学家称之为进化定律。研究认为，进化无处不在，“功能选择驱动进化”。进化并不局限于地球上的生命，也发生在其他大尺度复杂系统中，是自然界复杂系统的共同特征。See Doctor Michael L.Wong et al., *On the Roles of Function and Selection in Evolving Systems*, Proceedings of the National Academy of Sciences（2023）.DLI：10.1073/pnas.2310223120.doi.rog/10.1073/pnas.2310223120.

〔2〕 ［美］约翰·罗尔斯：《正义论》（修订版），何怀宏、何包钢、廖申白译，中国社会科学出版社2009年版，第16页。

四、整体论与还原论视野下的物权变动模式

（一）整体论视野下的物权变动模式

基于法律行为的物权变动模式，整体论以即时清结交易为原型，形成了意思主义理论，认为买卖的合意足以导致所有权的变动。其所忽视的（与今天大多数人所以为的物权行为并不相同），恰恰是债权请求权。伴随这种忽视的，是债务人的自由度下降以及债权人对于债务人支配能力的提升。这当然与社会发展潮流相悖，幸而潜藏于这一制度当中的错误价值观并没有一直作用于社会现实。整体论思维下的实践纠正了这一基于整体论所形成的学术与制度。

（二）还原论视野下的物权变动模式与折中主义的出现

还原论则将买卖这一交易的全过程拆解到最小单元，最终形成了物权行为理论。其如同一架高倍显微镜，使交易进程中几乎所有的环节及其可能产生的法律问题纤毫毕现，实务中可能出现的法律问题也可以在这一理论结构当中找到最为精准的对应点。这当然更有利于解决实务问题，尤其有利于解决复杂交易中的法律问题，照理来说实务界没有理由予以反对。然而，相比于粗线条的意思主义理论，它确实增加了思维能力不足者的思维负担，增加了法律人的学习成本。这也许是后来所谓的“债权形式主义”模式形成的根本动因。作为折中主义者，“债权形式主义”自以为是地“省略”了一部分可能增加思维负担的细节，但是也将“婴儿”和“洗澡水”一起倒掉了。虽然确实增加了学习成本，但这不正是科学昌明时代的基本特征吗？知识的增长一定会导致人们的学习负担增加，今天的中学生懂得的科学原理，数百年前的大学生也未必能够明了。科学本身，提高了人们的脑力！更何况，打满补丁的意思主义理论和债权形式主义理论，在遭遇疑难问题之时，不是更加令人头疼吗？要想安全周到地解决所有的实务难题，该付出的成本一分都不会少。最科学的方案，其最终成本最小。

（三）物权形式主义取代意思主义和债权形式主义的契机

毫无疑问，法典编纂，是制度改进的良好契机。在《法国民法典》制定之时，正处于一个较为尴尬的境地，还原论所揭示的科学原理雏形其实已然出现，但其体系化的研究尚未完备，受整体论思维影响的立法者，自然而然地接受了貌似成熟的整体论思维下的理论和相应的制度框架。后来的研究者，被迫不断地为它打补丁，以免实务上出现过于荒谬的结果。代价是学术上的自相矛盾，科学性下降到一个极低的地步。然而，这种科学性的下降真的不会影响实务吗？接近一个世纪之后的《德国民法典》，幸运地另起炉灶，接受了还原论之下全新的理论框架体系。

中国的《民法典》编纂工作业已完成，解释、评注的工作刚刚开始。当此之际，我们万万不能重蹈日本民法学的覆辙。当然，相比较而言，《日本民法典》对于日本的民法学者更不友好。虽然我国《民法典》并未明确规定物权行为，但《民法典》的许多制度设计均为容纳和认可物权行为留下了足够的空间，这是一个契机。通过解释论的方式重构物权行为的理论体系与制度体系，成本并没有很多人想象的那么高。所以，这考验民法学界的整体智慧。

五、结语：对歧异的法学理论如何评判和取舍

（一）纯粹学术理论的优劣："执两用中"与"片面的深刻"

当某种理论无须借助于制度，就能被直接用于指导实践时，实务人员往往更喜欢折中派。那些更倾向于做对策性研究或者喜欢对人们的行为指手画脚的理论家，经常成为中庸主义者。我们看到很多理论家，都有指点江山的抱负。所以，毫不意外，很多对立的理论，推演来推演去，最终都会向中间靠拢。

然而，中庸注定是行动家们的选择，而要达到真正的中庸，又极其困难。所谓"执两用中"，折中谁都会，难就难在两端的确定。于此而言，理论上做到"片面的深刻"，其意义不言而喻。如果所有的理论家都致力于追求片

面的深刻，实务中的中庸很容易实现；如果一部分追求片面的深刻，另一部分追求全面或中庸，则实务上就不可能有真正的中庸。最糟糕的是，追求片面的深刻的理论家，同时又希望能直接作用于实践，这样的人最容易沦为实务家手中的工具。

（二）对直接影响制度的法学理论如何开展效果检验

笔者很好奇，难道人们真的以为，债权意思主义的法律实务、债权形式主义下的法律实务与物权形式主义（有因性或无因性）下的法律实务，在法律后果上完全相同？在很多人的想象当中，各国相关的案例，似乎并没有什么不同；不同的制度运行之下，似乎也没有遭受多少不公平、不正义的指责。因此得出结论：殊途同归。甚至有观点认为，差异仅仅存在于解释过程，而不会对实际后果产生任何实质影响。

然而，当我们进行鉴定式案例分析的时候，很多人轻而易举地意识到，承不承认物权行为理论，对于分析结构和分析结果，一定会产生不同的影响。为什么在抽象地谈论制度后果时，就能得出前段所述的似是而非的结论呢？差异，其实并不仅仅存在于疑难法律问题的处置结果上，更有可能存在于很多不被专家们关注的普通纠纷当中，还有可能存在于那些根本未能涉讼的交易结构安排之中。结果上的差异被绝大多数普通人接受了，然而某些人所接受的结果不一定真的符合正义原则和自由市场的要求。理论和制度的效果检验，不能仅仅注目于疑难案例，甚至不能仅仅考察涉讼案件，还应当检验交易结构本身的变化，以及这种变化所带来的全方位影响。

（三）本末、经权与学术成果的多寡：通说的形成与判定

在诸多歧异的理论中，通说的形成，尤其要考虑本末与经权。物权行为理论诞生之后，不断受到来自理论界的质疑、挑战，但其根本从未动摇。即使在明确否定物权行为的《日本民法典》颁布之后，该国民法学界仍异口同声地承认物权行为理论的科学性，使其一度成为日本民法学界的通说。赞同物权行为理论的诸国，学者们虽然提出过一些修正方案，但都属于权变措施，换言之，是承认原则之后的例外。

虽然从学术成果的数量看，也许挑战者的成果远远多于赞成者的成果，但是，考虑到学术本身更推崇标新立异，考虑到成熟的理论自身基本没有多少创新的余地，更应从科学性的角度推动通说的形成，根据科学性的程度说服更多的学者和实务人员接受更具科学性的理论。在判定通说是否形成时，不能简单以计算学术成果的数量作为依据。

人类的预期寿命，在现代社会得到了极大增长。追根求源，显微镜伏脉千里。因为显微镜揭示了一个人类前所未见的微观世界，人们逐渐认识到了细菌等微生物以及病毒在人类疾病当中的作用。人工智能时代即将到来，AI惊人的算力极大地减轻了人类的思维负担。建立在还原论基础之上的科学性，为我们利用AI的算力提供良好的基础。学术是公器，学术需要虔诚。民法学界的同仁们，让我们以更大的勇气接纳科学性，拥抱人工智能时代的到来吧！

物权合同的独立性和无因性探究

周 军*

吴香香教授的《中国法上物权合同的适用范式》(以下简称吴文)指出,中国法上物权变动模式的争议要点有四:其一,物权合意是否必要(必要性);其二,如果需要物权合意,该合意是否独立于作为基础关系的债权合意(独立性);其三,物权意思为债权合同的履行作出,是否以清偿意思为其内在要素(内在无因性);其四,物权合同效力是否受产生清偿原因的债权合同影响(外在无因性)。上述四层问题构成了不同立场、阵营的坐标系。我国《民法典》的物债二分体系与法律行为架构,为物权合同提供了逻辑前提,且《民法典》可容纳物权合同的解释可能,物权合同“独立+内在无因+外在无因”的适用范式,有其扩张自治空间、厘清法律关系、整合规范体系、优化举证分配等解释优势,是可期待的解释方向。为此,吴文将各种学说总结归纳为:物权合意否认说、物债合意非区分说、物权清偿行为一体说、有因物权形式主义、涉因抽象物权合同说和无因物权形式主义。虽然各种学说流派纷纷攘攘,但最终核心问题还是围绕物权合同是否独立于债权合同,物权合意是否具有独立性以及是否能够确立无因性原则而展开。以下就此两个问题谈几点个人浅见。

* 北京盈科律师事务所江苏区域管委会主任。

一、关于物权合同的独立性问题

在肯定物权合意必要性的前提下，学界仍有观点认为物权合意并不独立，而是内含于买卖合同等基础关系中。此即物权合意区分说，具体又分为修正债权形式主义与阶段债权形式主义两种派别：前者承认物权合意的存在，但认为其与债权合意合为一体，二者均不能单独发生效力；后者一方面坚持买卖合同同时表达了债权合意与物权合意，另一方面又试图将处分权要求从债权合意的效力要件中剥离出来。随着我国《民法典》在立法层面区分了物权（第 114~116 条）与债权（第 118~122 条）的不同效力，篇章体例上物权编与合同编、侵权责任编的区分，也对应着物债二分。有关公示生效的物权变动和登记对抗的物权变动的有关规定则清楚地表明，如果说交付中的物权合意不明显，登记中的物权合意则是非常之明显。从国际上看，无论采取何种登记模式，登记一般要经过申请、审查、记载等步骤。其中，申请无疑是交易双方当事人共同的意思表示，即双方同意发生物权变动。提交申请的意思表示当然独立于原来的买卖合同的意思表示。因此，以变动物权为目的的登记申请应当可以解释为独立的物权行为。实践中已有不少法院在陈述判决理由时肯定了物权行为的独立性，并且将动产的交付和不动产的登记认定为物权行为。例如，在“刘某斌与程某福房屋买卖合同纠纷案”[1]中，法院认为：“动产的交付和不动产的过户登记行为，才是直接引起物权转移的法律事实，才是物权行为。”因此，无论是理论界还是司法实务界，物权合同具有独立性的观点得到越来越多的专家学者的接受和认可。

二、关于物权合同的无因性问题

物权合同的内在无因性解决的是物权合同的成立是否以清偿合意为要素，无论清偿合意指向的债权是否真实存在，而物权合同的外在无因性解决的是

〔1〕 河南省焦作市中级人民法院民事判决书，(2009)焦民终字第 1140 号。

物权合同的效力是否受到基础关系效力的影响。吴文中对物权合同的无因性提出了很好的论证逻辑和论证结果，特别是提出了外在无因和内在无因的双重无因物权合同的法律特征。吴香香教授认为，双重无因说之下，存在四种效力组合形态，从法技术层面为当事人的意思自治创造了空间，同时，双重无因的解释模式在各方面都有很大的解释潜力。这些观点值得我们进一步学习和思考。毫无疑问，物权合同无因性的观点目前受到了立法目的、价值判断、法律解释等各方面的否定和挑战。有学者认为，从利益衡量的角度而言，我国没有规定无因性之必要；规定无因性的主要目的在于保护交易安全，但在我国业已确立善意取得与公示公信制度的基础上，其功能有重叠之嫌。并且，由于无因性不区分买受人的善意、恶意，对于当事人利益之保护有失平衡。也有学者认为，域外的立法和司法实践已经告诉我们，完全有可能只承认物权行为的独立性，而否认物权行为的无因性。如瑞士民法以及荷兰民法虽然认可物权行为的独立性，但并未认可物权行为的无因性。德国民法上出现的“无因原则的效力限制”或者“无因行为之相对性”颇能说明这一问题。对于这一争议，如吴文结尾所言，或许要根据中国国情，在物权合同的独立性逐渐确立并形成后再探索和发展。基于无因物权形式主义在物债二分的技术推演、公示公信制度的匹配、不当得利的体系呼应、意思自治的空间延伸、举证分配的攻防优化等方面的体系势能，我国才能建立“独立 + 内在无因 + 外在无因”的双重无因解释模式。

三、对司法解释关于无权处分的新规定的认识

《最高人民法院关于适用〈中华人民共和国民法典〉合同编通则若干问题的解释》第 19 条规定：“以转让或者设定财产权利为目的订立的合同，当事人或者真正权利人仅以让与人在订立合同时对标的物没有所有权或者处分权为由主张合同无效的，人民法院不予支持；因未取得真正权利人事后同意或者让与人事后未取得处分权导致合同不能履行，受让人主张解除合同并请求让与人承担违反合同的赔偿责任的，人民法院依法予以支持。前款规定的合同被认定有效，且让与人已经将财产交付或者移转登记至受让人，真正权

利人请求认定财产权利未发生变动或者请求返还财产的，人民法院应予支持。但是，受让人依据民法典第三百一十一条等规定善意取得财产权利的除外。”该条文对于无权处分的合同效力，从债权和物权两个层面分别进行了规定，基本符合阶段债权形式主义学说的观点。该规定虽没有明确区分债权合意与物权合意，但通过分阶段的形式，一定程度上实现了对二者的区分：无权处分在债权合意阶段并不直接影响合同效力，但在物权合意阶段则可能会影响物权变动效力。正如吴文所述，目前司法实践中采纳的此种效力组合模式与有因物权形式主义已经相当接近，我们期待物权合同的司法实践在此基础上能有进一步发展。

中国物权变动模式的实然与应然

叶名怡 *

内容摘要：对于现行法确立的物权变动之形式主义，至少有五种解释论。解释论对揭示我国实然物权变动模式的作用相当有限，但有两点相对清楚：其一，现行法多处明确规定有因原则；其二，现行法要求不动产登记申请中包含意思表示。自审判实务而言，有因原则普遍被各级法院所认可，同时很多判决点明登记合意、交付合意及物权变动合意。从应然角度看，但凡采形式主义，买卖合同的清偿就不可能是纯粹事实行为，它必然含有或伴有主观意思，具体包括公示合意（登记合意或交付合意）、清偿意思（清偿决定）以及物权变动意思；物权变动意思不仅是事实因素，而且是规范要素。物权合意在不动产物权变动以及采登记生效主义的无体财产权转让中体现在登记申请，在动产交易中体现在交付，在合意主义模式下则与债权合意合体存在。有因原则对出卖人保护更有利，"对称说"不能成立；于交易安全而言，善意取得制度要比无因原则更科学精准。物权行为独立性的意义主要在于，鉴于其作为物权变动要件之一，应单独考察其成立与效力。总体而言，借鉴瑞士法和奥地利法，采有因物权形式主义，承认一种有节制的物权行为理论，更契合我国实证法，是解释论上的最佳选择。

关 键 词：物权变动　物权形式主义　债权形式主义　物权行为理论　有因原则

---

* 上海财经大学法学院教授。

一、关于中国“形式主义”的五种解释论

依《民法典》第209条、第224条，[1]我国物权变动模式以形式主义（而非意思主义）为原则，殆无疑义，但如何解释此种形式主义却众说纷纭，至少存在五种解释论（见表1）。

表1　我国物权变动模式的五种解释论

<table>
<tr><td>物权变动模式</td><td colspan="3">基于买卖合同的所有权变动要件</td></tr>
<tr><td>（无因）物权形式主义</td><td>—</td><td>物权合同（分离、抽象）</td><td>交付或登记（事实行为）</td></tr>
<tr><td>有因物权形式主义</td><td rowspan="3">买卖合同（仅有债权合意）</td><td colspan="2">交付或登记（内含物权合同）</td></tr>
<tr><td>清偿模式</td><td colspan="2">清偿意思（单方行为）+交付或登记（事实行为）</td></tr>
<tr><td>（纯粹）债权形式主义</td><td colspan="2" rowspan="2">交付或登记（事实行为）</td></tr>
<tr><td>修正债权形式主义</td><td>买卖合同（债权及物权合意）</td></tr>
</table>

（一）（无因）物权形式主义

（无因）物权形式主义也被称为德国法模式，即物权合意（dingliche Einigung）与登记（Eintragung）或交付（übergabe）共同作用，引发当事人所希望的物权变动。作为债权合同的买卖合同是负担行为，转移标的物和价款之所有权的合意构成一项独立的物权合同，系处分行为。处分行为与负担行为在构成要件上相互分离（分离原则、物权行为的独立性），且在法律效力上，前者并不依赖于后者（抽象原则、物权行为无因性）。[2]

萨维尼认为“traditio”（罗马法之交付）本身是一项物权契约，[3]但德国

〔1〕为行文简便计，以下未提及条文出处者皆源于《民法典》。另，本文虽题为物权变动，但为聚焦争议，以下未提及具体场景者，均以买卖合同移转标的物所有权为讨论模型。

〔2〕Vgl.Lettmaier, in: Münchener Kommentar BGB, 9.Aufl.2023, § 873 Rn.2, 50; Oechsler, in: Münchener Kommentar BGB, 9.Aufl.2023, § 929 Rn.3, 8.

〔3〕Vgl.Friedrich Carl von Savigny, System des heutigen Römischen Rechts, Band Ⅲ, 1840, S.312.

当今通说认为，物权合意独立于物权公示行为即登记或交付。[1]用公式表达就是：物权变动 =（无因性）物权合同 + 登记 / 交付。我国有很多学者认同此种立场。[2]

（二）有因物权形式主义

有因物权形式主义主张，物权变动＝基础交易（债权行为）+ 登记或交付（内含物权行为）。瑞士和奥地利是此种立场的典型代表。

瑞士通说认为，土地所有权人向登记机关提交的土地簿登记预约（Grundbuchanmeldung），系一项不得附条件、附期限的单方法律行为；登记预约不仅是形式上的申请，而且也是申请人对自身所有权实体上的处分，不可单方撤回。[3]在动产交易中，瑞士联邦法院在一系列判例中明确指出物权合同的存在，[4]物权合同是当事人“此时此地”（hic et nunc）履行负担行为、移转所有权的合意。[5]同时，《瑞士民法典》第 974 条第 2 款明文规定不动产物权变动的有因原则。倘若基础交易无效，则相应的土地簿登记为不正当登记，原则上在当事人之间不产生任何效力。[6]动产物权变动亦须存在有效的取得名义。[7]

《奥地利普通民法典》（ABGB）第 425 条规定，非经合法交付和受领，不能取得物权。对动产而言，交付为占有移转，对不动产而言，交付则为登记。通说认为，让与人与取得人须就物权变动达成合意方可发生变动效果，

---

〔1〕 参见［德］鲍尔、施蒂尔纳：《德国物权法》（上册），张双根译，法律出版社 2004 年版，第 86 页。

〔2〕 参见孙宪忠：《我国物权法中物权变动规则的法理评述》，载《法学研究》2008 年第 3 期；田士永：《〈物权法〉中物权行为理论之辨析》，载《法学》2008 年第 12 期；李永军：《论债的科学性与统一性》，载《法律科学（西北政法大学学报）》2013 年第 1 期；朱庆育：《物权行为的规范结构与我国之所有权变动》，载《法学家》2013 年第 6 期。

〔3〕 Lorenz Strebel/Hermann Laim, in: Basler Kommentar zum schweizerischen Privatrecht, Schweizerisches Zivilgesetzbuch Ⅰ, Helbing und Lichtenhahn, 2015, § 656, S.1059, Rn.10.

〔4〕 BGE 55 Ⅱ 302, 306; BGE 84 Ⅲ 141, 153; BGE 114 Ⅱ 45, 51.

〔5〕 Ivo Schwander, in: Basler Kommentar zum schweizerischen Privatrecht, Schweizerisches Zivilgesetzbuch Ⅰ, Helbing und Lichtenhahn, 2015, § 714, S.1406, Rn.5.

〔6〕 Lorenz Strebel/Hermann Laim, in: Basler Kommentar zum schweizerischen Privatrecht, Schweizerisches Zivilgesetzbuch Ⅰ, Helbing und Lichtenhahn, 2015, § 656, S.1057, Rn.5.

〔7〕 Ivo Schwander, in: Basler Kommentar zum schweizerischen Privatrecht, Schweizerisches Zivilgesetzbuch Ⅰ, Helbing und Lichtenhahn, 2015, § 714, S.1405, Rn.3.

此物权合意一般与交付相伴而生，但它应被视为一项法律行为；对于需要登记的不动产物权而言，它通过取得人在土地簿中的登记而移转，让与人的物权变动声明（Aufsandungserklärung）[1]构成物权合意。[2]同时，奥地利法也不承认物权行为的无因性（《奥地利普通民法典》第380条）。我国越来越多的学者尤其是中青年学者认同有因物权形式主义立场。[3]

（三）（纯粹）债权形式主义

（纯粹）债权形式主义主张，物权变动要件为“（仅有债权合意的）债权合同+（作为事实行为的）登记或交付”。在域外法上，法国相关法律实践与此种模式较为接近。

法国被认为是意思主义的鼻祖，但这可能只是一个巨大的历史误会。法国法典编纂者从未想过在物权变动模式上来一场崭新革命。合意原则只不过是对当时主流思想观念和习惯做法的总结。实际上，自罗马法时期，现实交付的重要性已开始日益萎缩，而合意交付的萌芽逐渐出现。[4]此后，合意交付成为新型交付方式，而契约必守意味着金钱赔偿不能替代强制实际履行。[5]合意移转的所有权只是去除了现实占有和管领力之后的观念所有权。[6]然而，随着所有权概念的纯化，合意原则中所有权的独特内涵被逐渐遗忘，一种新的

---

〔1〕 物权变动声明是《奥地利普通土地簿法》(GBG)第32条创设的奥地利特有制度，它是一份包含让与人处分其权利之意思表示的公证书或司法认证书，其作用是同意将基于契约引发的权利变动在土地簿中进行登记。

〔2〕 Riss, in: Kommentar zum ABGB, 7.Aufl. 2023, § 425, S.487, Rn.1.

〔3〕 参见葛云松：《物权行为：传说中的不死鸟——〈特权法〉上的物权变动模式研究》，载《华东政法大学学报》2007年第6期；杨代雄：《抵押合同作为负担行为的双重效果》，载《中外法学》2019年第3期；李宇：《保理合同立法论》，载《法学》2019年第12期；陈永强：《中国民法处分行为之多元模式》，载《法治研究》2020年第4期；茅少伟：《民法典编纂视野下物权变动的解释论》，载《南京大学学报（哲学·人文科学·社会科学）》2020年第2期；姚明斌：《民法典体系视角下的意思自治与法律行为》，载《东方法学》2021年第3期；刘家安：《民法物权》，中国政法大学出版社2023年版，第102页。

〔4〕 参见[意]阿尔贝托·布尔代赛：《罗马物权法》(第4版)，翟远见译，中国政法大学出版社2022年版，第47页。

〔5〕 V.Jean-Pascal Chazal, Serge Vicente, Le Transfert de Propriété par l' Effet des Obligations dans le Code Civil, *RTD Civ.*, n° 26, 40, 2000, p.477.

〔6〕 观念所有权的诞生与教会法所创设的、并由普芬道夫发扬光大的向物权(ius ad rem)有莫大关系。参见李飞：《向物权(Ius ad rem)概念之澄清》，载《苏州大学学报(法学版)》2015年第2期。

共识产生，即法国法创设了一种全新的物权变动模式——意思主义。不过，由于这种模式具有显而易见的风险，公示对抗主义应运而生。

在合意原则之下，买卖双方只须就标的物和价款达成合意，买卖合同即告完成，〔1〕其中不必也不可能有物权合意，因为所有权移转伴随着关于标的物和价款的合意而即刻、当然、自动发生，无关乎当事人意志。对于种类物、将来物买卖而言，伴随着标的物的个别化或特定化，所有权移转同样是自动触发，无须任何形式或手续，无须任何“意思表示”（manifestation de volonté）。〔2〕基于此，纯粹债权合意引发物权变动在法国从来不构成解释上的难题。

但须强调，合意原则不属于公共秩序，当事人可变通约定所有权移转的时间点。〔3〕在实践中，不动产交易的双方当事人几乎总是会约定，所有权自双方为土地登记且签署公证文书之日起移转；而在动产买卖中，所有权大多被约定自交付之日起移转；至于票据、有价证券、知识产权等特殊财产权利的转让，更是与意思主义无关。合意原则其实不再是原则，而只是一种适用范围极其狭窄的例外。〔4〕在形式主义实践模式下，法国法仍不承认合同缔结后出卖人负有所有权移转的义务。〔5〕所有权移转虽被合意推迟，但在所附停止条件成就后，所有权移转仍为自动触发。我国有不少学者赞同纯粹债权形式主义。〔6〕

（四）修正债权形式主义

修正债权形式主义认为，物权变动要件为合同叠加登记或交付，合同既

〔1〕 Jurisclasseur Civil Code, Art.1583, Fasc.Unique : Vente.–Nature et forme.–Formation du contrat, Marc Mignot, 21 Juin 2017, n° 39.

〔2〕 Jurisclasseur Civil Code, Art.1196 à 1198, Fasc.Unique : Contrat.–Effets du contrat.–Effet translatif, Philippe Simler, 21 Juin 2017, n° 14, p.33.

〔3〕 Jurisclasseur Civil Code, Art.711 et 712, Fasc.10 : Modes Divers d' Acquerir la Propriete.–Notions generales, Philippe Kaigl, 15 Fev.2021, n° 10.

〔4〕 Véronique Wester–Ouisse, Le Transfert de Propriété solo consensus : Principe ou exception ? *RTD Civ.*, 2013(2), p.299.

〔5〕 2016 年《法国民法典》大修甚至将延续两百多年的给予之债（obligation de donner）删除，因给予之债（所有权移转义务）从未曾真实存在过，“逻辑上一秒”（刚产生即消灭）之拟制徒增尴尬，不如一删了之。

〔6〕 参见梁慧星、陈华彬：《物权法》（第 7 版），法律出版社 2020 年版，第 88 页；王轶：《论物权变动模式的立法选择》，载《月旦民商法杂志》第 2 卷（2003 年）；陈华彬：《民法物权》，经济科学出版社 2016 年版，第 103 页。

含债权合意，也含物权合意，用公示表达为：（双重效果意思的）合同＋登记或交付＝物权变动。

虽然修正债权形式主义者认为其思想来源于法国和日本理论，[1]然而，就笔者阅读范围而言，法国人几乎不讨论合同中的物权意思。这可能是因为物权移转乃买卖合同之当然效力，无须当事人有此合意。日本法的情形稍微复杂一些。日本判例从一开始就否定物权行为的独立性，[2]现今通说亦然。[3]但《日本民法典》第176条中“当事人的意思表示”是仅为债权合意，还是同时也包括物权合意，存在歧见，作为少数说的“独立性肯定说”认同后者。[4]“民法176条所谓的意思表示，不单单指契约，也包含物权移转之意思表示……以最初的契约（也被称为‘债权契约’‘债权行为’）为基础，辅以另外的物权移转合意（也被称为‘物权契约’‘物权行为’），始发生物权变动。”[5]我国有不少学者主张此种解释论。[6]

（五）清偿模式

清偿模式主张，物权变动要件包括三项：债权合同、清偿决定、登记或交付。该说认为，一方面，物权行为理论存在诸多缺陷，如过于矫揉造作，纯属多余（清偿概念可以替代），适用范围过窄（无法适用于服务合同等）；另一方面，债权形式主义完全忽略清偿中的意思要素，不合常理，仅依债权行为和公示形式并不足以解释物权变动之发生，须辅之以清偿视角，清偿意思中包含了所有权变动的意思。[7]

---

〔1〕参见崔建远：《东亚区域的民法趋同论——以物权行为理论为中心》，载渠涛主编：《中日民商法研究》第4卷，法律出版社2006年版，第92页。

〔2〕横山美夏「物権変動の時期」潮見佳男ほか編『民法判例百選Ⅰ——総則・物権』(有斐閣，2018年)106~107頁参照。

〔3〕参见［日］镰田薰：《民法笔记：物权法Ⅰ》（第3版），于宪会译，法律出版社2022年版，第5页。

〔4〕参见［日］内田贵、大村敦志编：《民法的争点》，张挺等译，中国人民大学出版社2023年版，第179页。

〔5〕大村敦志『新基本民法・物権編』(有斐閣，2015年)33頁参照。

〔6〕参见王利明：《物权法研究》（第3版）（上卷），中国人民大学出版社2013年版，第243~244页；崔建远：《无权处分辨——合同法第51条规定的解释与适用》，载《法学研究》2003年第1期；崔建远：《从解释论看物权行为与中国民法》，载《比较法研究》2004年第2期。

〔7〕参见孙维飞：《论物权变动的“清偿模式”》，载《中外法学》2023年第1期；缪宇：《清偿性质“目的给付效果说”的展开》，载《法学家》2023年第6期。

二、中国物权变动模式之实然

（一）解释论对揭示物权变动实然的意义

面对同一套现行法规则，不同立场的人有不同的解释。债权形式主义往往诉诸文义解释、历史解释，〔1〕物权形式主义则以目的解释、体系解释来应对。〔2〕总体而言，解释论对于揭示我国物权变动实然意义相当有限。尽管如此，还是有两处规范的意涵过于明显，不得不提。

1. 现行法对于物权行为（或物权变动）无因性的否定

根据《最高人民法院关于适用〈中华人民共和国民法典〉物权编的解释（一）》（法释〔2020〕24 号，以下简称《物权编司法解释（一）》）第 20 条的规定，善意取得所有权以转让合同有效为前提。“虽然在有权处分场合也可以设计成负担行为之无效不阻断物权变动的效果，但如此一来即构成对无权处分场合善意受让人的劣待……并不具有实质正当性。”〔3〕此论值得赞同。根据《最高人民法院关于适用〈中华人民共和国民法典〉有关担保制度的解释》（法释〔2020〕28 号）第 68 条第 2 款的规定，让与担保中的流担保约定无效，即使已办理物权移转登记，也不发生物权变动的法律效果。《最高人民法院关于适用〈中华人民共和国民法典〉合同编通则若干问题的解释》（法释〔2023〕13 号）第 24 条规定，“合同不成立、无效、被撤销或者确定不发生效力，当事人请求返还财产……人民法院应当根据案件具体情况，单独或者合并适用返还占有的标的物、更正登记簿册记载等方式……”不论是占有的返还，还是登记的“更正”，均表明了有因原则。

---

〔1〕 参见王轶：《区分原则：区分什么？》，载《东方法学》2022 年第 4 期；王轶：《民法学如何讲道理？——以物权变动模式的立法选择为例》，载《中外法学》2023 年第 1 期。

〔2〕 参见常鹏翱：《论现实存在与物权行为的无关联性——对相关学理争辩的再辨析》，载《法学》2015 年第 1 期；吴香香：《民法典编纂中请求权基础的体系化》，载《云南社会科学》2019 年第 5 期。

〔3〕 参见姚明斌：《民法典体系视角下的意思自治与法律行为》，载《东方法学》2021 年第 3 期。

2. 关于现行法对于不动产登记中意思表示的肯定

《不动产登记暂行条例》第 14 条第 1 款规定："因买卖、设定抵押权等申请不动产登记的，应当由当事人双方共同申请。"笔者认为，共同申请时显然存在登记合意，此合意不仅仅是程序性的登记合意，同时也是实体性的物权变动合意。该法第 15 条规定申请的代理与撤回，均指向意思表示。《不动产登记暂行条例实施细则》第 10 条第 1 款中规定："处分共有不动产申请登记的，应当经占份额三分之二以上的按份共有人或者全体共同共有人共同申请"；第 11 条第 1 款规定："无民事行为能力人、限制民事行为能力人申请不动产登记的，应当由其监护人代为申请。"由于民事行为能力是法律行为制度的固有内容，因此，不动产登记申请本身应被视为一项处分不动产物权的法律行为。

须补充的是，在最高人民法院一系列司法意见中，区分原则的痕迹日益明显。〔1〕尤其是出卖他人之物合同有效的司法解释，被认为是以物权行为独立性为理论依据。〔2〕

（二）我国相关审判实务立场

案型一：买卖合同无效时的所有权归属

就不动产买卖而言，最高人民法院的立场相当稳定，即一旦买卖合同被确认无效，不论买方有无付款，不论双方有无办理产权过户登记，不动产所有权都被认为从未移转过。例如，"因高某华与国力公司之间的《房屋销售合同》无效，故虽然高某华已经付清了房款，但并不能依法产生物权变动的效力，高某华自始无法取得案涉房屋的所有权"。〔3〕"虽然案涉土地已经完成过户登记，证载权利人为正道公司，但是因案涉土地出让合同被 7558 号民事判决确认无效，即引起案涉不动产物权变动的基础法律行为无效，故不能产生

〔1〕最高人民法院逐渐接受负担行为与处分行为区分的过程，参见黄泷一：《负担行为与处分行为区分的实务继受——以最高法院的司法解释和裁判文书为分析对象》，载《河北法学》2015 年第 5 期。

〔2〕参见谢鸿飞：《合同法学的新发展》，中国社会科学出版社 2014 年版，第 220 页；韩世远：《合同法总论》（第 4 版），法律出版社 2018 年版，第 317 页。

〔3〕最高人民法院民事裁定书，（2017）最高法民申 2808 号。还可参见最高人民法院民事裁定书，（2016）最高法民申 2390 号；最高人民法院民事裁定书，（2021）最高法民申 1668 号。

案涉土地归属于正道公司的法律后果。”[1]相同立场者还有用益物权转让、[2]动产买卖之所有权移转等。[3]

案型二：不动产登记申请的合意瑕疵

我国审判实务长期以来一直将不动产登记申请理解为一项独立于债权合同的物权移转合意的严肃表达。若此项合意欠缺或有瑕疵，则不能发生物权变动的法律效果。

首先，单方申请意味着欠缺物权移转合意，不是有效申请，[4]物权移转登记程序不能启动。[5]其次，若标的不动产为夫妻共有或多人共有，则应共同申请，[6]以确保“当事人处分案涉房屋的意思表示一致”，[7]否则构成对法定程序的违反，[8]相应不动产登记应予撤销。[9]再次，若一方签名系伪造，买卖双方欠缺物权移转合意，则不动产登记应予撤销。[10]最后，不动产登记申请可委托他人进行，但委托授权书应由双方共同到登记机构签署，[11]并在有关询问笔录上签字确认，否则登记应予撤销。[12]

上述案例虽多为行政诉讼而非民事诉讼，但这只是现行审判实践对于不动产登记相关诉讼之性质的不当理解，并不能影响不动产登记被撤销的实际原因——当事人不动产物权移转合意的欠缺或瑕疵。而且，依据《行政诉讼法》第61条第1款，在不动产登记的相关行政诉讼中，也可以一并审理民事

〔1〕 最高人民法院民事裁定书，(2020)最高法民申6467号。

〔2〕 参见最高人民法院民事判决书，(2012)民四终字第1号。本案为最高人民法院发布的第八批指导性案例(33号)。亦可参见最高人民法院民事裁定书，(2020)最高法民申1372号。

〔3〕 参见最高人民法院民事裁定书，(2018)最高法民申4079号；山东省高级人民法院民事判决书，(2021)鲁民终2054号。

〔4〕 参见江苏省高级人民法院行政裁定书，(2018)苏行申368号。

〔5〕 参见湖南省株洲市中级人民法院行政判决书，(2020)湘行终492号。

〔6〕 参见广东省高级人民法院行政判决书，(2019)粤行终1248号。

〔7〕 湖南省益阳市中级人民法院行政判决书，(2020)湘09行终131号。

〔8〕 参见安徽省高级人民法院行政判决书，(2020)皖行终697号。亦可参见新疆维吾尔自治区伊宁市人民法院行政判决书，(2021)新4002行初1号。

〔9〕 参见江西省新余市渝水区人民法院行政判决书，(2019)赣0502行初16号。

〔10〕 参见四川省成都市新都区人民法院行政判决书，(2019)川0114行初48号。

〔11〕 参见贵州省安龙县人民法院行政判决书，(2020)黔2328行初8号。

〔12〕 参见青海省高级人民法院行政裁定书，(2019)青行申1号。

争议。因此，不动产登记撤销之诉的行政诉讼定性，不影响该诉讼大多都是只涉及民事主体登记合意欠缺的民事争议。

案型三：动产交付中的合意欠缺

在司法实践中，因交付中存在欺诈或胁迫而导致交付合意存在瑕疵的案例尚未寻得，但因交付合意欠缺而导致交付未完成的案例却相当常见。例如，“物权行为具有独立性，设立物权需要有明确的物权合意，本案在双方当事人欠缺设立动产抵押权的物权合意的情况下，不宜忽略物权行为的独立性而径直认定设立了抵押权”。〔1〕“就合同履行方面而言，交付是否完成，应审视交易双方是否具有交付的合意……本院认定原告与被告就案涉 60 台机床未达成交付合意……案涉 60 台机器未完成交付。”〔2〕“该证据内容仅为以酒抵债的意思表示，并未载有对抵债酒进行交付的内容，不能证明远通广告部实际取得案涉白酒的占有的时间……鉴于远通广告部未能与对案涉白酒享有处分权的人达成交付的合意，即使案涉白酒的占有发生转移，亦不发生物权变动的效力。”〔3〕“虽然涉案本田汽车登记在原告名下、交由原告使用，但原告未支付对价，缺乏交付的合意，该车的所有权并未发生转移。”〔4〕“华教公司交付了 100 个激光影院大屏……时，如皋医保处虽提供场地存放但未予签收，华教公司未提供证据证明后续双方已就此达成交付合意。”〔5〕“李某仁主张案涉船舶的交付方式为指示交付，需举证证明李某仁和蔡某陆之间存在以指示交付替代现实交付的合意。”〔6〕“双方对交付租赁物并未达成一致意见，当然不产生交付的法律后果……因被执行人拒绝而双方未达成交付的合意，虽然申请执行人已到现场查验租赁物，但不因此而产生交付的法律后果。”〔7〕

---

〔1〕 最高人民法院民事裁定书，(2018)最高法民申 5669 号。

〔2〕 广东省东莞市第一人民法院民事判决书，(2019)粤 1971 民初 7710 号。

〔3〕 安徽省蚌埠市中级人民法院民事判决书，(2021)皖 03 民终 1236 号。

〔4〕 湖北省荆门市东宝区人民法院民事判决书，(2019)鄂 0802 民初 221 号。

〔5〕 江苏省高级人民法院民事再审裁定书，(2021)苏民申 2595 号。

〔6〕 湖北省高级人民法院民事判决书，(2022)鄂民终 140 号。

〔7〕 江苏省高级人民法院民事裁定书，(2019)苏民申 3084 号；江苏省高级人民法院民事裁定书，(2019)苏民申 922 号。

以上案例表明，动产交付在审判实务中并未被视为一项与当事人主观意思无关的事实行为。相反，当事人的行为意思和效果意思对于物权变动之法律效果而言具有决定性意义。

案型四：债权让与的法律性质

物权形式主义一般将债权让与定性为处分行为，以区别于作为其基础关系的负担行为，如赠与或买卖。而债权形式主义将债权让与定性为债法上的合同。审判实务中直接点明债权让与属于处分行为的较少。〔1〕如此定性在债权多重让与场合会遭遇难题。发生在后的债权让与是否属于无权处分？数个债权让与合同是否都有效？审判实务倾向于有权处分说，即复数债权转让合同均属有效。〔2〕以此观之，实务显然未将债权让与合同视为纯粹的处分行为。不过，若同时存在保理合同和债权让与时，个别法院会直接点明分离原则。〔3〕

综上所述，法律文本与审判实务对于物权变动明显持有因原则立场，对于不动产登记申请须有当事人合意的要求也十分明确。同时，审判实务对于交付合意屡有提及。总体而言，有因物权形式主义在我国实证法上清晰可见。

三、中国物权变动模式之应然

（一）买卖合同之清偿应有“物权意思”

1. 清偿〔4〕是否是一种事实行为

我国通说认为清偿是一种事实行为。〔5〕此说值得商榷。事实上，合同类型种类繁多，清偿内容千差万别，清偿性质也不可能完全一致。若清偿内容系

〔1〕参见福建省厦门市中级人民法院民事判决书，(2014)厦民终字第2768号。

〔2〕参见江苏省南京市中级人民法院民事判决书，(2015)宁商终字第636号。

〔3〕参见湖北省高级人民法院民事判决书，(2017)鄂民终3301号。

〔4〕本文所称清偿与履行(Erfüllung)同义，意指债之内容的实现；同时，使用“清偿行为”(Tilgung)或“给付行为”(Leistungshandlung)来指称狭义的具体清偿，在买卖交易中即交付和/或登记。

〔5〕参见王利明：《债法总则研究》(第2版)，中国人民大学出版社2018年版，第552页；崔建远、陈进：《债法总论》，法律出版社2021年版，第293页。

作为（修理）或不作为（竞业禁止），清偿性质固然可为事实行为；但若清偿内容系给付财物，在物权变动公示生效主义之下，清偿之中必然有物权移转意思，清偿必然构成法律行为。

如表 2 所示，法国、日本及德国通说似乎均将买卖合同之清偿定性为事实行为，但实属形似实异。法国学界对清偿（paiement）的性质见解不一。法律行为说是传统多数说，包括契约说[1]与单方法律行为说。[2]事实行为说不仅有学者主张，[3]还有早期判例的加持。[4]《法国民法典》第 1342-8 条规定，清偿可用一切形式来证明，这是事实行为固有的法律特征。但同法第 1342-2 条第 3 款原则上要求受偿人须有缔约能力。通说还认为，清偿人也要有行为能力，否则清偿行为可能被认定为相对无效，尽管这通常并无意义，因为清偿被撤销后债务随即复生，但在极少数情况下它仍有价值，特别是在选择之债的清偿与期前清偿场合。[5]

表 2　买卖合同清偿之法律定性

<table>
<tr><td colspan="2">物权变动模式</td><td>合同成立</td><td colspan="3">合同履行 / 清偿（以交付或登记为核心）</td></tr>
<tr><td rowspan="2">意思主义</td><td>法国</td><td rowspan="6">债权合意</td><td colspan="2">事实行为兼有行为能力要求</td><td rowspan="2">抗辩要件</td></tr>
<tr><td>日本</td><td colspan="2">准法律行为或事实行为</td></tr>
<tr><td colspan="2">物权形式主义（德国）</td><td>物权合意</td><td>事实行为</td><td rowspan="4">生效要件</td></tr>
<tr><td colspan="2">有因物权形式主义（瑞士、奥地利）</td><td colspan="2">混合：含物权合意或单方物权意思</td></tr>
<tr><td colspan="2">清偿模式</td><td>单方意思</td><td>事实行为</td></tr>
<tr><td colspan="2">何种主义？（中国）</td><td colspan="2">具体合意 + 事实行为 / 行政行为</td></tr>
</table>

〔1〕 F.Terré, P.Simler et Y.Lequette, *Droit civil Les obligations*, Dalloz, 11e éd., 2019, n° 1412.

〔2〕 M.Mignot, La nature juridique du paiement, in M.Mignot et J.Lasserre Capdeville, *Le paiement* : *L'Harmattan*, 2014, p.9.

〔3〕 V.N.Catala, *La nature juridique du paiement*, Paris, L.G.D.J., 1961, p.184, n° 111 .

〔4〕 Cass.1re civ., 6 juill.2004, n° 01-14.618: JurisData n° 2004-024533; Bull.civ.I, n° 202; JCP G 2004, Ⅱ, 10193, note G.Nicolas.

〔5〕 Juris Classeur Civil Code, Art.1342 à 1342-10, Fasc.10 : Régime général des obligations, 20 juillet 2018, Valerio, Forti, n° 24.

日本旧通说认为清偿是准法律行为，事实行为说则为新近有力说，另有观点主张清偿性质决定不要说。[1] 主流的机械履行论认为，清偿既需债务人提供清偿，也需债权人受领行为，故债务人与债权人的意思表示是必要的，但债务人的效果意思不影响清偿效果的实现。[2]

在法国和日本等意思主义模式之下，清偿的确可被处理为事实行为，因为所有权伴随买卖合同缔结而即刻自动移转，之后不论是动产交付还是不动产登记都只产生对抗力，不涉及权利变动，其中根本无须有区别于买卖合同合意的物权移转合意。但在形式主义之下，买卖合同生效并不即刻移转所有权，只产生移转所有权的义务，故在后续履行 / 清偿中，必然存在区别于合同缔结合意之“另外合意”，即“此时此地”无条件移转标的物所有权的合意。有学者将合同成立时的合意称为“抽象的合意”，将履行时的合意称为“具体的合意”。[3] 如何称呼并不关键，关键在于，整个交易过程中的确存在两种而非一种合意。

在形式主义框架下，清偿可为法律行为，亦可为事实行为，取决于对物权合意与交付 / 登记之间的关系处理。倘若采逸出说（德国），则清偿行为的确可被定性为事实行为。德国通说对清偿采“事实给付效果说”，[4] 即只要满足特定的客观事实构成结果，清偿效力即依法发生，额外的任何主观要素都不必要。[5] 瑞士和奥地利选择更为简洁明快的“结合说”，认定不动产登记申请或登记同意中有物权意思，推定动产交付中有物权合意。如此一来，清偿在瑞士和奥地利就只能是混合性质，即法律行为与事实行为（或行政行为）的结合体。

2. 买卖合同清偿必有物权意思

债权形式主义者可能会主张，清偿中即便有合意，也不过是买卖合同之

---

〔1〕 中田裕康『債權総論』(岩波書店，2020 年)353 頁参照。

〔2〕 参见［日］内田贵、大村敦志编:《民法的争点》，张挺等译，中国人民大学出版社 2023 年版，第 343 页。

〔3〕 参见戴永盛:《论特殊动产的物权变动与对抗(下)》，载《东方法学》2014 年第 6 期。

〔4〕 Fetzer, in: Münchener Kommentar BGB, 9.Aufl.2022, BGB § 362 Rn.10.

〔5〕 反对者参见［德］迪特尔·梅迪库斯:《德国债法总论》，杜景林、卢谌译，法律出版社 2004 年版，第 191 页。

合意的简单重复。但事实并非如此。首先，二者内容不同。买卖合同成立中的合意是抽象的合意，即将来某时某地移转所有权的合意；履行中的合意则是具体的合意，即此时此地移转标的物所有权的合意。二者发生时间并不必然重合。〔1〕其次，目的和法效果不同。债权合意的目的是产生债权债务关系，物权合意的目的是发生物权移转。前者是对将来行为的允诺，后者是当下无条件移转权利的意志。〔2〕再次，程序意义不同。当事人如欲办理不动产登记，则必须向不动产登记部门提交载有当下合意的登记申请，只提交买卖合同是不行的。最后，效力评价阶段不同。履行中的合意同样需要单独评价其效力。不动产登记被撤销相关案件中的绝大多数都是因为登记申请中的物权合意存在瑕疵，与买卖合同成立中的合意无关。

“清偿模式”的最大意义在于揭示合同清偿必然有主观的清偿意思，〔3〕但它主张，清偿意思可替代物权合意。〔4〕此言不确。清偿决定的本质是将物权变动与债权行为（基础交易）联结起来的主观意思，它与物权变动合意是两码事。清偿决定一般是隐性的、推定可得的，只有在债务人对同一债权人负担数笔种类相同债务时，清偿决定才须明示；纵未明示，法律也有缺省性规定（《民法典》第560条）。相反，物权合意倒常是显性的（如登记申请）。

3. 物权意思：事实因素抑或规范要素

有观点认为，“承认这个‘物权合意’的存在，并不意味着就是承认‘物权行为’这个概念。”〔5〕“物权变动模式的立法选择既非一个事实判断问题……物权合同中的意思表示也不过是实现债权合同中意思表示的一个并非

〔1〕参见葛云松：《物权行为：传说中的不死鸟——〈物权法〉上的物权变动模式研究》，载《华东政法大学学报》2007年第6期；刘经靖：《还原与展开：古典与现代情境中的“物权行为”理论》，载《烟台大学学报（哲学社会科学版）》2013年第4期。

〔2〕参见吴一鸣：《英美财产法之契据交付制度研究》，载《环球法律评论》2009年第5期。

〔3〕关于“给付目的决定说”，参见陈自强：《给付目的不达不当得利》，载《台大法学论丛》第51卷第2期（2022年）。

〔4〕参见孙维飞：《论物权变动的“清偿模式”》，载《中外法学》2023年第1期。

〔5〕戴永盛：《论特殊动产的物权变动与对抗（下）——兼析〈最高人民法院关于审理买卖合同纠纷案件适用法律问题的解释〉第十条》，载《东方法学》2014年第6期。

必不可少的中介和工具。”[1]

本文认为，物权合意不仅事实上客观存在，在法律上也应独立评价。物权变动合意欠缺或者有瑕疵，直接影响物权变动的法律效果。不动产登记共同申请所体现出的物权变动合意，倘若欠缺或有重大瑕疵，不动产登记就会存在效力瑕疵，应予撤销。动产交付也是如此，欠缺主观合意的、纯粹物理上占有的移转算不上有效的交付，当然也不会导致动产所有权移转。一言以蔽之，物权合意不仅是事实因素，而且还是规范要素。

另外，在解释多种法律现象（如所有权保留、让与担保、种类物或将来物的买卖以及占有改定[2]等）方面，承认分离原则会更加得心应手。虽说债权形式主义也能解释，但它主要借鉴意思主义模式下的解释方案，十分勉强，甚至不得不伴随立法改变（如处分他人之物效力）而多次修正。分离原则的解释力更强，原因不难理解，毕竟多了一件称手的解释工具。

有观点认为，“不能被理解为‘因为有形式要件，所以才有独立性的必要’，这可能是倒果为因了；恰恰可能是因为独立物权行为的特殊性，而‘要求’其应当采用一定的形式”。[3]本文认为，恰恰是形式主义决定了承认物权行为独立性的必要性，在意思主义之下完全无此必要。

（二）应当承认不动产登记申请系物权行为

1. 比较法之启示

如表 3 所示，大陆法系主要国家在不动产登记所采取的编成主义、申请人、申请材料、登记内容以及登记功能等诸多方面明显有别，从而对不动产登记的法律定性产生直接影响。

---

〔1〕 王轶：《民法学如何讲道理？——以物权变动模式的立法选择为例》，载《中外法学》2023 年第 1 期。

〔2〕 参见税兵：《占有改定与善意取得——兼论民法规范漏洞的填补》，载《法学研究》2009 年第 5 期。

〔3〕 参见茅少伟：《民法典编纂视野下物权变动的解释论》，载《南京大学学报（哲学·人文科学·社会科学版）》2020 年第 2 期；苏永钦：《寻找新民法》（增订版），北京大学出版社 2014 年版，第 51 页。

表 3　大陆法系主要国家所有权变动之不动产登记简况

<table>
<tr><th>国别</th><th>编成主义</th><th>申请人</th><th>申请材料</th><th>登记内容</th><th>登记功能</th></tr>
<tr><td>法国</td><td>年代[①]</td><td>单</td><td>公证书或判决书、[②]附件材料、[③]登记申请等</td><td>买卖合同</td><td rowspan="2">登记对抗
无公信力</td></tr>
<tr><td>日本</td><td rowspan="5">物的</td><td rowspan="2">双[④]</td><td>登记原因证书、[⑤]登记申请书等</td><td rowspan="5">物权变动</td></tr>
<tr><td>德国</td><td>物权合同（公证）、[⑥]登记申请书等</td><td rowspan="4">登记生效
有公信力</td></tr>
<tr><td>瑞士</td><td rowspan="2">单[⑦]</td><td>债权合同（公证）、登记预约等</td></tr>
<tr><td>奥地利</td><td>买卖合同公证书、[⑧]物权变动声明等</td></tr>
<tr><td>中国</td><td>双</td><td>买卖合同、登记申请表等</td></tr>
</table>

① 参见［日］星野英一：《现代民法基本问题》，段匡、杨永庄译，上海三联书店 2012 年版，第 359 页。

② 参见《法国民法典》第 710-1 条第 1 款。

③ 附件材料中最重要的是合同文书摘要（extrait d' acte）和地籍摘要（extrait cadastral），缺之不可。V.Jacqueline Piédelièvre, Stéphane Piédelièvre, *La Publicité Foncière*, 2e éd., Defrénois, 2020, p.102, n° 132.

④ 参见［日］我妻荣著，［日］有泉亨补订：《我妻荣民法讲义Ⅱ 新订物权法》，罗丽译，中国法制出版社 2008 年版，第 83 页。

⑤［日］齋藤隆夫『不動産登記法（集中講義）』（第 3 版補訂版）（成文堂，2019 年）87~90 頁参照。

⑥ 参见［美］彼得·L. 马瑞、［德］拉尔夫·施图尔纳：《民法公证人和中立律师：现代社会预防性司法比较研究》，王葆莳等译，中国政法大学出版社 2023 年版，第 47 页及以下。

⑦ 参见《奥地利普通土地簿法》第 76a 条。

⑧ 参见《奥地利普通民法典》第 434 条。

表 4 展示了不同国家在不动产登记内部结构上的差异。在法国，不动产登记时需向主管登记部门提交新老业主签字的登记申请、正式买卖合同副本、登记费用和完税凭证。〔1〕土地登记处的土地簿册记载行为又可细分为誊录（inscription）、完成登记手续、作注（annoter）三项程序，其性质均为行政机关的行政行为。〔2〕

在日本，不动产登记是国家公证行为。〔3〕不动产登记申请是申请人按要求

〔1〕 参见［美］彼得·L. 马瑞、［德］拉尔夫·施图尔纳：《民法公证人和中立律师——现代社会预防性司法比较研究》，王葆莳等译，中国政法大学出版社 2023 年版，第 83 页及以下。

〔2〕 V.Jacqueline Piédelièvre, Stéphane Piédelièvre, La Publicité Foncière, 2e éd., Defrénois, 2020, p.103-106, n° 133-136.

〔3〕 鎌田薫＝寺田逸郎＝小池信行『新不動産登記講座·第 1 巻·総論Ⅰ』（日本評論社，1998 年）34 頁参照。

向负责登记的国家机关进行指定内容登记的公法上行为，方式皆由法定。〔1〕登记请求权被认为是法定请求权或证据请求权。〔2〕登记申请中的合意是程序性合意，主要在登记法而非民法上有其意义。

法国和日本将不动产登记定性成事实行为或行政行为，理由很简单。因为在意思主义模式之下，所有权移转源于买卖合同效力，而非不动产登记，故不动产登记当然无须也不可能包含引发物权变动的物权意思 / 物权行为。

在德国，不动产物权变动的实体要件是物权合意与物权登记，而物权登记在程序上是由登记申请、登记同意和登记记载组成。登记申请和登记同意都是纯粹的程序行为，即程序要件；登记申请中不包含法律行为的意思表示，不是权利变动要件。即便没有提出登记申请，或申请人欠缺申请资格，或申请被撤回，只要权利变动的实体要件满足，仍会发生权利变动的登记效果；登记同意是程序性的单方意思表示，不能替代实体性的物权合意。〔3〕

在瑞士，不动产登记包括土地簿登记预约（Grundbuchanmeldung）和土地簿登记记载（Grundbucheintragung），前者在形式上包含一项向土地簿管理部门提交的打算登入土地簿的申请，在实体上则被定性为对土地所有权的处分行为。〔4〕

奥地利不动产登记程序包括登记申请、登记批准、登记记载等步骤。〔5〕登记申请材料主要有二：其一，关于基础交易的公证书或认证书（全部当事人亲笔签名）；〔6〕其二，原物权人的物权变动声明，其系处分行为，虽无须受让人受领，〔7〕但仍为物权合意。〔8〕登记申请应准确说明土地登记簿中须登记的内容，不能仅说“按照合同内容”。〔9〕登记批准和登记记载在性质

〔1〕 齋藤隆夫『不動産登記法（集中講義）』(第3版補訂版)(成文堂，2019年)29頁参照。

〔2〕 参见[日]加藤雅信：《民法学说百年史》，牟宪魁等译，商务印书馆2017年版，第300页及以下。

〔3〕 Vgl.Weirich, Grundstücksrecht, 2006, S.149, 156, Rn.497, 522.

〔4〕 Vgl.Rey, Die Grundlagen des Sachenrechts und das Eigentum, in: Rey, Grundriss des schweizerischen Sachenrechts, Band Ⅰ, 3.Aufl. 2007, S.341, Rn.1326; Stephanie Hrubesch-Millauer, Barbara Graham-Siegenthaler, Martin Eggel, Sachenrecht, 6. Aufl. 2023, S.129, Rn.535.

〔5〕 参见《奥地利普通土地簿法》第76条、第96条以及第102条。

〔6〕 Riss, in: Kommentar zum ABGB, 7.Aufl.2023, § 432, S.501, Rn.2.

〔7〕 Riss, in: Kommentar zum ABGB, 7.Aufl.2023, § 433, S.504, Rn.4.

〔8〕 Höller, in: Kommentar zum Grundbuchsrecht, 2007, § 4, S.61, Rn.13.

〔9〕 Kodek, in: Kommentar zum Grundbuchsrecht, 2007, § 5, S.590, Rn.10.

上均为非讼程序行为，从数量上看，土地登记程序是奥地利最重要的非讼程序。〔1〕

表 4　不动产登记的内部结构

法国①	登记申请（事实行为）+土地簿册记载（誊录、完成登记手续、作注）（行政行为）	
日本②	登记申请（事实行为）+登记记载（程序性行政行为）	
德国③	物权合同	登记申请（程序行为）+登记同意（程序行为）+登记记载（事实行为）
瑞士④	登记申请（程序行为/单方物权行为）+登记记载（事实行为）	
奥地利⑤	登记申请［物权变动声明（物权合同）］+登记批准+登记记载（非讼程序行为）	
清偿	单方行为	登记申请+登记记载（事实行为）
中国	登记申请（物权合同）+登记记载（程序性行政行为）	

① V.Jacqueline Piédelièvre, Stéphane Piédelièvre, La Publicité Foncière, 2e éd., Defrénois, 2020, p.88, n° 111.

② 齋藤隆夫『不動産登記法（集中講義）』（第 3 版補訂版）（成文堂，2019 年）29 頁参照。

③ Vgl.Weirich, Grundstücksrecht, 2006, S.148, Rn.494.

④ Vgl.Rey, Die Grundlagen des Sachenrechts und das Eigentum, in: Rey, Grundriss des schweizerischen Sachenrechts, Band Ⅰ, 3.Aufl. 2007, S.341, Rn.1326.

⑤ Vgl.Kodek, in: Kommentar zum Grundbuchsrecht, 2007, § 75, S.545, Rn.32.

综上所述，但凡实行物权变动形式主义的国家，不动产买卖交易之履行（清偿）过程中必然存在物权变动意思，该物权意思或是存在于不动产登记申请中，或是伴随其左右。

2. 中国法的应然处理

由于奉行形式主义，不动产登记申请中必然要有当事人物权变动的意思表示，双方合意必然构成物权合同。理由如下：

其一，不动产物权变动的根本原因不是行政机关的登记行为本身，而是当事人经由不动产登记申请而呈现出来的物权变动合意。典型事实行为虽有行为意思但无效果意思，且法律效果源自法定，与效果意思决定法律效果的法律行为不同，也与虽无效果意思但通过表示行为将内心意思表示于外而产

〔1〕 Vgl.Kodek, in: Kommentar zum Grundbuchsrecht, 2007, § 75, S.538, 544, Rn.3, 31, 32.

生法律意义的准法律行为不同。[1]不动产登记申请既有内心效果意思，也有表示行为，且不动产物权变动完全取决于申请人的效果意思，属于典型的法律行为。

其二，只有将不动产申请定性为意思表示与法律行为，才能对其成立和效力进行单独评价，才能将登记合意欠缺或瑕疵的不动产登记予以撤销，从而为权利人提供救济。

其三，现行法要求将不动产登记申请作法律行为来理解。现行法对不动产登记申请人有行为能力的要求。我国不动产登记制式的登记申请表要求填写的内容十分全面，包括双方当事人信息、申请类型（权利类型、登记类型）、申请理由（买卖或赠与等）及内容，最后还需当事人签名。不动产登记环节通常还要对当事人进行询问，制作询问笔录，以“保证申请人具有进行不动产转移、变更等登记的真实意愿”。[2]

学说上很早就有不动产登记申请中包含物权合意的见解。[3]我国审判实务也广泛承认不动产登记申请中当事人的物权合意。“不动产物权的转移由当事人合意与物权登记两个行为共同完成。”[4]“至于动产抵押权是否存在的问题，人民法院在判断时应当……尊重物权行为的独立性，并以探求当事人真实意思为解释方式……物权行为具有独立性，设立物权需要有明确的物权合意。”[5]

尽管如此，对于基于合意瑕疵的不动产登记撤销之诉的性质，见解不一。制定法与审判实务多持行政诉讼立场，学界观点则呈现两极分化。行政法学界的主流观点认为，不动产登记相关诉讼属于行政诉讼。[6]相反，民法学者大

〔1〕 参见常鹏翱：《民法中典型事实行为的规范关系》，载《法学》2012年第4期。

〔2〕 参见最高人民法院行政裁定书，(2017)最高法行申181号。

〔3〕 参见屈茂辉：《市场交易的内在需求与物权行为立法》，载《中国法学》2000年第2期；葛云松：《物权行为：传说中的不死鸟——〈物权法〉上的物权变动模式研究》，载《华东政法大学学报》2007年第6期；陈永强：《中国民法处分行为之多元模式》，载《法治研究》2020年第4期。

〔4〕 参见最高人民法院行政裁定书，(2018)最高法行再117号。亦可参见广东省高级人民法院行政裁定书，(2017)粤行申1127号；湖南省高级人民法院行政判决书，(2019)湘行再85号。

〔5〕 参见最高人民法院民事裁定书，(2018)最高法民申5669号。亦可参见云南省高级人民法院民事判决书，(2021)云民再29号。

〔6〕 参见马怀德、张红：《行政争议与民事争议的交织与处理》，载《法商研究》2003年第4期。

多主张不动产物权登记“本质上应为私法行为”〔1〕或“司法行为”，〔2〕“应特别正视不动产权利登记的民事功能定位和民事形式构造的属性”，〔3〕相关诉讼属于民事诉讼。〔4〕

事实上，不动产登记由登记申请和登记记载组成，前者系民事法律行为，后者系程序性行政行为。或有人说，向行政机关所作意思表示如何能定性为民事行为？但试想一下婚姻登记即可明白，形式上向谁作出意思表示并不重要，该意思表示是否指向私权变动才重要。瑞士法上的不动产登记申请恰恰是申请人向土地登记管理人员作出的意思表示，但同样被解释为兼具程序和实体意义，在实体层面被认为是对申请人对物权的处分。〔5〕既然不动产登记具有复合属性，那么，因不动产登记申请中物权变动合意欠缺或瑕疵导致的不动产登记纠纷，应遵循民事诉讼路径；因不动产登记机关的工作失误而导致的登记错误以及由此引发的赔偿纠纷，应遵循行政诉讼路径。〔6〕在解释论上，《物权编司法解释（一）》第1条亦可作为“民事诉讼说”之佐证，即因基础交易之债权合意瑕疵或不动产登记申请中的物权合意瑕疵所致不动产登记纠纷，可解释为该条中“因不动产物权的归属”而产生的争议。

（三）动产及无体权利让与中的分离原则

1. 动产交易中合一原则的可行性

从逻辑上说，既然在不动产交易中承认分离原则，那么在动产交易中也应如此。但问题没有那么简单。一方面，现行法对于动产交易并没有规定区别于买卖合同的、能够明白无误体现或承载物权变动合意的形式，这一点与不动产登记申请不同；另一方面，承认动产交易中的分离原则，利用法律行

〔1〕王洪亮：《不动产物权登记立法研究》，载《法律科学（西北政法大学学报）》2000年第2期。

〔2〕孙宪忠：《中国物权法总论》（第4版），法律出版社2018年版，第401页。

〔3〕龙卫球：《不动产登记性质及其纠纷处理机制问题研究——兼评〈物权法司法解释（一）〉第1条》，载《法律科学（西北政法大学学报）》2017年第1期。

〔4〕参见吴光荣：《论行政争议与民事争议相互交织的解决路径——评〈行政诉讼法修正案（草案）〉第63条第1款》，载《政治与法律》2014年第5期。

〔5〕Stephanie Hrubesch-Millauer, Barbara Graham-Siegenthaler, Martin Eggel, Sachenrecht, 6 Aufl., Stämpfli Verlag, 2023, S.129, Rn.535.

〔6〕参见王敏：《错配的钥匙——再论不动产登记争议的行政诉讼》，载《中外法学》2023年第4期。

为制度矫正物权合意瑕疵的需求在事实上并没有那么强烈。

卖方因为买方的欺诈或胁迫而履行买卖合同即交付动产，虽然承认物权合同可让卖方通过撤销该合同获得救济，但实践中此类案例几乎没有。〔1〕原因可能是，基于朴素的价值观，欠债还钱（物），天经地义，即使卖方受骗或被迫交付也不会设法撤销合同。由此可见，在动产交易中承认分离原则的实践必要性大大降低。尽管如此，从逻辑上看，买卖合同的清偿不可能是纯粹的事实行为，其中至少包含三层主观意思：其一，交付合意；其二，清偿意思；其三，物权移转合意。

首先，交付合意是买卖双方对标的物占有移转达成的合意。作为与体素对应的心素，主观意思不可或缺。〔2〕不动产交付同样存在交付合意。〔3〕其次，清偿意思是将履行行为与债权合同联结起来的单方意思，不过一般经推定可得，只有在债务人对同一债权人负多项同类债务时，才需债务人明示。最后，物权移转合意在内容上与交付合意、清偿意思均有所不同，后二者无法取代前者。在动产所有权转让之交付中必然存在物权移转合意。〔4〕

总之，对于动产清偿而言，实践操作可以采取模糊处理，但理论阐释上必须层次清晰，阐释合理。将买卖合同清偿中的交付视为纯粹的事实行为，无疑过于粗糙，逻辑上存在断裂。

2. 无体财产权让与中的分离原则

在债权让与场合，合意达成时债权即刻移转。于此而言，债权让与是一项处分行为。但应注意，在债务人未获通知前，受让人仅仅取得一项不具有对抗力的债权。此情形与普通动产抵押权的设立类似（意思主义 + 公示对抗）。另外，在我国法语境下，债权让与合同同时也是一项债权合同，若非如此，无法解释多重转让时合同均有效，无法适用合同法上诸多规定。

对于知识产权中的工业产权（专利权、商标权）转让以及知识产权的质押

〔1〕 参见王轶：《民法学如何讲道理？——以物权变动模式的立法选择为例》，载《中外法学》2023 年第 1 期。

〔2〕 参见辽宁省大连市中级人民法院民事判决书，(2019) 辽 02 民初 1811 号。

〔3〕 参见河南省商丘市中级人民法院民事判决书，(2017) 豫 14 民终 2755 号；广东省佛山市中级人民法院民事判决书，(2017) 粤 06 民终 4149 号。

〔4〕 参见最高人民法院民事裁定书，(2019) 最高法民申 3854 号。

交易，我国采登记生效主义，分离原则具有适用性。票据权利的转让与基础交易也呈现典型的分离结构。背书被认为是一种票据法律行为，其中包含了权利移转的法效果意思。票据权利的质押，或交付生效，或出质登记生效，都奉行形式主义。有限责任公司的股权转让虽采登记对抗主义，但在股东名册上作记载或是股权凭证（出资证明书）的交付，仍为“形式”。股份有限公司股权转让，需要交付无记名股票或在证券登记结算机构登记，股权质押更不必说。

综上，在无体财产权利转让或质押中，采登记生效主义的，分离原则体现得十分显著，处分行为独立性体现在登记申请中；采交付生效主义的，处分行为独立性体现在交付中。

（四）“有因”胜“无因”

有因或无因本身并无先验正确性的问题，它取决于立法者的决断，本质上涉及价值判断。本文认为，无论是对出卖人的保护还是对第三人的保护，“有因”都要胜“无因”。

1. 对出卖人的保护

在无因模式下，买卖合同无效，卖方享有的仅为债权性的不当得利返还请求权；在有因模式下，卖方享有物权返还请求权。无因物权形式主义认为，既然买受人只能享有债权性的不当得利返还请求权，那么“以相同的方式对待出卖人就并非有失公平”。〔1〕

上述“对称说”值得商榷。首先，在买方尚未支付价款而卖方已交付并移转标的物所有权的场合，这种对称说明显不成立。其次，在买方已付款而卖方尚未交付并移转标的物所有权的场合，若合同无效，则买方也只享有债权性的返还请求权。因为这是金钱的特殊属性决定的，跟有因无因无关。最后，在买卖双方均已履行合同但合同无效场合，有因原则带来的所谓“不对等”同样不是有因造成的。“这主要缘于买卖双方在地位上的差别，一方给付

---

〔1〕［德］迪特尔·梅迪库斯：《德国民法总论》，邵建东译，法律出版社2013年版，第180页。相同观点参见朱庆育：《物权行为的规范结构与我国之所有权变动》，载《法学家》2013年第6期；茅少伟：《民法典编纂视野下物权变动的解释论》，载《南京大学学报（哲学·人文科学·社会科学版）》2020年第2期。

财产，另一方给付价金：在这个意义上，对等性并不是那么有必要。”〔1〕

总之，在这个问题上，企图用无因性来疗治因金钱的特殊性而带来的不对等关系，既无必要更不正当。进言之，不当得利制度本身有很多局限（如得利丧失抗辩等），用它来规制双务合同无效清算返还场景根本就是“此路不通”。诚如德国学者迪特尔·施瓦布所言，“当标的物面临被强制执行时，未能充分保护原权利人的利益，通过第 812 条的不当得利请求权来保护被认为是不完美的”。〔2〕

2. 第三人保护之交易安全

赞成无因性的学者认为：抽象原则对于交易安全保护有重要意义，〔3〕善意取得与抽象原则虽然存在功能上的部分重叠，但不足以相互取代，物权之外无善意取得。〔4〕这种观点值得商榷。善意取得制度虽规定在物权法中，但其基本原理在私法上是共通的。事实上，我国实证法对于若干典型财产权利的善意取得均持肯定立场。例如，《最高人民法院关于适用〈中华人民共和国公司法〉若干问题的规定（三）》（法释〔2011〕3 号，已被修改）第 26 条规定了股权的善意取得。我国《票据法》第 12 条从反面规定了票据权利的善意取得。

知识产权的善意取得在我国审判实务中也较为常见。〔5〕现行法未作明确规定，这是立法谨慎的体现，并非善意取得制度本身力有不逮。大陆法系国家如德国，专利、商标登记无法产生公示力，故善意取得制度不适用于知识产权领域，而我国法并不相同。〔6〕普通债权不适用善意取得，既是权利本身的特性所致（无权利外观、无有效公示手段），也有立法者价值选择的原因（选择让与主义而非登记主义）。〔7〕但特殊的债权亦可通过有形凭证或登记制度实

〔1〕［意］约勒·法略莉：《物权变动之有因性、无因性及其罗马法渊》，赵毅译，载《求是学刊》2014 年第 3 期。

〔2〕［德］迪特尔·施瓦布：《民法导论》，郑冲译，法律出版社 2006 年版，第 331 页。

〔3〕参见田士永：《物权行为理论研究》，中国政法大学出版社 2002 年版，第 347 页。

〔4〕参见［德］汉斯·布洛克斯、沃尔夫·迪特里希·瓦尔克：《德国民法总论》（第 41 版），张艳译，中国人民大学出版社 2019 年版，第 61 页；朱庆育：《物权行为的规范结构与我国之所有权变动》，载《法学家》2013 年第 6 期。

〔5〕参见最高人民法院民事裁定书，（2013）民申字第 2320 号。

〔6〕参见戴哲：《论知识产权适用善意取得规则的合理性及其限制》，载《暨南学报（哲学社会科学版）》2023 年第 4 期。

〔7〕参见李宇：《债权让与的优先顺序与公示制度》，载《法学研究》2012 年第 6 期。

现公示，从而也有善意取得制度适用的空间（如《民法典》第768条规定的应收账款多重转让场合的权利顺位）。

总之，“由于善意取得的可能性……不要因原则的实际意义，比乍一看上去它具有的意义要小得多”。[1] 更重要的是，善意取得对于交易安全的保护能够更为精准，更有层次，即只保护应该获得保护的善意第三人。相反，无因原则无差别地保护第三人，反而失去正当性。

无因原则意味着即便买卖合同无效，买方也可以取得所有权，而当买方转卖标的物给第三人，第三人不论善意恶意都可以有效取得标的物所有权。在买方无偿转让场合，原权利人只能援引《德国民法典》第822条获得一点“可怜”的救济；在买方有偿转让场合，原权利人无法向第三人主张任何救济。有观点认为，此时原权利人可以通过恶意串通制度来救济。[2] 但恶意串通之恶意并非知情即可，其证明门槛之高足以断绝此路。有观点主张，若恶意达到故意加害程度，可借助侵权法保护原权利人。[3] 故意要件同样难以证明，此路亦不通。

3.赞成无因原则的其他理由均不成立

有观点认为，以债权行为之有效性作为物权变动的根据，则会为公权力介入私法交易提供合法依据。[4] 但私法自治并不排斥公权力的介入，债权行为无效本身就是公权力介入的结果，此时取消物权变动，同样是公权力适当且必要的介入。有观点认为，有因性对于交易安全有重大影响，若将已完成公示要件的物权行为之效力一般性地系于原因行为，会造成物权变动在结果上极大的不确定性，从而极大削弱了物权公示制度的价值。[5] 这其实涉及利益衡量和价值选择，并无不当。公示物权与真实物权有可能不一致，国人完全能接受此种现象。还有观点认为，承认物权行为独立性就必须承认无因性，[6] 否则，物债二

---

〔1〕［德］卡尔·拉伦茨：《德国民法通论》（下册），王晓晔、邵建东等译，法律出版社2013年版，第443页。

〔2〕参见茅少伟：《民法典编纂视野下物权变动的解释论》，载《南京大学学报（哲学·人文科学·社会科学版）》2020年第2期。

〔3〕参见苏永钦：《物权行为的独立性与相关问题》，载苏永钦：《私法自治中的经济理性》，中国人民大学出版社2004年版，第137页。

〔4〕参见朱庆育：《物权行为的规范结构与我国之所有权变动》，载《法学家》2013年第6期。

〔5〕参见葛云松：《物权行为理论研究》，载《中外法学》2004年第6期。

〔6〕参见董学立：《论〈物权法〉确立的物权变动新模式》，载《法学论坛》2011年第4期。

分无意义。[1]但承认分离原则的奥地利通说认为，抽象原则否认了一种对于每个人而言都显而易见的联系而与现实相去甚远。[2]英国法也承认分离原则，但总体而言采取的是有因原则。[3]另有观点认为，无因原则与不当得利制度深度绑定，荣损与共。[4]然而，承认有因原则只会导致德式不当得利制度崩塌。我国法对于合同无效本来就规定了独立清算规则（《民法典》第157条）。

总而言之，无论从历史角度还是从比较法角度来看，有因原则才是更理想的方案。“从数百年来古老的法律经验来看，我们可以说，对于罗马人而言，物权转让的有因性是一种进步。”[5]在世界范围内，荷兰、瑞士、奥地利、英国等国家或多或少承认负担行为与处分行为的分离，但均未采纳抽象原则。[6]

四、有因物权形式主义下一种有节制的物权行为理论

（一）物权行为的存在、内容及证明

1. 物权合意的存在形式及内容

物权合意究竟存在于何处？这是债权形式主义对物权行为独立性提出的第一个质疑。依据我国现行法，物权合意有多种存在形式：登记申请、交付、合同对于采合意主义的物权变动，如地役权、农村土地承包经营权、动产抵押权等，物权变动合意存在于合同。债权合意与物权合意合体是一种客观存在，债权让与合同亦如此。

为何分离原则不采德国式逸出说而采瑞、奥合体说？因为逸出说过于抽象，脱离了具体形式的物权合意虚无缥缈，难以回应上述理论质疑，亦难以

〔1〕 参见李永军：《论债的科学性和统一性》，载《法律科学》2013年第1期。

〔2〕 参见［奥］伽布里菈·库齐奥、海尔穆特·库齐奥：《奥地利民法概论：与德国法相比较》，张玉东译，北京大学出版社2019年版，第89页。

〔3〕 Birke Hacher, *Consequences of Impaired Consent Transfers: A Structural Comparison of Englich and German Law*, Oxford and Portland, 2013, p.325.

〔4〕 参见朱庆育：《物权行为的规范结构与我国之所有权变动》，载《法学家》2013年第6期；徐涤宇：《物权行为无因性理论之目的论解释》，载《中国法学》2005年第2期。

〔5〕 ［意］约勒·法略莉：《物权变动之有因性、无因性及其罗马法渊》，赵毅译，载《求是学刊》2014年第3期。

〔6〕 参见［德］本德·吕特斯、阿斯特丽德·施塔德勒：《德国民法总论》（第18版），于馨淼、张姝译，法律出版社2017年版，第144页。

为国民所接受；同时，逸出说可能契合德国实证法，但在我国并无依据也毫无必要，瑞、奥的合体说更有说服力和可行性。

物权合意的内容是什么？它是交易双方关于即刻变动物权之效果意思的合意。与债权合意这种抽象的合意相比，物权合意的关键内容在于权利变动的“此时此地”特性，即它是一项无条件立刻移转物权的具体合意。

2. 物权行为的认定及证明

物权行为与债权合同、公示方法之间是何种关系？物权行为的认定依据是什么，怎样证明，如何防止法官恣意认定？当事人在办理登记时，是否需要在合同关系之外另行提交关于物权合意存在的证明？〔1〕

本文认为，物权行为与债权合同、公示方法（登记或交付）同为物权变动的三要件。在不动产买卖场合，物权合意存在于不动产登记申请表之中，交易双方在该表中须对物权变动意思予以明示。该申请表就是不动产物权变动合意的权威证据。此外，不动产登记问询表，甚至不动产交易登记问询表，在特定场合也可作为交易双方存在物权变动合意的证据。这些在审判实务中均有所体现。在动产买卖中，物权合意是推定的，即从买卖双方“给付＋受领”行为之交付合意中推定存在物权变动合意，买方无须另外举证；相反，如果卖方主张不存在物权变动意思或此等意思存在效力瑕疵（欺诈或胁迫），则应举证证明。

（二）物权行为的效力判定及法律适用

物权行为的成立和生效应予区分。物权变动合意达成，物权行为即成立，但交付或登记构成物权行为的生效要件。〔2〕区分原则要求物权行为与债权行为的效力在逻辑上应分别考察，存在只有处分行为的效力有瑕疵的可能。《民法典》总则编关于民事行为能力以及法律行为不成立、无效、可撤销等的规则同样适用于物权行为。

---

〔1〕 参见王利明：《论债权形式主义下的区分原则——以〈民法典〉第 215 条为中心》，载《清华法学》2022 年第 3 期。

〔2〕 参见彭诚信：《我国物权变动理论的立法选择（下）》，载《法律科学（西北政法大学学报）》2000 年第 2 期；苏永钦：《私法自治中的经济理性》，中国人民大学出版社 2004 年版，第 163 页。

有观点认为，“按照通说，处分行为违反公序良俗也不会无效。这能被中国人接受吗？假如接受了，则《民法总则》对法律行为无效的原因需要进一步区分情形，既要规定负担行为与处分行为共同的无效原因，又必须指出二者各自的无效原因”。[1] 对此有两点需要澄清：

其一，德国理论其实区分涉及和不涉及第三人利益与在公众利益方面违反善良风俗两种情形，在后者，采处分行为系中性行为的立场，区分作为合意之处分行为与实施处分行为之作为，从而认定处分行为违反善良风俗亦可有效；但在前者，当抽象处分行为在涉及处分人自身利益、第三人利益或公众利益方面违反善良风俗时，该处分行为同样无效。[2]

其二，中国法完全没有必要沿袭过于复杂的德国理论。在中国法语境下，违反公序良俗必然违反公共利益，根本不存在不涉及公共利益的违反公序良俗。因此，只要物权（合意）行为旨在引发的物权变动（合意之目的）违反公序良俗，即属无效。[3]

无处分权则物权行为不生效。[4] 债权形式主义认为，出卖人享有处分权是标的物所有权发生转移的条件。[5] 但将处分权解释为所有权发生转移的条件，存在诸多障碍。债权形式主义将物权变动视为一项事实行为，但事实行为并不存在处分权问题。[6] 而且，如果将处分权定性为物权变动要件，则债权形式主义的物权变动模式就要从二要件（合同＋公示）变更为三要件（合同＋处分权＋公示），这涉及解释体系的重大变更。相反，将处分权定位为物权行为的生效要件在解释上则要圆融很多。无处分权不影响债权行为效力，但会影响物权行为效力。当然，欠缺处分权的物权行为本身也可追认，[7] 经过追认的处分行为有效。[8]

---

〔1〕 崔建远：《处分行为理论真的那么美妙吗？——〈民法总则〉（草案）不宜采取负担行为与处分行为相区分的设计》，载《中国政法大学学报》2016 年第 5 期。

〔2〕 参见［德］维尔纳·弗卢梅：《法律行为论》，迟颖译，法律出版社 2013 年版，第 457 页。

〔3〕 参见新疆维吾尔自治区高级人民法院民事裁定书，（2021）新民申 3093 号。

〔4〕 参见［德］卡尔·拉伦茨：《德国民法通论》（下册），王晓晔、邵建东等译，法律出版社 2003 年版，第 437 页。

〔5〕 参见王轶：《区分原则：区分什么？》，载《东方法学》2022 年第 4 期。

〔6〕 参见陈永强：《中国民法处分行为之多元模式》，载《法治研究》2020 年第 4 期。

〔7〕 参见姚明斌：《民法典体系视角下的意思自治与法律行为》，载《东方法学》2021 年第 3 期。

〔8〕 参见最高人民法院民事判决书，（2016）最高法民再 75 号。

物权行为的存在意义主要在于作为物权变动的要件，其效力与内容影响物权变动效果。但物权合意仅仅是物权法上的，不存在履行、损害赔偿与解除等合同法问题。[1]

五、结论：认真对待“形式”

《法国民法典》创立的意思主义，在实践中已然被法国人民抛弃，沦为一种“纸面上的法”。虽有学者慨叹，意思主义在欧洲的身影如此孤单，[2]但法国通说还是认为，意思主义“在实践中并未引起太多麻烦”。[3]与此同时，经常沉醉于抽象原则之精妙绝伦的德国法信徒，可能偶尔也会沮丧地发现，在世界范围内，抽象原则的追随者甚至比意思主义还要稀少。尽管如此，德国通说还是认为，不能将无因原则视为“一种明显的失策”。[4]法德两国异口同声拒绝改变，可能是敝帚自珍，也可能是“偶像包袱”太重，还可能是路径依赖。毕竟，物权变动模式堪称一国私法“大厦”的“承重墙”，岂能一砸了之?

中国法没有那样的历史负担，不必盲从。事实上，司法解释在多处已明确规定物权变动的有因原则，同时，《不动产登记暂行条例》及其实施细则也已明示不动产登记申请的表意行为属性。有因物权形式主义在我国不仅有规范依据，在审判实务中也清晰可见。

从应然角度看，只要坚持公示生效要件的形式主义，就必须承认，买卖合同的清偿中必然有物权变动效果意思，这种物权意思不仅是事实因素，而且应作为规范要素，即对其效力予以独立评价。与此同时，对物权变动应采有因原则，因为不论是对于出卖人保护还是对于第三人保护而言，“有因”都要胜“无因”。有因物权形式主义在立法论上也堪称最佳模式。

伴随着对德国法的祛魅，无因物权形式主义的拥趸日益减少。清偿模式虽正确地指出，一切清偿均有意思，将清偿视为纯粹事实行为不合事理，但

---

〔1〕参见陈永强：《论中间型物权变动之多元要素解释方法》，载《法商研究》2016年第2期。

〔2〕Véronique Wester-Ouisse, Le Transfert de Propriété solo consensus : Principe ou exception ? *RTD Civ.*, 2013(2), p.306, n° 17.

〔3〕李世刚：《法国合同法改革——三部草案的比较研究》，法律出版社2014年版，第163页。

〔4〕［德］迪特尔·梅迪库斯：《德国民法总论》，邵建东译，法律出版社2013年版，第180页。

它为追求适用上的通用性而牺牲了准确性，刻意无视事实上存在的物权意思。但清偿意思与物权变动效果意思迥异，无法相互替代。

于是，在未来相当长的一段时间内，物权变动模式之争将在有因物权形式主义与债权形式主义之间展开。二者之争并不涉及“土洋之争”。债权形式主义其实也是舶来品。具体而言，纯粹债权形式主义除了将公示由对抗要件变更为生效要件之外，它的解释论完全照搬法国和日本的主流解释论，即无限拔高合同在物权变动中的意义，同时无限贬低公示形式的实体地位。修正债权形式主义则是吸收了作为日本少数说的物权行为独立说之物债合意合体理论，将物权意思糅合进债权合同。一言以蔽之，债权形式主义本质上借鉴移植了意思主义的解释策略。自此而言，所谓债权形式主义恐怕算不上一种“真形式主义”。

本文赞成有因物权形式主义（瑞士与奥地利模式），倡导一种有节制的物权行为理论。物权行为理论不是民法的“任督二脉”，不必神化迷信，它也不是洪水猛兽，不必闻之色变。它通常隐而不显，特定场合才偶露峥嵘，总体上维持一个较低程度的存在。

比较法研究往往流于表面，因为特定制度在他国法上的体系关联易被忽略。债权形式主义对“形式”的矮化，即为其证。这种矮化在动产交付场合似无大碍，但在不动产登记场合便会立刻露出破绽，它无法对不动产登记申请中的物权合意视而不见，却又不能自圆其说。就在最近，一位行政法学者再次呼吁，将基于物权变动合意瑕疵的不动产登记撤销之诉，由实践中常见的行政诉讼更正为民事诉讼。〔1〕对于这种毫无门户之见的呼吁，崇尚私法自治的民法学者没有理由不热烈响应。“相迎不道远，直至长风沙。”可以想见，他日国家机关对不动产登记撤销之诉的性质予以更正，将是有因物权形式主义迈向多数说至关重要的一步，而万众期盼的不动产登记法则有望终结持续近四十年、跨越五代学人的我国物权变动模式之争。

〔1〕 参见王敏:《错配的钥匙——再论不动产登记争议的行政诉讼》,载《中外法学》2023 年第 4 期。

物权行为的存在方式

姜海峰*

物权行为，即引起物权变动的意思表示。叶名怡教授《中国物权变动模式的实然与应然》一文（以下简称叶文）认为，“买卖合同之清偿应有‘物权意思’”“买卖合同清偿必有物权（变动效果）意思”。用语上虽然不统一，意思却是清楚的，即物权变动的意思表示在债务的清偿之中。叶文还指出，“应当承认不动产登记申请系物权行为”。本人不赞同以上立场，以下展开说明。

一、清偿的性质与物权变动的意思表示不符

清偿是从使债权债务消灭的角度对于债务履行的描述。清偿本身是债务清偿，即使认为清偿是法律行为，也是通过债务的履行使债务归于消灭的意思表示，而不是物权变动的意思表示。

买卖合同使卖方负有转移所有权的义务（《民法典》第598条），转移所有权义务的履行自然也会涉及所有权转移本身。物权变动的意思表示生效后，该义务才能得到履行，但此时物权变动的意思表示的生效针对的不是清偿本身，而是清偿的手段。形式主义之下物权行为的生效需要登记和交付（《民法典》第208条、第209条、第224条），转移所有权的义务体现为卖方协助申请办理转移登记的义务，动产买卖中卖方的交付义务的履行本

* 江苏大学法学院讲师，法学博士。

身也构成转移所有权义务的履行。以上登记和交付债务的履行，构造上均不当然必须以物权变动的意思表示为内容，而可以只作为该意思表示生效的途径。

二、不动产登记申请不是物权行为

如前文所述，就不动产买卖而言，《民法典》形式主义的立法使不动产在登记之后才能达成所有权的转移，故共同进行登记申请是卖方对转移不动产所有权的义务的履行，因此，登记申请是债务履行的手段，不是物权变动的意思表示本身。也就是说，登记申请中必须显示当事人意图发生物权变动的意思表示，不是因为登记申请才发生的，而是涉及物权变动的买卖合同本身所固有的内容。

三、涉及物权变动的合同本身包含了物权变动的意思表示

登记和交付之中涉及的物权变动的意思表示，并非在登记和交付时方才发生，而是涉及物权变动的合同所固有的。涉及物权变动的买卖合同等合同本身包含了物权变动的意思表示和使债权债务产生的意思表示，合同具有二元结构，合同等于债权行为加物权行为。

（一）法律本身的规定

就引起物权变动的典型法律行为即买卖合同而言，《民法典》第 595 条规定："买卖合同是出卖人转移标的物的所有权于买受人，买受人支付价款的合同。"虽然《民法典》"买卖合同"一章主要规定了买卖双方的债权债务，但是该条关于买卖合同的定义，并没有从买卖双方的债权债务角度对买卖进行界定，而是从买卖引起的物权变动效果的角度进行界定。这与只承认买卖合同是债权合同，从买卖双方的义务角度对买卖合同进行界定的《德国民法典》第 433 条规定完全不同。买卖合同的定义表明，我国立法者认为买卖不只是一个引起债权债务产生的债权行为，同时也是引起物权变动的意思表示；同

一个合同中既包含物权行为，又包含债权行为。也就是说，买卖合同等于债权行为加物权行为，是法律所明确规定的。

其认为物权行为在登记或者交付时才存在，与法律规定本身有悖。

（二）生活经验的体现

《民法典》第 595 条的规定表明，合同的二元结构源于法律规定本身。但法律为什么会规定同一合同之中有两个不同的法律行为？这恰恰是源于我们的生活。

什么是法律行为？对此有各种定义。拉伦茨教授指出，至少在弗卢梅（Flume）教授发表《法律行为论》以后，私法上应该采用一种功能指向的法律行为的定义，也就是法律行为被主要理解为实现私法自治的工具。〔1〕《德国民法典》草案第一稿的立法理由书里面就已经指出："本草案意义上的法律行为，是旨在产生某种法律后果的私人意思表示，该效果之所以依法发生，是因为这正是其想要的。"〔2〕弗卢梅教授由此指出："法律行为的概念，是对在法律秩序中形成的所有行为类型的一种抽象，就其内容来说，就像对此法律已经规定了的一样，以个人自决，也就是通过私法自治原则的实现，旨在通过规则的确立以设立、变更或者消灭法律关系。"〔3〕简单来说，法律行为就是达成当事人意图的一个工具。可以说，有什么样的意图，为了落实私法自治，就有什么样的法律行为。

在一个买卖之中，当事人的意图是什么？根据法律行为功能性指向的定义，我们可以通过对这个答案进行剖析，来明晰买卖的法律结构，也就是其中有什么法律行为。一项买卖，尤其是即时清结的买卖，我们能察觉的当事人意图就是：卖方交货，买方给钱。从法律行为角度来说，这就是使物权发生变动的意思表示，也就是物权行为。我们甚至忘了此时当事人还有为彼此

---

〔1〕 Larenz, Methodenlehre der Rechtswissenschaft, Springer-Verlag Berlin Heidelberg GmbH, 6.Aufl., S.482.

〔2〕 Mot. Ⅰ, 126(MUGDAN Ⅰ, 421).

〔3〕 Flume, Allgemeiner Teil des Bürgerlichen Rechts, Zweiter Band: Das Rechtsgeschäft, Springer-Verlag Berlin Heidelberg GmbH, Vierte, unveränderte Aufl., S.23.

设立义务的意思表示，也就是包含债权行为的内容。只有即时履行的义务实际上无法完成时（例如对方无权处分遗失物，失主依法要回了该遗失物，又如交付给买方的苹果，买方咬了一口后，发现苹果里面还有半条虫子），一方大概才会想起，对方是否应该依据合同之中的某项义务，对自己承担责任，想到了合同中的负担行为（债权行为）的存在。也就是拉伦茨教授所谓的：即时清结的买卖合同中，物权行为过于凸显，以至于另一个负担行为仿佛被遮蔽了一样。[1]换句话说，就这种最为常见的即时清结的买卖而言，我们甚至因为没有察觉债权行为，而有可能会否认债权行为的客观存在，但是只要是肯承认生活常识的人，一定不会否认此时的物权行为的存在。另外，虽然从察觉时间顺序上看，可能物权行为在先，债权行为在后，但是在逻辑顺序上，自然也可以认为，产生移转所有权义务的意思先于移转所有权的意思而存在，也就是债权行为从逻辑顺序上看是物权行为发生的原因。不管顺序先后，二者均是一个统一的买卖合同的组成部分，这也是事实。概言之，通过对这种生活中最为常见的买卖合同的分析，从法律行为功能指向的角度定义，我们的结论是买卖合同是一个包含债权行为和物权行为在内的统一的合同，买卖合同是一个具有二元结构的合同。拉伦茨教授在修订其教科书时有“买卖合同，考虑到其既有债务上，又有物权上的法律后果，与现今不同，同时是负担和处分行为”这样一句，相比修订前这一句加入了“考虑到其既有债务上，又有物权上的法律后果”一语，用以论证买卖合同何以具有二元结构，兼有负担行为和处分行为。结合以上分析，我们明显可以看出他修订时受到功能指向性的法律行为定义影响的思维过程。

再以非现物买卖的交易过程为例来分析。甲乙达成买卖的约定，签订了买卖合同，但是没有现场完成所有权移转和价款支付。该合同中双方的意思应该如此理解：双方就买卖标的物和价款的所有权相互转移达成转移的合意，这是物权变动的意思表示。但是由于所有权没有发生转移，此时合同的拘束力意味着双方均有完成所有权变动的义务，这是买卖双方债权债务产生的意思表示。当事人在履行合同时，合同中的物权变动的意思表示与买卖标的物

〔1〕 Larenz, Lehrbuch des Schuldrechts Band Ⅱ /1, C.H.Beck'sche Verlagsbuchhandlung, 13. Aufl., 1986, S.18.

的交付或者登记、价款的支付（比如交付现金、转账或者其他电子支付不涉及所有权移转，而是基于支付工具在银行中的存款债权的消灭和债权产生）相结合，使标的物的所有权和价款的所有权发生转移。

合同中的物权变动的意思表示是物权行为、处分行为，合同中使双方产生债权债务的意思表示是债权行为、负担行为。

从思维的时序上甚至可以认为，未生效的物权行为产生在前，生效的债权行为产生在后，而非相反。之后通过登记或者交付，物权行为生效，债权行为产生的转移所有权的义务得到履行。也就是说，虽然有物权行为，但是没有生效，所以需要有使物权行为生效的债务产生，而后通过物权行为的生效，完成债务的履行。

法律规定是对社会生活的调整，生活经验中涉及物权变动的买卖等合同包含了物权变动的意思表示，也就是物权行为，这是我国国民的一般认识，因此才有《民法典》第 595 条的定义。将买卖制度法典化的《大清民律草案》《中华民国民法》也是如此。前者第 558 条规定："买卖，因当事人之一造，约明转移所有权于相对人，相对人约明支付其价金而生效力。"后者第 345 条则称："称买卖者，谓当事人约定一方移转财产权于他方，他方支付价金之契约。当事人就标的物及其价金互相同意时，买卖契约即为成立。"

（三）所有权保留与物权行为的存在时间

认为物权行为在登记或者交付时才存在的观点，对于动产买卖而言，意味着买卖双方在交付之时才达成所有权变动的合意。这也意味着所有权保留可以在交付之时作出，这显然不妥。所有权保留与否必须在买卖合同中作出。买卖合同中没有约定所有权保留的，交付时的所有权保留约定无效。至于因为不安抗辩权的行使（《民法典》第 528 条），买方同意卖方保留所有权，作为买方履行价款支付义务的担保，则又是不同的问题，即实际上是当事人基于情势变更，重新就物权变动达成了新的合意。附生效条件的物权行为，也就是所有权保留，必须在买卖合同之中成立，也可以佐证不附生效条件的物权行为自然也是在买卖合同成立之时就存在了。

四、其他问题

（一）“逸出说”命名的草率

叶文认为：最初，萨维尼创造性地提出，“traditio”（罗马法上的交付）本身是一项物权契约；而今，德国通说认为，物权合意独立于物权公示行为（登记或交付）。“逸出说”的出现直接影响作为清偿行为之登记或交付的法律定性。

“逸出说”，显然是认为交付本就应该包含物权行为，只不过在德国现代法律之中，物权合意从交付之中“逃”出来，自成一个法律行为罢了。

这个“逸出说”，是由于对于罗马法中交付制度和物权行为理论形成的关系认识不够所致。由于罗马法中买卖本身不涉及所有权移转，包括要式买卖、拟弃诉权、交付等在内的转移所有权的形式，在罗马法中对于所有权的转移至关重要。交付本身是万民法上的所有权转移方式，而后法国人文主义法学派代表多诺在其中发现了包含物权变动的合意，萨维尼几乎照搬了多诺的看法。罗马法上特有的交付包含所有权变动的意思表示，这是罗马法的结论；《德国民法典》没有采纳这种交付制度，构不成“逸出”。

（二）反驳对称说的无力

叶文认为：“在这个问题上，企图用无因性来疗治因金钱的特殊性而带来的不对等关系，既无必要更不正当。”因为在买方先行付款场合它会制造更大的不公平。叶文以此来反驳支持物权行为无因性的对称说。从行文上看，叶名怡似乎对于这种对称说所指并不理解。

对称说是指，在买方破产时，基于物权行为无因性，无效合同的卖方只能对买方行使不当得利请求权，而非物权请求权；卖方的不当得利请求权只是普通债权，在破产程序中只能按比例获得清偿，而不能作为物权人主张取回权、获得全部的利益的依据。如果采取物权行为有因原理，则无效合同的卖方可以保有买卖标的物所有权，在破产程序中主张取回权，从而取得买卖标的物的全部价值。相比较来说，无因性对卖方不利。不过，在卖方破产时，买方作为价款支付人，不管物权行为无因有因，买方本来就只能主张不当得利返还请求权，在卖方破产时也只能按比例获得清偿。两相比较，在无因性之下，卖方和买方在对方破产时，只能按比例获得清偿；而在有因性之下，只有卖方可以获得买卖标的物的全部利益，买方只能按比例获得清偿。无因性之下的不利，对于买卖双方而言是对称的；而有因性只保护了卖方，保护不了买方。

这里并不比较谁先履行义务、谁后履行义务，而只进行一般性探讨。当然，如果只有一方履行义务，另一方破产，对于无效买卖合同的履行各方的不对称保护也还是成立的，更大的不公平无从谈起。

比较有意义的问题是，如果合同无效，买卖合同当事人未破产，但是善意的一方当事人由于利益不存在而不负有返还义务时，德国法院主张所谓的差额说（Saldotheorie），得利继续存在的一方履行返还义务时要扣除对方不负有返还义务的部分。在一方破产时，该方只能按比例清偿，非破产方的利益状况与上述状况类似，但是此时并不能适用差额说。[1] 也就是说，破产时物权行为无因性可能给卖方带来不利。

五、附论：债权形式主义的困境及成因

如前文所述，根据我国的立法和我国国民的生活经验，合同同时包含债权行为和物权行为。但是债权形式主义者认为，从来就不存在什么物权行为，我国也从来没有规定过物权行为。不过其也正确地指出，在形式主义之下，登记和交付是物权变动的生效要件，而非合同本身的生效要件。

债权形式主义的困境是无权处分合同本身的效力该如何解释的问题。依据原《合同法》第 51 条，无处分权影响合同的效力。合同只包含债权行为，影响的自然是债权行为的效力，即无权处分时债权行为效力待定。这一立场为 2012 年颁布的《最高人民法院关于审理买卖合同纠纷案件适用法律问题的

〔1〕 MüKoBGB/Schwab, 8.Aufl.2020, BGB, § 818 Rn.246.

解释》（已被修改）第 3 条所否定。该条指出："当事人一方以出卖人在缔约时对标的物没有所有权或者处分权为由主张合同无效的，人民法院不予支持。出卖人因未取得所有权或者处分权致使标的物所有权不能转移，买受人要求出卖人承担违约责任或者要求解除合同并主张损害赔偿的，人民法院应予支持。"该条解释在《民法典》颁行后被废止，但是第 2 款被纳入了《民法典》第 597 条第 1 款。该条解释认为，出卖人无处分权致使标的物所有权不能转移的，不影响买卖合同的效力，所以有"合同"解除和违约责任承担的问题。但是该条也没有废止原《合同法》第 51 条，也就是合同中的处分行为依然效力待定。

《民法典》第 597 条第 1 款规定："因出卖人未取得处分权致使标的物所有权不能转移的，买受人可以解除合同并请求出卖人承担违约责任。"该条款沿袭了上述司法解释的措辞，强调无权处分时合同总是有效的。但是该条也指出，"因出卖人未取得处分权致使标的物所有权不能转移的"，表明没有处分权影响处分行为的效力，同时也意味着无处分权的出卖人取得处分权不会导致标的物所有权不能转移，也就是会导致所有权转移。在《民法典》中没有出现的原《合同法》第 51 条的原理为该句所包含。

债权形式主义者不承认物权行为，基本的思路均借鉴梁慧星教授的研究，认为物权行为被买卖合同这一债权行为吸收，买卖合同本身包含了物权变动的效果意思，从而就没有什么物权行为，只有债权行为了。

债权行为吸收了物权行为，包含了物权变动的效果意思，从概念上看就不可能只是债权行为了，因为这不符合债权行为是引起债权债务关系产生的法律行为的定义。

债权形式主义不承认物权行为的困境，导致其对无权处分合同的效力无法作出妥当的解释。这一困境又是因为该观点认为物权行为被债权行为吸收了、没有了。债权行为吸收物权行为，逻辑上根本就不可能成立，因为不存在这种债权行为。该观点的研究者之所以采取这种说法，是因为参考了王泽鉴教授的观点。[1] 王泽鉴教授在《物权行为无因性理论之检讨》一文中，将其

〔1〕 参见姜海峰:《物权法：规则与解释》，北京大学出版社 2022 年版，第 69~71 页。

老师拉伦茨教授的观点概括为三点："①基于买卖、互易、赠与、设定担保约定等债权行为而生之物权变动，无需另有一个独立之物权行为。②使物权发生变动之意思表示，在观念上虽有独立存在之价值，但可纳入债权行为之中，与成立债之关系之意思一并表示之，不必加以独立化，自成一个法律行为。③为使物权变动具有外部表征，以达公示之原则，现行民法规定'交付'为动产物权变动之要件，及'登记'为不动产物权变动之要件，此项原则应予维持。"〔1〕

但是，王泽鉴的老师拉伦茨教授并没有采取什么吸收说，而是从立法论上认为："将来在法律政策上就此最有可能优先采取这样的方案，该方案虽然坚持实际的履行行为（交付或者登记）这一要求，但是不坚持法律行为分裂为一个债务合同和一项特别的物权合同。因此，在这样的方案下，就买卖而言，只需要一个单一的合同——买卖合同，此时这一买卖合同，与现今不同，同时是负担和处分行为（Verpflichtungs-und Verfügungsgeschäft），两个要素（此时思维上也还是要区分的）统一在这个合同之中。按其意义，卖方的表示应该如此理解：我承担让你取得所有权的义务（负担因素），并据此我将所有权转让给你（处分因素）——以交付（或者登记）为条件。所有权基于这样理解的买卖合同而移转，但是通常直到另外有实际履行行为才发生。此时不需要新的合意，直到交付才声明的所有权保留无效。没有有效的合同，尽管已经交付或登记，所有权也不移转；不过，第三取得人善意时受到保护。"〔2〕

拉伦茨教授的原文与王泽鉴教授的文章最大区别之处在于，王泽鉴教授认为，一个观念上有独立存在之价值的物权行为，可以被纳入债权行为之中。这种表述容易让人误会为：物权行为被债权行为吸收了，不需要物权行为了，即使其在观念上有独立存在的价值，也是如此。事实上拉伦茨的观点显然不是这个意思。如原文所示，在拉伦茨看来，包括物权行为在内的处分行为和作为负担行为的债权行为同为一个统一的合同组成部分，是两个并列的要素，根本不存在债权行为吸收物权行为的问题或者物权行为被纳入债权行为的问

〔1〕 王泽鉴：《民法学说与判例研究》（第1册），北京大学出版社2009年版，第126页。

〔2〕 Larenz, Lehrbuch des Schuldrechts, Band Ⅱ, C.H.Beck'sche Verlagsbuchhandlung, 7. Aufl.1965, S.20.

题，物权行为当然是存在的。

从债权形式主义的形成过程看，其来源于拉伦茨的立法论。与拉伦茨的观点一样，通说承认同一合同中有引起债权债务的意思表示，又有物权变动的意思表示，也就不奇怪了，因为这实际上不自觉地还原了拉伦茨教授的原始观点，实质上是承认合同中存在物权行为。通说同时以物权行为被纳入债权行为或者被债权行为吸收为由否定物权行为的看法，是王泽鉴教授不精确的翻译、介绍所致。

物权变动模式的实践检视
——以破产和执行为中心*

朱　虎**

内容摘要：无论是否承认物权行为的独立性，均不会导致对具体问题的判断结论必然存在不同。物权行为的独立性是一项可以而非必须采取的解释方向。物权变动的无因性问题关涉实质的价值判断，但无论是以无因还是有因作为基础的规范立场，都在呈现出通过各种软化思路向中间"靠拢"的动向。以我国现行民事立法作为解释论基础，可以将物权变动的有因模式作为思考起点，继而在具体的实践场景中寻求可能的妥适方案。在买受人破产或者作为被执行人的场景中，原则上赋予出卖人破产取回权或者排除执行的优先权益，这在风险分配及价值权衡等方面具有合理性。在出卖人破产或者作为被执行人的场景中，通过留置抗辩等软化性举措，同样能够实现均衡保护买卖双方当事人的制度目标。

关 键 词：物权行为　独立性　无因性　破产　执行

* 本文是国家社会科学基金重点项目（21AFX017）的成果之一。感谢张玉涛博士研究生在论文写作中的协助。

** 中国人民大学民商事法律科学研究中心研究员，中国人民大学法学院教授。

一、物权行为理论在中国：理论争议的展开

针对基于法律行为的物权变动模式的立法选择，民法学界一直存在巨大争议。我国民事立法逐渐明确了合同效力与物权变动的一般性区分，构建起以形式主义为原则、以意思主义为例外的物权变动模式。但是，在形式主义的原则性立场之下，《民法典》究竟是采取债权形式主义，还是物权形式主义，仍存在诸多分歧，其核心体现为对物权行为理论的不同态度。在讨论过程中，无论何种观点，往往同时从应然与实然的双重视角展开，一方面阐明"应否"承认物权行为理论，另一方面寻求现行立法"是否"存在吸纳物权行为的解释空间。具体至物权行为理论内部，独立性（分离原则 Trennungsgrundsatz）与无因性（抽象原则 Abstraktionsgrundsatz）乃两项核心议题，但二者并不存在逻辑体系上的一致性要求。即使承认物权行为的独立性，也不必然导向无因性。〔1〕由此，关于物权行为的学说中，大体存在"非独立""独立＋有因""独立＋无因"的类型序列。〔2〕通过应然与实然、独立与无因的适度界分，可以较为系统地整体性观察我国民法语境下物权行为的理论争议。

（一）物权行为的独立性

1. 物权行为应否独立？

经验层面的观察似乎不能为物权行为独立与否提供有效的论证。反对物

〔1〕 参见苏永钦：《私法自治中的经济理性》，中国人民大学出版社 2004 年版，第 133 页；[德]德特雷夫·约斯特：《区分原则与同一原则的体系比较分析》，王晓馨译，载孙宪忠主编：《制定科学的民法典：中德民法典立法研讨会文集》，法律出版社 2003 年版，第 96~97 页。不同观点认为，物权行为的无因性是认可独立性的逻辑必然结论，参见李永军：《民法典物权编的外在体系评析——论物权编外在体系的自洽性》，载《比较法研究》2020 年第 4 期。

〔2〕 之所以说是"类型序列"，是因为还存在更多中间观点的可能。例如，区分动产和不动产采取不同的物权变动模式；采取有因立场且将清偿界定为单方法律行为前提下的"清偿"模式（参见孙维飞：《论物权变动的"清偿模式"》，载《中外法学》2023 年第 1 期）；承认买卖合同订立和所有权最终转移之间存在中间型权利形态前提下的多元要素模式（参见陈永强、李雯：《物权变动中间型权利的学理依据与规范构造》，载《江苏社会科学》2022 年第 5 期）；等等。另外，囿于主题和既有讨论的重心，本文不专门分析物权变动的意思主义模式。

权行为理论的部分观点认为，该理论背离生活实际，与社会一般观念不符。〔1〕但一方面，在非即时清结的交易中，产生债务负担的意思与发生物权变动的意思，仍有可能存在契合日常观念的区分样态。另一方面，行为人在实施交易时，对自身意思是否存在规范意义上的准确认知，与法律在技术层面应如何构造该项行为模式，并不具有直接相关性。〔2〕与此相对，亦有部分观点从经验视角出发，主张物权合意在现实经济生活中“客观存在”。〔3〕但该项理由将现实存在的现实性、具体性、日常性与专业术语的思维性、抽象性、专业性等同起来，同样不具有足够的说服力。〔4〕换言之，采取何种构造的物权变动模式，并非一项事实判断，而是解释选择的问题。〔5〕由此，问题核心便可聚焦于：即使当事人在交易实践中实际作出了有关物权变动的意愿表达，是否存在足够充分且正当的理由必须将其解释为民法上的意思表示？〔6〕

对此，分离原则的提倡者至少尝试从理论逻辑与功能效益两方面提出正当性依据。第一，基于逻辑体系的一贯性，区分物权行为与债权行为是“物债二分”的必然结果。〔7〕第二，基于私法自治的价值，无论是“纯粹的债权形式主义”，还是“修正的债权形式主义”，均会面临“物权变动的效果是否基于法律行为而产生”的解释障碍，故有违反私法自治原则之嫌，甚至与合宪性解释的原理和要求相悖；相较而言，承认物权行为更能贯彻私法自治，

〔1〕 参见［德］汉斯·布洛克斯、沃尔夫·迪特里希·瓦尔克：《德国民法总论》，张艳译，中国人民大学出版社2019年版，第61页；［德］鲍尔、施蒂尔纳：《德国物权法》（上册），张双根译，法律出版社2004年版，第91页。

〔2〕 参见孙宪忠：《法律行为理论纲要》，载《法治社会》2022年第6期；刘家安：《民法物权》，中国政法大学出版社2023年版，第96~97页；朱庆育：《民法总论》，北京大学出版社2016年版，第172页；苏永钦：《私法自治中的经济理性》，中国人民大学出版社2004年版，第126~129页。

〔3〕 参见孙宪忠：《中国物权法总论》，法律出版社2003年版，第165~166页；谢怀栻、程啸：《物权行为理论辨析》，载《法学研究》2002年第4期；屈茂辉：《市场交易的内在需求与物权行为立法》，载《中国法学》2000年第2期。

〔4〕 参见常鹏翱：《论现实存在与物权行为的无关联性——对相关学理争辩的再辨析》，载《法学》2015年第1期。

〔5〕 参见王轶：《民法学如何讲道理？——以物权变动模式的立法选择为例》，载《中外法学》2023年第1期；王文胜：《〈民法典〉第133条（民事法律行为的定义）评注》，载《法治研究》2022年第1期。

〔6〕 参见王轶：《民法学如何讲道理？——以物权变动模式的立法选择为例》，载《中外法学》2023年第1期。

〔7〕 参见李永军：《民法典物权编的外在体系评析——论物权编外在体系的自洽性》，载《比较法研究》2020年第4期；常鹏翱：《论现实存在与物权行为的无关联性——对相关学理争辩的再辨析》，载《法学》2015年第1期；朱庆育：《民法总论》，北京大学出版社2016年版，第163页。

并有助于释放、增进政策的管制和激励效益。〔1〕然而，这两项理由均不乏可推敲之处。首先，物权与债权指向民事权利的类型化区分，物权行为与债权行为则体现为针对民事法律行为的一种区分样态，〔2〕在逻辑上，前者对后者的体系构造并不产生决定性意义。物权法的自治性要求物权变动具备独立于债权行为的法律事实，但该法律事实是否必须指向独立的法律行为抑或其他法律事实，存在多种解释的可能性。即使采取债权形式主义，债权变动与物权变动的法律事实仍可被有效界分，并不会与“物债二分”的权利格局产生体系疏离。〔3〕其次，分离原则强调，只有承认物权合同的独立存在，才能妥适解释出物权变动的法律效果如何能够基于当事人的自主意思而发生，〔4〕但该种观点似乎仍是基于特定的理论前见所得。一方面，就内在机理而言，即使在债权形式主义模式下，当事人履行交付或申请登记义务的根本原因也是其在债权合同中所作的自由决定，仍能够贯彻意思自治的理念；〔5〕另一方面，就规则构成而言，无论是物权形式主义抑或债权形式主义，物权变动的法律效果均非债权合同或物权合同中的意思表示生效单独所致，而是有赖于合意与匹配于合意的公示的二元结合，从这个意义上来讲，物权合意也不过是实现债权合同中意思表示的一个并非必不可少的中介和工具。换言之，分离原则未必是贯彻意思自治原则的当然最优解。〔6〕再者，分离原则主张的政策效益意在说明，将性质不同、效果不同的两类合意清楚区隔开来，能够为立法者提供更为弹性的政策工具选择，使其得以根据不同管制目的，确定不同管制强度。〔7〕但所谓对“物权合意”进行单独规制的政策需求，本质仍在

〔1〕参见茅少伟：《民法典编纂视野下物权变动的解释论》，载《南京大学学报（哲学·人文科学·社会科学）》2020年第2期；苏永钦：《私法自治中的经济理性》，中国人民大学出版社2004年版，第124页以下；葛云松：《物权行为理论研究》，载《中外法学》2004年第6期。

〔2〕参见王文胜：《〈民法典〉第133条（民事法律行为的定义）评注》，载《法治研究》2022年第1期。

〔3〕参见王轶：《民法原理与民法学方法》，法律出版社2009年版，第152页、第164页。

〔4〕参见茅少伟：《民法典编纂视野下物权变动的解释论》，载《南京大学学报（哲学·人文科学·社会科学）》2020年第2期。

〔5〕参见孙维飞：《论物权变动的“清偿模式”》，载《中外法学》2023年第1期。

〔6〕参见王轶：《民法学如何讲道理？——以物权变动模式的立法选择为例》，载《中外法学》2023年第1期。

〔7〕参见茅少伟：《民法典编纂视野下物权变动的解释论》，载《南京大学学报（哲学·人文科学·社会科学）》2020年第2期；苏永钦：《私法自治中的经济理性》，中国人民大学出版社2004年版，第129~130页。

于对物权变动的要件施以特别限制。只要在立法层面将合同效力与物权变动予以明确区分，即便不采物权行为的概念体系，似乎同样能够大致实现此种目标。

2. 物权行为是否独立？

在理论演绎的应然视角下，债权形式主义与物权形式主义分别代表了两种不同类型的调控方式，后者提供了一套逻辑缜密的分析工具，但其并非必然是物权变动模式的唯一且最优方案。在此背景下，有必要立足于本土的现行规范体系，检验何种方案与我国“实然”的法律状况更加契合。

有观点立足于我国现行法的规范表达，指出《民法典》没有任何地方提及负担行为、处分行为、债权合同、物权合同等术语；如果遵循法律解释的基本共识，必须承认其并未接纳物权行为的独立性。〔1〕反对者则认为，《民法典》虽未明确使用上述概念，但规定了抵押合同、质押合同、居住权合同等旨在设定他物权的合同。此外，《民法典》第464条并未将“合同”仅限定为产生“债权债务关系”的合同，而是定义为主体间设立、变更、转让、终止“民事法律关系”的协议，这就为物权合同适用合同编相关规则提供了可能性。〔2〕需要承认的是，现行法并未在既有规范中明确给出肯定或否定物权行为的立场，诸多术语呈现出较为宽泛的解释空间。纯粹着眼于语词文义的论证，仅能在一定程度上起到对抗他种否定意见的消极论证效果，而难以为己见的证成提供足够的积极论证。

诉诸《民法典》编纂的历史基础，总结我国民事立法的经验传统，是论证物权行为是否独立的另一条分析进路。其意义在于，为传统立场的反对者施加额外的论证责任。〔3〕但前提性的问题是，在相关法律及司法解释的变迁过程中，我国是否真正确立了一项被广泛接受的共识性传统？或许难言肯定。事实上，无论是物权行为的主张者还是反对者，均能够从立法或司法机关的权威意

〔1〕 参见王轶：《民法学如何讲道理？——以物权变动模式的立法选择为例》，载《中外法学》2023年第1期。

〔2〕 参见刘家安：《民法物权》，中国政法大学出版社2023年版，第94页。

〔3〕 参见王轶：《民法原理与民法学方法》，法律出版社2009年版，第180页。

见或裁判文书中，寻找到支持己见的论据。〔1〕因此，更为实质的论证仍须回归至《民法典》的体系构造，来观察何种物权变动模式对现行规则更具解释力。

对此，主张物权行为独立性的学者通常认为，相较于不区分债权行为与物权行为的一体原则而言，分离原则的逻辑建构更为严密精确，对既有规则有更好的阐明价值。具体而言，《民法典》第 215 条为分离主义的解释提供了空间；第 597 条第 1 款确认了买卖合同作为负担行为的属性，并继而承认了负担行为的效力不建立在处分权基础上，据此推知，处分权是物权行为的特别生效要件；第 598 条以“并”字连接交付义务与移转所有权的义务，表明交付并非物权变动的充分条件，似有必要引入物权合意加以阐明；第 641 条第 1 款规定的所有权保留，使买卖合同与所有权移转之间有确定的时间间隔，所有权移转无法为买卖合同所包容，只能用物权行为来对应，该项保留约款应被解释为当事人在所有权移转的物权合同上所附加的延缓条件。在物权行为理论的倡导者看来，上述规范构造已然表明，《民法典》采取了分离原则。〔2〕如果不承认独立的物权行为，诸多条款及相关规范体系就难以得到合理的融贯性解释。

此种论断同样值得怀疑。从规范的变迁历程及当前文义来看，《民法典》第 215 条、第 597 条仅表明债权合同的效力不受物权未登记和处分权欠缺的

〔1〕 例如，在《物权法》制定过程中，时任全国人大常委会法工委副主任的王胜明曾指出：“我国改革开放以来 20 多年的实践和法律规定没有区分过物权合同和债权合同。”（参见王胜明：《物权法制定过程中的几个重要问题》，载《法学杂志》2006 年第 1 期）但是，在《最高人民法院关于审理买卖合同纠纷案件适用法律问题的解释》（法释〔2012〕8 号，已被修改）颁布后，针对该解释第 3 条的释义则提出了不同观点：“应特别注意区分负担行为与处分行为……物权行为独立于债权行为而存在是区分对世权与对人权的逻辑使然。”（参见最高人民法院民事审判第二庭编著：《最高人民法院关于买卖合同司法解释理解与适用》，人民法院出版社 2012 年版，第 77~78 页）《民法典》颁布后，最高人民法院编写的同一套官方释义书中亦呈现出相互龃龉的观点。（参见最高人民法院民法典贯彻实施工作领导小组主编：《中华人民共和国民法典物权编理解与适用》（上），人民法院出版社 2020 年版，第 85 页；最高人民法院民法典贯彻实施工作领导小组主编：《中华人民共和国民法典合同编理解与适用（二）》，人民法院出版社 2020 年版，第 861 页）针对司法实践中裁判立场的梳理，可参见茅少伟：《民法典编纂视野下物权变动的解释论》，载《南京大学学报（哲学·人文科学·社会科学）》2020 年第 2 期；黄泷一：《负担行为与处分行为区分的实务继受——以最高法院的司法解释和裁判文书为分析对象》，载《河北法学》2015 年第 5 期。

〔2〕 参见朱庆育：《中国民法总则的希尔伯特》，载《中外法学》2023 年第 2 期；李宇：《保理合同立法论》，载《法学》2019 年第 12 期；常鹏翱：《论现实存在与物权行为的无关联性——对相关学理争辩的再辨析》，载《法学》2015 年第 1 期；刘家安：《民法物权》，中国政法大学出版社 2023 年版，第 97~98 页。

影响，即物权是否变动及能否变动均不影响合同效力，无法从逻辑上当然推导出物权行为的独立存在。[1] 第 598 条系对出卖人基本义务的一般性规定，在标的物为不动产时，交付义务与转移所有权义务系两项明显不同的义务，自应并列而称；在标的物为动产时，如无法律特别规定，交付时发生移转所有权的效力，此时两项义务呈现出履行过程的同一性。该条以“并”字连接两项义务，能够以较为精简的规范来涵盖动产与不动产买卖交易中出卖人的义务构造，与物权合同无涉。至于第 641 条第 1 款的所有权保留，即使在债权形式主义的物权变动模式下，亦能够得到合理解释，即与动产标的物所有权转移相关的合同条款附有生效条件，在价款支付完毕等条件成就前，不发生效力。[2]

综上，在我国《民法典》体系下，债权形式主义与物权形式主义代表了两种不同的分析框架，二者并无明显的优劣之分，采取任何一种路径，均不会导致对具体问题的判断结论与他者存在不同。[3] 虽然笔者认为，物权行为的独立性在逻辑上更顺畅，解释力也更强，但即使如此，其仍然是一项可以但非必须采取的解释方向。而更具实益的争议则集中体现在物权行为理论的另一侧，即如果认可物权行为的独立性，应采无因还是有因。

（二）物权行为的无因性

1. 物权行为应否无因？

无论是否承认独立的物权行为，只要将物权变动的原因和物权变动区分开，就会存在前者瑕疵是否会影响后者的问题；而在物权行为的语境中，就是物权行为的无因性。如果将物权行为的独立与否视为一项解释选择，无因性则更多关涉实质的价值判断。若采物权行为的无因性构造，在逻辑上会产生债权行为与物权行为效力不一的可能，即前者有效而后者无效，或后者有

---

〔1〕 参见王利明：《论债权形式主义下的区分原则》，载《清华法学》2022 年第 3 期。

〔2〕 参见王轶：《区分原则：区分什么？》，载《东方法学》2022 年第 4 期。

〔3〕 相同观点，除王轶教授一直以来的观点之外，还可参见孙维飞：《论物权变动的“清偿模式”》，载《中外法学》2023 年第 1 期。其认为，与法律适用较为相关的是有因性或无因性模式之间的争论，而在教义学概念体系上是否需要“物权行为”的争论则更多仅是一种理论之争。

效而前者无效。[1]其中，在债权行为有效而物权行为无效的场景中，处分人得以所有权人身份请求返还，返还请求权实现后，另负有将所有权移转于对方的义务。如仅着眼于此，则无因性仅具逻辑剖析之理论功用，且在实践应用中不乏叠床架屋之嫌。[2]争议的核心在于第二类场景，即债权行为无效而物权行为有效，确切而言，是物权行为的效力系仅就自身进行独立判断，而不因债权行为的无效所影响，也即所谓“外部的无因性”。[3]问题在于，此种构造是否具有正当性？对此，可通过分析有因性与无因性的适用结论差异而作对比判断。

若仅着眼于买卖合同当事人之间的内部关系，无因性与有因性的区分不会导致双方的利益格局产生实质差异。换言之，在出卖人履行交付义务后，如买卖合同被认定无效，有因与无因的立场均不否认出卖人对标的物的返还请求权，区别仅在于：前者对应的是物权性质的所有物返还请求权；后者对应的是债权性质的不当得利返还请求权。[4]两种请求权背后的利益基本等值，[5]对处分权人的利益保障程度并无实质差异，仅在诉讼时效等局部方面体现出些许不同，故可将此种无因模式描述为“处分行为的无因 + 不当得利的要因矫正”。

若着眼于外部效力，引入外部主体的利益考量，则无因性与有因性的差异会在各方主体间构造出明显不同的利益格局，这较为明显地体现在买受人处分标的物、破产、执行等场景中。首先，如买受人将标的物让与他人，在有因模式下，无论标的物辗转于何人之手，出卖人的返还请求权均可追及而至，除非第三人满足善意取得而导致切断追及效力；在无因模式下，买受人向第三人的让与所有权的行为系有权处分，无论第三人是否知悉债权行为无效，原则上均可取得所有权。其次，如买受人陷于破产，在有因模式下，出

[1] 为简化表述，本文以“无效”情形为例，在法律行为被撤销、确定不生效、不成立等情形中，逻辑大体相同。

[2] 不同观点，参见朱庆育：《民法总论》，北京大学出版社 2016 年版，第 182~183 页。

[3] 参见[德]鲍尔、施蒂尔纳：《德国物权法》(上册)，张双根译，法律出版社 2004 年版，第 92 页。

[4] 参见王泽鉴：《不当得利》，北京大学出版社 2015 年版，第 48 页；[德]弗卢梅：《法律行为论》，迟颖译，法律出版社 2012 年版，第 184 页。

[5] 参见娄爱华：《〈破产法〉第 42 条涉不当得利条款解释论》，载《社会科学》2013 年第 4 期。

卖人可行使取回权；在无因模式下，出卖人对标的物的权利只能作为破产债权平等参与分配。最后，如买受人的其他债权人对该标的物申请强制执行，在有因模式下，出卖人可依法提出案外人异议之诉；反之则不可。〔1〕

着眼于第一种情形，可以清晰发现无因与有因立场所侧重的不同价值：前者不考虑第三人的善意与否，使其能够终局享有标的物所有权，更有助于降低交易成本，维护交易安全，增强标的财产的流通价值；后者更注重对原权利人的保护，通过善意取得制度保障交易安全，但该制度的构成要件较为严苛，且善意与否的识别判断殊为不易，〔2〕将对交易流通性造成一定阻碍。总体来看，二者似乎各有道理，但在价值判断上，无因性难以摆脱一项有力的正当性质疑：相较于原权利人，难道恶意第三人更值得保护？因此，为了弥补严格贯彻无因性所可能产生的不利后果，德国理论界发展出一系列软化学说，如“共同瑕疵”（Fehleridentität）、“条件关联”（Bedingungszusammenhang）、“行为一体”（Geschäftseinheit）说等。〔3〕尽管该类理论面临着合法性及正当性的诸多质疑，〔4〕但即便对此不予考虑，既有规范体系中仍然存在共同加害行为、直索型不当得利、恶意串通等制度工具，能够为弥补无因性的漏洞提供多元救济。〔5〕换言之，弱化甚至拒绝对恶意第三人施加保护，渐趋成为不同物权变动模式所追求的共识。由此，在买受人处分标的物的场景中，有因性与无因性所采取的基本路径尽管有所差

---

〔1〕参见陈华彬：《物权法论》，中国政法大学出版社2018年版，第162页；朱庆育：《民法总论》，北京大学出版社2016年版，第186~187页。

〔2〕参见刘家安：《民法物权》，中国政法大学出版社2023年版，第100~101页。

〔3〕参见［德］迪特尔·梅迪库斯：《德国民法总论》，邵建东译，法律出版社2013年版，第181~185页；苏永钦：《私法自治中的经济理性》，中国人民大学出版社2004年版，第138~140页；王泽鉴：《民法物权》，北京大学出版社2010年版，第69~70页。

〔4〕参见孙宪忠：《再谈物权行为理论》，载《中国社会科学》2001年第5期；朱庆育：《民法总论》，北京大学出版社2016年版，第187页；［德］维尔纳·弗卢梅：《法律行为论》，迟颖译，法律出版社2013年版，第208~210页；［德］M·沃尔夫：《物权法》，吴越、李大雪译，法律出版社2004年版，第183页。

〔5〕如果买受人与第三人的恶意达到故意加害的程度，原物权人可依法请求二者承担共同侵权责任（《民法典》第1168条）；如果第三人无偿受让标的物，原物权人可选择直接请求第三人返还得利（《民法典》第988条）；如果买受人与第三人的行为符合恶意串通规则的构成要件，出卖人可主张该物权行为无效（《民法典》第154条）。参见茅少伟：《民法典编纂视野下物权变动的解释论》，载《南京大学学报（哲学·人文科学·社会科学）》2020年第2期；苏永钦：《私法自治中的经济理性》，中国人民大学出版社2004年版，第137~138页。

异，但最终形成的效果分歧实质上并不显著，均能大体实现各方主体的利益平衡。

然而，在买受人破产或被强制执行的情形中，并不容易清晰得出上述趋同性的结论。在有因与无因的立场下，出卖人的法律地位似乎呈现出迥异之别。此时，应当如何解释这两种对抗立场的正当性？何种路径更有助于实现最为妥适的利益平衡？进一步而言，如果是出卖人破产，那么是否存在与买受人破产不同的特殊价值考量因素？如在执行环节中，买卖合同无效，将会导致申请执行人、被执行人、相关债权人等各方主体的权利博弈状态，此种格局与破产情形较为类似，同样会引发无因与有因的立场选择，是否有必要统合考虑？但是，在物权变动模式的既有讨论中，诸多分析往往更多着眼于形式逻辑的展开，而忽视了执行和破产这两类最能典型反映不同观点适用差异的实践场景。基于此，本文尝试以执行和破产为中心，对不同的物权变动模式进行实践检视，以探究更为妥适的制度方案。

2. 物权行为是否无因？

不过，在基于破产和执行的视角具体展开之前，仍有必要从实然的视角来观察我国民事立法体系对物权行为的整体态度。就此而言，现行法的相关内容或明或暗地体现出倾向于“有因”的方案。

首先，根据《最高人民法院关于适用〈中华人民共和国民法典〉物权编的解释（一）》（以下简称《物权编司法解释（一）》）第 20 条的规定，如果转让合同被认定无效或被撤销，受让人无法主张依据《民法典》第 311 条（善意取得制度）取得所有权。如认为“转让合同”指向的是处分行为，则该条并无实际的规范价值，故该转让合同应指作为无权处分行为之原因行为的债权合同。据此，在债权合同无效或被撤销的场合，即使处分行为本身不存在处分权欠缺以外的无效事由，善意取得也会被阻却。换言之，善意取得仅弥补处分权欠缺的瑕疵，而不弥补其他瑕疵。当然，此种规范立场毕竟是针对无权处分的特殊场景，可值进一步探讨的是，在有权处分场景中是否应当一体适用？对此，有观点持否定态度，认为在有权处分的法律构造中，不存在善意取得制度所确立的维持善意受让人终局取得的法律政策目标；因此，以《物权编司法解释（一）》第 20 条推断有权处分情形的有因立场，逻辑未必融洽。[1]但此种解释稍显牵强，一方面，由于善意取得只是补足欠缺处分权这一瑕疵，故在不涉及善意取得的有权处分场合，无效原因行为对物权变动效果的阻断效果也应一以贯之；另一方面，虽然按照无权处分之受让人地位不应高于有权处分的受让人的逻辑，在有权处分场合，也可以设计成负担行为无效不阻断物权变动的效果，但这会构成对无权处分场合善意受让人的劣待，而此种劣待并不具有实质正当性，因此，在有权处分场合也应当遵行无权处分场合的阻断效果。[2]

其次，在司法实践层面，我国法院普遍采取债权合同无效影响物权变动的思路。[3]并且,《全国法院民商事审判工作会议纪要》(法〔2019〕254号，以下简称《九民纪要》）第124条第2款在执行环节中明确了债权合同效力影响物权变动的有因立场:“在金钱债权执行中，如果案外人提出执行异议之诉依据的生效裁判认定以转移所有权为目的的合同（如买卖合同）无效或应当解除，进而判令向案外人返还执行标的物的，此时案外人享有的是物权性质的返还请求权。”但为平衡各方主体利益，该款又对此项“本可排除金钱债权执行”的返还请求权施加一定限制，即如果案外人未返还价款，则不能排除执行。假使认为，对案外人请求权的性质认定规范在体系上能够推导出物权变动的有因立场，则此处对排除执行的限制则又在一定程度上体现出对“有因性”的“软化”。在德国与我国台湾地区坚持无因性的立场下，理论上发展出不同类型的“补丁”路径，用以缓和严格贯彻无因性所可能产生的不利后果。就此，无论是以无因还是有因作为基础的规范立场，似乎都在呈现出通过各种软化思路向中间“靠拢”的动向。如仅着眼于实践检视的视角，最为核心的问题仍然是：在破产和执行的典型场景中，何种具体方案更有助于实现不同主体所享有不同利益的均衡考量。

---

〔1〕 参见刘家安:《民法物权》,中国政法大学出版社2023年版,第101页。

〔2〕 参见姚明斌:《民法典体系视角下的意思自治与法律行为》,载《东方法学》2021年第3期。

〔3〕 参见茅少伟:《民法典编纂视野下物权变动的解释论》,载《南京大学学报(哲学·人文科学·社会科学)》2020年第2期;刘家安:《民法物权》,中国政法大学出版社2023年版,第101页。

二、破产场景的实践检视

针对物权行为无因性的既有讨论，在涉及破产场景时，多以“买受人破产”的情形为例加以说明。但实际上，“出卖人破产”的场景同样应构成论证的重要一环。下文拟就二者分别展开，对破产场景下不同物权变动模式的实质妥当性进行实践检视。

（一）买受人破产

在出卖人履行交付标的物并转移所有权的合同义务后，如买卖合同被认定无效且买受人陷入破产，根据无因原则，该标的物的所有权归属于买受人，将作为破产财产的一部分进行变价，由全体破产债权人平等受偿。有学者认为，尽管出卖人终局丧失标的物的所有权，仅得主张不当得利返还，但德国破产法通过将不当得利之债设定为优先受偿的财团债务，从而实现破产法即使贯彻了民法中的物权行为理论，也不会影响买卖双方当事人之间的利益平衡。如果我国在物权变动模式中承认无因原则，那么破产法上的相关规则就应作类似的紧密配合，也即物权行为理论导致的与破产法相关的不公，应由不当得利之债优先受偿的规则予以弥补。〔1〕但需要检讨的是，该观点与共益债务的规范体系及核心意旨明显相悖。首先，根据我国《企业破产法》第 42 条的规定，“因债务人不当得利所产生的债务”如果发生在破产申请后，才属于共益债务；如果发生在破产申请前，则为普通债务。在这里讨论的案型中，出卖人系于买受人陷入破产之前交付标的物，即便采取无因性理论，认为买受人对出卖人负担不当得利之债，但由于无效合同自始没有法律约束力，故可认为，买受人的不当得利自始没有法律原因，该债务发生于受领给付之时，并不满足共益债务的构成要件。〔2〕其次，比较法上，无论是采取物权行为无因

〔1〕 参见娄爱华:《〈破产法〉第 42 条涉不当得利条款解释论》,载《社会科学》2013 年第 4 期。

〔2〕 参见李永军:《破产法:理论与规范研究》,中国政法大学出版社 2013 年版,第 227 页。此种逻辑在破产法中讨论基于合同解除而产生的不当得利返还之债时,同样适用,参见刘颖:《反思〈破产法〉对合同的处理》,载《现代法学》2016 年第 3 期。

性的德国与我国台湾地区，还是不采物权行为理论的日本，其破产法均要求作为财团债务的不当得利之债须发生于破产程序开启之后。〔1〕这进一步表明，物权行为理论与破产法上的不当得利优先受偿规则之间，并不存在体系逻辑层面的必然关联。最后，共益债务之所以具有优先性，原因在于，其具有保证破产程序进行和惠及全体债权人一般利益的重要功能。但基于无效合同所生的不当得利之债，系于破产程序之前发生，与共益债务制度本身的规范意旨无法自洽。综上，如在破产程序中贯彻无因原则，出卖人的不当得利返还请求权只能作为普通破产债权，按照比例清偿。

与之不同，在有因的物权变动模式下，出卖人的合法权利能够得到充分保护。如买卖合同无效，出卖人享有物权性质的所有物返还请求权，因此，在买受人破产时，出卖人可以根据《企业破产法》第 38 条行使取回权。换言之，物权请求权可以延伸到破产程序中，借助取回权产生对抗第三人的效力。〔2〕此外，根据《最高人民法院关于适用〈中华人民共和国企业破产法〉若干问题的规定（二）》第 32 条的规定，即使标的物毁损、灭失，但若因此而产生保险金、赔偿金或代偿物，出卖人仍然可以通过代偿取回权或共益债务的规则获得救济。当然，在破产程序中赋予出卖人优先保护，至少在形式上意味着相应弱化了对其他债权人的保障。如认为应采取有因性构造，不可避免地会面临此种质疑，即出卖人较之其他债权人的优势地位何以正当？

首先，相较于合同之债的债权人，因合同无效而享有返还请求权的出卖人可能缺乏承担相对人破产风险的合理预期。以借款合同为例，贷款人自愿提供借款本身就是一项授予对方信用的行为，其应当知道借款人将来可能无力还款。为避免或降低风险，贷款人可以采取诸多预防措施，如要求对方提供财产担保，从而在债务人破产时，贷款人可依法行使别除权。如果其有机会采取避险举措但并未采取，则可推定其默示作出了承担对方破产风险的市

---

〔1〕参见［德］乌尔里希·福尔斯特：《德国破产法》，张宇晖译，中国法制出版社 2020 年版，第 48 页；［日］谷口安平主编：《日本倒产法概述》，［日］佐藤孝弘等译，中国政法大学出版社 2017 年版，第 83 页；陈计男：《破产法论》，台北，三民书局 2017 年版，第 180 页。

〔2〕参见王利明：《物债二分视角下的物权请求权》，载《政法论坛》2023 年第 4 期。

场选择。在其他类型的双务合同中，同样如此，当事人在合同订立阶段应对合同给付义务的履行风险作出理性考量。与此不同，因合同无效而在返还阶段的破产风险，通常不会纳入当事人的缔约考量范畴，故出卖人通常不会针对此项返还义务的履行专门采取保障措施。[1]就此而言，难以推定出卖人具有承担对方破产风险的合理预期。尤其是在合同不成立、无效或可撤销系因不可归责于出卖人的事由形成的情况下，作为“非自愿”进入合同的一方主体，出卖人更无理由承担破产风险。[2]当然，从更宽泛的意义上来说，无论合同效力瑕疵的具体事由为何，据此形成的给付本质上均体现为一种非基于当事人自主合意的财产转移。最高人民法院也正是基于自主性欠缺的考量，才在执行回转程序中，采取了类似于有因性的构造，认定在被执行人破产的情况下，可以比照取回权制度，对申请执行人的权利予以优先保护。[3]

如肯定出卖人的取回权，仍可能面临的质疑在于，在合同无效且给付受领人破产的类似场景中，为何服务与货物的提供人会受到法律的区别对待？实质上，此种差异并非源于法律层面的价值选择，而应归因于给付行为自身的属性差异。提供服务这种给付行为一经完成，在使给付对象受益的同时，给付人便不可能收回给付，此种结果源于服务这种给付的特殊“物理性质”，而此种性质系给付人在缔约时所明知，据此可推知服务提供人在给付时具有

〔1〕 Vgl.Astrid Stadler, Gestaltungsfreiheit und Verkehrsschutz durch Abstraktion, 1996, S.456.

〔2〕 因此，也有观点认为，在讨论出卖人应否承担基于合同无效而产生的破产风险时，应根据最终无效的事由和出卖人对无效原因的作用及知情程度加以区分。例如，如出卖人恶意欺诈买受人，或明知错误而未加以澄清，那么就不构成“非自愿的授信”（unfreiwillige Kreditierung）。换言之，如果出卖人本可提醒相对人注意可撤销事由，使对方避免因欺诈或胁迫而从事法律行为，但其并未如此，而是允许给付交换，则可以认为其自愿承担返还阶段的破产风险，此种情形下的出卖人并不值得比其他破产债权人享有更优的法律地位。Vgl.Astrid Stadler, Gestaltungsfreiheit und Verkehrsschutz durch Abstraktion, 1996, S.458–459. 此种思路具有一定合理性，且在一定程度上与原《最高人民法院关于适用〈中华人民共和国物权法〉若干问题的解释（一）》（以下简称《物权法司法解释（一）》）第 21 条的思路相契合。该条区分“转让合同”可能存在的不同效力瑕疵而决定善意取得效果能否发生，在瑕疵类型表明交易损害公共利益或者受让人不具有善良交易动机时，排除善意取得制度的适用。但此种模式存在体系上的不融贯性，遭致诸多质疑。（参见茅少伟：《民法典编纂视野下物权变动的解释论》，载《南京大学学报（哲学 · 人文科学 · 社会科学）》2020 年第 2 期；姚明斌：《善意取得之合同效力要件再检视——基于〈物权法解释（一）〉第 21 条展开》，载《法学》2017 年第 5 期）此后，《物权编司法解释（一）》第 20 条也修改了《物权法司法解释（一）》第 21 条的规则，采取了不区分效力瑕疵事由的统一路径。

〔3〕 参见《最高人民法院执行工作办公室关于执行回转案件的申请执行人在被执行人破产案件中能否得到优先受偿保护的请示的答复》（〔2005〕执他字第 27 号函）。

承担对方破产风险的意思。与此不同，物的给付在物理属性上天然具有原物返还的可能，所有权转移是否具有抽象性系源于法律的“人为”设计，而非人们所共知的现象。因此，无法单纯通过出卖人交付标的物的行为来推知其必然具有承担对方破产风险的意思。〔1〕

其次，尽管侵权之债亦属非自愿性债权，但在侵权的典型场景中，往往是被侵害人受到损害，而侵权人一般并不因此而在财产上有所增益，如果赋予被侵害人特殊地位，就会损害债务人的其他一般债权人的地位，使他们能够分配的破产财产减少。与此不同，出卖人的给付行为必然增加买受人的整体资产，即便赋予无效买卖合同项下的出卖人以优先地位，也不会导致买受人的其他一般债权人比假使不存在该买卖合同关系而应处的地位更加糟糕。〔2〕

最后，如果将出卖人的返还请求权认定为普通破产债权，将意味着出卖人既无法取回标的物，同时还需要向破产管理人支付买卖价金。换言之，标的物和价金都将沦为破产财产，由全体破产债权人统一受偿，此种处理反而是通过牺牲出卖人利益的方式给予了其他债权人不适当的双重获益。〔3〕

在德国法中，有学者同样认为，在特定条件下，赋予无效买卖合同的出卖人享有取回权，具有更为明显的正当性。但囿于德国法明确采取了物权变动抽象原则，其只能采取较为迂回的解释路径，认为破产法上责任财产的确定具有独立的价值取向，无须贯彻实体法所确立的无因性构造，据此实现所有权与破产财产的分离。〔4〕但此种方案具有较大的体系破坏效应。在立法及司法均未明确采取无因模式的我国法域下，更无必要采取此种路径。相较而言，采取有因的物权变动模式，于实体法和破产法领域中贯彻统一的财产归属标准，倒有可能是充分保障出卖人合法权益的更优举措。

---

〔1〕 参见娄爱华:《〈破产法〉第42条涉不当得利条款解释论》,载《社会科学》2013年第4期。
〔2〕 参见黄赤橙:《错误汇款返还请求权优先地位研究》,载《法学家》2021年第4期。
〔3〕 Vgl.Astrid Stadler, Gestaltungsfreiheit und Verkehrsschutz durch Abstraktion, 1996, S.456.
〔4〕 Vgl.Astrid Stadler, Gestaltungsfreiheit und Verkehrsschutz durch Abstraktion, 1996, S.449-461.

（二）出卖人破产

前文着重立足于出卖人与一般破产债权人的比较，分析了前者优势地位的正当性。针对该种结论，反对观点还往往以维持出卖人与买受人利益均衡的“对称说”（Symmetrieargument）为依据，来论证无因模式的正当性，也即在出卖人破产的场景中，如买卖合同被认定无效，无论有因与否，基于货币“占有即所有”的特殊属性，买受人通常会丧失对价金的所有权，而仅对出卖人享有以破产份额为限的不当得利返还请求权。相较而言，如果在买受人破产的场景中，采取有因构造而使出卖人享有取回权，这反倒会使得基于同一买卖交易的双方当事人享有了不同的法律地位。换言之，并不是无因模式不当损害了出卖人的利益，而是有因模式不当给予了出卖人以特殊优待。〔1〕就这个角度而言，无因说的确有其合理性。但须注意的是，无因性对于出卖人和买受人的此种“对称”性保护仅体现在，其使得出卖人与买受人承担了相同的破产风险，然而，在一方当事人破产的特定场景中，双方当事人实际地位的“不对等性”仍然显而易见。换言之，在无因模式下，因买卖合同无效而对破产人享有不当得利返还请求权的一方主体，只能与破产人的其他普通债权人一同参与破产财产的分配，按照相应比例受偿；但是，破产人对该相对人的债权，则往往能够全额受偿。

据此，可以提炼出无因说在平等理念上所呈现出的两个侧面：第一，在整体性的市场经济中，预设任何人均有可能扮演出卖人或买受人角色，且任何主体因经营失败而陷入支付不能境地的概率均等，据此，使得出卖人与买受人承担相对均等的破产风险，便意味着给予双方实质的平等保护。〔2〕第二，在具体性的个别破产场景中，无论是出卖人还是买受人陷入破产，买卖合同的另一方当事人均与破产人的其他普通债权人处于平等地位。其中，针对第二个方面中买受人破产情形中平等保护的正当性，前文已作出反驳；而第一

---

〔1〕 参见刘家安：《民法物权》，中国政法大学出版社 2023 年版，第 100 页；朱庆育：《民法总论》，北京大学出版社 2016 年版，第 185 页；［德］迪特尔·梅迪库斯：《德国民法总论》，邵建东译，法律出版社 2013 年版，第 178~180 页。

〔2〕 参见朱庆育：《民法总论》，北京大学出版社 2016 年版，第 185 页。

个方面的价值判断，在逻辑上亦非无可推敲。一方面，对于具体的民事主体而言，其在买卖交易中成为特定一方的市场机会并不均等；另一方面，法律规则的设计并非只应着眼于经济社会的整体分配格局，亦应关注具体交易中各方主体的利益衡平。事实上，恰恰是个别交易中的公平规制，才能有效保障整体市场经济的平等。这里又体现出个体优先还是整体优先的追问。当然，更为重要的仍是实质性的利益考量，有必要追问的是：是否只有在无因构造下，才能实现对出卖人和买受人的对称性保护？

未必如此。从比较法来看，采取有因立场的规范体系仍能实现此种目的。例如，在日本法的意思主义物权变动模式下，如买卖合同无效，通说认为物权自始未发生变动，出卖人和买受人分别享有物权性质的返还原物请求权与债权性质的不当得利请求权。为了弥补由此可能导致的不平等境遇，日本的判例学说提出了适用物权性留置抗辩权的解决方案，使得沦为一般债权人的买受人可以获得物权性的保障。〔1〕据此，在双方当事人基于无效买卖合同相互完成对待给付后，若出卖人破产，在破产管理人未向买受人返还价款的情形下，后者可以留置标的物进行抗辩。在瑞士与斯洛伐克的有因构造下，买受人在出卖人破产时所享有的留置权被承认。其中，在斯洛伐克法中，已经支付价款的买受人在享有留置权的同时并作为质权人受到保护，条件是其及时通知债权人其通过货物的价值获得清偿的意图，破产宣告不影响受让人留置的权利。〔2〕美国法基于推定信托（constructive trust）的理论应用，同样能够在一定条件下赋予买受人的价金返还请求权以优先地位。如因买受人受欺诈或威胁，或存在一项导致合同可撤销的错误事由，使得买卖合同最终被撤销，则作为受领价金给付的出卖人可被视为推定受托人，作为价金返还债权人的买受人则可被视为受益人。即使买卖价金因财产混同而丧失物理上的可识别性，基于最低中间余额规则的保障，也仍然有可能在价值层面满足可识别性的要求，从而在一定程度上为买受人提供价金返还的优先

〔1〕 参见章程：《论我国留置权的规范适用与体系整合——民法典时代的变与不变》，载《法商研究》2020年第5期。

〔2〕 参见［德］克莱夫、巴尔主编：《欧洲私法的原则、定义与示范规则：欧洲示范民法典草案》（全译本）（第8卷），朱文龙等译，法律出版社2014年版，第350页、第362页。

保障。[1]

综上，无论是有因还是无因的物权变动模式，均可在相关的配套制度中贯彻平等对待出卖人与买受人的理念，只是在具体操作中呈现出两种调整路径，即或为双方均提供优先受偿的物权性保障，或均提供平等参与分配的债权性救济。基于前文分析，采取有因构造赋予出卖人在买受人破产时以取回权的方案更为妥当，由此，基于均衡保护买卖双方的理念，有必要采取相应的配套设计，使得买受人在出卖人破产时同样获得优先保障。

问题在于，解释论的视角下何种方案更为妥当？有观点认为，可以通过破产抵销的路径来处理，也即作为标的物返还义务人的买受人，可以向破产管理人主张抵销，进而对拍卖、变卖该标的物的价金进行优先受偿。[2]本文认为此种观点值得商榷。通常认为，在同一个双务合同中，互为对价的义务不得抵销。例如，在买卖合同中，买受人不得以其支付价款义务抵销其对出卖人的货物交付请求权，否则将与当事人的缔约本意不符。[3]在买卖合同无效的破产场景中，如允许买受人以其货物返还义务抵销其对出卖人的价款返还请求权，同样会产生类似问题，即其可能最终导致买受人有效保留标的物、出卖人有效保留价款的结果，这无异于使得买受人凭借个人意志实现了“无效合同有效化”的结果，对出卖人明显不公，与法律行为效力瑕疵制度的规范目的明显相悖。

从域外的制度经验来看，美国法上的推定信托蕴含着法律所有权与衡平所有权的观念区分，与我国的物权法体系并不兼容，[4]且推定信托的自身逻辑也始终备受争议，并不适宜作为物权变动有因模式下的解释方案。相较而言，日本等国所采的留置路径，更宜为我国借鉴。在我国《民法典》的编纂过程中，便有学者认为应当增设留置抗辩权规则，[5]尽管立法并未采纳，但在解释

〔1〕 Vgl.Astrid Stadler, Gestaltungsfreiheit und Verkehrsschutz durch Abstraktion, 1996, S.393-394；黄赤橙：《错误汇款返还请求权优先地位研究》，载《法学家》2021年第4期。

〔2〕 参见付一耀：《论合同无效或被撤销后的拒绝返还抗辩权——基于〈民法典〉第157条与第525条的解释论》，载《社会科学研究》2021年第2期。

〔3〕 参见许德风：《破产视角下的抵销》，载《法学研究》2015年第2期。

〔4〕 参见黄赤橙：《错误汇款返还请求权优先地位研究》，载《法学家》2021年第4期。

〔5〕 参见徐银波：《〈物权法〉留置权规则的解释适用与立法反思》，载《法律科学（西北政法大学学报）》2017年第2期。

上仍然可以认为，因双务合同无效而产生的清理返还关系，可类推适用同时履行抗辩权的规则。[1]《九民纪要》第 34 条和《最高人民法院关于适用〈中华人民共和国民法典〉合同编通则若干问题的解释》第 25 条第 2 款均明确承认双务合同不成立、无效、被撤销或者确定不发生效力时，标的物返还与价款返还互为对待给付，双方应当同时履行。与无因模式下不当得利返还义务的履行抗辩有所不同，《九民纪要》系在明确否认物权行为理论的框架下，认可了物权性请求权与债权性请求权之间得成立“同时返还”关系。[2]根据该纪要第 124 条，即使享有原物返还请求权的转让人在未返还价款前也不能排除一般债权人执行，与此同理，在出卖人破产的情形中，应进一步认可买受人享有同时履行抗辩权，甚至类推适用留置权使其享有物权性的留置抗辩权，从而使其享有较之于其他破产债权人的优先地位。据此，在出卖人的破产管理人向买受人返还买卖价金之前，后者可以拒绝前者返还标的物的请求，甚至享有物权性的留置抗辩权。

三、执行场景的实践检视

不同物权变动模式在执行场景中的实践检视，与破产呈现出诸多相似的利益考量。其一，从均衡保护买卖双方当事人的角度而言，无论采取何种模式，均应当尽可能使得一方被执行的情形下，另一方处于类似的法律地位。其二，在执行的具体场景中，究竟应采有因还是无因，本质上则取决于与被执行人存在密切联系的外部主体——申请执行人与被执行人的其他债权人之间的利益考量。下文仍将执行场景区分为两类，分别加以检视。

---

〔1〕 参见韩世远：《合同法总论》（第 4 版），法律出版社 2018 年版，第 410 页。庄加园教授认为，在合同无效的情况下，由于该返还请求权在性质上并非原给付义务，因此不存在适用同时履行抗辩权的可能性，反而是《民法典》第 447 条物权留置权的构成要件在整体上与留置抗辩权更为接近；但是，由于该条对留置对象的范围作出了明确的文义限制，存在明显解释障碍，且在法律效果层面亦受到怀疑，故其认为，更为合理的方案仍然是借助《民法典》第 525 条来扩张同时履行抗辩权的适用范围。参见庄加园：《留置抗辩权的体系构建：以牵连关系为中心》，载《法商研究》2022 年第 3 期。

〔2〕 参见最高人民法院民事审判第二庭编著：《〈全国法院民商事审判工作会议纪要〉理解与适用》，人民法院出版社 2019 年版，第 263 页以下；章程：《论我国留置权的规范适用与体系整合——民法典时代的变与不变》，载《法商研究》2020 年第 5 期。

（一）买受人为被执行人

在担保物权的执行过程中，作为案外人的出卖人可能以买卖合同无效为由主张排除对标的物的执行。此种情形涉及交易安全与标的物原权利人之间的利益博弈。但如前所述，如果认可“恶意者不应受到更多保护”的价值判断，则有因原则与缓和的无因原则在具体情形的适用结果上，不会形成太大差异。尤其是考虑到担保物权的善意取得不需要满足“以合理的价格转让”的要件，此种差异更为微弱。结合我国既有规范，以有因性为思考起点，可认为，通过善意取得制度，基本能较妥当地实现交易安全与出卖人权益的平衡保护。据此，如果买受人为善意第三人设定担保物权，此后届期未能履行债务，第三人依法行权对担保物申请强制执行，在执行过程中，出卖人以买卖合同无效为由主张自己系标的物的所有权人，不足以排除强制执行。〔1〕

与担保物权的强制执行有所不同，在一般金钱债权的执行过程中，物权变动模式的不同选择将对出卖人的民事权益产生实质影响。对此，有观点指出，在标的物交付后买卖合同被认定无效的场景中，如果采取无因原则，若买受人的其他债权人对该标的物申请强制执行，出卖人无法通过案外人异议之诉获得保护；如果采取有因原则，则出卖人能获得保护。〔2〕从形式上看，不同的物权变动模式体现出迥异的价值考量，二者分别对申请执行人和出卖人予以侧重保护。但该种分析只是较粗略地描述了实体法与程序法的逻辑关系，如落脚到具体的制度构建上，则并非必然呈现出非此即彼的单一状态，仍有可能在多方主体利益间寻求妥适的均衡保护路径。在讨论具体的折中方案之前，仍有必要对一般性立场的正当性加以回应，即如果采取有因构造，是否会对申请执行人的合法权益造成不当损害？

基于利益结构的相似性，前文论证破产场景中出卖人取回权的正当性理据，在很大程度上也能服务于“出卖人就执行标的享有足以排除强制执行的民事权益”的观点证成。例如，相较于作为一般金钱债权人的申请执行人而

〔1〕 参见北京市第二中级人民法院民事判决书，(2016)京02民终10766号。

〔2〕 参见梁慧星、陈华彬：《物权法》，法律出版社2020年版，第117~118页。

言，无效合同项下的出卖人针对标的物无法返还的风险欠缺可推定的承担意思，并缺乏相应的避险预期；认可出卖人返还请求权具有阻却执行的效力，通常不会导致买受人的一般债权人陷入比假使不存在买卖合同关系时更差的境遇。相较于破产，在金钱债权执行中给出卖人提供优先保护的一项特殊论据可能在于：破产是对买受人的全部责任财产进行变价分配，在讨论是否应将买卖标的物归入破产财产的问题时，实际上是在权衡出卖人与其他所有破产债权人之间的利益状态；而在案外人异议之诉的场景中，往往只需要对比出卖人与特定的申请执行人。〔1〕并且，与破产中一般债权人通常无法全额受偿的场景有所不同，在执行中，除了案涉标的物之外，于当前及将来仍有可能存在买受人的其他财产可供执行，从而满足申请执行人的债权实现。因此，似乎更无必要以牺牲出卖人利益为代价，来实现对一般金钱债权人的保护，在执行中贯彻有因性构造具有比在破产中更强的妥当性。据此，原则上应当认为，如果另案生效判决、裁定标的物因合同无效须返还给出卖人，出卖人对该案涉标的物享有足以排除强制执行的民事权益。

在有因性构造下，如买受人尚未支付对价，则出卖人依据上述另案裁判当然能排除对标的物的强制执行。〔2〕如买受人此前已经支付对价，尽管出卖人享有物权性质的返还请求权，本可排除金钱债权的执行，但毕竟买卖合同无效导致双方均负返还义务，在出卖人未返还价款的情况下，如果允许其排除金钱债权的执行，将会使申请执行人既执行不到被执行人名下的财产，又执行不到本应返还给被执行人的价款，显然有失公允。为矫正此种利益失衡的格局，《九民纪要》第124条规定，只有在案外人已经返还价款的情况下，才能排除普通债权人的执行。该规则不拘泥于物权变动模式在实体及程序间的纯粹形式推演，而是着眼于实践问题，赋予出卖人的物权请求权具有附条件的排除执行效力，〔3〕能在有因模式下妥善实现对出卖人及申请执行人的均衡保护，值得肯定。在举证责任分配上，应由提起执行异议之诉的出卖人证明其

---

〔1〕 Vgl. Astrid Stadler, Gestaltungsfreiheit und Verkehrsschutz durch Abstraktion, 1996, S.481.

〔2〕 参见最高人民法院民事审判第二庭编著:《〈全国法院民商事审判工作会议纪要〉理解与适用》,人民法院出版社2019年版,第627页。

〔3〕 参见李春双:《另案生效裁判排除本案执行路径研究》,载《法律适用》2021年第3期。

已向买受人返还价款。[1]

当然，在此规则下，尚有未被澄清的具体细节可供探讨。例如，金钱债权执行中，在缺乏另案生效裁判或者另案生效裁判系在执行标的被查封、扣押、冻结后作出的情形，案外人能否主张排除强制执行？首先，即使缺乏认定买卖合同无效的另案生效裁判，在区分执行异议和执行异议之诉的前提下，出卖人通过执行异议之诉寻求救济的程序性权利亦不应受到阻碍。如果强令案外人在提起执行异议之诉前必须基于另案生效裁判取得执行依据，将给其施加不当讼累，且浪费司法资源。为实现纠纷的高效解决，《最高人民法院关于适用〈中华人民共和国民事诉讼法〉的解释》第310条第2款规定，案外人同时提出确认其权利的诉讼请求的，人民法院可以在判决中一并作出裁判。[2]据此，出卖人可以直接在执行异议之诉中，主张被执行人与自己订立的买卖合同无效，并确认自己对标的物享有物权性质的返还请求权，从而相应排除标的物的强制执行。事实上，由于权属问题是认定能否阻却执行的前提，即使案外人并未提出确认其权利的诉讼请求，法院也需要对执行标的的权属作出认定，由此才能就能否支持案外人排除对该执行标的执行的诉讼请求作出判断。故执行标的的“真实权属”和“能否阻止执行”均应纳入执行异议之诉的审查范围。不过，就具体判项而言，针对权属的判决仍须受限于当事人的诉讼请求。[3]

其次，根据《最高人民法院关于人民法院办理执行异议和复议案件若干问题的规定》（以下简称《执行异议复议规定》）第26条的规定，在金钱债权的执行中，即使另案生效裁判确认标的物的所有权归属于案外人，也不意味着案外人必然能够凭此阻却执行，而是要根据另案生效裁判作出的时间是在执行标的被查封、扣押、冻结之前还是之后作区分对待。如果另案生效裁判在前，则能够排除执行，反之则不可。不过，《九民纪要》第124条在执行异议之诉中处理同样问题时，并未强调另案生效裁判与查封的先后顺序，而

---

〔1〕 参见最高人民法院民事裁定书，(2020)最高法民申6467号。

〔2〕 此处的“确认权利”，专指确认物权归属，而不是泛指解决一切民事权利争议，参见最高人民法院民事裁定书，(2021)最高法民申7550号。

〔3〕 参见最高人民法院民法典贯彻实施工作领导小组办公室编著：《最高人民法院新民事诉讼法司法解释理解与适用》(下)，人民法院出版社2022年版，第691~692页。

是一般性地根据案外人与申请执行人对执行标的的权利属性进行判断。对此，批评意见指出，此种做法将产生被执行人与案外人倒签合同的道德风险，对申请执行人明显不公；相较而言，《执行异议复议规定》第26条更具合理性，在执行异议之诉中仍应得到遵守。[1]解释上可以认为，《九民纪要》第124条第2款是对《执行异议复议规定》第26条第1款的补充和细化，“案外人依据执行标的被查封、扣押、冻结前作出的另案生效法律文书”构成前者规范的适用前提。然而，此种观点忽视了执行异议与执行异议之诉的实质区分，前者程序的要义在于对证据方法、疏明标准、审查程序、审查范围、审查原则等作出一定程度的限制，避免异议审查的“诉讼化”，避免司法资源的浪费，故适用略式程序进行审查和判断。[2]就此而言，为了避免被执行人与案外人恶意串通损害申请执行人利益，同时尽量实现执行程序的高效展开，《执行异议复议规定》根据另案生效裁判的作出时间以及确定的案外人权利属性这两项标准来判断能否阻却执行，简明清晰，具有合理性。相较而言，执行异议之诉采取实质审理原则，更加注重对当事人实体权益的保障。“案外人所持另案生效裁判能否排除本案执行，本质上是案外人对涉案标的权利与本案申请执行人权利的博弈和对抗。”[3]在此种比较环节，相关裁判或查封的时间顺序并不构成影响当事人实体权益的判断因素。因此，在执行异议之诉中，即使另案生效裁判作出的时间晚于执行标的被查封之时，也不应参照《执行异议复议规定》第26条第1款的规定，径行驳回案外人的诉讼请求。

但是，如严格贯彻《九民纪要》第124条的规范文义，完全不考虑作出裁判的时间，认为只要另案生效裁判认定案外人对执行标的享有物权性质的返还请求权，便可以排除本案执行，也未必妥当，可能会走向过度保护案外人的另一个极端。根据此种解释方案，在债权人甲获得针对债务人乙的胜诉判决后申请执行，执行机关查封债务人占有的特定财产后，债务人很容易与第三人丙恶意串通，针对该财产倒签买卖合同，由第三人丙在另案中主张买

[1] 参见王贵彬：《论执行异议之诉中对借名买房人的裁判思路和救济路径》，载《西部法学评论》2021年第4期。
[2] 参见陈杭平：《中国民事强制执行法重点讲义》，法律出版社2023年版，第284~285页。
[3] 李春双：《另案生效裁判排除本案执行路径研究》，载《法律适用》2021年第3期。

卖合同无效并请求法院判令债务人向其返还执行标的物。由于该诉讼围绕买卖双方乙、丙展开，甲的程序参与权完全无法得到保障。如果认可另案胜诉裁判当然具备阻却执行的效力，会导致甲作为申请执行人的权利无法获得保护；并且，使执行异议之诉的结果直接取决于乙、丙之间诉讼的结果，导致该制度形同虚设，无法实现规范价值。由此，更为妥当的处理方案可能是，在执行异议之诉中，法院基于案外人、申请执行人及被执行人等多方主体彼此间的攻击防御等诉讼活动，对案件事实重新作出认定，换言之，法院对执行标的物的权属认定，无须当然受到另案生效裁判的限制；或者在乙、丙之间的诉讼中，将申请执行人甲作为独立请求权第三人拉入到诉讼程序中，以此实现对甲的程序保障。

（二）出卖人为被执行人

进一步值得考虑的是，基于买卖双方当事人应获对称保护的价值考量，在出卖人为被执行人的场景中，是否同样应当给予买受人必要的优先保护？首先需要说明的是，货币“占有即所有”的民法原理并不具有当然正确性，近年来，理论与实践的诸多发展均体现出对此项传统的质疑与反思。虽然关于在多大程度上应突破该原则尚存争议，但至少在金钱能够被特定化的情形中，应当认为其物理属性与动产并不存在本质差异，原则上可以适用原物返还请求权。〔1〕据此，在对出卖人特定账户内的买卖价金进行强制执行的过程中，如果案外人提出执行异议之诉所依据的生效裁判认定买卖合同无效，进而判令向案外人返还执行标的物，且标的物价金能够通过特定账户而与出卖人其他财产合理区分，则法院可以参照《九民纪要》第124条，使得作为案外人的买受人在已经返还标的物的情况下，能够排除普通债权人的执行。如果出卖人此前并未给付标的物，则在买卖合同无效时，买受人自然不负返还义务，且此时买受人对特定化价金享有足以排除执行的民事权益。

但是，在标的物价金与出卖人财产混同的情况下，该价金缺乏物的特定属性，此时，买受人不得以其对买卖价金享有物权性质的返还请求权为由，

---

〔1〕 参见叶名怡:《〈民法典〉第157条(法律行为无效之法律后果)评注》,载《法学家》2022年第1期;朱晓喆:《存款货币的权利归属与返还请求权》,载《法学研究》2018年第2期。

主张排除普通债权人对出卖人金钱财产的执行。存在疑问的是，基于执行和破产中呈现出的类似利益衡量，前文关于出卖人破产时赋予买受人物权性留置抗辩权从而对抗破产债权人的思路，是否可以径行应用到此处的执行异议之诉中，使得买受人可据此对抗普通债权人？可能不宜简单作此类推。尽管破产和执行均系强制债务人清偿债务的手段，存在诸多相似性，但二者也存在明显区别。破产程序本质上系概括执行的制度，建立在债务人无法清偿全部债务或明显缺乏清偿能力的基础上，是以债务人的全部财产来清偿债务的终局性纠纷解决机制。在对出卖人进行破产清算的程序中，如不赋予买受人较之于普通债权人的优先地位，则买受人必然遭受不对等损失，且终局性地丧失救济渠道，对其明显不公。与此不同，执行程序是建立在债务人有财产可供执行基础上的个别性债务清偿机制。〔1〕在出卖人的金钱财产被强制执行的场景中，保障申请执行人的债权实现，并不必然意味着买受人的价金返还请求权必然无法受偿，至少在个别执行的制度逻辑中，并不存在此种绝对关联。与买受人所占有的标的物被强制执行的情形相比，此种机理同样适用。在前者中，若不赋予出卖人排除执行的民事权利，其将在终局意义上丧失标的物的所有权。但在出卖人的金钱财产被强制执行的场景中，买受人的价金债权仍存在完整受偿的可能。因此，并无必要在此场景中过度突破货币“占有即所有”的一般机理，使得买受人排除普通债权人的执行。此种结论也不会对买受人的合法权益造成不当损害，毕竟其仍得以留置标的物，用以对抗出卖人或出卖人的债权人对该标的物提起的强制执行。

四、结语

在《民法典》颁布后，解释论成为民法学舞台的主流，但是关于我国物权变动模式的争议并未消弭，对物权行为理论的差异态度在很大程度引导着学者对诸多规范的解释取向。其中，物权行为的独立性问题主要关涉民法概念体系的逻辑推演，本质上系民法问题中的解释选择问题，采取任何一种路

〔1〕 参见徐阳光:《执行与破产之功能界分与制度衔接》,载《法律适用》2017 年第 11 期。

径，均不会导致对具体问题的判断结论与他者存在不同。无论是否承认独立的物权行为，《民法典》的制度体系均可自洽，因此，物权行为的独立性是一项可以而非必须采取的解释方向。物权变动的无因性问题则关涉实质的价值判断，有因和无因的取向差异会在各方主体间构造出不同的利益格局。

本文尝试以执行和破产为中心，对不同的物权变动模式进行实践检视，所形成的整体性看法是，即便在这两处最能体现实践差异的情形中，有因与无因模式都是类似于韦伯所说的“理想类型”，其仅仅是一个起点，在不同模式之下所形成的制度方案未必呈现出天壤之别的迥异性。基于一些共同考虑的价值，如流通性加强、权利主体利益平衡等，只要着眼于具体问题解决方案的正当性，无论是以无因还是有因作为基础的规范立场，都在呈现出通过各种软化思路向中间“靠拢”的动向。否则，就会产生一个直接的疑问，如果不同模式所导致的实践结果差异如此巨大，那么如何进行国际性交易呢？事实上，“人同此心，心同此理”，不同的模式下会产生不同的需要解决的问题，但问题背后的考量是相似的，对于交易而言，更是如此。就此，要谈模式，也要谈问题，甚至更要谈问题。

以我国现行民事立法作为解释论基础，更宜将物权变动的有因模式作为思考起点，继而对此模式的实质妥当性进行验证剖析。一方面，在买受人破产或者作为被执行人的场景中，原则上赋予出卖人破产取回权或排除执行的优先权益，在风险分配及价值权衡等方面具有合理性；另一方面，在出卖人破产或者作为被执行人的场景中，即便贯彻有因模式，但通过同时履行抗辩和物权性留置抗辩等软化性举措，仍能在较大程度上实现均衡保护买卖双方当事人的制度目标。并且，与无因性在绝对化与相对化之间的徘徊争议有所不同，在有因模式下，理论上普遍承认相对的有因性。[1]据此，尽管在一般意义上认可有因模式，但当事人可以特别约定物权变动的效力不受到合同效力

〔1〕 参见［日］近江幸治：《民法讲义Ⅱ物权法》，王茵译，渠涛审校，北京大学出版社2006年版，第41~42页；［日］田山辉明：《物权法》（增订本），陆庆胜译，齐乃宽、李康民审校，法律出版社2001年版，第37~38页。

的影响。[1]此种构造在进一步软化有因性的同时，也提供了更为多元的自治可能。

如果一定要对物权变动的基础模式表态，笔者个人的立场是“骑墙派”，具体来说就是：逻辑上独立性更顺畅，价值上有因性更有力；因此，物权行为的独立性，可以有且最好有，但不是必须有，有比没有好，但也没好那么多；物权变动的无因性，可以没有且最好没有，但也不是必须没有，有比没有差，但也没差那么多。萨维尼多年前就指出：“根据在一定范围内允许宽容这个原则……在我们今天，不同的法体系相互之间也可以和睦共存，尽管它们的安排方式乍看上去似乎非常不一致。因此，这里所要求的宽容不能被理解为对某种不完美的漠不关心，而应被理解为对个人观点之自由空间的一种尊敬的承认，所有科学的真正生命就取决于这一点。”[2]也许，在物权变动模式的问题上，我们也可以采取同样的态度。

---

〔1〕在将有因性作为物权变动模式的原则性立场的基础上，认为此原则可以被当事人特别约定排除，其合理性在于，该种安排符合当事人的意思自治，且不会对第三人造成不适当的损害。以破产为例，若买受人破产，在有因模式下，出卖人对标的物享有取回权，即出卖人相较于买受人的其他债权人享有优势地位；如果当事人约定案涉物权行为为无因，则出卖人对标的物仅享有不当得利返还请求权，作为普通债权在破产程序中平等参与分配，买受人的其他债权人自然不会受损反而因此获利。出卖人的其他债权人也不会由此产生实质损害，一方面，其对于由买受人所占有的标的物，并不享有通过强制执行进行受偿的信赖预期；另一方面，在出卖人未破产的场景下，出卖人的其他债权人并没有实际承担破产风险，此时出卖人对外部主体就个别财产的请求权性质差异，并不会对其债权人的利益产生实质影响。与此同理，若出卖人破产，在有因模式下，根据本文观点，买受人享有物权性留置抗辩权，从而较之出卖人的其他债权人享有优势地位；如果当事人约定案涉物权行为为无因，则基于对称性思想，买受人当然没有理由获得物权性保护，即仅对出卖人享有价金的不当得利返还请求权，作为普通债权在破产程序中平等参与分配，此时出卖人的其他债权人不会受损反而因此获利；同理，买受人未破产的场景下，买受人的其他债权人并没有实际承担破产风险，此时买受人就个别财产所享有的权利性质，并不会对其债权人的利益产生实质影响。

〔2〕[德]弗里德里希·卡尔·冯·萨维尼：《当代罗马法体系》（第1卷），朱虎译，中国人民大学出版社2023年版，第309页。

物权行为的独立性、有因性和无因性

葛云松*

朱虎教授的论文《物权变动模式的实践检视——以破产和执行为中心》（以下简称朱文），在全面讨论物权变动模式的基础上，着重分析了有因和无因两种物权变动模式之下，破产和强制执行中几个重要问题的处理（大体结论是实质结果差别不大，但是有因模式稍优），进而以这些讨论来支持自己的“骑墙派”立场：物权行为的独立性，“有比没有好”，但只好一点点；物权变动的无因性，“有比没有差”，但是差得不太多。

对朱虎教授的“立场”，笔者尝试着为他做一个更加明确的“表态”：理论上最优的模式是有因的物权形式主义，但是，考虑到《民法典》体系构造以及中国的经验传统倾向于债权形式主义，应将债权形式主义作为对现行法的解释结论。所以，朱虎教授并非全然“骑墙”，仍然大体可以归入债权形式主义的“阵营”。

笔者曾就物权变动模式问题，发表过两篇论文：《物权行为理论研究》〔1〕《物权行为：传说中的不死鸟——〈物权法〉上的物权变动模式研究》〔2〕。迄今虽然已将近20年，笔者感到基本尚未过时。因此，笔者主要基于大体已经呈现在该二文中的观点，对朱文提出一些看法。

---

* 北京大学法学院教授。

〔1〕 参见葛云松:《物权行为理论研究》,载《中外法学》2004年第6期。

〔2〕 参见葛云松:《物权行为:传说中的不死鸟——〈物权法〉上的物权变动模式研究》,载《华东政法大学学报》2007年第6期。

一、有因模式、无因模式之争

基于法律行为的物权变动，原因欠缺是否导致物权变动效果不发生？有因的物权行为（为简便起见，以下统称有因模式）与债权形式主义的实际效果基本一致，与无因的物权行为（以下统称无因模式）有重大不同。不过，这一不同，乃是仅就物权变动的效果而言，出卖人破产、买受人破产、出卖人被强制执行、买受人被强制执行时，是否设置某种特殊规则，以达成更为合理的规范效果，在立法和法律解释（包括法律续造）上，有充分的空间。正如朱文引用的《全国法院民商事审判工作会议纪要》第124条第2款，就在有因模式的基础上，达到了类似于无因模式的效果。

朱虎教授的这些论述，可以很好地弥补笔者研究中关注不够的问题。

因此，笔者对朱虎教授针对破产、执行情形下的分析，在总体上非常赞同。尽管个别细节不无讨论余地，但是，这些细节问题上的制度构造（乃至在实质结果上的细微差别），均不足以导致在有因模式、无因模式之争中强烈地倾向任何一方。当然，将有因模式或者无因模式作为出发点（判断物权归属），然后再分别"打补丁"，尽管大体上殊途同归，但仍有技术上孰易孰难之分。但这似乎无关宏旨，可以暂予忽略。

不过，笔者在前述文章中，从物权公示的正确率、法律关系的清晰、意思自治的空间、处分人的权利保障、交易安全等多个角度，论证无因模式是更优方案。朱文仅涉及其中的"处分人的权利保障"，对其他方面未曾涉及。因此，要得出有因模式优于无因模式的结论，视角还不够全面。

当然，每篇论文可以有所侧重。因此，我并非以此作为朱文本身的不足，而是说：物权变动模式问题"兹事体大"，若非全面检视，难以得出总体结论。

二、独立性和无因性：谁是物权变动模式之争的"主角"？

需要注意的是，尽管有因模式、无因模式之争更有实践价值（常常导致对物权归属的不同判断），但是，物权行为独立性问题才是“物权变动模式”之争的理论重心。

这不仅仅是因为，若赞同“无因模式”，则必须先承认“独立性”（独立性处于无因性的“上游”），更重要的是，独立性牵涉法律行为理论中最基本的概念，牵涉物权的基本内容。尽管认可独立性与否，在法律实践中的实益较小（并非没有！也并非小到可以忽略不计），这并非对其不予重视的理由。正如英美法中缺乏“法律行为”这一概念以及相应的一套理论，但具体规则的实际结果和德国法并无明显差别（结果上存在的实质差别，并不是承认“法律行为”与否导致）。但是，既然我国立法和理论上已经继受了法律行为理论，就必须认真对待它，而不能说：“你看人家英美法，日子过得也不错，中国的法律行为理论就马虎一点吧！”

为什么说物权行为的“独立性”才是主角？

《民法典》第133条规定：“民事法律行为是民事主体通过意思表示设立、变更、终止民事法律关系的行为。”也就是说，法律行为是根据意思表示的内容发生同一法律效果的行为。物权行为，是处分行为的一个子类型。所以，一个更抽象、更根本的问题，实际是处分行为理论。物权行为问题，要在处分行为的概念下一起考察，既关注物权行为与其他处分行为的共性，也不忽略物权行为的特性（乃至不同物权、不同内容的物权行为的特性）。

朱文的重心不在独立性问题。作者当然可以自由选择研究的侧重点，这一点无可厚非。但是，朱虎教授还是对独立性问题作了六七千字的讨论，其涉及的广度，甚至超过关于有因、无因问题的讨论。因此，我还是想稍作回应。

需要说明的是，朱虎教授的相关论述，并未提出明显的个人独特观点，而是基本采纳了以王轶教授为代表的债权形式主义理论。所以，下述回应也可以理解为对王轶教授的回应。

三、什么是处分行为？

法律行为制度允许当事人以其意愿来变动法律关系。它允许当事人以其意思来设定、变更、消灭民事权利，而这些权利包括物权、债权、各类知识产权、股权等，并且，法律行为可以是单方行为、合同或者决议行为。

法律关系的“设立、变更、终止”的具体形态包括以下五类情形：

1. 使债权发生的法律行为（或者说，使某人负担债务的法律行为）。

2. 使现存的财产权的主体变更的行为（转让），如转让债权、专利权、股权。

3. 使现存的财产权的内容变更的行为，如协议变更合同内容，协议变更抵押权顺位。

4. 在现存的财产权上设定负担的行为，如设定地役权、抵押权。

5. 使现存的财产权消灭的行为，如免除债务、协议解除合同、抛弃所有权、抛弃抵押权。

这是财产权变动的具体样态。当事人可以通过单方行为、合同或者决议行为，导致上述某种法律效果的发生。它们属于“法律行为”，就意味着，当事人的意思表示的内容，就是上述五类中的某一类。

从理论上来说，上述第一类法律行为是负担行为（债权行为），它可以是合同行为，也可以是单方行为（如悬赏广告）或者决议行为（如章程设定的出资义务）。上述第二类至第五类法律行为，是处分行为。

中国法上是否存在处分行为？这个问题太容易回答了。负担行为的定义是导致债权债务发生的法律行为，它显然仅是《民法典》第 133 条中的一个小类型。上述第二类至第五类法律行为，能够装进《民法典》第 133 条，但不能装进“负担行为”的概念。

理解处分行为概念，还需要注意的是处分行为的原因。处分行为是法律行为，但是，它的“原因”是另外一个问题。比如，“赠与原因”并非基于法律行为而发生（例如，赠与 10 元钱给乞丐；以赠与为目的转让一张支票）。又如，为了履行法定之债的处分（例如，甲与乙订立合同购买某动产。甲将债权转让给丙之后，未通知乙而从乙处受让了该动产。此时甲获得动产所有权，但对丙发生不当得利返还义务，这是法定义务。若丙请求甲返还不当得利，甲向丙交付该物，这是一个处分行为，它的原因是法定之债）。

所以，处分行为概念无论如何是驳不倒的。其中，如果处分的权利是物权，就是物权行为。

四、独立的物权行为

债权形式主义理论的核心观点是债权行为能够带来物权变动的效果，因此，其适用的范围必然受到如下限制：（1）物权变动的目的为清偿债务；（2）债务的发生原因是法律行为（债权行为）；（3）债权行为的双方当事人（意思表示的双方）与物权变动的双方当事人重合。

因此，该理论必然不能说明下列情形下，基于当事人意思而发生的物权变动：（1）物权变动是为了清偿债务以外的目的（原因）；（2）虽然物权变动的目的是清偿债务，但是该债务的发生不是基于债权合意，而是因为法律规定或者单方的债权行为；（3）虽然所清偿的债务是基于债权合意而发生，但是物权变动的当事人并非债权合意当事人，因此无法以所谓包含于债权合意中的物权合意来说明双方变动物权的意愿。

所以，尽管债权形式主义理论处理了最为重要的一类物权变动，但是，就依当事人之意思而发生物权变动而言，它实际上仅仅是其中一类而已。相反，物权行为理论试图统一地处理依当事人的意思而发生物权变动的所有情形。

另外还要特别强调的是：（特定物）买卖合同订立后、出卖人转让所有权之前，出卖人的处分权是否因此而受到限制？一般认为，买卖合同仅发生债的效力，并无物权法上的效果。也就是说，买卖合同并不会给出卖人之所有权的圆满性带来任何减损。就物的支配而言，债权人（买受人）的地位和陌生人是完全一样的。

举例来说，如果甲、乙订立房屋买卖合同后，出卖人甲后悔了，要求解除合同，乙不同意，并胁迫甲申请登记并完成了登记。甲可否撤销处分行为、恢复所有权？这个问题在甲陷入破产时会产生实益。

对此，王轶教授在《民法学如何讲道理？——以物权变动模式的立法选择为例》〔1〕一文中认为：如果认为甲需要救济，就为这类情形特设一个救济权

〔1〕 参见王轶：《民法学如何讲道理？——以物权变动模式的立法选择为例》，载《中外法学》2023 年第 1 期。

即可，并非必须基于独立的物权行为。但是，甲果真应当获得救济吗？更好的价值判断似乎是，出卖人的意思表示不自由不影响物权合同效力，但要追究实施欺诈或者胁迫行为的买受人的民事责任、行政责任乃至刑事责任，因而主合同义务的履行无须推倒重来。

笔者认为，如果持前一种判断，则为出卖人设置的特别救济权，王轶教授并未详论。那么，它的性质是什么？除了在法律行为框架下（意思表示瑕疵）理解这种救济，难道还有其他可能吗？王轶教授的后一种价值判断，并非不可讨论，但是，它在法教义学上意味着，在签订买卖合同后，甲的处分权受到了限制，即乙在物权法上的地位已经超越了陌生人。也就是说，它必须被表达为：买卖合同直接导致了限制出卖人的处分权的法律效果（这是物权法层面的效果）。从理论上看，这是一个“天大的事”！我极为期待这个研究早日问世！

物权行为是一个聚讼纷纭的老话题。该说的不该说的，似乎都已经说得太多。朱虎教授竟然没有产生审美疲劳，对破产、执行情形下与物权变动模式有关的问题，进行了很有见地的、详细的、扎实的讨论，令人赞佩！不过，显然，物权行为理论之争，还会继续进行下去，直到……

木马骑兵

娄爱华 *

自我读大学时起，物权变动模式问题就一直是中国民法学悬而未决的核心问题。对于这个问题，中国法学界似乎赋予了它太多本不应该由其承受的意义，使之不堪重负。如在执行、破产领域，为了贯通民法中的物权变动模式，似乎总在以一种刻舟求剑的方式寻求一个预期的答案。朱虎教授在《物权变动模式的实践检视——以破产和执行为中心》（以下简称朱文）中，并不认为这个问题真的有那么重要，主张要因与抽象皆可采，但他还是本能地想把物权变动模式从民法贯通到执行和破产领域。我不觉得这个问题有那么重要，也不觉得我们搞清楚了这个问题。我认为罗马人在相关问题的解决上可能更胜我们一筹，而德国法对中国法真正有借鉴意义的部分在于：权利、利益、责任财产的三分。

一、执行、破产等领域中的“特洛伊木马”

可能是因为篇幅限制的原因，朱文只援引了《最高人民法院关于人民法院办理执行异议和复议案件若干问题的规定》第 26 条的规定，笔者认为该司法解释中第 28 条的规定对论题更有意义。该条规定：“金钱债权执行中，买受人对登记在被执行人名下的不动产提出异议，符合下列情形且其权利能够排除执行的，人民法院应予支持：（一）在人民法院查封之前已签订合法有效

* 苏州大学王健法学院副教授。

的书面买卖合同；（二）在人民法院查封之前已合法占有该不动产；（三）已支付全部价款，或者已按照合同约定支付部分价款且将剩余价款按照人民法院的要求交付执行；（四）非因买受人自身原因未办理过户登记。”显而易见，因为买受人尚未办理过户登记，所以并未取得房屋的所有权，所有权仍在被执行人名下。此时，房屋的所有权虽然仍属于被执行人，但因为买受人能够成功提出执行异议，所以该财产已经不构成被执行人的责任财产。与上述规定类似的第29条，连同《最高人民法院关于商品房消费者权利保护问题的批复》（法释〔2023〕1号），对消费性购房人的权利予以特殊保护，消费者虽未取得所有权，但同样可以将所购房屋排除出房屋所有权人的责任财产。〔1〕

一般而言，属于债务人的财产当然构成债务人的责任财产，即“债务人所有的财产构成债务人清偿债务的一般担保”。但上述规定显然突破了这一点，债务人虽然享有房屋的所有权，但其所有的房屋并不构成其责任财产。如果将视野扩至破产法，会发现“有所有权不等于构成责任财产”的现象并非孤例。《企业破产法》第39条规定：“人民法院受理破产申请时，出卖人已将买卖标的物向作为买受人的债务人发运，债务人尚未收到且未付清全部价款的，出卖人可以取回在运途中的标的物。但是，管理人可以支付全部价款，请求出卖人交付标的物。”这一条并未考虑出卖人与买受人之间有关所有权归属的约定，即便买受人已经取得了货物的所有权，出卖人依然可以依照本条行使取回权，避免所有权已经转让的货物成为破产买受人的责任财产。

即便是在《民法典》中，破毁所有权转让效力的“特洛伊木马”也同样存在。《民法典》第538条、第539条规定了债权人在债务人实施无偿行为、有偿行为两种情形下的撤销权。对撤销的法律效果，《民法典》第542条规定，被撤销的行为“自始没有法律约束力”。此处所谓的没有法律约束力，有形成权说、债权请求权说、责任财产说等不同学说。如果债务人已经将房产转让给受让人并登记于受让人名下，会出现所有权的归属与责任财产的范围不一致的问题。此时也会因所有权变动模式不同发生争议，即在转让行为被

〔1〕该批复虽然也提及建设工程价款优先权和抵押权，但消费者的权利与这两者不同：建设工程价款优先权和抵押权仍是就债务人的责任财产优先受偿，而消费者的权利是将债务人有所有权的财产排除出债务人的责任财产范围。

撤销后，房屋所有权虽登记在受让人名下，但究竟属于受让人抑或出让人？就债权人撤销权的立法目的而言，这一点无足轻重，无论所有权属于受让人还是出让人，重要的是该房产构成出让人（债务人）的责任财产，即便登记在受让人名下，债权人也可直接就房产受偿。

一般认为，“所有权属于债务人的财产当然构成债务人的责任财产”，这就是民法城邦的护城高墙。是上述“所有权属于债务人的财产并不构成债务人的责任财产”的反例，构成突入民法城邦的“特洛伊木马”。木马虽然未必有破毁民法城邦的效力，但也足以让我们反思，当我们在说所有权及其变动模式的要因或抽象问题时，我们究竟是在说什么？

朱文中提到了我认同的一种观点，即德国学者阿斯特丽德·施塔德勒（Astrid Stadler）的观点，并加以驳斥。Astrid Stadler 认为，“破产法上责任财产的确定具有独立的价值取向，无须贯彻实体法所确立的无因性构造，据此实现所有权与破产财产的分离”。朱文则认为，“此种方案具有较大的体系破坏效应。在立法及司法均未明确采取无因模式的我国法域下，更无必要采取此种路径。相较而言，采取有因的物权变动模式，于实体法和破产法领域中贯彻统一的财产归属标准，倒有可能是充分保障出卖人合法权益的更优举措”。在朱虎教授的另一篇论文中，他提到了反对责任财产说的另一个理由，“与责任财产说最相配套的容忍强制执行之诉在我国《民事诉讼法》中并未规定”。与之相关，朱虎教授认为，“虽然责任财产说在学理上具有很强的合理性，但仍然难以作为规范解释方案”，因为《民法典》第 542 条规定了被撤销的行为“自始没有法律约束力”，《企业破产法》第 34 条规定管理人有权追回债务人的财产，《最高人民法院关于适用〈中华人民共和国企业破产法〉若干问题的规定（二）》（以下简称《破产法解释二》）第 11 条第 1 款也规定了相对人的返还义务。[1]

在我看来，既有立法的束缚似乎是不存在的。《企业破产法》第 34 条的条文，“因本法第三十一条、第三十二条或者第三十三条规定的行为而取得的债务人的财产，管理人有权追回”，恰恰旨在模糊物权、债权的区分，强调

〔1〕 参见朱虎：《债权人撤销权的法律效果》，载《法学评论》2023 年第 6 期。

了责任财产原理的统一性。《企业破产法》第 31 条、第 32 条规定了破产撤销权，第 33 条强调的是“为逃避债务而隐匿、转移财产”和“虚构债务或者承认不真实的债务”的行为无效。姑且不论对于撤销权法律效果本身的争议，在转移财产的场合，所有权变动未必一定无效。如果虚构了金钱债务且破产债务人完成了清偿，此时很难说货币的所有权没有发生移转。使用“追回”一词，恰恰体现了立法者不问物权变动，直指此等财产归于责任财产的用意，否则就没有必要再生造“追回”一词。

《破产法解释二》第 11 条第 1 款，有着特殊的语境，切不可望文生义。该条规定，“人民法院根据管理人的请求撤销涉及债务人财产的以明显不合理价格进行的交易的，买卖双方应当依法返还从对方获取的财产或者价款”。该条虽然规定了相对人的返还义务，但该返还义务本就有物权性质和债权性质两种解读路径。更为重要的是，此处强调的是向管理人返还以利于管理人统一管理破产债务人的责任财产。在民法上债权人行使撤销权的过程中，管理人的对应角色是不存在的，也没有必要据此推导出向债务人返还。朱虎教授本身赞同的债权人撤销权得以执行方式行使的观点，也推导不出“向债务人的返还”的结论。〔1〕

朱虎教授并不认为在执行、破产等领域存在物权变动模式无法统辖的“特洛伊木马”，他的选择是用物权变动模式问题将这些木马层层包裹，使之无法撼动民法物权变动模式的牢固城池。在他看来，在买卖合同无效时，“在买受人破产或者作为被执行人的场景中，原则上赋予出卖人破产取回权或者排除执行的优先权益，这在风险分配及价值权衡等方面具有合理性。在出卖人破产或者作为被执行人的场景中，通过留置抗辩等软化性举措，同样能够实现均衡保护买卖双方当事人的制度目标”。笔者的疑问是，在执行、破产甚至合同保全领域，所需要权衡的仅仅是“买卖双方当事人”吗？显而易见的是，此时买卖双方之外的债权人显然也需要被纳入考虑的范围，在进行“风险分配及价值权衡”时也不可能不考虑这些人的利益，朱文实际上也考虑了。既然如此，又何必让这些主体仅作为影子主体发生影响呢？让这些主体直接

〔1〕 参见朱虎：《债权人撤销权的法律效果》，载《法学评论》2023 年第 6 期。

登场，将问题域从所有权变动问题转为责任财产的划分问题，似乎是更为直接的解决路径。

如果破产和执行中的物权变动规则最终呈现出朱文中所说的，“通过各种软化思路向中间靠拢”的动向，也就是介于要因和抽象两种理想型中间的样态，是否可以就此认为，至少在执行和破产领域，执着于所有权变动规则要因或抽象的讨论，对解决执行和破产中的具体问题不仅没有助益，反而构成障碍，尤其是巨大的论证障碍——彻底贯彻某一模式的结果是不可能的，必须削足适履才能解决案件中的具体问题。质言之，所有权变动要么要因、要么抽象的观点，可能只是庸人自扰的前见而已。

二、“发明”所有权的历史时刻

“所有权属于债务人的财产并不构成债务人的责任财产”，这样的现象尽管有些突兀，但也不必过分惊讶。如果将这一现象归纳为财产变动领域的“权责区分”，可以说在财产变动领域早就存在了“权益区分”，一种不同于侵权法上“权益区分”的“权益区分”。在我们耳熟能详的德国物权行为理论中，所有权的变动并不受制于基础关系，在基础关系无效但物权行为有效的情形中，所有权依然能发生变动，但应受不当得利制度的矫正。其中，所有权的变动就是权利的变动，不当得利导致的利益返还就是利益的变动，这其中存在清晰的“权利变动”和“利益变动”的区分对待，是一种“权益区分”。〔1〕

笔者认为在这里应重读苏永钦老师的一段论述：“如果我们再细看 19 世纪欧洲工商业的发展势头，对于萨维尼的债物分离理论所以会比表面上看较贴近民众法感的法国民法的合一理论得到更多青睐，一定又会有多一层的体会。简单快速的债权关系显然更能满足多数交易需要，过于复杂的物权关系反而会有拖累交易的顾虑，这只要看当时德国各邦的财产法就很清楚：债权还滞留于少数继受自罗马法的类型，反倒是反映早期庄园经济主佃关系遗留

〔1〕 这一提法受到了贝蒂（Betti）的启发。参见 E.Betti, Teoria Generale del Negozio Giuridico, Edizioni Scientifiche Italiane, 1994, S.176。

下来的物权种类多样而复杂，特别是对于金融业者而言，各种内含定限物权权能而有第三人效力的债权约定，简直陷阱重重，也就难怪民法理论和经济实务会不约而同的往提升债权自由、压抑物权自由去努力，以致于到了世纪末出台的民法典，债权关系的形成自由几无限制，物权的法定也有高度共识，连写进条文都不觉得有必要了。由此可见，萨维尼的债物分离理论，和其后延伸发展的立法与教义学，都有其时代背景，这一套看起来像是僵硬概念的逻辑操作，实际上却可更明确的解放债权关系，简化物权类型，并更妥适的解决时空距离较大的复杂交易，因此绝对不只是哲学家的天马行空。”〔1〕

对苏老师的上述精彩论述，我们不应得出法律的生命不在于逻辑而在于经验的空泛结论，反而应以历史的眼光还原历史的真相：德国法上的物权行为理论有着特殊的历史背景。就其制度前提而言，就是苏老师在文中提到的萨维尼的 4A〔2〕物权（所有权）概念，而锻造这一概念的目的，就是契合当时德国的交易环境，确保交易的迅捷。我们对物权行为的讨论应回到这一“发明”所有权的历史时刻，这一历史时刻同时有特殊的所有权（物权）概念。具有抽象性的物权行为理论，绝非“横空出世”。

这一历史时刻，显然被我们有意无意地无视了。当我们“并列”讨论法国法上的物权变动模式、奥地利法上的物权变动模式、德国法上的物权变动模式时，我们很有可能是在犯“关公战秦琼”式的错误。如果德国法上的所有权（物权）概念本身就是特殊的，我们又何以罔顾特殊的所有权（物权），直奔所有权（物权）变动的模式问题呢？

三、“骑墙”派与古罗马人的秘密

朱文中的最后一段这样写道：“如果一定要对物权变动的基础模式表态，笔者个人的立场是‘骑墙派’，具体来说就是：逻辑上独立性更顺畅，价值上有因性更有力；因此，物权行为的独立性，可以有且最好有，但不是必须有，有比没有好，但也没好那么多；物权变动的无因性，可以没有且最好没

〔1〕 苏永钦：《大民法典的理念与蓝图》，载《中外法学》2021 年第 1 期。

〔2〕 4A，即 Autonomie（自主）、Autarkie（自主）、Absolutheit（绝对）、Abstrakhei（无因）。

有，但也不是必须没有，有比没有差，但也没差那么多。”据说学术的信条应该是，“宁要片面的深刻，勿要肤浅的全面”。左右摇摆的观点总是让人怀疑其价值，除非这种“骑墙”本身意味着“深刻”。在我看来，朱虎教授的观点触摸到了“深刻”的脉搏，但似乎应该更进一步。

意大利比较法学家萨科说过这样一段话：“早在古罗马时期，人们就提出了这样的问题：在缺乏转移之债务或缺乏一个合适的移转行为的债务时，交付是否移转了所有权。我们暂不考虑交付金钱的特殊情形，交付金钱产生导致接受者本有的金钱与主体新交的金钱之间的混同。但古罗马人对其解决方案的保密工作做得太好了，直到今天，当代的罗马法学家仍在绞尽脑汁还原那时的规则，但他们仍然没能找到一个令大家满意的答复。”〔1〕

如果认为所有权变动的要因或抽象，都是可行的备选方案，那么所有权变动究竟为要因还是抽象，就不是一个那么重要的问题，或者说就不是一个一定要答案的非此即彼的问题。在这个意义上，“罗马人的秘密”也就很好理解了：并不是罗马人有意隐瞒了他们的秘密，而是这个问题对他们而言本就不是秘密，因为这对他们而言本就不是一个问题。

在两人关系中，所有权的变动问题以及利益归属问题涉及物权变动的模式问题。这个问题可以通过物权行为理论来解决，以此确保所有权变动的某种程度的抽象性；也可以采取权利和利益归属一致的要因原则，以此保障出让人转让其所有权并不违背其真意。但不管在何种模式下，只要秉持私人自治的原则，要因模式下的当事人也可以设定抽象性，如票据行为所呈现的那样；抽象模式下的当事人也可以通过特别约定赋予两人关系中的所有权变动以要因性。

责任财产的区分涉及三人。这里的第三人可能是特定的债权人，如民法上债权人撤销权规定的那样；也可能是不那么特定的某个或某几个债权人，如执行异议场合出现的权利人；也可能是全体债权人，如破产领域呈现的那样。既然私人自治要求我们要尊重个人的意思，那么责任财产的区分规则就必然不同于所有权的变动规则：所有权变动关系之外的权利人并没有参与所

〔1〕 Sacco, Causa, in: Digesto, UTET, 2014, S.48-49.

有权的变动，而其利益却受到影响。

当我们在两人关系和三人关系的不同语境中，以“所有权”“返还”等语词描述相关问题时，极有可能陷入语词的陷阱：我们使用相同的语词描述不同情境的不同问题，这些语词本身无法承载全部的语境与问题；我们循着语词追问答案，带来的象形文字洒落一地。如此看来，罗马人保守秘密的态度是不是一种智慧的体现呢？笔者认为有关物权变动模式问题的核心罗马法文本，包括反映了要因性的G.2，20，I.2，1，41，D.41，1，31pr.，以及体现了抽象性的D.41，1，9，3，I.2，1，40，都可以结合具体的语境作出新的解释。萨维尼在其《债法》一书中基于证明责任的考量对“正当原因”的说明，〔1〕在我看来堪称典范——如果罗马法中的正当原因是一个证明责任问题，那么要因和抽象的结果不过是不同证明责任分配规则的不同结果而已。

四、余论

回到德国法上“发明”所有权的历史时刻，我们就会释然。既然德国法上的4A所有权（物权）的概念及其物权行为理论，旨在确保所有权流转的顺畅，那么其边界也应止步于此，而不应染指责任财产的区分规则。

正如德国物权法中的“权益区分”变动规则那样，所有权的变动通常和利益归属的变动是一致的，但也并非一定一致、必然一致，在有不当得利的情形时，二者就是不一致的。在“权责区分”的场合，所有权的变动通常和责任财产的变动是一致的，但也并非一定一致、必然一致，在执行和破产的场合，甚至在合同保全的场合，二者就很有可能并不一致。

并非完全巧合的是，侵权法上的“权益区分”起源于德国法，财产变动领域的“权益区分”同样起源于德国法。德国在侵权法领域发明了保护“权利”的特殊规则，在财产法领域，同样基于物权行为发明了不同于“利益变

〔1〕 Cfr.Savigny, Le obbligazioni (Ⅱ), traduzione dall’originale tedesco con Appendici di Giovanni Pacchioni, Torino: Unione Tipografico, 1915, S.240-242.

动”规则的“所有权变动”规则。[1]今天我们在执行和破产领域对所有权变动问题的探讨，无非是要再次发现“所有权变动”规则区别于“责任财产变动”规则。[2]

执行与破产领域，甚至民法领域内的特殊规则，恰如“特洛伊木马”中的雄兵，迟早要攻破定于物权变动模式一尊的特洛伊城。又或许这座特洛伊城本不存在，只是一种风车式的幻象，引诱着怀揣理想的骑兵。

〔1〕 此处的思考受到了陈现杰法官在苏州大学讲座的启发，特致鸣谢。

〔2〕 有关财产变动规则与责任财产变化规则两分的观点，亦可参见许德风：《债务人的责任财产——债权人撤销权、代位权及公司债权人保护制度的共同基础》，载《清华法学》2024 年第 1 期。

执行与破产程序中不动产买受人物权期待权的实践与反思

姜　昀*

一、逻辑起点：最高人民法院执行异议规则的理论内核

（一）关于《最高人民法院关于人民法院办理执行异议和复议案件若干问题的规定》第28条的理解

目前在司法实践中，法院处理不动产买受人物权期待权的主要依据，还是《最高人民法院关于人民法院办理执行异议和复议案件若干问题的规定》（2020年修正）（以下简称《执行异议复议规定》）第28条。该条比较详细地规定了无过错不动产买受人物权期待权的保护条件。据最高人民法院有关人士介绍，基于我国现行房地产开发以及登记制度的不完善等原因，不动产买受人签订买卖合同之后，往往不能即时进行登记，买受人取得法律意义上的所有权总会滞后于债权合意很长一段时间。在这段间隙中，买卖的不动产在法律上仍属于出卖人所有。如果仅仅将买受人当作普通的债权人，基于债权的相对性，其对房屋的登记或者交付请求权并不能排除出卖人的其他债权人就买卖不动产提出的受偿要求，将面临其他金钱债权人请求就买卖不动产另行变价的不测风险。由于不动产处于普罗大众的基本生活资料地位，尤其是在强调“无恒产者无恒心”的我国，对不动产买受人在执行程序中予以优先

* 盈科律师事务所全国海事海商专委会主任、盈科上海银行法律事务部主任、高级合伙人，法学博士。

保护，对于增强人民群众对法律公平的信心无疑具有特殊的意义。[1]

（二）最高人民法院的判决明确不动产买受人取得的是物权期待权

执行程序的简易性要求与实体权利相对复杂的正当性价值追求，是天然存在冲突的。作为执行程序上的保障，执行异议和异议之诉等救济能够在一定程度上有效治愈简易性执行产生的瑕疵。乍看执行异议之诉属于执行救济制度的一部分，但仔细研究，我们不可以直接将其等同于民事诉讼救济中的“救济”。[2]原因在于，不同于一般救济的后置性制度设计，执行异议之诉是一种预防性的保护，旨在通过阻止执行措施的实施来防止损害权利人利益的强制执行。[3]所以，执行异议之诉是罩着审判程序外衣下的相关权利人之间的民事法律关系的实体纠纷，[4]而民事权益实体内容的审查才是异议执行审判的内在核心。[5]由于诉讼目的与程序结构存在天然的矛盾性，执行程序的完美设计就着眼于，处于中立地位的执行机关，必须力求在执行公平与执行效率之间达到平衡，[6]也就是在维护债权人利益与真实权利判定中作出价值判断和事实认定。所以，标的物的权属认定才是执行异议之诉的逻辑起点。

从最高人民法院的相关裁判来看，[7]最高人民法院认为，审理这类案件的核心在于，案外人享有的民事权益是否能够排除法院的强制执行。因此，法院审判的基本思路是，案外人享有一个什么样的民事权益及其对抗性效力如何。最高人民法院认为，一味地坚持登记的公信力，势必会损害真正权利人的利益，难有公平与正义可言。为了给审判公正与程序合法留有足够的运用空间，交付应作为当事人实际履行合同的凭证。案涉房屋因当事人之间的实

---

〔1〕参见江必新、刘贵祥主编：《最高人民法院关于人民法院办理执行异议和复议案件若干问题规定理解与适用：条文·释义·案例·实务》，人民法院出版社2015年版，第421~422页（范向阳执笔）。

〔2〕参见韩春晖：《现代公法救济机制的整合：以统一公法学为研究进路》，北京大学出版社2009年版，第23页。

〔3〕Brox/Walker, Zwangsvollstreckungsrecht, 8.Aufl., 2008, S.456.

〔4〕参见赵秀举：《论民事执行救济兼论第三人执行异议之诉的悖论与困境》，载《中外法学》2012年第4期。

〔5〕参见唐力：《论民事执行的正当性与程序保障——以第三人异议之诉为中心》，载《法学评论》2009年第5期。

〔6〕参见唐力：《案外人执行异议之诉的完善》，载《法学》2014年第7期。

〔7〕参见最高人民法院民事判决书，（2019）民再字第49号；最高人民法院民事判决书，（2016）最高法民终第399号；最高人民法院民事判决书，（2016）最高法民申第3284号。

际履行脱离了出卖人的实际控制，虽然没有变更登记，买受人不能取得所有权，但依据最高人民法院设计的这一执行规则，买受人可以取得物权期待权。这是一种从债权过渡而来、处于物权预备阶段的意欲实现的物权。〔1〕买受人可以依据该权利请求出卖人协助办理过户手续，将物权期待权转化为物权。〔2〕在没有证据证明买受人物权期待权的取得存有瑕疵或适法性问题的情况下，应优先于债权人的普通金钱债权予以保护。借此，既保护了真实权利人的合法权益，又保障了执行程序的便捷，值得称赞。这一被司法界称道的规定，虽然解决了执行异议程序上的问题，但并没有解决关乎案涉房屋归属的实质性问题。依据《执行异议复议规定》，案涉房屋上的物权权利人仍然是悬空的。

二、当前执行程序中《执行异议复议规定》第 28 条的适用情况

对于《执行异议复议规定》第 28 条的适用，为更精确地进行探讨，笔者在中国裁判文书网中选取了近几年最高人民法院和京、沪地区中级与高级人民法院的裁判，以案外人执行异议、不动产、房屋过户、抵押为关键词进行了检索，最终将 48 则裁判具体整理如下。

（一）裁判理由汇总

48 则裁判具体整理见表 1。

表 1　当前执行程序中《执行异议复议规定》第 28 条的适用情况

序号	审理法院	案号	案由	裁判	裁判理由
1	北京市高级人民法院	（2023）京民申 1886 号	慈某等与王某案外人执行异议之诉	驳回	现有证据无法证明慈某与慈某甲签订有合法有效的书面买卖合同。慈某虽在案涉房屋查封前已合法占有了该不动产，但并未提供证据证明已支付全部案涉房屋的价款，案涉房屋未办理过户登记的原因亦应归责于买受人慈某。故不符合第 28 条规定的“非因买受人自身原因未办理过户登记”之条件

〔1〕 参见申卫星：《期待权研究导论》，载《清华法学》2001 年第 1 期。
〔2〕 参见申卫星：《期待权研究导论》，载《清华法学》2001 年第 1 期。

续表

序号	审理法院	案号	案由	裁判	裁判理由
2	北京市第二中级人民法院	（2023）京02民终6793号	李某众与成某山案外人执行异议之诉	驳回	李某众自认于案涉房屋被法院查封后付清全部价款，不能视为已经支付全部价款，故不符合第28条规定
3	上海市第一中级人民法院	（2023）沪01民终1458号	陈某与上海荣亨实业有限公司等案外人执行异议之诉	驳回	陈某未符合“合法占有”等要件，不享有排除强制执行的民事权益
4	北京市第三中级人民法院	（2023）京03民终707号	康某2等与高某生案外人执行异议之诉	支持	因符合第28条规定的四个要件而予以支持
5	北京市第二中级人民法院	（2023）京02民终5121号	李某、王某与李某甲案外人执行异议之诉	驳回	涉诉房屋未办理过户登记是买受人自身原因所致，不符合第28条规定
6	北京市第三中级人民法院	（2023）京03民终531号	张某勇与北京市农业融资担保有限公司等案外人执行异议之诉	驳回	不符合第28条、第29条的规定
7	北京市第四中级人民法院	（2022）京04民初619号	世纪通宝贸易有限公司与北京瀚元佳邦企业管理咨询中心（有限合伙）案外人执行异议之诉	驳回	因不符合第28条规定的“在人民法院查封之前已合法占有该不动产”之条件而被驳回
8	北京市第二中级人民法院	（2023）京02民终958号	刘某生等与张某案外人执行异议之诉	驳回	案涉房屋系因买受人刘某生自身原因未办理过户登记，刘某生不享有足以排除强制执行的民事权益
9	上海市第一中级人民法院	（2023）沪01民终610号	金某琴与符某莹等案外人执行异议之诉	驳回	金某琴未能提供证据证明案涉房屋没有过户登记至其名下系徐某贵之过错，不符合第28条规定
10	北京市第三中级人民法院	（2022）京03民终3462号	芦某等与朱某仑案外人执行异议之诉	支持	因符合第28条规定的四个要件而予以支持
11	北京市第二中级人民法院	（2022）京02民终14159号	费某勇与丁某娟等案外人执行异议之诉	驳回	因不符合第28条规定的“非因买受人自身原因未办理过户登记”之条件而被驳回

续表

序号	审理法院	案号	案由	裁判	裁判理由
12	北京市第一中级人民法院	（2022）京01民终10636号	生某秋与赵某案外人执行异议之诉	支持	因符合第28条规定的四个要件而予以支持
13	北京市第三中级人民法院	（2021）京03民初2492号	刘某枝与北京百顺达房地产开发有限公司等案外人执行异议之诉	驳回	法院无法认定双方在案涉房屋被法院查封前已经签订合法有效的书面买卖合同，亦无法认定其已实际履行了支付案涉房屋购房款的合同义务。因此，刘某枝的诉请不符合第28条的规定，不足以阻却法院对案涉房屋的执行
14	北京市第三中级人民法院	（2022）京03民终13630号	张某与高某路等案外人执行异议之诉	驳回	在高某路并非案涉房屋所有权人的情况下，张某向高某路购买案涉房屋，未尽到审慎注意义务，对于案涉房屋无法过户登记至张某名下的情形，张某自身具有过错。另外，案涉房屋现亦未登记在高某路名下，张某依据第28条之规定，主张其具有排除强制执行案涉房屋的民事权益，依据不足
15	北京市第一中级人民法院	（2022）京01民终8265号	柳某亮与张某民案外人执行异议之诉	驳回	因不符合第28条规定之要件而被驳回
16	北京市第三中级人民法院	（2022）京03民终9949号	仇某英等与杜某霞案外人执行异议之诉	驳回	房屋始终未过户的原因系仇某英未全部支付购房款，法院难以排除仇某英对房屋未能办理过户登记存在过错。因此，本案不符合非因买受人自身原因未办理过户登记这一条件
17	北京市第一中级人民法院	（2022）京01民终7068号	贾某与张某军等案外人执行异议之诉	驳回	法院无法对贾某已经全部支付案涉房屋价款的事实形成内心确信，即贾某并不符合第28条对无过错买受人物权期待权保护规定的情形
18	北京市第二中级人民法院	（2022）京02民终9812号	李某荣等与薛某案外人执行异议之诉	驳回	李某荣在明知在房屋限售期内案涉房屋不能进行产权过户登记的情况下，仍与堵某元、李某慧签订房屋买卖合同，不符合第28条规定的“非因买受人自身原因未办理过户登记”，不符合具有排除强制执行的民事权益的构成要件

续表

序号	审理法院	案号	案由	裁判	裁判理由
19	最高人民法院	最高法民终215号	张某、甘肃银行股份有限公司兰州市中央广场支行等案外人执行异议之诉	支持	因符合第28条规定的四个要件而予以支持
20	北京市第一中级人民法院	（2022）京01民终3884号	李某英与谭某等案外人执行异议之诉	驳回	因不符合第28条规定的“在人民法院查封之前已签订合法有效的书面买卖合同”之条件而被驳回
21	北京市第二中级人民法院	（2022）京02民终4524号	梁某师等与刘某案外人执行异议之诉	驳回	因不符合第28条规定之要件而被驳回
22	北京市第三中级人民法院	（2022）京03民终4464号	刁某野与李某萍等案外人执行异议之诉	驳回	因不符合第28条规定之要件而被驳回
23	北京市第一中级人民法院	（2022）京01民终3258号	张某琪等与林某霖案外人执行异议之诉	驳回	案涉房屋买卖合同尚不能认定有效，本案亦不存在其他足以认定房屋买卖合同已生效或其他可以推翻既定事实的证据，故不满足第28条规定的要件
24	北京市第三中级人民法院	（2022）京03民终2823号	于某等与于某平等案外人执行异议之诉	驳回	因不符合第28条规定的“非因买受人自身原因未办理过户登记”之条件而被驳回
25	北京市第一中级人民法院	（2021）京01民终11453号	雪润（北京）羊绒制品有限责任公司与杨某帮等案外人执行异议之诉	支持	因符合第28条规定的四个要件而予以支持
26	北京市第二中级人民法院	（2022）京02民终3914号	王某等与刘某案外人执行异议之诉	驳回	王某未能提供证据证明其在查封前已合法占有该房屋。王某作为案涉房屋买受人，在签订买卖合同时，对房屋登记及司法查封情况未能尽到合理审慎的注意义务，对于此后该房屋无法办理过户登记具有过错

续表

序号	审理法院	案号	案由	裁判	裁判理由
27	北京市高级人民法院	（2022）京民申 6526 号	曾某涛等与李某炜等案外人执行异议之诉	驳回	因不符合第 28 条规定的“非因买受人自身原因未办理过户登记”之条件而被驳回
28	北京市高级人民法院	（2021）京民终 869 号	邹某开等与冯某球案外人执行异议之诉	驳回	因不符合第 28 条规定的“非因买受人自身原因未办理过户登记”之条件而被驳回
29	北京市第二中级人民法院	（2022）京 02 民终 1595 号	张某与支某旭等案外人执行异议之诉	驳回	因不符合第 28 条规定的“非因买受人自身原因未办理过户登记”之条件而被驳回
30	北京市高级人民法院	（2021）京民终 984 号	龙某明与中国华融资产管理股份有限公司北京市分公司等案外人执行异议之诉	驳回	因不符合第 28 条规定的“非因买受人自身原因未办理过户登记”之条件而被驳回
31	北京市第四中级人民法院	（2021）京 04 民初 981 号	北京新洲宏信投资咨询有限公司与北京飞利信泽渊基金管理中心（有限合伙）等案外人执行异议之诉	驳回	因不符合第 28 条、第 29 条规定的适用条件而被驳回
32	最高人民法院	（2021）最高法民终 1076 号	黑龙江华佳商业投资有限公司、北京首都旅游集团有限责任公司等案外人执行异议之诉	驳回	黑龙江华佳商业投资有限公司提出的异议不符合第 28 条第 1 项、第 3 项规定的情形
33	最高人民法院	（2021）最高法民终 1024 号	王某玲、西藏信托有限公司等案外人执行异议之诉	驳回	王某玲提交的证据不足以证明其已支付案涉房屋购房款，不符合第 28 条第 3 项和第 29 条第 3 项的规定
34	北京市高级人民法院	（2021）京民终 874 号	李某晶与吕某均案外人执行异议之诉	驳回	张某玲提交的证据尚不足以证明其已经支付全部购房款，故不符合第 28 条第 3 项的情形

续表

序号	审理法院	案号	案由	裁判	裁判理由
35	北京市高级人民法院	（2021）京民终 262 号	唐山大唐凤凰园餐饮娱乐有限公司与王某会案外人执行异议之诉	驳回	唐山大唐凤凰园餐饮娱乐有限公司未支付案涉房屋的全部价款，其提交的证据不足以证明其在法院查封之前已合法占有案涉房屋。该公司对于案涉房屋未能办理过户登记具有过错，不足以排除该案的强制执行
36	北京市第四中级人民法院	（2022）京 04 民初 885 号	赵某怡与中国信达资产管理股份有限公司北京市分公司执行异议之诉	驳回	赵某怡不足以证明其与天润诚泽公司在法院查封案涉房屋前签订了合法有效的书面买卖合同
37	北京市第二中级人民法院	（2022）京 02 民初 185 号	胡某海与中国进出口银行执行异议之诉	支持	因符合第 28 条的情形而予以支持
38	北京市高级人民法院	（2023）京执异 2 号	熊某等非与执行审查之诉	支持	因符合第 28 条的情形而予以支持
39	北京市高级人民法院	（2022）京民终 483 号	北京天鸿控股（集团）有限公司等与浙文影业集团股份有限公司申请执行人执行异议之诉	驳回	第 28 条和第 29 条之所以突破债权平等保护的民法基本原理，其正当性理由之一在于房屋买受人的生存居住权益需要获得特殊保护。浙文影业集团股份有限公司作为从事商业活动的公司，并非上述规定保护的对象
40	北京市第一中级人民法院	（2022）京 01 执复 49 号	杨某东与袁某点等执行异议之诉	驳回	无法办理案涉房屋过户登记的后果系杨某东自身原因所造成。杨某东所提异议请求不符合第 28 条规定
41	北京市第二中级人民法院	（2022）京 02 执异 66 号	那某宏与中信富通融资租赁有限公司等执行异议之诉	支持	因符合第 28 条的情形而予以支持
42	上海金融法院	（2022）沪 74 民初 459 号	安信信托股份有限公司与管某华案外人执行异议之诉	支持	因符合第 28 条的情形而予以支持

续表

序号	审理法院	案号	案由	裁判	裁判理由
43	上海金融法院	（2022）沪74民初457号	王某等与上海农村商业银行股份有限公司闵行支行案外人执行异议之诉	支持	因符合第28条的情形而予以支持
44	北京金融法院	（2022）京74民终446号	刘某峰与中国工商银行股份有限公司北京房山支行执行异议之诉	驳回	中国工商银行股份有限公司北京房山支行虽然为金钱债权的申请执行人，但其对案涉房屋享有抵押权，且该抵押权成立在先。刘某峰系从魏某富处购买房屋，其仅系一般的房屋买卖合同的买受人，其权利不能对抗合法且在先设立的抵押权，且刘某峰亦未能满足第28条规定的条件
45	上海金融法院	（2022）沪74民初1655号	安信信托股份有限公司与高某飞等申请执行人执行异议之诉	支持	高某1购买系争房屋后即居住于系争房产内，且非因其自身原因未办理过户登记，已满足了第28条的规定
46	最高人民法院	（2021）最高法民终1023号	李某玲、西藏信托有限公司等案外人执行异议之诉	驳回	李某玲现有证据亦不足以证明其支付了全额购房款，不具备第28条规定的排除强制执行的条件
47	最高人民法院	（2021）最高法民再221号	吉林省亿西欧投资有限公司、黄某强等案外人执行异议之诉	驳回	黄某强不符合买受人签订合法有效书面买卖合同的要件，提供的占有该房屋的证据并不充分，且至今该房屋也未办理竣工验收手续，尚不具备交付条件。综上，黄某强不符合第28条规定的条件
48	最高人民法院	（2021）最高法民终1010号	王某生、西藏信托有限公司等案外人执行异议之诉	驳回	王某生提交的证据不足以证明其已支付了购房款，不符合第28条第3项和第29条第3项的规定

（二）裁判中反映出的问题

从表 1 可以看出：

1. 司法实践中法院是以《执行异议复议规定》第 28 条作为解决案外人异议之诉中排除执行的主要依据，而且总体审理标准卡得相对较严，其中支持的仅有 11 件，在 48 件统计样本中约占 23%。

2. 司法实践中有法院盲目援引《执行异议复议规定》第 28 条而损害抵押权人利益的情况。根据物权变动的区分原则，买卖合同仅具有债权属性，但买受人对不动产的转移具有合理的期待，因此其合法权益应得到保护。但买受人并未基于买卖合同对不动产进行预告登记，根据不动产登记簿的记载，应当推定该不动产上没有其他负担。因此，抵押权人基于物权公示原则取得的抵押权应当得到保护。有的法院直接依据《执行异议复议规定》第 28 条支持买受人的异议请求，在法理上似乎失之偏颇。在第 44 个案例中，法院考虑了抵押权因素，认为申请执行人对案涉房屋享有抵押权，且该抵押权成立在先，而买受人仅系一般的房屋买卖合同的买受人，其权利不能对抗合法且在先设立的抵押权。

3. 从申请人的诉讼请求来看，往往在执行异议的诉请中包含确认之诉。在 48 个案例中，含有确权诉请内容的案件有 14 个，约占 30%。

三、执行异议之诉中带有确认诉请的适用选择

（一）《执行异议复议规定》第 28 条对应的排除执行认定不产生物权确认或变动的效果

在房屋买卖关系中，买受人支付价款，占有房屋，但并没有发生物权变动效果，买受人对房屋享有的是过户登记请求权，即物权期待权。将所有权从出卖人变更到买受人名下，还应履行法定的公示方式。根据《民法典》第 214 条的规定，还需在不动产登记簿进行记载才能发生效力。这在一些省、市

高级人民法院发布的指导意见中也能看到。[1]

即使部分法院在适用《执行异议复议规定》第 28 条时进行了确权，也不一定导致物权变动。只有涉及“物权设立、变更、转让或者消灭”的法律文书才能导致物权的变动。[2] 含有确认之诉内容的法律文书只是对双方当事人之间存在或者不存在一定法律关系进行的确认，不一定会导致物权变动。执行异议被驳回后，当事人另行提起确权诉讼的，即使确权裁决支持了买受人的请求，买受人也不能再依据该裁决提出执行异议、停止对标的物的执行。因此，买受人要想阻止查封不动产的裁决执行，只能提起执行异议和异议之诉，不得另案提起确权程序。[3]

（二）目前的执行异议之诉中往往掺杂着确认请求

执行异议之诉的目的是审查案外人对执行标的物享有的权利能否阻却强制执行，因此需要对案外人对执行标的物享有的实体权利进行确认。在司法实践中，买受人提起执行异议之诉时主要会有三种诉讼请求：一是同时提出物权确认和停止执行两项请求；二是提出停止执行的诉讼请求，仅以享有物权作为该请求的事实和理由；三是仅请求确认执行标的物的归属，不要求停止对标的物的执行。

第一种诉讼请求，在司法实践中最为常见。但是，大部分法院在处理此类案件时，对于确权请求不予支持或不予处理。比如在本文统计的 48 个案件中，没有法院支持确权请求的判决。个别法院在判决中会对两个诉讼请求同时进行判决。例如，在“喻某莲、唐某红等案外人执行异议之诉”案中，二审法院判决：“一、撤销江苏省洪泽县人民法院（2015）泽民初字第 01608 号

---

〔1〕 例如，《北京市高级人民法院关于审理房屋买卖合同纠纷案件适用法律若干问题的指导意见（试行）》（京高法发〔2010〕458 号）第 20 条规定：房屋买卖合同签订后，出卖人未依约为买受人办理房屋所有权转移登记，买受人提起房屋确权之诉，要求确认房屋归其所有的，法院应当行使释明权，告知其应当变更诉讼请求要求出卖人办理所有权转移登记，买受人坚持不变更的，对其诉讼请求，不予支持。

〔2〕 参见《最高人民法院关于适用〈中华人民共和国民法典〉物权编的解释（一）》（法释〔2020〕24 号）第 7 条。

〔3〕 参见刘贵祥、范向阳：《〈关于人民法院办理执行异议和复议案件若干问题的规定〉的理解与适用》，载《人民司法》2015 年第 11 期。

民事判决；二、洪泽县盛世华庭小区 21 号 B1 房产属于上诉人喻某莲、唐某红所有；三、终止对洪泽县盛世华庭小区 21 号 B1 房产的执行。”〔1〕该判决一方面确认案涉房产归案外人所有，另一方面终止对案涉房产的执行，看似一并解决了案外人、申请执行人、被执行人以及执行法院之间的法律关系，但处理程序值得商榷。案外人只是案涉房产买受人，与被执行人只签订了《商铺认购权合同书》，并占有使用了房产。由于未完成登记，案涉房产所有权仍然属于被执行人，物权并未发生变动，案外人对案涉房产仅具有物权期待权。二审法院直接确认案涉房产归案外人所有，改变了法律关于物权变动的规定，并无法理基础。在实践中，最为常见的判决是：判决停止对标的物的执行，驳回案外人的其他诉讼请求。

第二种诉讼请求，在司法实践中也有很多案例。案外人对标的物享有实体权利，仅作为法院排除强制执行的事实和理由，法院只判决停止对案涉不动产的执行。但是，在案涉不动产被多轮查封的情况下，买受人如何完成过户登记，法律并没有明确规定，买受人的物权期待权依然无法得到保护。

第三种诉讼请求，在司法实践中也存在。最高人民法院曾在一则判决中指出：案外人执行异议之诉的目的，在于排除法院对执行标的的强制执行。因此，案外人提出明确的排除对执行标的强制执行的诉讼请求，是案外人执行异议之诉的必备要件。案外人仅提起确认执行标的物归属的诉讼请求，本质上属于确权诉讼，不属于执行异议之诉。〔2〕法院在此情况下作出的判决对执行程序并无拘束力，买受人也就无法实现停止对标的物强制执行、将标的物所有权变更登记到其名下的目的。

另外，买受人在执行异议之诉中还可能会一并提出诸如给付、解封、撤销相关裁定、赔偿等诉讼请求，而法院只在原告提出的诉讼请求范围内进行审判；如果买受人的诉讼请求中未包含停止执行的内容，则会出现即使买受人赢得了执行异议之诉，也不能阻却强制执行的情况。并且，根据一事不再审原则，买受人不能就同一执行标的物重复提起执行异议之诉，从而丧失了对其物权期待权的保护。由于执行异议之诉与其他程序之间的法律衔接不够

〔1〕 江苏省淮安市中级人民法院民事判决书，(2016)苏 08 民终 315 号。

〔2〕 参见最高人民法院民事判决书，(2015)民提字第 109 号。

完善，比如不动产被多轮查封时，在所有查封未解封的情况下，即使执行异议之诉判决停止执行，买受人依然无法通过其他程序完成过户登记，其物权期待权依然无法得到保护。

四、破产程序中对买受人物权期待权的认定

（一）破产程序中对买受人物权期待权的保护标准不一

有些法院认为，尚未给买受人办理过户登记的房产不应被列入房地产开发企业的破产财产。主要理由在于：（1）虽然买受人尚未就诉争不动产办理过户登记，但若买受人因符合《执行异议复议规定》第28条而享有一般买受人的物权期待权，则在出卖人进入破产程序的情况下，诉争不动产不应被列入破产财产。〔1〕（2）在买受人购买的商品房符合《最高人民法院关于审理企业破产案件若干问题的规定》（法释〔2002〕23号）（以下简称《企业破产案件规定》）第71条第5项“特定物买卖中，尚未转移占有但相对人已完全支付对价的特定物”的情况下，该商品房不应被列入房地产开发企业的破产财产。〔2〕

也有一些法院认为，尚未给买受人办理过户登记的房产应被列入房地产开发企业的破产财产。主要理由在于：（1）根据《民法典》第209条，不动产物权变动采登记生效主义，未经登记不发生物权变动效力。由于买受人尚未办理过户登记，当然应将案涉房屋列入破产财产。〔3〕（2）《企业破产案件规定》只是为适用《企业破产法（试行）》所制定的司法解释，但2007年施行的《企业破产法》已经取代了被废止的《企业破产法（试行）》。针对《企业破产法》所制定的《最高人民法院关于适用〈中华人民共和国企业破产法〉若干问题的规定（二）》（以下简称《破产法解释二》）第2条列举了不属于破产财产的债务人财产，其中并不包含《企业破产案件规定》第71条第5项

〔1〕参见最高人民法院民事判决书，(2017)最高法民终824号。

〔2〕参见最高人民法院民事裁定书，(2017)最高法民申1429号。

〔3〕参见最高人民法院民事裁定书，(2021)最高法民申9号；最高人民法院民事裁定书，(2021)最高法民申6123号。

规定的情形，在解释上应认为《企业破产法》及《破产法解释二》对此持否定态度。[1]不过，持此种立场的法院同样认为，尽管应将尚未给买受人办理过户登记的房产列入破产财产，但并不意味着放弃对买受人的保护。对此，应当将买受人划分为购房消费者和非购房消费者两类，前者应受《执行异议复议规定》第29条规定的特殊债权的优先保护，[2]而后者仅能受到普通债权的一般保护。[3]基于特殊债权的优先保护又可进一步表现为两种形式：其一，购房消费者有权要求继续履行合同并为其办理过户登记；[4]其二，购房消费者有权要求返还购房款，并且该购房款返还请求权优先于工程价款优先权及抵押权。[5]普通债权的一般保护，其实就是指买受人只能通过普通的债权申报在破产程序中受偿。[6]

为确保《民法典》的统一适用，最高人民法院对《民法典》出台之前的司法解释进行了全面清理，但《企业破产案件规定》却并未在这次全面清理中被废止，目前仍处于有效状态。尽管如此，正如上述对《企业破产案件规定》的适用持否定态度的法院所述，该司法解释是针对《企业破产法（试行）》所制定的，在《企业破产法》已经取代《企业破产法（试行）》的情况下，应适用《企业破产法》对破产财产的范围进行确定。可是，从《破产法解释二》与《企业破产案件规定》的条文对比来看，《企业破产案件规定》第71条第5项规定的情形显然没有再被列入破产财产的范畴。因此，实践中有法院仍将《企业破产案件规定》第71条第5项作为认定破产财产范围的依据，没有说服力，实不可取。[7]如此一来，上述法院在裁判观点上的分歧其实

〔1〕 参见最高人民法院民事裁定书，(2020)最高法民申2674号；最高人民法院民事裁定书，(2020)最高法民申6770号。

〔2〕 参见最高人民法院民事裁定书，(2021)最高法民申1383号；最高人民法院民事裁定书，(2021)最高法民申969号；最高人民法院民事裁定书，(2021)最高法民申948号。

〔3〕 参见最高人民法院民事判决书，(2021)最高法民终869号。

〔4〕 参见最高人民法院民事裁定书，(2015)民申字第1158号。

〔5〕 参见安徽省高级人民法院民事判决书，(2017)皖民终244号；浙江省高级人民法院民事判决书，(2019)浙民再545号。

〔6〕 参见最高人民法院民事裁定书，(2020)最高法民申484号。

〔7〕 从统一法律适用的角度来看，最高人民法院也应尽快对《企业破产案件规定》的存废表明立场。如果其中的某些规定对于破产案件的审理确实仍具有指导意义，应将这些个别条文纳入已施行的《企业破产法》的司法解释中，以避免出现《企业破产案件规定》与《民法典》、《企业破产法》及相关司法解释中的规定相冲突的情况。

就表现为：买受人在房地产开发企业破产程序中享有的救济权利应该是物权还是债权？具体而言，之所以有法院认为尚未给买受人办理过户登记的房产不属于破产财产，是因为在法院看来，《执行异议复议规定》第 28 条是买受人对尚未办理过户登记的房屋享有物权期待权的规定，该物权期待权在法律性质上应被理解为物权。既然买受人享有物权，那么当然应将这些尚未办理过户登记的房屋排除在房地产开发企业的破产财产之外。之所以有法院认为尚未给买受人办理过户登记的房产应属于破产财产，是因为在法院来看，既然《民法典》第 209 条确定了不动产物权变动采登记生效主义，那么尚未给买受人办理过户登记的房产便应当属于房地产开发企业的破产财产，买受人只能通过对房地产开发企业享有的债权寻求救济。并且，只有当买受人属于《执行异议复议规定》第 29 条规定的购房消费者的情况下，该债权才能优先于工程价款优先权及抵押权得到优先顺位的保护，否则便只能作为普通的债权获得保护。

（二）对买受人物权期待权的争议中存在理论共识

和司法实践一样，学界对买受人的物权期待权也存有不同认识。目前学界观点已经基本涵盖了关于物权期待权法律性质的所有解释可能，观察视角各有不同，主要有债权说、中间权利说、事实物权说、公法权利说等。

关于购房消费者的物权期待权，最早可追溯至《最高人民法院关于建设工程价款优先受偿权问题的批复》（法释〔2002〕16 号，已失效）中规定的购房消费者享有的权利。根据该批复中规定的保护顺序，购房消费者的权利依次优先于工程价款优先权、抵押权和其他债权。《最高人民法院执行工作办公室关于〈最高人民法院关于建设工程价款优先受偿权问题的批复〉中有关消费者权利应优先保护的规定应如何理解的答复》（〔2005〕执他字第 16 号）又进一步明确，购房消费者的权利之所以受到优先保护，“是为了保护个人消费者的居住权而设置的，即购房应是直接用于满足其生活居住需要，而不是用于经营，不应作扩大解释”。由于物权期待权背后往往体现的是购房消费者的生存权，学者们也都形成共识，认为应将生存权置于更高的价值位阶予以保护。

关于保护一般买受人物权期待权的理由，最高人民法院有关人士在对《执行异议复议规定》的解释中，仅提及是缘于我国现行的房地产开发以及登记制度不完善，但并未就此做过多展开。[1]有观点认为，我国房屋权属登记制度以不动产登记簿为依据，是通过2007年制定的《物权法》（已失效）才得以在立法层面确立的，在此之前处于立法与制度不完善的情况。[2]虽然《物权法》规定了不动产物权变动应将不动产登记簿作为依据，但直到2014年《不动产登记暂行条例》（已修订）和2016年《不动产登记暂行条例实施细则》（已修订）颁布、从中央到地方都建立起完备的不动产登记机构后，不动产登记制度才得以真正施行。[3]的确，在我国的不动产登记制度真正得以确立之前，确实出现了因登记制度不完善而产生的历史遗留问题，对于在此之前未能办理过户登记的无过错买受人仍有必要进行特别的保护。但问题在于，距离《物权法》施行到现在已经有十几年的时间，为何在不动产登记制度确立之后，对于那些并非历史遗留问题情形下的买受人仍进行保护？

实际上，前引观点所谓的登记制度不完善，不仅是指《物权法》实施前后的历史遗留问题，还跟预告登记的制度功能一直处于模糊状态有着很大关系。《物权法》第20条第1款（《民法典》第221条第1款）后半句规定："预告登记后，未经预告登记的权利人同意，处分该不动产的，不发生物权效力。"从该条的文义来看，"处分"一词仅指当事人基于法律行为对不动产物权所进行的处分，并不包括法院通过强制执行程序对被执行标的进行的处分。[4]预告登记的功能只是限制房地产开发企业等债务人处分其权利，以避免房地产开发企业再对外签订买卖房屋协议、不动产抵押协议等其他不动产物权协议的情况发生。[5]从学界讨论来看，大多数观点也都主张《物权法》第20条第1款的适用范围过于狭窄，应将已办理预告登记的买受人就所购房屋

---

〔1〕参见江必新、刘贵祥主编：《最高人民法院关于人民法院办理执行异议和复议案件若干问题规定理解与适用》，人民法院出版社2015年版，第421~422页（范向阳执笔）。

〔2〕参见许德风：《不动产一物二卖问题研究》，载《法学研究》2012年第3期。

〔3〕参见冉克平：《〈民法典〉视域中不动产买受人的法律地位——以"执行异议复议"的修改为中心》，载《武汉大学学报（哲学社会科学版）》2021年第3期。

〔4〕参见王利明：《论民法典物权编中预告登记的法律效力》，载《清华法学》2019年第3期。

〔5〕参见全国人大常委会法制工作委员会民法室编：《〈中华人民共和国物权法〉条文说明、立法理由及相关规定》，北京大学出版社2007年版，第31~32页。

享有对抗出卖人的金钱债权人的权利包含在内。〔1〕由此来看，既然预告登记的制度功能并不清晰，而买受人在过户登记办理完之前又没有其他途径能够保障自己将要取得的所有权，那么在买受人对于未办理过户登记不存在过错的情形下，确实应考虑对其进行一定程度的优先保护。就此而言，《执行异议复议规定》第 28 条的规定有一定的正当性。

从上述理论争议来看，即使是对一般买受人物权期待权概念持否定态度的公法权利说，也并未否认对未办理过户登记的无过错买受人提供保护，而只是主张从民事程序法的角度进行保护而已。其余的几种观点，都是从实体法角度探讨一般买受人物权期待权的性质，并以此来进一步讨论对未办理过户登记的无过错买受人应如何保护的问题。事实物权说的支持力度最大，因为其已将未办理过户登记的无过错买受人的权利上升至物权的高度。中间权利说的支持力度次之，其主张据以保护的权利基础并非物权，而是介于物权和债权之间独立存在的物权期待权。相比之下，债权说对未办理过户登记的无过错买受人的支持力度最小，但尽管如此，债权说也并未完全否认对无过错买受人的保护。由此来看，上述理论观点之间的共识是，对于未办理过户登记的无过错买受人仍应给予保护，只不过持不同看法的是，对于这种保护的具体解释路径应建立在何种权利基础之上以及保护的具体限度。

〔1〕 参见庄加园:《预告登记在强制执行程序中的效力》，载《当代法学》2016 年第 4 期；司伟:《预告登记排除金钱债权执行中的几个问题——以房屋所有权预告登记为例》，载《法律适用》2017 年第 21 期；章晓英:《论房屋所有权转让预告登记在金钱债权执行中的法律地位》，载《政治与法律》2016 年第 11 期；郑倩:《论预告登记之权利对义务人消极处分行为的对抗效力》，载《山东社会科学》2019 年第 4 期；石佳友、王一鸣:《预告登记在强制执行中的效力》，载《宁波大学学报（人文科学版）》2021 年第 4 期。

泾渭分明：婚姻财产的内外归属方案与内外效应*

汪　洋**

内容摘要：夫妻共同所有区别于共同共有，内外归属方案区分婚姻维度与物权维度两种归属状态，前者无法被简化为债权债务关系，在夫妻身份内部以及婚姻关系外部产生法律效应。夫妻法定财产制、约定财产制以及特别财产约定在婚姻维度直接发生归属效力，是否发生物权变动仅遵循物权公示原则，离婚财产分割或给予协议同理。夫妻一方单独处分共同财产是否构成无权处分，只须从物权维度认定，无权处分时通过表见代理而非善意取得补足处分权限，无偿或低价的无权处分通过恶意串通、离婚损害赔偿、离婚财产分割、案外人执行异议以及类推适用债权人撤销权等手段救济。夫妻共同所有的股权的客体是股权权属而非股东权利，夫妻内部转让股权时，股东资格的移转需要遵循公司法的实质和形式要求，持股方对外无偿或低价转让共有股权超出默示授权范围时，配偶可主张成立无权代理。

关 键 词：物权变动　共同财产制　夫妻财产约定　执行异议　夫妻股权

---

* 本文系清华大学自主科研文科专项（2021THZWJC20）的阶段性成果。感谢冉克平、赵玉、贺剑、刘征峰、缪宇、王丽美等师友提供的宝贵评议意见，感谢彭玺博士的细心校对。

** 清华大学法学院长聘副教授。

基于法律行为的物权变动通常会涉及多方市场主体，属于典型的财产行为。如果将物权变动的场景“嵌套”、“交织”或“叠加”夫妻身份以及婚姻关系中的身份行为，会呈现何种法律效果？内部体系层面，交易安全遭遇家庭伦理，该如何分量权衡和价值取舍？外部体系层面，《民法典》婚姻家庭编与物权编、公司法乃至强制执行法，该如何疏通逻辑和协调规范？围绕这些疑问，本文的论述框架如下：首先，在对既有学说观点简要梳理基础上，区分婚姻维度的归属与物权维度的归属、夫妻共同所有与物权法共同共有，阐述婚姻财产的内外归属方案。其次，在婚姻关系内部，以内外归属方案依次剖析各种引发婚姻财产归属变动的法律事实，聚焦于法定共同财产制、各种夫妻财产约定以及离婚财产协议。最后，目光流转到婚姻关系外部，通过夫妻一方单独处分共同财产以及夫妻内部转让或对外处分共同所有的股权两个实践中饱受争议的场景，检视内外归属方案的外部效应。

一、婚姻财产的内外归属方案

（一）物权方案、潜在共有方案与债权方案之争

夫妻身份即婚姻关系在财产法上的直接效果是法定共同财产制或约定财产制的适用，形成包括夫妻共同财产与夫或妻个人财产在内的婚姻财产。围绕着婚姻财产，夫妻之间可以订立各种类型的夫妻特定财产约定，一方也可能单独处分给婚姻关系之外的第三人。婚姻关系趋于解体之际，夫妻还会订立离婚财产分割或给予协议，或者通过法院离婚判决对婚姻财产进行清算。这些围绕婚姻财产而生的法律事实是否以及如何发生物权变动？学术界对此存在物权方案、潜在共有方案与债权方案之争。

物权方案认为，财产归属无须区分婚姻维度和物权维度，夫妻共同所有等同于物权法上的共同共有。夫妻一方与交易相对人的交换所得先依据财产法规则发生物权变动从而归属于该方，再经由共同财产制引发的“逻辑上的一秒”，发生非基于法律行为的物权变动而归入夫妻共同财产。各种夫妻财产约定涉及的具体财产在夫妻之间直接发生物权变动，不以公示为必要。夫

妻一方作为共有人，擅自处分共同财产构成无权处分。[1]物权方案会导致以不动产登记簿为代表的物权公示系统在叠加婚姻关系之后大范围失灵，公示原则的规范目的无法实现，从而危及交易安全。如果通过赋予婚姻登记一定的公示效力进行补救，又会增加整个社会的交易成本，且目前在实践中不具有可行性。

潜在共有方案则认为，婚姻内部关系中应考虑夫妻对于某项婚姻财产取得及增值的实质贡献，来判定是否归入夫妻共同财产。为了避免因婚姻财产的复杂性危害交易安全，夫妻共同财产是潜在共有而非现实的共同共有，仅在离婚、继承等共同财产解体清算场合，潜在共有才会显在化为物权法层面的共同共有，方便进行共有物分割。换言之，潜在共有方案在对外关系上采用分别财产制，在对内关系中采用共同财产制。[2]但是在离婚等场合下，潜在共有一旦转变为共同共有，仍会产生外部效力并波及交易相对人。例如，夫妻一方尚未完成的对共同财产的有权处分会降格为无权处分，夫妻一方个人债务的普通债权人无法对抗另一方针对共有财产的离婚分割请求权，[3]对交易相对人的保护仍显不足。

债权方案认为，婚姻法与物权法调整的并非同一对象，两套规则是平行的，并不存在冲突。[4]夫妻共同财产或个人财产是婚姻法上的特殊财产，任何情况下都不会转变为共有，仅在夫妻之间产生债之关系，债权手段成为调整婚姻财产的主要技术手段。婚姻关系中具体财产的物权变动仍应遵循财产法规则，登记权利人对共同财产的单独处分属于有权处分，在有偿交易场景下，共同财产整体并未受损，配偶利益无须救济，从而最大限度抑制共同财产对婚姻关系外部产生的影响。夫妻一方无偿处分共同财产的，提供撤销权制度

---

〔1〕 参见田韶华:《婚姻领域内物权变动的法律适用》,载《法学》2009年第3期;冉克平:《夫妻财产制度的双重结构及其体系化释论》,载《中国法学》2020年第6期;王利明:《体系化视野下〈民法典〉婚姻家庭编的适用——兼论婚姻家庭编与其他各编的适用关系》,载《当代法学》2023年第1期。

〔2〕 参见龙俊:《夫妻共同财产的潜在共有》,载《法学研究》2017年第4期。

〔3〕 参见贺剑:《夫妻财产法的精神——民法典夫妻共同债务和财产规则释论》,载《法学》2020年第7期。

〔4〕 参见裴桦:《夫妻财产制与财产法规则的冲突与协调》,载《法学研究》2017年第4期。

以及特定财产处分权限制等保障措施。[1] 相较而言，债权方案对交易相对人的保护最为彻底，但也面临在我国现行法上缺乏配套制度以及不利于保护配偶利益的批评。[2]

（二）区分婚姻维度与物权维度的归属：夫妻共同所有不同于共同共有

有观点认为，《民法典》第1062~1063条中“夫妻共同所有”以及“夫妻一方的个人财产”等同于物权法上的“共同共有”以及“单独所有权”。[3] 作为例证，《最高人民法院关于贯彻执行〈中华人民共和国民法通则〉若干问题的意见（试行）》（以下简称《民法通则意见》，已失效）第89条规定：“共同共有人对共有财产享有共同的权利，承担共同的义务。”共同共有的客体被表述为“财产”。《民法通则意见》第90条进一步明确把“分割夫妻共有财产”归类为“在共同共有关系终止时，对共有财产的分割”。在此预设下，夫妻一方作为共有人之一，未经其他共有人同意而处分共有财产构成无权处分。

本文认为，夫妻共同所有完全不同于物权法上的共同共有。依据“资产分割（asset partitioning）理论”，[4] 作为“概括财产”的个人财产会在社会交往中发生多次资产分割而形成“特别财产”。例如，未婚者的概括财产因结婚而形成个人财产以及夫妻共同财产两类特别财产，相互之间形成区隔。[5] 与法人不同，除个体工商户和农村承包经营户外，夫妻共同体即家庭并非民事主体，因此，夫妻共同财产无法归属于不具有民事主体资格的家庭，在法技术上只能归属于夫妻共同所有。夫妻共同所有的对象并非特定财物，而是共同财产整体。夫或妻对共同财产整体价值享有的抽

---

〔1〕 参见贺剑:《夫妻财产法的精神——民法典夫妻共同债务和财产规则释论》,载《法学》2020年第7期;贺剑:《论婚姻法回归民法的基本思路　以法定夫妻财产制为重点》,载《中外法学》2014年第6期。

〔2〕 参见冉克平:《夫妻财产制度的双重结构及其体系化释论》,载《中国法学》2020年第6期。

〔3〕 王利明:《物权法研究》(上卷)(第3版),中国人民大学出版社2013年版,第722页。

〔4〕 See Henry Hansmann & Reinier Kraakman, *Organizational Law as Asset Partitioning*, European Economic Review, Vol.44, p.807-817(2000).

〔5〕 这种区隔具备重要实益。例如,夫妻连带债务的责任财产范围包括夫妻个人财产与夫妻共同财产,而夫妻共同债务的责任财产范围仅包括负债方的个人财产与夫妻共同财产。参见汪洋:《夫妻债务的基本类型、责任基础与责任财产——最高人民法院〈夫妻债务解释〉实体法评析》,载《当代法学》2019年第3期。

象份额在婚姻存续期间隐而不现，仅在婚内析产或离婚财产分割时才正式登场。[1]

物权法上的共同共有也以共同关系存续为前提，且采取类型法定，原则上当事人不得随意创设共同关系而成为共同共有人，[2] 得到法律承认的共同关系仅指夫妻、家庭、合伙以及共同继承人团体。[3] 如此说来，似乎共同共有与共同所有共享共同关系这一社会基础，但是二者的重要区别是，共同共有的客体并非共同财产的整体价值，而是共同财产中的特定财物。因为客体不同，夫妻共同所有不会也不可能自动转化为物权维度的共同共有。《物权法》第 93 条（《民法典》第 297 条）将《民法通则》第 78 条的“财产可以由两个以上的公民、法人共有”修改为“不动产或者动产可以由两个以上单位、个人共有”，便是对于共同共有客体是“不动产或者动产”等特定财物的明确表述。不存在共同关系时，多个权利主体只能在特定财物上成立按份共有，而存在共同关系时，其内部成员也可以通过约定，在例如夫妻共同所有范围内的特定财物上成立共同共有、按份共有甚至单独所有权，并通过登记等公示手段发生物权维度的效力。因此，夫妻共同所有是婚姻维度针对夫妻共同财产整体的归属概念，而共同共有是共同关系内部成员在物权维度针对特定财物的归属概念。

立法层面，我国现行规范的术语表述中大量存在区分共同所有与共同共有以及可能将夫妻共同所有解释为婚姻层面归属的例证。《民法典》婚姻家庭编第 1062 条保留了“夫妻的共同财产”“夫妻共同所有”的表述，未照搬物权编“共同共有”等术语，第 1062 条第 2 款继受了《婚姻法》第 17 条的表述，“夫妻对共同财产，有平等的处理权”而非对共同共有财物的处分权。《婚姻家庭编司法解释（一）》[4] 第 28 条更是明确把《婚姻法司法解

---

〔1〕 参见薛军：《〈物权法〉关于共同共有的规定在适用中的若干问题》，载《华东政法大学学报》2007 年第 6 期；戴永盛：《共有释论》，载《法学》2013 年第 12 期；裴桦：《关于共同共有两个基本问题的思考——兼评我国〈物权法〉相关条款》，载《甘肃政法学院学报》2008 年第 4 期。

〔2〕 参见戴孟勇：《物权法共有制度的反思与重构——关于我国〈物权法〉“共有”章的修改建议》，载《政治与法律》2017 年第 4 期。

〔3〕 参见黄薇主编：《中华人民共和国民法典物权编解读》，中国法制出版社 2020 年版，第 315 页。

〔4〕《最高人民法院关于适用〈中华人民共和国民法典〉婚姻家庭编的解释（一）》（以下简称《婚姻家庭编司法解释（一）》）。

释（三）》[1]第11条“夫妻共同共有的房屋”刻意修改为“夫妻共同所有的房屋”。

司法层面，已有大量裁判观点赞同不以产权登记状态决定特定财物在夫妻关系内部的归属状态。“因房屋权属发生争议，在确认房屋产权所有人时，应以查明的出资购房事实为依据，而不应以房屋权属登记为准。”[2]“登记在户主名下家庭共有财产，家庭成员请求确认共有权的，法院不应依物权登记推定效力否定真正物权人权利。”[3]“婚后一方父母部分出资购房，夫妻共同还贷，产权登记在出资人子女名下，离婚时应作为夫妻共同财产予以分割。”[4]虽然有的裁判意见未能精准运用相关术语，但已经有意识地从不同维度区分物权归属与婚姻归属。

我国现行法仅承认夫妻共同所有，父母子女关系并不必然形成父母子女共同财产。现代核心家庭中的子女通常指未成年子女，其并无独立的财产来源，名下财产一般皆为父母出资或赠与形成，在债务承担、强制执行等问题上法院并不严格区分夫妻共同财产与家庭共同财产，[5]家庭这一共同关系在物权维度亦能形成共同共有。另外债权作为一种财产性权利，在婚姻维度也可以成为夫妻共同财产，由双方共同所有。限于主题和篇幅，本文仅聚焦于夫妻身份形成的物权性质的婚姻财产。

（三）债权方案基础上的内外归属方案

比较法上提供了一系列婚姻财产的债权方案。例如，德国的作为法定财产制的“净益共同制”以及瑞士和我国台湾地区的“所得分配制”，夫妻仍然保留各自财产的单独所有权，独立管理和处分，处分权限受到一定限制，

---

〔1〕《最高人民法院关于适用〈中华人民共和国婚姻法〉若干问题的解释（三）》（以下简称《婚姻法司法解释（三）》，已失效）。

〔2〕陈枝辉编著：《婚姻家庭继承纠纷疑难案件裁判要点与依据》（上册），法律出版社2021年版，第497页。

〔3〕人民法院民事审判监督庭编：《审判监督指导》2015年第4辑（总第54辑），人民法院出版社2016年版，第163页。

〔4〕最高人民法院民事审判第一庭编：《民事审判指导与参考》2013年第2辑（总第54辑），人民法院出版社2013年版，第240页。

〔5〕参见最高人民法院民事裁定书，（2020）最高法民申6800号；黑龙江省哈尔滨市中级人民法院民事判决书，（2019）黑01民终9338号。

财产制不产生物权维度的效果，仅在离婚时所得财产有净值的前提下产生债权性质的盈余或净益分配请求权，德国法还通过提高继承份额实现净益补偿。差别在于德国法上婚后所有财产的增值都会被计入净益而在价值层面由夫妻共享，而瑞士法以及我国台湾地区仅计算类似于夫妻共同财产的所得财产在婚姻存续期间的增值。〔1〕可以发现，德国、瑞士和我国台湾地区的婚姻财产在本质上仍是分别财产制，因此，债权方案是当然选择。而我国实行夫妻共同财产制，债权方案是否仍然是最佳的规范模式？

夫妻共同所有不同于共同共有的结论，为我国法上适用债权方案提供了理论预设。但是，债权方案重在强调债权作为调整夫妻间财产关系的主要技术手段，立足于财产法上物债二分的视角，无法更好彰显出我国夫妻共同财产制下夫妻共同所有的归属性质。因此，本文在债权方案基础上提出内外归属方案，区分婚姻维度与物权维度两种归属状态。婚姻维度的归属状态包括夫或妻一方个人所有、夫妻共同所有及双方针对共同财产的抽象份额；物权维度的归属状态则包括共同共有、按份共有以及单独所有权。

婚姻维度的归属状态不同于《最高人民法院关于适用〈中华人民共和国民法典〉物权编的解释（一）》（以下简称《物权编司法解释（一）》）第 2 条中的“真实权利状态”。该条处理的是不动产物权权属争议，“不动产登记簿的记载与真实权利状态不符”的制度根源在于不动产登记仅具有权利推定效力，是对证明责任的分配，而登记的权属状态并不总是与真实物权状态相一致。“真实权利状态”与“不动产登记簿的记载”相对应，都是指物权维度的归属，不能把婚姻维度归属意义上特定财物的权利人视为与登记簿记载不符的所谓“真实权利人”。〔2〕

在价值判断层面，一方面，内外归属方案很大程度上隔绝了婚姻维度归

〔1〕参见《瑞士民法典》第 197 条、第 198 条、第 201 条、第 210 条、第 215 条、第 247 条，《德国民法典》第 1364 条、第 1373~1375 条、第 1378 条，我国台湾地区“民法”第 1017~1018 条、第 1030 条之 1。详细梳理参见贺剑：《论婚姻法回归民法的基本思路——以法定夫妻财产制为重点》，载《中外法学》2014 年第 6 期；[德] 迪特尔·施瓦布：《德国家庭法》，王葆莳译，法律出版社 2022 年版，第 113~115 页、第 141~155 页；林秀雄：《夫妻财产制之研究》，中国政法大学出版社 2001 年版，第 253 页以下。

〔2〕司伟：《论不动产登记与权属确认——兼论对〈物权法司法解释一〉第 2 条的理解》，载《法律适用》2016 年第 5 期。

属对交易相对人或者第三人的干扰和影响，有力保护了交易安全；另一方面，内外归属方案使夫妻之间各项财产归属安排直接发生婚姻维度的归属效力而不仅停留在债之关系上，换言之，夫妻间的财产归属安排不取决于物权维度的公示系统，由此进一步拓展了婚姻关系内部意思自治的范围和效力。另外，在处理夫妻之间的财产关系以及离婚利益矫正时，以婚姻维度的归属而非物权维度的归属为基准，相当于系统性引入婚姻法中保护婚姻存续期间以及离婚时的各项利益平衡机制，有利于对婚姻关系中弱势一方的保护。

婚姻维度的归属无法被简化为夫妻之间的债权债务关系，婚姻维度的归属在夫妻身份内部以及婚姻关系外部都产生法律效应。处理夫妻内部关系时以婚姻维度的归属为准据，如在赠与、继承等无偿性非交换所得场景下，依据赠与人或立遗嘱人的意思表示决定特定财物在夫妻内部的归属关系，物权维度的公示在哪一方名下不具有决定性意义；夫妻间赠与场合，婚姻维度的归属效力导致赠与人不再享有任意撤销权；婚姻维度的归属决定了夫妻一方是否有权请求另一方在物权维度配合完成转移或变更登记，且无须受限于债权请求权的诉讼时效。涉及婚姻关系之外的第三人利益时，婚姻维度的归属并非隐而不现。例如，夫妻一方单独处分共同财产时，即便在物权维度构成有权处分，婚姻维度的归属及其份额是配偶是否满足债权人撤销权行使要件的判断标准；夫妻中名义登记人的普通债权人申请执行房产时，该房产在婚姻维度的归属状态是影响配偶作为共有人还是约定产权人提出案外人执行异议阻却执行的路径和要件。

下文将通过婚姻关系内部引发婚姻财产归属变动的各种法律事实，以及婚姻关系外部涉及第三人利益保护的各种争议场景，检视内外归属方案的内部效应和外部效应。

二、内外归属方案的内部效应

（一）夫妻法定共同财产制

依据内外归属方案，夫妻共同财产制在婚姻维度直接发生效力，自婚姻登记开始，一方在婚姻存续期间所得的《民法典》第1062条列明的各项财产，经由“逻辑上的一秒”归入夫妻共同财产。对于有偿交易和法定之债等交换所得，交易相对人的意思和利益均止于交换，并不关心以及无法影响特定财物在婚姻维度的归属；而对于赠与、继承等无偿性的非交换所得，如父母为子女购房出资，由于出资或者受赠财物在婚姻维度的归属往往会决定相对人的赠与意愿，因此依据赠与人或立遗嘱人的意思表示决定特定财物在婚姻维度的具体归属效力更为合适。〔1〕

夫妻共同财产制是否在物权维度发生物权变动效力？《民法典》物权编第209条、第224条确立了基于法律行为的物权变动的公示原则，同时预留了“法律另有规定的除外”的但书，婚姻家庭编第1062条确立了夫妻法定共同财产制。支持直接发生物权变动的观点认为，应将法定财产制引发的物权变动归入上述条文但书囊括的范畴从而构成公示原则的例外，性质上属于非基于法律行为的物权变动模式。〔2〕鉴于家庭构成了社会生活的基本单元，当“例外”作为常规情形存在，必然导致大面积的“公示失灵”从而动摇了公示原则。〔3〕

法定财产制引发的物权变动是否应当归入基于法律行为的物权变动，需要考察共同财产制是否包含夫妻对于财产归属的意思表示。法定财产制始于缔结婚姻这一法律行为，可以被理解为夫妻缔结婚姻时对双方财产关系如何处理的默认规则，存在夫妻另行订立财产制约定以及特别财产约定，排除了法定财产制适用和效力的意思自治空间。因此，共同财产制文义上是一种“法定”财产制，实质上仍然体现了夫妻双方的意思自治，“法定”只是表征其默认或缺省规则的性质。法定财产制与约定财产制以及特别财产约定，在物权变动层面应当进行统一的法律评价。因此本文认为，夫妻共同财产制无法在物权维度直接发生归属效力，是否发生物权变动仍然应当遵循物权公示原则。

---

〔1〕 参见贺剑:《夫妻财产法的精神——民法典夫妻共同债务和财产规则释论》,载《法学》2020年第7期;汪洋:《婚姻关系中房产归属与份额的理论重构》,载《中德私法研究》第22卷,北京大学出版社2023年版,第78页。

〔2〕 参见裴桦:《夫妻财产制与财产法规则的冲突与协调》,载《法学研究》2017年第4期。

〔3〕 参见贺剑:《论婚姻法回归民法的基本思路——以法定夫妻财产制为重点》,载《中外法学》2014年第6期。

婚姻登记或曰夫妻身份在物权归属维度是否产生影响？一方面，进行婚姻登记时并无登记财产信息的可能，婚姻登记无力承载物权变动的公示功能。另一方面，物权公示系统是否具备将夫妻身份公示于外的可能性？占有和交付本身作为一种物权公示方式已备受争议，而叠加了共同占有认定则更为模糊，更无法直接从共同占有状态公示出夫妻身份。著作权和专利权作为特定人的智慧成果，与权利人人身无法分离，除了合作作者以及共同完成专利的人之外，不存在共有权利的情形。为了鼓励对作品和专利的利用，《民法典》第 1062 条第 1 款以及《婚姻家庭编司法解释（一）》第 24 条都规定作为夫妻共有财产的客体是“知识产权的收益”而非“知识产权”本身。不动产登记簿并不收录婚姻状态，夫妻共同房产可以登记在一方或者双方名下，特殊动产可以参照房屋登记为共同共有。[1] 如果登记在双方名下且明确了各自份额，则构成按份共有，如果共同房产登记在一方名下，在婚姻存续期间也可以登记加名即变更登记。2022 年修订的《妇女权益保障法》第 66 条第 2 款前半段规定“对夫妻共同所有的不动产以及可以联名登记的动产，女方有权要求在权属证书上记载其姓名”。该条意味着是否登记为双方不影响在婚姻维度将不动产界定为夫妻共同所有。即便登记为共同共有，我国法律规定合伙以及共同继承等共同关系也可以登记为共同共有。综上所述，依据登记系统无法推出是否存在婚姻关系。

婚姻财产除了积极财产也包括消极财产即债务，在内外归属方案下，先依照《民法典》第 1064 条判定夫妻债务的具体性质是连带债务、共同债务还是个人债务，然后在债务所对应的责任财产范围内清偿，责任财产范围对应的便是婚姻维度的归属而非物权维度的归属。具体而言，连带债务的责任基础在于多数人之债，大额债务需要夫妻共同意思表示，小额债务需要满足“家庭日常生活”这一日常家事代理的范畴，责任财产范围包括夫妻双方的个人财产与全部夫妻共同财产。共同债务的责任基础在于夫妻法定共同财产制，为夫妻一方以个人名义所负债务，但应满足为夫妻共同生活或共同生产经营等家庭利益的需要，责任财产范围包括负债方的个人财产与全部夫妻共同财

---

〔1〕 参见《机动车登记规定》第 19 条、《船舶登记条例》第 5 条、《民用航空器权利登记条例》第 10 条。

产。其他的夫妻债务为夫妻一方的个人债务，责任财产范围包括负债方的个人财产与负债方在夫妻共同财产中的相应份额。[1]

（二）夫妻财产制约定与特定财产约定

《婚姻法》第 19 条首次规定了夫妻财产约定，并为《民法典》第 1065 条继受。该条客体既包括夫妻共同财产及个人财产的全部或部分份额，也可以涵盖夫妻共同财产及个人财产中的特定财物。[2] 形式上容纳了夫妻之间各种财产分配和处分行为，既包括财产制约定，也包括夫妻间赠与、夫妻间借款、婚内财产分割协议等各类夫妻特定财产约定。[3] 前者及于全部婚姻财产且面向未来发生效力，目的在于排除或部分排除法定财产制的适用，类似于一种继续性合同；[4] 而后者的范围和效力仅及于婚姻关系中的特定财物，涉及赠与、借款以及共有物分割协议等一次性合同，[5] 与法定财产制兼容，最大限度地满足夫妻调整婚姻财产关系的多元需求。

夫妻财产约定存在身份契约、[6] 物权契约、赠与合同以及特殊财产契约等不同定性，[7] 同样存在物权效力抑或债权效力的分歧。物权方案认为，夫妻特定财产约定这一家庭领域的法律行为应区别于市场经济语境下的财产交易行为，无须登记即发生物权变动效力。[8] 而夫妻财产制约定体系上应当与夫妻法定财产制保持一致，婚姻这一法律事实本身具备确证权利变动的正当性，属

---

〔1〕 参见汪洋:《夫妻债务的基本类型、责任基础与责任财产》,载《当代法学》2019 年第 3 期。

〔2〕 参见史尚宽:《亲属法论》,中国政法大学出版社 2000 年版,第 341 页。

〔3〕 参见黄薇主编:《中华人民共和国民法典婚姻家庭编解读》,中国法制出版社 2020 年版,第 126 页;陈永强:《夫妻财产归属约定的法理明晰及规则适用》,载《中国法学》2022 年第 2 期。

〔4〕 参见胡康生主编:《中华人民共和国婚姻法释义》,法律出版社 2001 年版,第 73 页;姚邢、龙翼飞:《〈民法典〉关于夫妻间财产协议的法律适用》,载《法律适用》2021 年第 2 期。

〔5〕 参见吴晓芳:《〈民法典〉婚姻家庭编涉及的有关争议问题探析》,载《法律适用》2020 年第 21 期。

〔6〕 参见史尚宽:《亲属法论》,中国政法大学出版社 2000 年版,第 340 页;姚辉:《夫妻财产契约中的物权变动论》,载《人民司法(案例)》2015 年第 4 期。

〔7〕 参见薛宁兰、谢鸿飞主编:《民法典评注 · 婚姻家庭编》,中国法制出版社 2020 年版,第 245 页。

〔8〕 参见王忠、朱伟:《夫妻约定财产制下的不动产物权变动》,载《人民司法(案例)》2015 年第 4 期;许莉:《夫妻财产归属之法律适用》,载《法学》2007 年第 12 期;冉克平:《夫妻之间给予不动产约定的效力及其救济——兼析〈婚姻法司法解释(三)〉第 6 条》,载《法学》2017 年第 11 期;山东省青岛市中级人民法院民事判决书,(2015)青民五终字第 1307 号。

于非基于法律行为发生的物权变动。[1] 若要求夫妻严格遵循市场主体之间交易所需的物权公示程序，在实际家庭生活中则容易动摇夫妻间信任、包容以及和睦融洽的家庭关系。[2] 但是与法定财产制中的问题类似，目前并无针对夫妻财产约定的登记公示系统。有的法院审理指南在物权方案基础上采取公示对抗主义。[3] 值得注意的是，《德国民法典》第 1412 条曾经规定，夫妻一方在约定财产制经夫妻财产制登记簿登记或者为交易第三人所知时才享有针对第三人的抗辩。但据学者刘征峰介绍，2022 年该条经过修订后，删除了在夫妻财产制登记簿登记这一不经济且无效率的要求，保留了第三人知道或因重大过失不知情形下的抗辩。而债权方案认为，《民法典》第 1065 条第 2 款的用语是合同编通常表述的约定“对双方具有法律约束力”而非物权编通常表述的“发生效力”，因此，夫妻财产约定仅对双方有债法约束力更符合立法本意。[4]

依据内外归属方案，物权维度以登记等公示状态判断是否发生物权变动，夫妻财产约定不直接导致物权变动。《民法典》第 1065 条第 3 款“相对人知道该约定的”并非影响物权变动的“知情标准”，仅仅影响夫妻一方对外负债的责任财产范围。婚姻维度，夫妻财产约定在夫妻关系内部直接发生效力，相应财产份额或者特定财物依据双方约定归入夫妻共同财产或者一方个人财产。婚姻维度与物权维度的归属并非不可通约，夫妻一方可基于婚姻维度确定的归属，在物权维度请求另一方转移或变更登记，[5] 且不发生请求权罹于时

---

〔1〕 参见刘耀东：《论基于夫妻财产制契约发生的不动产物权变动——非基于法律行为的物权变动解释路径》，载《甘肃政法学院学报》2016 年第 3 期；龙御天：《夫妻财产约定的法律适用考析》，载《重庆社会科学》2018 年第 3 期；唐某诉李某某、唐某乙法定继承纠纷案，载《最高人民法院公报》2014 年第 12 期。

〔2〕 参见王轶、蔡蔚然：《基于婚内财产分割协议的物权变动》，载《国家检察官学院学报》2023 年第 2 期。

〔3〕 江苏省高级人民法院《家事纠纷案件审理指南（婚姻家庭部分）》（2019 年）第 27 条规定，夫妻双方订立的夫妻财产制契约“不宜以所有权登记作为确认不动产物权的唯一依据。但未办理转移登记不能对抗善意第三人”。

〔4〕 参见贺剑：《夫妻财产法的精神——民法典夫妻共同债务和财产规则释论》，载《法学》2020 年第 7 期；贺剑：《论婚姻法回归民法的基本思路——以法定夫妻财产制为重点》，载《中外法学》2014 年第 6 期；吴晓芳：《〈民法典〉婚姻家庭编涉及的有关争议问题探析》，载《法律适用》2020 年第 21 期。

〔5〕 参见最高人民法院民事裁定书，（2016）最高法民申 2246 号。

效问题。[1]若约定内容与登记内容不一致，例如，约定妻子对房产拥有八成份额，丈夫仅占二成，但登记为双方共同共有或者平均按份共有，涉及第三人利益时，依据决定物权归属的登记内容，而婚内析产或者离婚房产分割时，依据决定婚姻归属的约定内容。[2]

适用内外归属方案的前提，尚须考察该约定是否与夫妻身份或家庭生活相关。夫妻间订立的是纯粹财产性合同还是与夫妻身份相关的财产约定，可以从财产约定与婚姻关系是否具有关联性、结构性和现时性三点特征进行判断。[3]若约定内容蕴含了夫妻双方对于家庭维护、养育子女等物质性和精神性因素的评价和补偿，体现了伦理性色彩，[4]则应当认定为与夫妻身份相关的财产约定，发生婚姻维度的效力，并依据《民法典》第464条第2款参照适用财产法规则。反之，则作为纯粹财产性合同直接而非参照适用财产法规则。

以夫妻间赠与为例，依据内外归属方案，夫妻间赠与合意达成，直接发生婚姻维度的归属效力，约定房产加名的，房产性质已经从赠与方个人财产转化为夫妻共同财产，赠与人不再享有任意撤销权。[5]换言之，鉴于夫妻间赠与以婚姻关系长期存续以及双方共同生活为预设前提，一方面，夫妻间赠与无须存在物权维度移转或变更登记这样一个履行行为，不过在物权维度与普通赠与作相同处理，房产权属仍应通过移转或变更登记完成物权变动。[6]受赠方有权在婚姻存续期间或离婚时请求赠与方协助完成移转或变更登记。另一方面，夫妻间赠与中对于赠与方的救济措施比普通赠与更广，若因受赠方重大过错导致离婚，赠与方可行使法定撤销权；若受赠方提出离婚且赠与方无

---

〔1〕参见王轶、蔡蔚然：《基于婚内财产分割协议的物权变动》，载《国家检察官学院学报》2023年第2期。

〔2〕参见汪洋：《夫妻特定财产约定的效力与类型——以程青诉汪军离婚房产纠纷案为切入点》，载《中国社会科学院大学学报》2023年第7期。

〔3〕参见申晨：《〈民法典〉视野下婚内协议的效力认定》，载《法学评论》2021年第6期。

〔4〕参见陈永强：《夫妻财产归属约定的法理明晰及规则适用》，载《中国法学》2022年第2期。

〔5〕参见山东省青岛市中级人民法院民事判决书，(2015)青民五终字第1307号；北京市第三中级人民法院民事判决书，(2014)三中民终字第06092号。

〔6〕参见最高人民法院民事审判第一庭编著：《最高人民法院民法典婚姻家庭编司法解释(一)理解与适用》，人民法院出版社2021年版，第303页。

过错，赠与方可主张情事变更并要求返还受赠财产。[1]

（三）离婚财产分割或给予协议

依据《民法典》第1076条第2款的规定，离婚协议的内容包括自愿解除婚姻关系、子女抚养、财产及债务处理等事项，是一种兼具人身性和财产性的混合协议。离婚协议中涉及婚姻财产的内容，包括分割夫妻共同财产以及将个人财产给予另一方两种情形：第一种情形涵盖夫妻约定共同财产的份额或者特定财物归属于一方或者子女；第二种情形涵盖一方将部分个人财产给予另一方或子女，或者将个人财产中特定财物约定为双方按份共有。虽然《民法典》第1087条把离婚协议处理的客体范围限定为“夫妻的共同财产”而不包含一方个人财产，但是第1076条对离婚协议的内容表述为“财产”而不限于夫妻共同财产，鉴于一方将个人财产给予另一方在离婚中相当常见，因此，个人财产不应被剔除出前述条款的规制范围。

有观点认为，离婚协议中对特定财产权属的约定本质上也属于普通赠与，赠与方享有任意撤销权；[2]相反观点认为成立具有道德性质的特殊赠与叠加了身份法律行为，因此，无任意撤销权的适用空间。[3]事实上，离婚协议涉及子女抚养等法定义务的履行，协议中财产部分与子女抚养、共同债务清偿以及离婚损害赔偿等其他部分互为前提和因果，[4]不能简单视为赠与，而是需要根据离婚协议的整体性安排作出判断。与其纠结于赠与合同任意撤销权，不如将离婚财产协议理解为继续性关系解除时对夫妻共同财产和个人

---

〔1〕 参见[德]迪特尔·施瓦布：《德国家庭法》，王葆莳译，法律出版社2010年版，第164页；田韶华：《夫妻间赠与的若干法律问题》，载《法学》2014年第2期；叶名怡：《夫妻间房产给予约定的性质与效力》，载《法学》2021年第3期。

〔2〕 参见陈敏、杨惠玲：《离婚协议中房产归属条款相关法律问题探析》，载《法律适用》2014年第7期。

〔3〕 参见许莉：《离婚协议效力探析》，载《华东政法大学学报》2011年第1期；肖峰、田源主编：《婚姻家庭纠纷裁判思路与裁判规则》，法律出版社2017年版，第233页。另参见《北京市高级人民法院民一庭关于审理婚姻纠纷案件若干疑难问题的参考意见（2016）》以及《江苏省高级人民法院婚姻家庭案件审理指南（2010年）》。

〔4〕 参见最高人民法院民事审判第一庭编：《婚姻家庭案件审判指导》，法律出版社2018年版，第113页；冉克平：《〈民法典〉视域中离婚协议的夫妻财产给与条款》，载《当代法学》2021年第6期。

财产的合意清算。〔1〕

我国没有离婚财产协议登记制度，《婚姻登记档案管理办法》仅规定办理离婚登记后的归档处理，出于保护家庭成员隐私等伦理价值层面的考量，档案保管部门不得公开协议内容，离婚当事人和公检法等国家机关之外的主体只有经主管机关审核后方可查阅档案内容。〔2〕由此也免去了协调不动产登记与离婚财产协议登记两套制度的难题，仅需考察离婚财产协议未经物权公示是否导致物权变动。协议离婚中引发物权变动的既非离婚这一法律事实，也非法律直接规定，而是双方订立离婚财产协议这一法律行为。离婚财产协议对于婚姻财产可能进行极为复杂的权属分配，离婚这一法律事实本身无法容纳复杂的财产权属分配的公示需求，离婚财产协议属于基于法律行为发生的物权变动更为合理。

离婚财产协议与婚内夫妻财产约定相同之处在于均为对婚姻财产的分配，不同之处在于缔约动机有别。前者以夫妻身份关系的解除为前提，离婚后方才发生效力，因此离婚财产协议不存在婚姻维度的归属问题。就物权维度而言，既然婚姻存续期间的夫妻财产约定不能直接发生物权变动，举重以明轻，离婚财产协议更应避免双方离婚后因权属模糊催生纠纷，采用公示生效主义方能最大程度满足双方明晰各自产权归属的需求。〔3〕近年来最高人民法院裁判意见和不少学界观点都赞同离婚财产协议仅发生债权效力。〔4〕《婚姻家庭编司法解释（一）》第69条第2款也明确规定，离婚协议中关于财产分割的条款，无论是否完成转移登记，在男女双方之间已经产生了法律约束力。该法律约束力便是指债权效力。而在实践中一些当事人为了达到迅速离婚的目的，

---

〔1〕 参见陆青：《离婚协议中的“赠与子女财产”条款研究》，载《法学研究》2018年第1期；叶名怡：《离婚房产权属约定对强制执行的排除力》，载《法学》2020年第4期；冉克平：《民法典视域中离婚协议的夫妻财产给与条款》，载《当代法学》2021年第6期。

〔2〕 参见《婚姻登记档案管理办法》（民政部、国家档案局令〔2006〕第32号）第7条、第15条。

〔3〕 参见夏江皓：《形式主义模式下离婚财产分割协议的物权变动》，载《法学》2022年第3期。

〔4〕 参见最高人民法院民事判决书，（2015）最高法民一终字第150号；最高人民法院民事判决书，（2017）最高法民终42号；《钟永玉与王光、林荣达案外人执行异议纠纷案》，载最高人民法院办公厅编：《最高人民法院公报》（2016年卷），人民法院出版社2017年版，第338~345页；叶名怡：《夫妻间房产给予约定的性质与效力》，载《法学》2021年第3期；冉克平：《〈民法典〉视域中离婚协议的夫妻财产给与条款》，载《当代法学》2021年第6期。

在离婚协议中提出少要甚至不要共同财产的承诺，一旦离婚目的达成，又单独就财产分割问题向法院起诉。[1]而债权效力意味着，离婚协议既有形式拘束力，各方不能任意变更或撤销协议内容；又有实质拘束力，一方有权请求另一方履行协议内容。

三、内外归属方案的外部效应

内外归属方案的难点在于，婚姻维度的归属在婚姻关系外部也会发生法律效应，以下从夫妻一方单独处分共同财产和夫妻共同所有的股权两个问题展开。

（一）夫妻一方单独处分共同财产

1. 处分权限的缺失与解决路径

首先需要厘清夫妻共同财产制下夫妻一方的处分权限。在物权方案下，夫妻共同所有等同于共同共有，无论共同财产中的特定财物公示在双方或一方名下，一方单独处分都构成无权处分。

一种解决路径是通过表见代理补足处分权限。例如，江苏省高级人民法院的审理指南采取《最高人民法院关于适用〈中华人民共和国婚姻法〉若干问题的解释（一）》（已失效，以下简称《婚姻法司法解释（一）》）第17条第2项“有理由相信其为夫妻双方共同意思表示”的思路，同时认为需要“审查当事人先前行为是否足以造成确信（在场未表示反对）、是否从公开场所取得（通过中介）、手续是否齐备（本人在场、证件原件、授权委托书）等予以综合判断”，[2]而不能仅以夫妻关系推定构成表见代理。司法实践中还具有典型性的一类案情是夫妻作为出卖人有意仅由一方签订买卖合同，如果履行过程中房地产市场价格继续上涨，便以买卖未经夫妻双方同意

〔1〕参见最高人民法院民事审判第一庭编著：《最高人民法院民法典婚姻家庭编司法解释（一）理解与适用》，人民法院出版社2021年版，第602页。

〔2〕参见江苏省高级人民法院《家事纠纷案件审理指南（婚姻家庭部分）》（2019年）第40条。

为由拒绝履行合同。[1] 这意味着需要对夫妻共同意思表示的内容进行实质性甄别。

另一种解决路径是通过善意取得或者不动产登记簿公信力保护无权处分中的善意交易相对人。问题是如何判断交易相对人的善意？根据婚姻状况判断善意的观点认为，依据夫妻共同财产制，交易一方已婚叠加房屋为婚后购买这两项法律事实，足以公示出房屋为夫妻共同所有，交易相对人知悉的不构成善意。但是上述两项法律事实的判断充斥着不确定性。例如，婚姻状况虽登记但并不对外开放查询。又如，夫妻订立无须公示的财产约定将共同财产中特定财物转为个人财产，交易相对人如何知悉这些信息？强加给交易相对人查询义务而增加交易成本是否正当？如果既无义务查询也无法查询，则根据婚姻状况判断善意不可行。根据物权公示状况判断善意的便是《民法典》第 311 条规定的善意取得。《婚姻家庭编司法解释（一）》第 28 条第 1 款“一方未经另一方同意出售夫妻共同所有的房屋”[2] 可以容纳三种情形：第一种是双方为登记权利人时一方擅自处分；第二种是非登记权利人一方擅自处分；第三种是登记权利人一方擅自处分。[3] 在物权方案下这三种情形都属于无权处分，但第 28 条第 1 款仅适用于第三种情形，因为交易相对人对登记簿的信赖构成善意。当然，构成善意取得要求“已经办理权属转移登记”，在另一方未予追认前，交易相对人要求无权处分人办理过户登记的请求无法得到支持，[4] 仅有权要求无权处分人承担其他形式的违约责任。

综上所述，物权方案相当于在物权公示标准之外叠加了夫妻共同财产制标准，两个标准不符其一皆构成无权处分，婚姻财产的存在人为扩展了无权处分的认定和适用空间，增加了交易相对人与已婚者的交易成本，严重干扰交易安全。

---

〔1〕 参见《深圳市中级人民法院关于房屋买卖合同纠纷案件的裁判指引》(2014 年修订)第 24 条。

〔2〕《婚姻家庭编司法解释(一)》第 28 条第 1 款:一方未经另一方同意出售夫妻共同所有的房屋，第三人善意购买、支付合理对价并已办理不动产登记，另一方主张追回该房屋的，人民法院不予支持。

〔3〕 参见最高人民法院民事审判第一庭编著:《最高人民法院民法典婚姻家庭编司法解释(一)理解与适用》，人民法院出版社 2021 年版，第 265 页。

〔4〕 参见《深圳市中级人民法院关于房屋买卖合同纠纷案件的裁判指引》(2014 年修订)第 25 条。

而在债权方案以及内外归属方案下，只须从物权维度认定无权处分，无须虑及夫妻财产制的影响。仅当夫妻一方擅自处分登记在另一方名下或者双方名下的特定财物时才构成无权处分，因此，上述三种情形中第三种情形变为了有权处分，第28条第1款仅适用于前两种情形。但是不动产交易中受让人的善意指信赖登记簿上的权利记载，在前两种情形中几乎无法构成善意，这意味着第28条第1款是以物权方案作为理论预设，立法论层面应被删除。夫妻一方擅自处分共同财产在物权维度构成无权处分的，只能通过表见代理路径补足处分权限。

2. 有权处分时对配偶利益的救济：兼论执行异议的救济路径

在物权维度下，夫妻一方单独处分共同财产如果构成有权处分，则下一步需要考察该有权处分在婚姻维度是否侵害到配偶的财产权益。对此需要区分有偿交易与无偿或者低价处分两种情形。有偿交易情形下，夫妻共同财产仅发生形态上的变化，经济利益由不动产实物形态转化为货币或其他财产形式，整体并未受损，也不会影响到婚姻生活的正常维系，配偶利益无须救济。〔1〕深圳市中级人民法院的裁判指引便认为，有偿交易中，即使认定夫妻双方均应承担协助办理过户登记的义务，也不会损害未签约一方利益。〔2〕

而无偿或低价处分情形下，夫妻共同财产整体受损，配偶利益如何救济？潜在共有方案提出基于婚姻关系的财产处分限制，认为不论是否有权处分以及客体是否为夫妻共同财产，只要该处分导致婚姻生活无法正常延续，如对外转让家庭唯一住所，都需要配偶同意或追认，以达到优先保护配偶利益的需要。〔3〕有学者提出“婚姻住宅”概念，当住宅作为家庭住所，无论所有权人是谁，对住宅的处分都要避免配偶陷入无房居住的困境。〔4〕《德国民法典》

---

〔1〕 参见贺剑：《夫妻财产法的精神——民法典夫妻共同债务和财产规则释论》，载《法学》2020年第7期。

〔2〕 参见《深圳市中级人民法院关于房屋买卖合同纠纷案件的裁判指引》（2014年修订）第24条。

〔3〕 参见黄诗怡：《婚前按揭房的所有权归属及其离婚时的分割》，载《东南大学学报（哲学社会科学版）》2019年6月第21卷增刊；龙俊：《夫妻共同财产的潜在共有》，载《法学研究》2017年第4期。

〔4〕 参见田韶华：《婚姻住宅上非产权方配偶利益的法律保护——兼评〈婚姻法司法解释（三）〉中的涉房条款》，载《法学》2011年第12期。

第1365条和第1369条为了确保配偶利益，对夫妻各自的全部或大宗财产以及用于婚姻家庭生活的物品进行了若干处分限制。[1]《法国民法典》第215条第3款也规定："在未经另一方配偶同意的情况下，任何一方配偶都不能行使涉及保障家庭住所以及家庭住所内设置的动产家具的相关权利。"配偶有权在知道该处分行为后一年内主张无效。[2]有的裁判观点直接认定无偿处分无效。[3]基于婚姻关系的财产处分限制固然可以作为救济理由，但在我国实证法中并无这一概念，且其背后的逻辑仍然是试图通过婚姻维度的价值穿透影响物权维度的处分效力。最高人民法院也认为实践中对家庭生活用房作例外规定很难操作，如果交易相对人耗尽财产仍无法取得房屋，却放任配偶以家庭生活用房为由追回别墅、公寓等豪华住宅，与社会一般观念不符。特殊情形下为保护生存配偶的居住利益，可通过民事执行程序中对唯一住房不予执行来实现。[4]

本文认为，夫妻共同财产制原则上预设夫妻各享有共同财产半数抽象份额，夫妻还可以通过约定财产制以及特定财产约定，分配婚姻维度各自在共同财产以及特定财物上的归属及份额。如果一方单独处分的特定财物价值不及该方在共同财产上享有的抽象份额，则配偶所受损失，离婚时有权依据《婚姻家庭编司法解释（一）》第28条第2款请求另一方损害赔偿，[5]也可以在离婚时主张另一方不分或少分夫妻共同财产，这都足以达到救济目的。只有当单独处分的特定财物价值超过该方在共同财产上享有的抽象份额，或者单独处分的特定财物在婚姻维度归属于配偶一方，才实质性危及配偶的利益，价值排序上应优先保护配偶。救济路径上，对于无偿或低价处分情形下的负

---

〔1〕参见［德］迪特尔·施瓦布：《德国家庭法》，王葆莳译，法律出版社2022年版，第128~135页。

〔2〕参见［法］科琳·雷诺－布拉尹思吉：《法国家庭法精要》（第17版），石雷译，法律出版社2019年版，第67页。

〔3〕参见河南省洛阳市涧西区人民法院民事判决书，（2003）涧民一初字第604号。

〔4〕参见《最高人民法院民一庭负责人就〈关于适用中华人民共和国婚姻法若干问题的解释（三）〉答记者问》，载杜万华主编：《解读最高人民法院司法解释、指导性案例·民事卷（上）》，人民法院出版社2016年版，第190~191页；最高人民法院民事审判第一庭编著：《最高人民法院民法典婚姻家庭编司法解释（一）理解与适用》，人民法院出版社2021年版，第278页。

〔5〕《婚姻家庭编司法解释（一）》第28条第2款："夫妻一方擅自处分共同所有的房屋造成另一方损失，离婚时另一方请求赔偿损失的，人民法院应予支持。"

担行为，有裁判意见认为可根据案件事实认定交易双方构成恶意串通，〔1〕从而导致负担行为无效。从处分行为角度，需要区分是否办理过户登记提供不同的救济措施。

如果尚未办理过户登记，作为有权处分，交易相对人自然有权要求登记一方过户以履行合同，有观点认为为了确保交易相对人的继续履行请求权，需要否认登记错误的可能性，从而在婚姻身份下构成了区别对待。〔2〕本文认为，婚姻维度和物权维度的归属不一致有很多原因，也可能是基于夫妻的意思表示刻意为之，因此不应从登记错误的角度定性和观察。从强制执行法角度救济更为便捷，第一种情形，夫妻一方的普通债权人请求强制执行登记在双方名下的共同房产时，配偶作为共有人有权依据《最高人民法院关于人民法院民事执行中查封、扣押、冻结财产的规定》（以下简称《查封、扣押、冻结财产的规定》）第 12 条第 2~3 款主张“先析产、后执行”，或依据共有份额主张房屋拍卖所得价款中的相应部分。〔3〕第二种情形，若共同房产仅登记在一方名下，另一方提起确权之诉确定享有份额后得主张先析产、后执行。最高人民法院在 2022 年《民事强制执行法（草案）》第 173 条明确放弃诉讼析产模式，改采执行析产模式，〔4〕虽然提高了执行效率，但过度扩展了执行权限，若适用则应当严格按照资金来源确认婚姻维度夫妻对于房产的归属份额。第三种情形，若夫妻约定房产仅归属于一方但仍登记在另一方名下，名义登记人的普通债权人请求强制执行房产，既然《查封、扣押、冻结财产的规定》第 15 条和《最高人民法院关于人民法院办理执行异议和复议案件若干问题的规定》（以下简称《执行异议和复议规定》）第 28 条承认了房产买受人有权排

〔1〕参见陈枝辉编著：《婚姻家庭继承纠纷疑难案件裁判要点与依据》（上册），法律出版社 2021 年版，第 354 页。

〔2〕参见孙维飞：《家庭伦理、婚姻身份与法律——对〈婚姻关系中房产归属与份额的理论重构〉一文的评议》，载《中德私法研究》第 22 卷，北京大学出版社 2023 年版，第 103 页。

〔3〕参见最高人民法院民事裁定书，（2017）最高法民申 2083 号；王轶、蔡蔚然：《基于婚内财产分割协议的物权变动》，载《国家检察官学院学报》2023 年第 2 期。

〔4〕《民事强制执行法（草案）》第 173 条：人民法院查封被执行人与他人的共同共有财产，应当及时通知被执行人和共有人。（第 1 款）共有人在收到通知之日起十五日内，与被执行人协议分割并经申请执行人认可的，人民法院可以依据本法第一百七十一条第二款规定处理。（第 2 款）未在前款规定期限内协商一致的，人民法院可以处置共同共有财产。所得执行款按照被执行人和共有人出资额占比进行分配；不能确定出资额的，等额均分。（第 3 款）

除强制执行，举轻以明重，法律地位优于房产买受人的约定产权人也有权排除强制执行，最高人民法院近些年对此予以认可，〔1〕因此，约定产权人可在类推适用《执行异议和复议规定》第 28 条相关要件基础上提出执行异议阻却执行。第四种情形，约定产权人的普通债权人请求强制执行房产，该情形下物权维度房产被过户登记至约定产权人名下只是时间问题，应当穿透物权公示，更应注重内部实质财产权益的归属，不应赋予名义登记人阻却执行的权利。约定产权人的普通债权人还有权代位请求名义登记人办理过户登记。更具体的分析限于篇幅，另文专述。

如果已经办理过户登记，存在类推适用债权人撤销权的空间，单独处分共同财产一方对配偶负有赔偿义务，配偶作为赔偿义务方的债权人，有权撤销相应处分。有观点认为，鉴于夫妻离婚或一方死亡时有多少共同财产面临巨大的不确定性，债权人撤销权构成要件中“影响债权实现”难以判断。〔2〕本文认为，不同于财产法上债权人撤销权旨在平衡债权人、债务人以及相对人三方独立市场主体的利益，在本文讨论的情形下，债权人和债务人是夫妻身份并且叠加了共同财产这一特别财产，实现债权关联着未来离婚时夫妻共同财产的分割以及离婚损害赔偿，意味着债权本身不可避免存在不确定性，因而对“影响债权实现”应作宽松认定。既然价值排序上已经明确优先保护配偶而非无实际损失的交易相对人，则交易时“赠与或低价转让的财产价值超过共同财产一半份额以上或者超出婚姻维度处分方的归属份额”只是一种形式化的判别标准，只要配偶证明赠与或低价转让的财产是夫妻共同财产中的重要组成部分如不动产，或者该特定财物在婚姻维度已经归属于配偶，债权人撤销权要件即告成立。配偶行使撤销权后，处分方与相对人之间另行处理违约责任问题。

---

〔1〕 参见最高人民法院民事判决书，(2015)民一终字第 150 号；最高人民法院民事裁定书，(2016)最高法民申字第 2246 号；最高人民法院民事判决书(2017)最高法民终字 42 号；最高人民法院民事判决书(2018)最高法民终字第 462 号。

〔2〕 孙维飞：《家庭伦理、婚姻身份与法律——对〈婚姻关系中房产归属与份额的理论重构〉一文的评议》，载《中德私法研究》第 22 卷，北京大学出版社 2023 年版，第 100 页。

（二）夫妻内部转让或单独处分共同所有的股权

如果在家庭共同体之上再嵌套一个公司组织体，如何协调夫妻作为两个个体与家庭以及公司两个团体的不同利益诉求？依照哪个团体的组织规则方能实现各自的组织目标并且提升财产利用效率？实践中突出体现为夫妻内部转让或单独处分共有股权引发的疑问和争议。

1. 夫妻共同所有股权的内外归属方案

夫妻之间有多种途径可形成共同所有的股权，第一种途径是一方以夫妻共同财产出资参与公司设立，股权作为共同财产的转化形式，也归属于夫妻共同所有；第二种途径是夫妻一方婚后通过受让、继承、接受赠与、股权激励、企业改制等方式获得股权，依据《民法典》第1062条法定共同财产制而归入共同财产；第三种途径是双方订立夫妻财产约定，依据《民法典》第1065条第1款将一方所有的股权转化为夫妻共有股权。无论是夫妻共同所有的股权还是一方所有的股权，婚姻存续期间股权的财产收益性质上属于经营、投资收益，归入夫妻共同财产。《婚姻家庭编司法解释（一）》第73条规定，“人民法院审理离婚案件，涉及分割夫妻共同财产中以一方名义在有限责任公司的出资额……按以下情形分别处理”。依据文义，分割的客体是“出资额”而非“股权”，由此引发夫妻共同所有的股权客体的争议。

股权是一套复合性的权利束，[1]既包括社员权性质的管理性权利，如表决权、股东会召集权、查阅权、提案权、质询权等，又被称为股东权利，适用《公司法》等商法规则，需要符合组织性及人合性诉求，构成公司对外交易秩序中的信赖基础外观。股权也包括股息红利收益、股权转让收益和公司剩余财产分配等财产性权利，又被称为股权权属，多适用财产法规则。[2]股东权利与股东资格挂钩，股东资格的认定不单单取决于实际出资，还与股东名册以及工商登记相关。《公司法》第32条第2款规定股东权利仅能由记载于股东

---

〔1〕《公司法》第4条第2款规定：公司股东依法享有资产收益、参与重大决策和选择管理者等权利。

〔2〕参见王涌、旷涵潇：《夫妻共有股权行使的困境及其应对——兼论商法与婚姻法的关系》，载《法学评论》2020年第1期；王湘淳：《论夫妻股权的渐进式分层共有》，载《清华法学》2023年第1期。

名册的股东行使。股东名册备置于公司或者中国证券登记结算公司，[1]仅具备股权归属和确认的内部效力即推定力。股东资格还需要经过市场监管部门负责的工商登记或者中国证券登记结算公司集中登记存管，经过登记的股东资格具备外部效力即对抗力，成为维系商事交易安全和组织法运行秩序的重要基石。[2]具体到夫妻共同所有的股权问题上，《公司法》和《公司登记管理条例》对是否可以登记共有股权未置一词，《证券法》第166条规定的账户实名制要求投资者个人开立的证券账户只能对应一个有效证件号码，无法开立夫妻共有账户。在我国商事登记实践中，市场监管部门仅允许将股权登记在一人名下，因此夫妻共有股权无法在股权登记中真正落实。[3]

除了夫妻身份，继承、合伙以及共同认购等情形下均可能形成股权共有关系，但是从公司治理角度观察，共有关系催生的共有人内部决策机制必然会增加公司决策的成本和不确定性，因而有观点认为股东权利行使应当屏蔽所有共有关系类型。[4]人合性的有限责任公司真正关切的是行权的股东是谁，而涉及隐名股东和共有股权等真实出资来源问题在股权权属层面由财产法规则处理即可。因此，目前将共有股权仅登记在一方名下的商事登记实践，符合公司治理的效率面向。即便允许共有股权登记的立法例，[5]也往往要求确定其中一人行使股东权利，避免其他共有人的意见分歧影响公司决策。[6]

综上所述，夫妻共同所有的股权的理想模式是分离股权中管理性的股东权利与收益性的股权权属，内外归属方案同样可以适用于夫妻共同所有的股

〔1〕 有限责任公司和非公众股份有限公司的股权、非上市公众公司发行的非公开转让的股份，股东名册置备于公司；上市公司和非上市公众公司公开转让的、已在中国证券登记结算公司登记的股票，由中国证券登记结算公司定期提供股东名册。

〔2〕 参见赵玉：《夫妻股权归属及其单方处分效力的认定》，载《环球法律评论》2022年第3期。

〔3〕 参见王涌、旷涵潇：《夫妻共有股权行使的困境及其应对——兼论商法与婚姻法的关系》，载《法学评论》2020年第1期。

〔4〕 参见楼秋然、陈华舒：《夫妻共有股权的行使》，载《人民司法（应用）》2021年第7期。

〔5〕 参见《德国有限公司法》第18条，《德国股份法》第69条，《瑞士债法典》第690条、第792条，《日本公司法》第106条，《澳门商法典》第365条。

〔6〕 参见我国台湾地区“公司法”第160条。

权。在公司法和财产法维度，股东权利由享有股东资格的持股方单独行使；[1] 而在婚姻维度，夫妻共同所有的客体是股权权属而非股东资格，夫妻之间可以约定权属收益的分配比例，未约定时股权权属收益全部归入夫妻共同财产。司法实践还认为，夫妻在工商部门登记的持股比例具有很大随意性，离婚时若无其他证据佐证，不得以登记比例分割股权权属收益。[2]

2. 夫妻内部转让股权

夫妻之间在婚内财产约定或者离婚财产协议中约定股权属于持股方配偶所有或由双方依比例分割股权，实际效果相当于夫妻内部转让全部或部分股权。依据内外归属方案，婚姻维度，协议生效则股权权属收益已经归于持股方配偶；而公司法维度，夫妻之间股东资格的移转，需要虑及有限责任公司的人合性诉求，遵从《公司法》框架下的股权转让逻辑，核心问题为是否需要满足《公司法》第 71 条股权对外转让“应当经其他股东过半数同意”的要求？《法国商法典》第 L223-13、14 条规定有限公司股份在夫妻之间及直系尊亲属和直系卑亲属之间自由转让，但是章程可以规定配偶、继承人、直系尊亲属、直系卑亲属只有在获得（至少持有公司一半股份的）股东多数同意后，才可成为股东。[3]

有观点认为，夫妻之间股东资格的移转不同于股权对外转让，对于有限责任公司其他股东而言虽然也会产生磨合成本，但是对股权结构和决策机制的影响要远小于股权对外转让给完全无法预测身份的第三人。[4] 既然法律允许在股权继承场合忽略有限责任公司的人合性，对于夫妻之间股东资格的移转应该保持评价一致性。[5] 本文认为，《公司法》第 75 条仅规定股东的合法继承人可以继承股东资格，立法未能区分法定继承、遗嘱继承以及遗赠等各种情

---

〔1〕 参见申晨：《论有限责任公司夫妻股权的法律结构：基于信托的视角》，载《商业经济与管理》2022 年第 12 期；王湘淳：《论夫妻股权的渐进式分层共有》，载《清华法学》2023 年第 1 期；赵玉：《夫妻股权归属及其单方处分效力的认定》，载《环球法律评论》2022 年第 3 期；缪宇：《夫妻共有股权：形成、管理和处分》，载《社会科学研究》2022 年第 6 期。

〔2〕 参见 2016 年《浙江省高级人民法院民一庭关于审理婚姻家庭案件若干问题的解答》第 13 条；2019 年江苏省高级人民法院《家事纠纷案件审理指南（婚姻家庭部分）》第 42 条。

〔3〕 参见罗结珍：《法国商法典》（上册），北京大学出版社 2015 年版，第 217~218 页。

〔4〕 王涌、旷涵潇：《夫妻共有股权行使的困境及其应对——兼论商法与婚姻法的关系》，载《法学评论》2020 年第 1 期。

〔5〕 参见冉克平：《民法典视域中离婚协议的夫妻财产给与条款》，载《当代法学》2021 年第 6 期。

形下对于有限责任公司人合性的不同影响。在立法论层面，股权继承同样应当遵从《公司法》框架下的股权转让逻辑，第 75 条并不合理。

如果夫妻中的持股方已经把全部或部分股权权属收益转让给配偶，双方关系类似于名义股东与实际出资人的关系。依据《最高人民法院关于适用〈中华人民共和国公司法〉若干问题的规定（三）》（以下简称《公司法司法解释（三）》）第 24 条第 3 款，实际出资人请求公司变更股东、签发出资证明书、记载于股东名册、记载于公司章程并办理公司登记机关登记的，需要经过公司其他股东半数以上同意。但是《全国法院民商事审判工作会议纪要》第 28 条又规定，过半数的其他股东知道实际出资人的出资事实，且对其实际行使股东权利未曾提出异议的，实际出资人有权请求登记为公司股东。公司以实际出资人的请求不符合《公司法司法解释（三）》第 24 条的规定为由抗辩的，人民法院不予支持。如果类推上述规范，则夫妻之间股东资格的移转需要过半数股东明确同意或者知道出资事实且对行使股东权利未提出异议。若配偶在股权内部转让后未能获得股东资格，且不同意原持股方作为名义股东代为行使股东权利，其他有限责任公司股东有权主张优先购买权，未获股东资格的配偶只能根据折价补偿机制获得股权转让收益。〔1〕

除了满足其他股东过半数同意的条件外，夫妻之间股东资格的移转还需要严格遵循形式标准，将变更记载于股东名册并进行工商变更登记。由此导致股权权属与股东资格的变动时点通常分离，前者为股权转让协议生效之时，后者为股东名册记载或者工商变更登记之时。〔2〕

3. 夫妻一方单独处分股权

享有股东资格的持股方在公司内部有权行使股东权利，对外是否有权单独处分股权？允许持股方单独行使股东权利是基于维持公司治理决策效率的需要；而持股方对外单独处分共有股权则与管理性的股东权利行使关联不大，属于对财产性的股权权属的处分，因此这两种行为的性质并不相同。对于后者，受让方仅取得财产性的股权权属，能否取得股东资格仍需得到其他股东过半数同意并记载于股东名册或者进行股权变更登记。因此，夫妻中持股方

〔1〕 参见赵玉：《夫妻股权归属及其单方处分效力的认定》，载《环球法律评论》2022 年第 3 期。
〔2〕 参见王湘淳：《论夫妻股权的渐进式分层共有》，载《清华法学》2023 年第 1 期。

单独处分的并非公司法维度的股东资格，而是婚姻维度作为夫妻共同财产的股权权属。

不同于不动产登记簿，我国商事股权登记实践只能公示持股方一人，是对股东资格而非共有股权权属的公示，夫妻共同所有的股权权属只能通过实际出资、夫妻财产制以及各种夫妻财产约定得以证明。因此，很难从公示层面探究持股方对外单独转让股权权属是否构成有权处分，只能将重心放在何种方案最有利于平衡持股方配偶与交易相对人的利益。

最高人民法院对持股方单独处分股权持肯定意见，〔1〕也有裁判和学者持否定意见，〔2〕还有的观点从代理制度角度，认为持股方的处分权限来自夫妻内部默示授权和独立经营原则。〔3〕持股方在“正常生产经营活动”这一默示委托范围内获得了配偶授权，对于配偶享有的潜在股权份额成立有权代理，因而有权处分全部共有股权。与区分夫妻一方有偿还是无偿处分共同财产类似，若持股方以合理价格转让共同所有的股权，交易收益亦归入夫妻共同财产，持股方配偶并无损失；若持股方无偿或低价转让共有股权，则超出默示授权范围，配偶可主张成立无权代理。〔4〕无论依据《公司法司法解释（三）》第25条还是第27条第1款，都可以参照民法典物权编善意取得规定处理。〔5〕既然实际出资人对权利外观有可归责性时，交易相对人取得股权需要支付合理对价，举重以明轻，持股方配偶对于无法登记共有股权并不具有可归责性，交

〔1〕 最高人民法院认为，“对于在婚姻关系存续期间以夫妻共同财产出资并登记在一方名下的股权，现行司法解释实际上已间接确认并非夫妻共有”。参见贺小荣主编：《最高人民法院第二巡回法庭法官会议纪要》（第2辑），人民法院出版社2021年版，第224页。另参见最高人民法院民事判决书，（2014）民二终字第48号；最高人民法院民事判决书，（2017）最高法民终281号。

〔2〕 参见王湘淳：《论夫妻股权的渐进式分层共有》，载《清华法学》2023年第1期；湖北省高级人民法院民事裁定书，（2018）鄂民申2436号；上海市高级人民法院民事裁定书，（2018）沪民申970号。

〔3〕 采取夫妻共同财产制的《法国民法典》第1404条体现了独立经营原则，规定“以夫妻共同财产而实施的经营行为，不要求经配偶同意”。采取夫妻分别财产制度的《德国民法典》第1431条则体现了默示授权法理，第1款规定“管理共同财产的配偶一方已允许配偶另一方独立从事营业的，对于营业所引起的法律行为和诉讼，配偶该方的同意是不必要的”，第2款进一步明确“管理共同财产的配偶一方知道配偶一方从事营业，且配偶该方不就此提出异议的，与允许相同”。

〔4〕 参见赵玉：《夫妻股权归属及其单方处分效力的认定》，载《环球法律评论》2022年第3期。

〔5〕 该问题如果借鉴名义股东与实际出资人的关系，依据《公司法司法解释（三）》第25条的规定，同样参照善意取得规定处理。

易相对人取得股权当然需要支付合理对价。〔1〕无偿或低价转让股权的行为，同样可能因持股方与交易相对人恶意串通而无效。

如果反过来，不是持股方而是其配偶即隐名方单独处分股权，是否必然构成无权处分？实践中仍然存在成立表见代理的可能。例如，配偶多次代表持股方行使股东权利、长期占用公司公章或空白合同、多次代签股东会决议，〔2〕以及持股方及公司在向配偶转让股权的持续性磋商过程中从未提出异议。〔3〕上述情形导致“相对人有理由相信行为人有代理权”，配偶的单独处分可能成立表见代理。〔4〕即便夫妻一方单独处分共同所有的股权的行为有效，另一方仍享有婚姻维度中的一系列救济措施。

四、结语

现代性导致个人作为义务和权利中心的崛起，现代家庭已经成为原子式个人的集合体。诚然，个人存在于和家人的关系之中，但是家庭法更加强调选择、自由与自愿行动至上，呈现出以表现型个人主义为核心特质的“选择共和国”。〔5〕因此，婚姻财产不再是传统“同居共财”的宗法家庭下累世传承的家产，不再归属于“家庭”自身，而是夫妻特别财产的集合体，在婚姻维度伴随着自由选择、意思自治而呈现出高度复杂的归属关系，具备独立于物权维度归属的存在意义。

除此之外，费孝通先生描绘的伦理差序格局下公私群己划分的相对性仍然存在，〔6〕婚姻财产在家庭这一坐标下，对内是公、是群；对外则是私、是

〔1〕 参见缪宇：《夫妻共有股权：形成、管理和处分》，载《社会科学研究》2022年第6期。

〔2〕 参见江西省高级人民法院民事判决书，(2015)赣民四终字第9号；广西壮族自治区高级人民法院民事判决书，(2014)桂民提字第35号；江西省高级人民法院民事判决书，(2015)赣民四终字第9号；广西壮族自治区高级人民法院民事判决书，(2014)桂民提字第35号。

〔3〕 最高人民法院民事判决书，(2019)最高法民终424号。

〔4〕 参见赵玉：《夫妻股权归属及其单方处分效力的认定》，载《环球法律评论》2022年第3期；冉克平、侯曼曼：《民法典视域下夫妻共有股权的单方处分与强制执行》，载《北方法学》2020年第5期。

〔5〕 参见［美］劳伦斯·弗里德曼：《私人生活：家庭、个人与法律》，赵彩凤译，商务印书馆2022年版，第31~35页。

〔6〕 参见费孝通：《乡土中国》，上海世纪出版集团2007年版，第28页。

己，内外价值选择和制度设计的不同反映了实然层面复杂的亲疏差等关系。为了化约复杂性，婚姻维度与物权维度无法也不应共用一套财产归属与变动规则，而是应该“上帝的归上帝，凯撒的归凯撒”。杜甫诗言“去马来牛不复辨，浊泾清渭何当分”，家庭作为小共同体一直嵌套于国家以及社会这样的大共同体之中。婚姻维度的归属状态不可避免溢出家庭这一小共同体，对各种市场主体发生外部效应。法律的任务是在婚姻与物权两个维度或者系统之间进行沟通，于各种复杂情境中寻求符合效率、安全与信赖的最优解。

夫妻财产法体系评议

冉克平*

一、夫妻财产法体系价值取向概览

现代社会婚姻家庭的观念和制度都在发生前所未有的变化。现代性导致个人作为义务和权利的中心崛起。随着个人主义、契约文化在家庭关系中的渗入，婚姻、性爱和生育等事务被视为个人自由选择的观念逐步深入人心，经历了梅因所谓的“从身份到契约”的运动。[1]但是现代家庭今非昔比，家庭变得比过去脆弱、可变和容易破碎，它不再具有非常重要的法律地位或意义。在西方社会家庭被视为个人的集合体，占据统治地位的是个体主义思想。[2]家事法领域的改革在最近几十年尤为频繁，这不仅标志着社会状况的急剧变化，也体现家庭理论观念及社会氛围的转变。[3]家庭法的剧变与《民法典》的相对稳定形成鲜明的对比，成为欧陆各国解法典化现象的重要原因。[4]近代以来，随着整个中国经济社会的巨大变迁，中国的婚姻家庭关系历经社会革命、政治运动以及市场经济的系列冲击。[5]长期以来各种新颖的婚姻家庭观念与根深蒂固的文化传统发生激烈碰撞，实质上反映了以家庭为中心向以个体为中心

* 武汉大学法学院教授。

〔1〕 参见［英］梅因:《古代法》，沈景一译，商务印书馆1959年版，第112页。

〔2〕 参见［美］劳伦斯·弗里德曼:《私人生活：家庭、个人与法律》，赵彩凤译，商务印书馆2022年版，第31页。

〔3〕 参见［德］迪特尔·施瓦布:《德国家庭法》，王葆莳译，法律出版社2022年版，“序言”第1页。

〔4〕 参见陆青:《论中国民法中的“解法典化”现象》，载《中外法学》2014年第6期。

〔5〕 参见孟宪范:《家庭：百年来的三次冲击及我们的选择》，载《清华大学学报(哲学社会科学版)》2008年第3期。

的不同生活方式的渐变和转型。

2020年颁布的《民法典》将婚姻家庭编纳入其中，两者完成新中国成立以来由分到合的曲折过程，商品世界与家庭生活在形式上被统合。在学理层面，通常认为财产法建构在经济理性与实证主义的基础上，家庭法以人伦生活事实与道德原则为素材，并不完全契合近代以来民法体系化的理想图景。〔1〕然而，由于民法整体上以财产法中的个人主义与形式理性为圭臬，家庭法规则不得不在该话语体系内展开。例如，个人是婚姻家庭的唯一主体，其选择支配着婚姻家庭的诸多方面，家庭却在形式上被视为原子式的个人集合体，家庭财产制亦越来越偏离传统社会的同居共财而更加凸显个人化色彩。从现实角度看，近几十年来，现代性和个体主义的崛起不断改变着传统中国意义上的法律和社会之间的关系，家庭、伦理以及习惯等作为社会的整合纽带则被逐渐消解。家庭成员之间的爱、责任和关怀越来越受到商品经济观念的渗透甚至裹挟。最高人民法院坚持在市场经济的基础上构建家庭秩序，而非将婚姻家庭关系与市场原则隔离，由此引发了“将市场逻辑引入到婚姻家庭法”的争议而饱受质疑。〔2〕现代家庭在市场资本化和法律私权化的双重挤压下面临现实的危机，势必会对社会稳定造成巨大破坏。关于家庭法的未来，存在两种不同的图景：西方式图景认为，个人选择至上的新型法律文化成为现代婚姻家庭、私人生活的主导，家庭法的核心问题始终是在多大程度上能够剥离古老的自然法内容，并将家庭无矛盾地融入个人主义的私法体系。〔3〕家庭法的变迁会与城市化、现代性的演进相谐而行，具有普世意义。〔4〕中国式图景认为，中国注重家文化与集体意识，以理性人为外衣的个人主义只适应人最理智和成熟的阶段，并未囊括由家培育的个人理智幼小和衰微的阶段。〔5〕家庭关系遵循团体中心主义和利他主义的逻辑，婚姻

〔1〕参见刘征峰:《家庭法与民法知识谱系的分立》，载《法学研究》2017年第4期。

〔2〕参见强世功:《司法能动下的中国家庭——从最高法院关于〈婚姻法〉的司法解释谈起》，载《文化纵横》2011年第1期；赵晓力:《中国家庭资本主义化的号角》，载《文化纵横》2011年第1期。

〔3〕Vgl.Marietta Auer, Eigentum, Familie, Erbrecht: Drei Lehrstücke zur Bedeutung der Rechtsphilosophie im Privatrecht, AcP 216(2016), S.262.

〔4〕参见郭亮:《保护财产还是保护家庭？——富裕农村地区的婚姻家庭新模式》，载《文化纵横》2021年第3期，第142页。

〔5〕参见张龑:《论我国法律体系中的家与个体自由原则》，载《中外法学》2013年第4期。

家庭法上的“伦理人”特性应该成为中国家庭法的司法裁判和制度完善的基准。[1]

家庭制度不仅是中国历史延续、社会稳定和个人安全的根源，而且是中国社会研究的核心议题。[2]习近平总书记指出：“家庭的前途命运同国家和民族的前途命运紧密相连。注重家庭、家教、家风是培育和弘扬社会主义核心价值观，发扬光大中华民族传统家庭美德的重要基点。”[3]时至今日，视家庭为团体而非个人集合、稳定而非松散结构的家观念，父母子女关系所呈现的兼具接力与反馈的家文化仍然构成中国婚姻家庭生活的原理与底色。[4]即使在西方个人主义社会的心脏地带，个人主义被认为是枢纽性的但不是自足的，家和家庭隐喻也并未退场，承托起普通人无法割舍的情感依恋、互惠和扶助等自然诉求，借此弥补个人主义的偏狭。[5]《民法典》以“婚姻家庭”编的名称取代此前的“婚姻法”，并首次规定亲属、近亲属和家庭成员的范围，这为在“家庭”范畴内构建亲属之间的权利义务提供了客观基础。[6]传统家庭以父子、夫妇乃至兄弟一体为基础，现代社会夫妻关系构成家庭的主轴，夫妻财产规范相应地构成家庭法的核心内容。[7]本文拟从“家庭”的历史变迁、社会结构以及现实功能出发，对夫妻财产制度所包含的婚前及婚后财产的归属与利用、夫妻共同债务的负担和清偿、离婚时夫妻财产的清算及分割等争议内容按照家庭的形成时段、存续期间与解散阶段进行阐释，分析夫妻财产制度如何与《民法典》中的物权、债权、股权以及继承等规则相衔接，并检讨法律是否充分反映蕴藏于婚姻家庭中一以贯之的生活原理、民众智慧以及普遍价值，寻找夫妻财产法体系的历史与现实、传统与现代、价值与理

---

〔1〕 参见陈永强：《夫妻财产归属约定的法理明晰及规则适用》，载《中国法学》2022年第2期。

〔2〕 参见［美］D. 布迪、C. 莫里斯：《中华帝国的法律》，朱勇译，江苏人民出版社2004年版，第137页。

〔3〕 中共中央党史和文献研究院编：《习近平关于注重家庭家教家风建设论述摘编》，中央文献出版社2021年版，第12页。

〔4〕 参见金眉：《婚姻家庭立法的同一性原理——以婚姻家庭理念、形态与财产法律结构为中心》，载《法学研究》2017年第4期。

〔5〕 参见肖瑛：《“家”作为方法：中国社会理论的一种尝试》，载《中国社会科学》2020年第11期。

〔6〕 参见薛宁兰、谢鸿飞主编：《民法典评注：婚姻家庭编》，中国法制出版社2020年版，第45页（薛宁兰执笔）。

〔7〕 参见金眉：《中国亲属法的近现代转型——从〈大清民律草案·亲属编〉到〈中华人民共和国婚姻法〉》，法律出版社2010年版，第12页。

性、伦理与经济之间的接口，以期完成对《民法典》夫妻财产制度的再体系化。

二、夫妻共同财产对外处分之效力冲突：债权方案与物权方案的比较

如果夫妻共同财产的“名”与“实”不相符，夫或妻一方处分由其占有的动产或登记在其名下的不动产或权利（如股权），则面临着另一方配偶的共有权与交易第三人合理信赖之间的矛盾，实质上是夫妻共同体维护与交易安全保护的冲突问题。“名”与“实”不符的夫妻共同财产被处分引起夫妻共同财产的内部结构与外部结构之间的矛盾，由此引发对夫妻共同财产法律本质的争论。

我国学理与实践中的主流观点认为，《民法典》第 1062 条（原《婚姻法》第 17 条）规定的“夫妻共同所有”即物权编第 299 条规定的“共同共有”，以当事人之间有特殊身份关系为基础。〔1〕如果显名权利人未经隐名配偶的同意处分共同共有财产，就属于无权处分。为化解隐名配偶与交易第三人之间的利益冲突，《最高人民法院关于适用〈中华人民共和国婚姻法〉若干问题的解释（一）》（法释〔2001〕30 号）（以下简称《婚姻法解释一》，已失效）第 17 条规定，夫或妻一方对夫妻共同财产作重要处理决定，另一方不得以不同意或不知道为由对抗善意第三人。《最高人民法院关于适用〈中华人民共和国婚姻法〉若干问题的解释（三）》（法释〔2011〕18 号）（以下简称《婚姻法解释三》，已失效）第 11 条明确规定，夫妻一方擅自出售夫妻共同共有的房屋，应当适用善意取得。该方案可被称为“物权方案”。

近年来，《民法典》第 1062 条规定的“夫妻共同所有”被解释为“共同共有”受到一些质疑。有学者认为，如果依据“物权方案”，婚姻法的法定夫妻财产制将对物权法的占有、登记两种公示方法的准确性构成极大挑战，尤其是不动产登记簿的绝对公信力可能面临失灵的不利结果，公示错误的概

---

〔1〕 参见王利明：《物权法研究》（第 3 版）（上卷），中国人民大学出版社 2012 年版，第 722 页。

率随着已婚人士取得物权的增多而不断攀升。由于财产法具有普遍性，为了交易安全，婚姻法应当单方面调整并以“债权方案”回归民法体系。〔1〕还有学者从功能主义的角度出发，认为当夫或妻一方处分名实不相符的共同财产时，会产生强大的负外部性。交易第三人不仅要查阅不动产或股权登记簿，还必须调查交易对象的婚姻状况，这会极大地增加交易成本，对夫妻共同财产投资形成的基金或股权交易尤其不利。因此，在对内关系上夫妻对于夫妻共同财产只是潜在共有，即“潜在共有理论”。〔2〕“债权方案”与“潜在共有理论”的实质相同，在对外关系上采取分别财产制，一方处分由其占有的动产或登记在其名下的不动产或权利（如股权）均属于有权处分，避免因为婚姻家庭编的特别制度扰乱外部财产法秩序，以最大限度地保护交易安全；在对内关系上则表现为增益共同制，夫妻对共同财产即增益在婚姻存续期间表现为价值共有，只有在离婚或继承发生时增益才显现为物权共有。但是两种方案在增益范围上略有差异：一是对于夫或妻一方婚前财产在婚姻关系存续期间的孳息，依据“债权方案”应属于在离婚或继承时由夫妻双方分享的收益，而依据“潜在共有理论”应属于夫妻个人财产。〔3〕二是在离婚的情形中，“债权方案”仅产生债权请求权，不会影响外部关系，而在“潜在共有”转变为“共有”时，共有将波及外部关系。因此“债权方案”被视为“潜在共有理论”的升级版。〔4〕

“债权方案”通过改变婚后所得共同制的含义，将夫妻双方由物权属性的共有人变更为债权属性的共有人，从而抑制夫妻共同财产的外部效力，通过调整婚姻家庭法的规范实现与《民法典》物权编、《公司法》等外部财产法之间的对接，借此改变夫妻财产共同共有的外部效力导致物权或股权公示在一定程度上失灵的“物权方案”的弊端。然而，该方案在现行法的体系之

---

〔1〕 参见贺剑：《论婚姻法回归民法的基本思路 以法定夫妻财产制为重点》，载《中外法学》2014年第6期。

〔2〕 参见龙俊：《夫妻共同财产的潜在共有》，载《法学研究》2017年第4期。

〔3〕 若婚前个人财产的婚后收益均属于夫妻共同财产，即采取“夫妻命运共同体”说，则“债权方案”与“潜在共有理论”并无任何差异。参见贺剑：《夫妻个人财产的婚后增值归属——兼论我国婚后所得共同制的精神》，载《法学家》2015年第4期。

〔4〕 参见贺剑：《夫妻财产法的精神——民法典夫妻共同债务和财产规则释论》，载《法学》2020年第7期。

下存在难以解决的问题：（1）依据“债权方案”，尽管配偶一方有权独立管理和处分自己的财产，但是法律对这种处分自由设有若干重要限制。例如，在《德国民法典》中，一方处分其全部财产（1365条）、大部分财产以及婚姻家庭物品（1369条）必须获得另一方的同意，增益补偿须对比初始财产和终结财产，其计算极为复杂，并严格区分真正的赠与和以婚姻为条件的给与，前者不属于初始财产。我国现行法上欠缺与“债权方案”相适应的配套制度。（2）将夫妻共同财产的共同共有改弦更张为增益共同制，虽然具有增强占有、不动产登记簿的准确性以及保障交易安全的功能，但是夫妻由共同共有人降为债权请求权人，会使《民法典》的相关制度产生强烈的体系震荡。依据“债权方案”，《婚姻法解释一》第17条、《婚姻法解释三》第10条（夫妻特殊共有产权类型）以及第11条均会失去适用的价值；配偶一方请求在夫妻共有不动产的登记簿上“添加”名字亦丧失法律依据；《民法典》第1066条（《婚姻法解释三》第4条）规定的婚内分割共同财产重大事由的适用也会完全不同。〔1〕夫妻一方基于共同共有人所享有的份额及其优先购买权亦将不复存在。在强制执行程序中，不动产登记的名义人的债权人可基于形式化标准要求查封该不动产，而无须考虑该不动产实质上是夫妻共有财产的状况。〔2〕实质上，无论是“物权方案”还是“债权方案”均是实现立法价值的手段，不应忽视制度成本亦属于交易成本。（3）由于我国“同居共财”的传统观念仍然存续，在现阶段采纳分别财产制尚不具备经济与社会条件，对于妇女利益的保护极为不利。分别财产制通常以夫妻双方经济独立为目的。〔3〕现阶段，城乡家庭收入差距较大、男女经济地位不平衡仍属于我国的基本国情，如果采用分别财产制将会对广大妇女的家庭经济地位造成冲击。

---

〔1〕《婚姻法解释三》第4条制定的依据是《物权法》第99条，即以承认夫妻对共同财产的共同共有为前提。参见最高人民法院民事审判第一庭编著：《最高人民法院关于婚姻法司法解释（三）理解与适用》，人民法院出版社2015年版，第79页以下。在“债权方案”之下，夫妻处分各自的财产属于有权处分，是否“严重损害”夫妻共同财产只能进行整体上的价值衡量；而在“物权方案”之下，夫妻处分各自的财产属于无权处分，是否“严重损害”夫妻共同财产可以进行单项判断。在欠缺如德国法上的相关配套制度之情况下，无权处分是阻止夫妻共同财产流失的重要方式。

〔2〕参见任重：《民事诉讼法教义学视角下的“执行难”：成因与出路——以夫妻共同财产的执行为中心》，载《当代法学》2019年第3期。

〔3〕参见林秀雄：《夫妻财产制之研究》，中国政法大学出版社2001年版，第36页以下。

有学者认为，由于财产快速流转，夫妻共同共有制度意图通过控制财产的所有来控制财产利用过程中的平等不切实际，即使在共同共有体系之下，仍然存在大量的转移和隐藏财产的行为。[1] 为维护、保全夫妻共同共有财产，立法者已经作出了努力，不仅将《婚姻法解释三》第 4 条纳入《民法典》第 1066 条，还通过《民法典》1092 条完善了隐藏、转移共同财产时的离婚财产分割制度。因此，以"物权方案"阐释《民法典》第 1062 条规定的"夫妻的共同财产，归夫妻共同所有"和"夫妻对共同财产，有平等的处理权"更为合理。

如果夫妻一方（显名配偶）在婚姻关系存续期间擅自处分夫妻共同财产，在"物权方案"之下，通过灵活适用权利外观制度，可以在风险归责、弱者保护、交易效率与安全之间进行适当的权衡。依据《婚姻法解释一》第 17 条，不动产交易通常属于夫妻双方共同决定的事项。由于登记簿具有较高的公信力，当不动产显名配偶处分不动产时，该无权处分行为应当适用《民法典》第 311 条规定的不动产善意取得制度，但交易第三人并不负有查明该不动产是否属于夫妻法定共有财产的义务。[2] 不动产隐名一方本可以通过《民法典》第 220 条规定的变更登记成为共同登记人，或者提出异议登记以提前预防对方擅自处分不动产。考虑到夫妻之间通常所具有的亲密关系，应该将处分不动产的风险由处分人的配偶承担，除非其能够证明交易第三人知道或者应当知道登记簿存在错误，否则就应当认为第三人是善意的。但是，如果交易第三人举证证明隐名配偶知道或者应当知道显名配偶处分该不动产的事实而未提出异议的，可以参照《最高人民法院关于适用〈中华人民共和国担保法〉若干问题的解释》（已失效）第 54 条有关共同共有人擅自设立抵押权的规定（其他共有人知道或者应当知道而未提出异议视为同意）的精神，该隐名配偶的沉默应当被推定为同意，以平衡隐名配偶与交易第三人之间的利益。

[1] 参见刘征峰:《论请求权体系在法定夫妻财产制中的优越性》，载《月旦法学杂志》2015 年第 12 期。

[2] 参见程啸:《不动产登记簿之推定力》，载《法学研究》2010 年第 3 期。

三、夫妻股权单方处分效力认定规则的适用冲突与衔接

（一）夫妻股权单方处分效力认定的司法实践现状

当前司法实务的争议焦点在于夫妻一方单方转让股权的转让行为以及股权转让合同的效力认定。从判决结果及法官说理来看，法院对于夫妻股权单方处分的效力认定主要存在以下两种裁判逻辑。

其一是认为显名方处分登记于其名下的股权属于有权处分，隐名方是否同意股权转让皆不影响股权转让合同及转让行为的效力。就裁判理由而言，主要包括以下几项：（1）有法院认为，在股权行使上，对于自然人股东而言，股权属于商法规范内的私权，其各项具体权能应由股东本人独立行使，不受他人干涉；〔1〕或者认为，股权不单纯是财产权，还是具有财产性权利和人身性权利的复合体，股东身份权应当由持股一方单独行使，因此，在夫妻关系存续期间，登记方单独进行的股权转让、质押系有权处分。〔2〕（2）有法院认为，在审理涉及股东与外部第三人关系的公司纠纷案件时应坚持外观主义，优先保护外部善意第三人因信赖公示体现出的权利外观而作出的行为的效力；〔3〕而第三人在外部关系中基于股权登记有理由相信显名方有权处分其名下的股权，因此案涉股权转让行为合法有效。〔4〕但需注意的是，显名方单方处分夫妻股权在该种裁判逻辑下亦并非绝对有效，有裁判认为需结合交易相对方的善意及主观信赖的合理性综合评判转让行为的效力，且只有在不存在恶意串通等合同无效事由的情形下才能构成有效处分。〔5〕就此，可将该种裁判逻辑总结为“一般情形下认定有效，例外情形下认定无效”。从统计数据来看，此类裁判观点总体来说是我国司法实践的主流，且为最高人民法院第二巡回法庭 2020

〔1〕 最高人民法院民事判决书，(2017)最高法民终 281 号。
〔2〕 最高人民法院民事裁定书，(2021)最高法民申 3045 号。
〔3〕 最高人民法院民事裁定书，(2021)最高法民申 7141 号。
〔4〕 安徽省高级人民法院民事裁定书，(2020)皖民申 3619 号。
〔5〕 广东省广州市中级人民法院民事判决书，(2022)粤 01 民终 6705 号。

年第 3 次法官会议所采纳。[1]

其二是认为夫妻股权属于夫妻共同财产，因此夫妻双方对股权有平等的处理权；显名方未经隐名方事先同意或事后追认而向第三人转让股权的，属于无权处分。[2] 但是，第三人在符合条件的前提下可参照适用物权法上的善意取得制度取得股权。[3] 具体而言，对显名方单方处分夫妻股权的效力，应结合另一方对股权转让是否明知、受让人是否善意及是否支付对价等因素进行分析。[4] 相较于第一种裁判观点，该类裁判观点的判定逻辑完全相反，即为“一般情形下认定无效，例外情形下认定有效”。

但针对典型的恶意串通情形的效力认定，上述两种裁判逻辑的适用结果并无不同。如若显名方在夫妻感情恶化的基础上将其名下的夫妻股权单方且无偿地转让给自己的近亲属，则无论采取何种裁判逻辑，其股权转让行为通常都因构成恶意串通而无效。只不过裁判逻辑一认为因恶意串通受损的合法权益是隐名方的夫妻财产平等处分权[5] 或夫妻共同财产权，[6] 裁判逻辑二则认为受损的是隐名方本可以通过合理真实的股权转让而获得的股权价值收益。[7] 就结果而言，两者的实质区别在于恶意串通情形之外对第三人“善意”范围的认定。前者因侧重于对第三人外观信赖和交易安全的保护，对“善意”的认定更为宽松，即第三人只需在形式上审查股权之权利登记且支付合理的对价，一般即可有效受让股权。后者则侧重于对夫妻共同财产安全的保护，因而即便第三人支付了合理的股权转让价款，只要隐名方能够证明其在交易时知道或应当知道该股权属于夫妻共同财产，第三人就不能作为善意第三人取得股权。

（二）有权处分与无权处分路径的冲突实质与解决思路

结合上述裁判观点，显名方单方处分夫妻股权效力的认定困境主要体现

---

〔1〕 参见贺小荣主编:《最高人民法院第二巡回法庭 2020 年第 3 次法官会议纪要》(第 2 辑),人民法院出版社 2021 年版,第 217 页。

〔2〕 湖北省高级人民法院民事裁定书,(2018)鄂民申 2436 号。

〔3〕 甘肃省陇南市中级人民法院民事判决书,(2021)甘 12 民终 1200 号。

〔4〕 福建省福州市中级人民法院民事判决书,(2021)闽 01 民终 944 号。

〔5〕 最高人民法院民事裁定书,(2017)最高法民申 2350 号。

〔6〕 浙江省高级人民法院民事判决书,(2020)浙民终 957 号。

〔7〕 浙江省宁波市中级人民法院民事判决书,(2022)浙 02 民终 878 号。

为公司法视角下的有权处分与婚姻家庭法视角下的无权处分的冲突。换言之，由于夫妻股权既在权属上由夫妻这一小团体共有，又需在权利行使及处分等事项上遵守有限责任公司这一大团体的规则，从而形成了所谓“团体嵌套”的局面，[1] 因而不可避免地会产生两类组织规则的适用矛盾。这两类规则在自身的适用逻辑下都可以自圆其说，也符合各自的价值保护倾向。然而，夫妻股权问题的特殊性决定了对该问题的处理绝不能只考虑夫妻或公司任一团体的利益。跳出“非此即彼”的局限后，综合考虑公司法与婚姻家庭法的内在价值取向，则会发现无论是有权处分路径还是无权处分路径，都存在难以弥补的解释缺陷。

在有权处分路径下，隐名方只能对抗与显名方恶意串通之股权受让人。然而，一方面，恶意串通在司法实践中具有相当的证明难度，法院往往只能通过交易双方之间的特殊身份关系、交易价格和方式的异常等客观证据来推定交易双方主观上存在恶意串通。另一方面，“恶意串通”并不能涵盖显名方恶意损害隐名方利益的全部情形，如显名方可以将夫妻股权低价出售给未与之串通的受让人。无权处分路径的问题则在于，所谓“无权处分”只有在婚姻家庭法的语境下才能够成立。在公司法中，决定显名方是否有权处分夫妻股权的基础并不是股权的权属，而是股东资格。因此，享有股东资格的显名方的单方处分行为当然应该被推定为有权处分。有学者基于夫妻股权权属与股东资格分离的特性，得出显名方单方处分属于无权处分的结论。[2] 这实际是将民法实质主义套用于商事法律行为纠纷，而忽略了公司法作为商法采用外观主义以追求交易安全与效率的价值取向。此外，《最高人民法院关于适用〈中华人民共和国公司法〉若干问题的规定（三）》第 25 条和第 27 条虽然为有限责任公司中股权善意取得的适用提供了规范基础，但学界仍多有学者认为，名义持股和一股二卖的情形本质上属于有权处分，应当适用外观主义而并非善意取得。[3] 即便以认可制定法的合理性为前提，显名方单方处分夫妻股

---

〔1〕 参见申晨：《论有限责任公司夫妻股权的法律结构：基于信托的视角》，载《商业经济与管理》2022 年第 12 期。

〔2〕 参见王湘淳：《论夫妻股权的渐进式分层共有》，载《清华法学》2023 年第 1 期。

〔3〕 参见王雷：《股权转让合同对民法典的参照适用》，载《广东社会科学》2022 年第 4 期；施天涛：《商事法律行为初论》，载《法律科学（西北政法大学学报）》2021 年第 1 期。

权的情形与上述司法解释规定的适用情形亦不具备足以参照适用的事实相似性。最显著的差别就在于，名义持股和一股二卖的出卖人都完全不享有股权，而显名方至少享有部分的股权。

因此，在公司法上的“有权处分”规则难以扭转的前提下，若要化解公司法与婚姻家庭法两种组织规则的适用冲突，合理的解决方案不应当是二者择其一，而是引入新的法学理论进一步厘清股权在夫妻内部的具体分配，从而使显名方对夫妻股权的单方处分在婚姻家庭法中也能被解释为有权处分，达成夫妻关系内部和外部以及公司法和婚姻家庭法不同视域下处分行为效力的统一。过往亦有学者采取这一路径来解决显名方单方处分夫妻股权的问题，如将隐名方的“隐名”认定为其将自身享有的夫妻股权权益“默示委托”〔1〕或“信托”〔2〕给显名方，从而为显名方有权单方处分夫妻股权提供正当性，并进一步通过解释委托或信托的权限范围来限制显名方滥用处分权。但是，默示委托的成立以“隐名方明知且未反对”为前提，而“明知且未反对”与完全不知情在涉及“夫妻股权”的情境下是难以区分的。除非存在明确证据，如显名方能够以文书证明其已就出资行为告知隐名方，否则隐名方完全可以主张显名方擅自将夫妻共同财产用于出资并获取股权，而其对此自始至终并不知情，从而排除默示委托的适用。信托方案也存在类似的问题，即难以证立夫妻之间存在设立信托的合意，在隐名方未对此作出明确意思表示的前提下，上述合意是难以仅从夫妻股权的登记事实以及夫妻之间的身份关系中推定出来的。不过，上述观点所选取的理论工具虽然在论证周延性上有所欠缺，但其对该问题的研究思路仍然具有参考价值。由此，解决显名方单方处分夫妻股权效力认定问题的关键即在于，如何通过合理的解释方案在公司法组织规则和婚姻家庭法组织规则之间搭建起一条衔接的通道，并妥当地达成隐名方家庭财产利益和股权受让人交易安全利益的平衡。

---

〔1〕 参见赵玉:《夫妻股权归属及其单方处分效力的认定》，载《环球法律评论》2022年第3期。

〔2〕 参见申晨:《论有限责任公司夫妻股权的法律结构：基于信托的视角》，载《商业经济与管理》2022年第12期。

（三）衔接枢纽：夫妻共同财产管理权规则的重构

综合上述实务与理论争议，可以看出婚姻家庭法下，显名方单方处分夫妻股权被认定为无权处分的法律根源在于《民法典》第1062条第2款关于夫妻共同财产平等处理权的规定。该条亦被理解为我国立法中对于夫妻共同财产管理权的唯一规定。因此，与其引入默示委托或信托等理论，不如直接就该条进行解释论上的重构，从而通过夫妻共同财产管理权在夫妻关系内部的重新分配，实现婚姻家庭法和财产法上的处分效力的统一。夫妻共同财产管理权规则在婚后所得共同所有制下具有独特的制度价值：一方面，在夫妻关系内部决定了夫妻共同财产管理权限和范围的分配，以平衡夫妻财产管理效率和财产安全的双重要求；另一方面，在夫妻关系外部决定了从夫妻一方处受让夫妻共同财产的相对人在何种情况下能够优先于另一方而受到保护。〔1〕以此为标准，我国法上“平等处理权”的规定是不合格的。其背后的立法逻辑在于，夫妻双方对共同财产所有权的平等享有必然导向管理权的平等，从而将管理权的功能弱化为所有权的衍生。〔2〕因此，对于夫妻共同财产的处分，除少数日常家事范围内的例外，皆应由夫妻双方协商同意方能对外生效。这种思路无疑是受到了物权法上共有理论的影响。然而，物权法上共有人共有的通常是特定的动产或不动产，而夫妻共同财产制下夫妻双方共有的则是婚后获得的几乎全部财产。因此，夫妻共同财产管理权的分配不宜像物权共有一样直接均等分配给共有人，而应当考虑到夫妻共同财产种类和数量繁多的情形。若所有的财产事务都需要双方共同处理，则势必会导致协商和交易成本的增加，影响夫妻共同财产利用和流转的效率。

参考比较法上的相关立法，无论是英美法系还是大陆法系，都并未采取单一的管理权立法模式，而是提供了多种管理权安排以适应夫妻双方在不同情形下的需求。总结而言，一共存在夫妻一方单独管理、夫妻各方单独管理

〔1〕 See Richard W.Effland, *Arizona Community Property Law: Time for Review and Revision*, Arizona State Law Journal, Vol.1982: 1, p.1–38 (1982).

〔2〕 参见季红明：《论夫妻共同财产制体系中的管理权模式及其对债务形态的影响——以〈中华人民共和国民法典〉(草案)的完善为中心》，载《上海政法学院学报(法治论丛)》2020年第1期。

和夫妻双方共同管理三种管理权模式。[1]夫妻双方共同管理作为最严格的管理权模式，可以防止一方滥用管理权损害共同体利益，通常适用于重要的夫妻共同财产及管理事务。夫妻各方单独管理与之相反，通常适用于价值较小的共同财产，以便利夫妻日常生活。我国立法中的日常家事代理制度，实际上也属于夫妻各方单独管理之运用。夫妻一方单独管理，则属于管理权规则中的特殊情形，除双方协商约定一方单独管理外，比较法上通常出于效率的需求，对于某些特殊的夫妻共同财产规定可由特定的夫妻一方单独进行管理。具体而言，存在下面两种可供借鉴的立法例。

第一种立法例以大陆法国家为典型，其规定生产经营性质的财产可以由参与经营的一方单独进行管理。例如，《德国民法典》第1431条规定："管理共同财产的配偶一方允许另一方独立从事营业的，就营业所引起的法律行为和诉讼而言，无须得到该方的同意。"这一模式主要是出于便利生产经营活动考虑，使夫妻中具有经营能力的一方能够充分地运用夫妻共同财产投入生产经营活动，从而在整体上提高社会生产的效率。[2]第二种立法例则以美国得克萨斯州、路易斯安那州、威斯康星州等州法为典型，其将登记于夫妻一方名下的夫妻共同财产作为双方平等管理的一个重要例外，此类财产对外被推定为或由法律直接规定为由登记方一方单独管理。如《得克萨斯州家庭法》第3.104条a款规定，如果夫妻一方是唯一具备夫妻共同财产所有权公示外观之人，如夫妻共有的不动产登记于一方名下或无须登记公示的动产为一方占有，则该夫妻共同财产推定由夫妻一方单独管理、控制和处分。[3]这一模式侧重于保护善意第三人的外观信赖。夫妻关系内部的共同管理限制，不得对抗因夫妻一方享有权利外观，而善意地信赖其可以单独对财产进行处分的交易相对人。相比较而言，前者需与成熟的商主体登记制度相结合，且需对是否属于生产经营范畴进行更细致的判断，在适用上比较复杂；后者则更符合我国"名实不符"夫妻共同财产单方处分问题突出的现状，登记于夫妻一方名下的不动产或股权的单方处分皆可直接适用该规定以实现婚姻家庭法和财产法的

---

〔1〕 参见裴桦：《论夫妻共同财产管理权》，载《河北法学》2008年第4期。

〔2〕 参见裴桦：《论夫妻共同财产管理权》，载《河北法学》2008年第4期。

〔3〕 Yamin v.Carroll Wayne Conn, L.P (2018) 574 S.W.3d 50, 59.

衔接，更值得借鉴。

不过，在《民法典》及其司法解释出台不久的前提下，以立法论的视角对夫妻共同财产管理权规则的完善进行论述并不现实。因此更具有可行性的方案是参考上述比较法立法方案，同时结合我国现有的夫妻共同财产管理权规则，通过解释论的方式突破“平等处理权”的限制，建立起多种管理权模式并存的规则体系。实际上，《婚姻法解释一》就通过对“平等处理权”的进一步解释进行了相应的尝试，第 17 条规定：因日常生活需要而处理夫妻共同财产的，任何一方均有权决定；非因日常生活需要对夫妻共同财产做重要处理决定的，则需平等协商、共同管理；他人有理由相信决定为双方共同意思表示的，另一方不得以共同管理的限制对抗善意第三人。这可以视为以共同管理为原则、家事代理范围内的夫妻各方单独管理和外观主义基础上的夫妻中一方单独管理为例外的管理权体系的初步架构。然而该条在《民法典》中并未被继承，而是被视为日常家事代理规定的源头，被改弦更张为《民法典》第 1060 条对于日常家事代理的单独规定。有学者认为，上述改动是对日常家事代理权和夫妻共同财产处分权之明确区分，并可恢复平等处理的处分权原貌。[1] 然而本文认为《民法典》的上述改动正是造成我国夫妻共同财产管理权制度缺陷的直接原因。为弥补该缺陷，只能通过对《民法典》第 1062 条第 2 款和第 1060 条进行体系解释，使其重新发挥管理权规则的功能。其中第 1062 条第 2 款应当被解释为对夫妻共同财产共同管理的原则性规定，第 1060 条第 1 款是日常家庭事务范围内夫妻共同财产由夫妻各方单独管理的例外规定。第 1060 条第 2 款则是重新解释的重心所在，该款规定：“夫妻之间对一方可以实施的民事法律行为范围的限制，不得对抗善意相对人。”通常而言，该款被理解为对第 1 款的补充，即所规定的是夫妻日常家事代理权的行使限制。[2] 这是将第 1060 条整体视为日常家事代理权条款而作体系解释的结果。然而，若是将第 2 款视为独立于日常家事代理之外的管理权规则，则从文义上来看，“民事法律行为范围的限制”不仅可以包括对日常家事代理行为范围的限制，亦

---

〔1〕 参见贺剑：《〈民法典〉第 1060 条（日常家事代理）评注》，载《南京大学学报（哲学·人文科学·社会科学）》2021 年第 4 期。

〔2〕 参见黄薇主编：《中华人民共和国民法典婚姻家庭编释义》，法律出版社 2020 年版，第 69 页。

可以包括对所有的夫妻共同财产管理行为范围的限制；不仅指夫妻间约定的限制，也可包含第1062条第2款的“平等处理”的法定限制。

因此，上述条款实际上可以在保护交易安全上发挥双重的制度功能：一方面，对于日常家事代理范围内的财产交易行为，相对人因习惯和立法而产生的信赖是完全民事行为能力人有权自行进行此类交易，因此，夫妻双方对于日常家事代理范围的约定限制，不得对抗善意相对人；另一方面，虽然婚姻所得共同制以共同财产共同管理为原则，但是在善意相对人不知且不应当知道与其交易的一方为已婚，且交易的标的为仅登记于该方名下的夫妻共同财产的情况下，夫妻对于共同财产应当共同管理的法定管理权限制，亦应当不得对抗善意相对人，从而保障此种“名实不符”情形下的交易安全。由此，《民法典》第1060条第2款在管理权意义上的适用效果类似于前述《得克萨斯州家庭法》关于推定的单独管理权的规定，即此时具备夫妻共同财产所有权公示外观的一方相当于被推定为享有对该财产的单方管理权，其对该财产作出的处分行为对于善意相对人而言属于有效处分。但若另一方可证明相对人非善意，则上述推定亦可被推翻。

成为“普通债权人”的夫妻共有财产权人

赵　玉*

一、问题的提出：夫妻共同财产制的“物债两难”困境

完整的夫妻财产制包括两个部分：一是夫妻内部的财产关系，二是夫妻财产制对第三人的效力。此二者共同构成了夫妻财产制度，缺一不可。我国法定夫妻财产制为婚后财产夫妻共有，同时存在大量个人财产，对于第三人而言，很难准确知悉家庭财产中夫妻共同财产与个人财产的真实状况。我国夫妻财产制缺乏关于夫妻财产归属对第三人效力的安排。

2001 年《婚姻法》废除了“婚姻财产转化”制度，明确了身份关系改变不导致所有权变更，突出对私人财产权利的维护。此后 20 余年间，我国立法、司法通过大量的司法解释、公报案例、司法观点集成，区分婚姻存续期间的个人财产与夫妻共同财产。

至今，婚姻存续期间的家庭财产有四大类别：一是归属个人所有的婚前个人财产；二是个人财产在婚后增值部分，以“是否凝结汗水”为标准，区分为归属于原个人财产所有的自然增值、天然孳息，以及归属于夫妻共同所有的经营、投资收益；三是特定身份指向性财产归属个人所有，如伤残补助金；四是与婚姻存续期间关联，按比例逐年转化为夫妻共同财产的特定财产，如工龄买断款、军人复原费等。同时，对于财产归属采取“资金来源实质认定标准”，形态变化不导致所有权变化。即便是婚姻存续期间取得的物权也

* 国家检察官学院教授。

未必归属于夫妻共有，而需要追溯至取得物权的资金来源是否属于夫妻共同所有抑或个人所有。

庞大而复杂的婚后财产归属体系产生了显著的弊端——夫妻共有财产公示机制失灵。无论物权取得于婚姻存续期间，抑或登记在一方名下，都无法精准判断物权的“适格处分权人”。“名实不符”成为夫妻共有财产的常态。对于家庭团体以外的人，即便付出高昂的成本，也无从判断真实权利状态。

夫妻共有财产公示机制的失灵，引发了夫妻财产共有人与交易第三人利益的剧烈冲突。如何构建有效的利益平衡机制，成为学术界与实务界共同探讨的热点，并形成两种主流方案，即物权方案与债权方案。

以夫妻财产共有人为视角，主张未登记夫妻共有财产权人享有共有物权，并参照适用物权法共有规则的，为物权方案。其优势在于对夫妻共有财产保护最为有利，未签字一方以共有人身份可以直接阻却物权转移效力；劣势在于损害交易相对方利益，交易相对方即便已经尽到正常范围内的交易注意义务，并且支付合理价格，也不能保证交易一定有效。物权方案对交易秩序造成一定损害，而且还存在当事人故意违背与交易第三人约定、出尔反尔的道德风险。例如，未在合同上签字的共有人知悉交易，而后签字的共有人反悔，以其配偶未签字为由主张交易无效。

主张夫妻共同财产交易适用交易法领域规则，依照物权公示规则，登记人即为适格处分权人，即便登记信息与事实不符，处分行为依然有效，未登记共有人对擅自处分共有财产的一方享有债权请求权的，为债权方案。其优势在于维护了交易领域中物权公示效力体系，劣势在于原夫妻共有财产权人拥有的物权，请求权降级为债权请求权，承担了债权实现的不确定性风险。

汪洋副教授在《泾渭分明：婚姻财产的内外归属方案与内外效应》（以下简称汪文）一文中提出的“婚姻财产内外归属方案”，在传统债权方案的基础上更进了一步：在夫妻内部，物权变动以真实意志表示为核心要素，在婚姻维度内产生效力，但不产生物权维度效力；在夫妻外部，即交易领域，尊重物权公示效力，以此构建内外有别的夫妻共有财产物权效力体系。

二、“婚姻财产内外归属方案”的实质：分别财产制

基于我国“夫妻共有财产公示机制”失灵的现状，为了破解“物债两难”困境，汪文提出：在交易领域依据物权公示信息确认物权归属；在婚姻领域，夫妻共有财产权全面转化为债权请求权，即未登记一方的夫妻共有所有权，以债权请求权的方式实现。涉及的夫妻共同财产包括但不限于：（1）《民法典》第 1062 条项下的工资、奖金、劳务报酬等，于婚姻维度内“归夫妻共同所有”；对第三人的效力，按照登记效力属于个人财产，在夫妻之间则为债权请求权。（2）在婚姻存续期间，夫妻之间物权转移意思表示（赠与、特定财产之协议），于婚姻维度内有效，其效力为债权请求权。（3）离婚财产分割协议约定的物权变动内容，于婚姻维度内有效，其效力为债权请求权。

“婚姻财产内外归属方案”的实质为分别财产制。也就是说，在婚姻存续期间，夫妻分工协作共同创造的财富，物权归属于登记方所有，未登记方享有债权请求权。鉴于我国目前银行只有个人账户，尚无联名账户，有价证券登记和股权登记亦是如此，那么除可以登记为两人以上的财产如房产外，《民法典》第 1062 条绝大部分“为夫妻的共同财产，归夫妻共同所有”均转变为登记人个人享有物权，夫妻财产共有人享有债权请求权。

“婚姻财产内外归属方案”是一次极具创新性的大胆尝试，它克服了夫妻共有财产公示机制的失灵引发的系列问题：首先，对交易领域而言，以物权公示信息为认定物权“适格主体”的标准，可以降低交易成本，稳定交易秩序。其次，可消除交易的不确定性，避免交易过程中当事人以“未取得共有人同意”为借口出尔反尔。最后，可增强司法裁判的统一性。同一物之上既存在婚姻财产关系又存在交易财产关系时，法官常会以后果权衡为导向，选择性适用法律，从而导致法律适用的不统一。

“婚姻财产内外归属方案”于婚姻维度一律确认夫妻共有财产权人享有的权利为债权请求权，于交易领域一律认可物权登记效力，且物权效力与债权请求权效力位阶清晰，能够促使法律适用规则的统一。

三、对"婚姻财产内外归属方案"法律效果的考察

从比较法立法例视域考察，一直存在分别财产制和共同财产制两种法定夫妻财产制。但经域外学者实证研究，无论是分别财产制还是共同财产制，夫妻财产权益分配的结果接近。原因在于，两种不同的夫妻财产制都承认，在婚姻存续期间，无论夫或妻任何一方创造的新财富价值，均以平等为起点均分，同时辅之以劳动力市场贬值补偿、离婚过渡期扶养费安排等系列矫正机制。

"婚姻财产内外归属方案"通过重新诠释"夫妻共同所有不是物权法共同共有"，将夫妻财产共有权重新诠释为债权请求权，消除了夫妻共有财产权与交易第三人利益的冲突。

但特别需要注意的问题是，如果夫妻共有的物权转变为夫妻之间的债权请求权，夫妻作为一般债权人，从债权实现角度看需要付出一定成本，并且存在不确定性，那么就需要在夫妻财产体系中对降级为享有债权请求权的配偶，适用维护、救济机制，以使分别财产制与共同财产制最终可以达到统一的财富分配效果。主要考虑有以下五个方面：

（一）对"夫妻共同生活之财产"作出例外规定

财产权有三个价值维度：拥有之乐、获取之乐、利用之乐。拥有之乐指向物权，获取之乐指向支配权，利用之乐指向收益权。在传统财产法中，拥有之乐（物权）处于核心地位，因为获取之乐和利用之乐均以拥有物权为前提。

在婚姻存续期间，财产权价值维度发生变化，处于核心的价值是占有之乐而非拥有之乐（物权）。因为"同居共财"决定了无论物权归夫或妻所有，均不影响共同占有的事实状态，均可以为所有共同居住的家庭成员带来占有之乐、利用之乐。

占有之乐为婚姻家庭生活中的财产权核心价值，所以家庭成员之间的物

权变动鲜有及时完成物权变更登记的动力。这除了基于亲缘信赖的基础，还源于物权登记变动不会影响家庭成员共同占有、共同使用、共同利用的事实状态。也正因为如此，德国、法国等国家规定，对于家庭成员共同居住的房屋，无论是否属于夫妻共同财产，抑或登记在夫或妻一方名下，在进行处分时，均需双方共同签字方可生效。我国《民法典》中居住权的设置，也是对居住者占有状态提供的人文关怀。

既然“婚姻财产内外归属方案”中未登记的夫妻共有财产权人享有债权请求权，那么家庭生活中共同占有的生活财产就为个人财产。在财产权利人对外转让此部分家庭生活财产时，该转让为适格主体实施的有权处分，而占有该共同生活所需之物的其他家庭成员无力阻却，这样会给其他家庭成员造成冲击。即便是在等价有偿的交易之中，其他家庭成员仍然丧失了占有利益，打破了家庭成员的稳定生活。

所以，“婚姻财产内外归属方案”需要补充“家庭生活财产”范域。构成家庭成员共同生活场景下的财产，虽对第三人而言属于夫或妻个人所有，但对此部分财产的处分需要征得其他共同占有人的同意，以此维护家庭生活稳定，尽量不因第三人交易利益而破坏家庭生活利益。

（二）匹配债权实现风险增加调控机制

夫妻共有财产登记于一方名下，登记方与交易第三人的交易行为系有效行为。交易第三人获得物权，交易价款进入原登记方个人账户，又成为个人财产。如果未登记的夫妻共有财产权人享有债权请求权，那么债权实现的风险将全部由未登记方个人承担，未登记方将与其他无担保权的债权人一起成为普通债权人。司法实践已经验证普通债权人的受偿率远低于物权人，从债权实现风险而言，夫妻共有财产权人的财产权益较易受到损害。所以，“婚姻财产内外归属方案”需要增加夫妻财产共有人向单独处分夫妻共同财产一方的追偿权；因该方较易受到损害，还应赋予其赔偿请求权。

（三）补充夫妻内部财产清单

“婚姻财产内外归属方案”对外效力的实质是夫妻分别财产制，即以登记外观对第三人发生效力，未登记公示一方对配偶享有债权请求权。夫或妻债权请求权的行使需要明确两个清单：一是婚姻缔结时夫或妻个人财产清单，二是离婚财产清算时夫或妻个人财产清单。以此为基础方可明确债权请求权的权利行使范围。这是目前我国婚姻家庭法中所欠缺的。在编纂《民法典》时，也有学者提出过规定夫妻财产清单的建议，但最终未被采纳。概源于该财产为夫妻共有，未登记一方可以共有权及时进行权利救济，故付出巨大成本，但效用有限。如果采取“婚姻财产内外归属方案”，“夫妻财产清单”就实为必要，否则在漫长的婚姻存续期间若想逐一列举夫妻一方单独处分财产权利而给其配偶造成的损失，着实较为困难。

（四）辅之以强大的矫正机制为补充

德国夫妻财产制采用的是分别财产制 + 净益均分。但特别需要注意，在分别财产制下，德国民法辅之以庞大的矫正制度以平衡夫妻财富分配的公正，包括但不限于离婚抚养金、劳动力价值贬损补偿等。所以，虽然德国的分别财产制在婚姻存续期间使交易领域内的物权变动清晰，但在婚姻解体之后，为了平衡、弥补受损方而由一方持续数年向前夫或前妻支付离婚抚养金，令德国人民苦不堪言，无法以轻松状态投入新生活之中。夫妻共有财产制需要平衡婚姻存续期间夫妻共同利益与交易第三人利益，但在离婚时“一别两宽，各自安好”更为可取。既然无法继续共同生活，至少快刀斩乱麻，开启新生活。夫妻分别财产制与共同财产制各有利弊。

目前，我国离婚矫正机制相对羸弱。即便《民法典》完善了家务劳动补偿机制，但经过三年多的司法裁判实践，实践中补偿额度基本维持在 2 万~3 万元，重大过错离婚损害赔偿也在 3 万 ~5 万元。这无法实现夫妻财富分配的矫正功能。所以，“婚姻财产内外归属方案”如何结合我国薄弱的矫正机制，完善未登记的债权请求权人的利益保护，是需要重点考量的问题。

在“婚姻财产内外归属方案”中，未登记的夫妻共有财产权人享有债权请求权，且离婚财产协议也不具有物权效力。如果离婚后夫或妻的债务人不配合完成物权变动，那么就难以避免针对每项财产的债权请求权提起诉讼，双方均将陷入旷日持久的诉讼之中。所以，采取分别财产制的国家，常以强大矫正机制弥补该缺陷，实现夫妻财产分配的实质公正。

（五）配偶债权请求权的诉讼时效

根据《民法典》第 188 条的规定，我国债权请求权的诉讼时效期间为 3 年。若采取“婚姻财产内外归属方案”，在漫长的婚姻存续期间，显然无法维持配偶的债权请求权持续有效。那么，对于因婚姻关系而产生的债权请求权的诉讼时效，就需要法律予以特别规定。出于民族传统和对家庭和睦生活的维持，一般配偶不会在婚姻存续期间提起债权请求权，那么就需要以离婚夫妻财产清算时间为起点，开始计算权利人的债权请求权的诉讼时效，同时对于隐瞒、不知、遗漏的财产，自权利人知悉时起开始计算诉讼时效。

四、商事领域中夫妻股权的法律效力

汪文第三部分（三）探讨了“夫妻内部转让或单独处分共有股权”的问题。对此尚需注意，商事领域与交易领域在财产区隔程度上存在差异。交易领域以特定物的权利归属为核心，交易相对人信赖利益的基础是特定物公示信息。商事领域以商主体的商事财产种类物为公示内容，每年更新商事财产清单，交易相对人信赖利益的基础是特定商主体的商事财产范围，以商主体的偿债能力为核心。

相对于交易财产与夫妻共同财产无法区隔而言，商事财产与夫妻共同财产可以实现财产区隔，商事债务清偿以公示商事财产额度为债权人受偿上限。目前我国已经建立“国家企业信用信息公示系统”，社会公众可以高效、低成本的方式查证，并了解市场主体基本信息、风险提示信息以及企业经营性财产状况。司法裁判中法院逐渐认可“国家企业信用信息公示系统”的外观效力。虽然该效力等级无法达到商法的财产区隔效果，但商事主体与家事主体及其财产区隔框架基本形成。

（一）婚姻法范域夫妻股权与公司法范域共有股权的区分

“夫妻股权”系指在婚姻存续期间内，以夫妻共同财产出资，登记在夫妻一方或者双方名下的股东权利。“共有股权”系指一份股权之上存在多名共有人，共有人共享一份股东资格和一份股权财产权益，共有人通过内部共有人会议或者指定代理人的方式行使股权，但对公司组织体而言，仍为一份股权。婚姻法范域的夫妻股权并非公司法范域的共有股权，二者的主要区别如下：

1. 权利来源不同

夫妻股权来源于默示委托。当夫妻一方以共同财产投资于公司并将股权登记在一方名下，未登记一方知悉而未反对时，法律应推定其为默示委托，在夫妻内部将其视为有权代理，登记一方行使、处分股权的法律效力系有权处分。共有股权来源于共有事实，多名共有人共享一份股权的财产权益与身份权益。

在公司组织法领域中，夫妻股权权利人为登记股东一方，其享有独立完整的股权；单个共有股权权利人不享有独立完整的股权，全体共有人共同享有一份股权。

2. 意思表示不同

夫妻股权登记方为独立股东，独立参加股东会，独立行使表决权。共有股权由多名共有人通过共有人会议或者指定代表人作出一个意思表示；单个共有人未经授权，不能够作出处分股权的意思表示。

3. 行使方式不同

夫妻股权采取独立经营方式行使。在夫妻股权默示委托理论下，夫妻股权外部法律关系应遵循“独立经营”原则，登记股东享有独立股东资格，即经营权利归登记方所有，不需要征得其配偶的同意。共有股权则是由多名共有人合力共同行使一份股权，共有人不得凭共有股权主张独立股东资格。

4. 承担风险不同

在夫妻股权中，未登记一方承担的商业风险以出资额为限，承担有限责任。因其不参与股权行使，故不因股权不当行使承担侵权责任，也不与登记股东一起承担连带责任。在共有股权中，因多名共有人共同行使一份股权，所以当股权不当行使时，会招致共同侵权责任，且共有人彼此之间承担连带责任。

（二）股权继承与股权转让的区分

在公司组织法体系中，股权继承以“资合”为制度核心，股权转让以“人合”为制度核心，股权继承不可适用股权转让规则，二者各自形成独立制度，相互不可替代。在股权继承规则中，继承人、公司与其他股东存在利益冲突，但三类主体的利益内容不尽相同，价值位阶也存在差异。有必要在三类主体的利益结构充分展开后，区分不同的价值位阶，以此为基础构建股权继承规则法律保护逻辑。

其一，继承人取得的股权财产权益是股权继承规则的核心利益。继承人对被继承人合法财产的继承权是宪法赋予自然人的权利，具有对世效力。继承权是形成权，自然人股东死亡后，继承人当然继承股权财产权益，继承人与公司之间的权利义务关系即时成就。继承人可以要求公司在合理期限内实现其股权财产权益，公司无权拒绝，否则便构成对原股东股权和继承人继承权的侵害。

其二，公司整体利益是股权继承规则兼顾的重点利益。在实现继承人股权财产权益过程中，应尽量降低股权继承对公司持续生产经营的影响。首先，继承人向公司主张实现股权财产权益的，应给予公司合理的准备期限。该期限不宜过长，否则继承的股权不稳定也会影响公司经营决策中表决权的有效行使，掣肘公司经营决策效力。其次，为了降低收购继承人股权对公司资本维持造成的冲击，应该允许公司采取替代方案，由公司指定其他股东或者第三人收购继承人继承的股权。最后，在保障继承人财产权益的前提下，公司为了维护公司组织体的人合性，可以拒绝继承人继承股东身份的请求，公司享有对公司组织体成员选择的决定权。

其三，其他股东的人合性利益仅在特定情景下浮现。当继承人的继承权与其他股东的人合性利益发生冲突时，优先实现继承人的财产权益。当其他股东与公司整体利益发生冲突时，优先实现公司整体利益。从长远来看，只要维护了公司整体利益，股东、债权人以及公司利益相关者的利益就会得到实现。在公司指定由其他股东或者第三人收购继承人的股权时，其他股东相较于第三人享有优先购买权；当2名以上其他股东均表示愿意收购继承人的股权时，其他股东应当按照已有的持股比例购买继承人的股权，以维持公司股东之间持股比例相对稳定。

2023年修订的《公司法》第四章"有限责任公司的股权转让"对法律逻辑进行了调整，第84条取消了其他股东的同意权，规定以30天为限行使优先购买权，人合性可以由公司章程另行规定。该章最后一条第90条"股权继承"条款的规定，"自然人股东死亡后，其合法继承人可以继承股东资格……"另据《最高人民法院关于适用〈中华人民共和国公司法〉若干问题的规定（四）》第16条的规定，于此情形其他股东原则上不享有优先购买权。那么，股权继承人请求继承股东资格的意愿表达和公司整体利益的表达，就需要立法提供章程示范性文本，以明确公司自治与继承人法定权利的边界。

五、结论

汪文提出"婚姻财产内外归属方案"，通过重新诠释"夫妻共同所有不是物权法共同共有"，探讨了实质"分别财产制"的体系化构造，为破解夫妻共同财产制的"物债两难"困境提供了新思路。文章以内外有别的体例，运用法教义学分析法，逐项分析、讨论了婚内赠与、夫妻财产协议、离婚财产协议、执行异议、夫妻股权等诸多问题，通过内部效应、外部效应联动与呼应的庞大体系，打造了夫妻财产与交易秩序之间的利益平衡机制。

婚姻财产归属的婚姻维度?

贺　剑*

汪洋副教授的《泾渭分明：婚姻财产的内外归属方案与物权变动》一文（以下简称汪文），洋洋洒洒3.7万余字，[1]可谓汪洋恣肆！其中心论点和潜在学术贡献，可用第一章倒数第二段第一句的原文概括："婚姻维度的归属无法被简化为夫妻之间的债权债务关系，婚姻维度的归属在夫妻身份内部以及婚姻关系外部都产生法律效应。"

在学术脉络上，这是对既有"债权方案"的改进（附带需披露的是：笔者就是债权方案的拥趸），当然，也构成对主流物权方案的批判。[2]但据笔者理解，汪文的核心还是与"债权方案"对话——确认"婚姻维度的归属"，并非夫妻之间的债权债务关系那么简单。相反，它在婚姻关系内部、外部都有独特的效应。以下，笔者逐一简要评述。

一、婚姻关系内部：内外归属方案 vs 债权方案

在婚姻关系内部，汪文提出的"内外归属方案"涉及诸多制度，以下主要比较其与债权方案的异同：

---

* 北京大学法学院长聘副教授。

〔1〕 该文精简、完善后正式发表。参见汪洋：《泾渭分明：婚姻财产的内外归属方案与内外效应》，载《中国法律评论》2024年第1期。本文所评论的是该文此前提交会议时的版本，而本评论也基本是当时的口头评议稿，仅增添了少量注释。

〔2〕 简要梳理，参见贺剑：《夫妻财产法的精神——民法典夫妻共同债务和财产规则释论》，载《法学》2020年第7期。

（一）法定夫妻财产制

法定夫妻财产制是否应当在物权维度发生物权变动效力？在这一点上，内外归属方案和债权方案相近，对物权方案的批评笔者都赞同。

但是，在法定夫妻财产制的夫妻关系内部，汪文提出的“婚姻维度的归属”，与债权方案有无实质不同？至少其看重的赠与、继承等无偿性的非交换所得，实质上仅为赠与人、被继承人的意思表示解释问题。这和债权方案没有必然关联，和“婚姻维度的归属”也没有必然关联。

（二）夫妻财产制约定与特有财产约定

内外归属方案对物权方案的批评笔者都赞同。但是，在内外归属方案和债权方案的分野上，笔者仍持保留意见。以夫妻间赠与为例，汪文认为，“婚姻维度的归属效力导致赠与人不再享有任意撤销权”。笔者的理解是，赠与合同在婚姻维度相当于履行完毕了，所以，不存在任意撤销权。可要注意的是，赠与合同在通常的财产法语境下，依旧没有被履行。为何婚姻维度的归属，也能被视为足以阻却赠与人任意撤销权的赠与合同“履行”完毕？这似乎有模糊通常赠与合同的“履行”含义之嫌。

笔者认为，夫妻间赠与在未履行完毕之前能否被撤销，在传统的赠与合同规则之下依旧可以解决。但其难点在于价值判断——夫妻间赠与究竟有何特殊性，从而可以区别于父子之间的赠与、其他亲属之间的赠与？

（三）离婚财产分割或给予协议

对物权方案的批评笔者亦赞同。内外归属方案和债权方案的不同，仅涉及夫妻双方将财物登记在未成年子女名下的情形。汪文认为：“物权维度子女成为登记权利人，而在婚姻维度，不能一概按照产权登记将房产认定为未成年人个人所有，应探究夫妻的真实意思表示。如果夫妻的真实意思就是对子女的赠与，则房产就是子女的个人财产，离婚时由直接抚养未成年子女的监护人一方管理；反之，将房产计入家庭共同财产更为适宜。鉴于未成年子女未出资，也不承担还贷义务，离婚分割时可适当调整子女的比例。”

这和上文赠与、继承所得的归属应取决于对赠与人、被继承人的意思表示解释相同。笔者的疑惑也相近：上述意思表示解释，似乎不是婚姻维度归属的推论；婚姻维度归属的概念，只是为上述意思表示解释的结论提供了一个“标签”。

进一步说，假定没有婚姻维度归属的概念，似乎也可以实现相同的结果：如果夫妻双方的意思都是将房产给子女，那么，子女就成为房产的所有权人。如果夫妻双方的意思不是将房产给子女，而只是让子女“代持”之类，那么，尽管不无争论，但至少在债法层面，子女即使成为该房产的所有权人，也有义务向夫妻返还——于此，该房产就并非“家庭共同财产”，而是夫妻共同财产。当然，如果夫妻双方的意思是仅给子女一部分房产份额，在债法层面，不排除“夫妻双方与子女”分享房产的情形；但能否称之为家庭共同财产，暂按下不表。

二、婚姻关系外部：内外归属方案 vs 债权方案

在婚姻关系外部，内外归属方案同样涉及一系列制度。

（一）夫妻一方单独处分共同财产

基于对物权方案的批判，汪文认为，此时夫妻一方如果处分的是登记在其名下或由其占有的财产，则属于有权处分。这和债权方案相近。两者的潜在不同在于，在无偿或低价处分情形下，非处分财产的夫妻一方的利益如何获得救济？

汪文认为，在财产权属已经移转给第三人的情形下，可以类推适用债权人撤销权制度。道理在于，非处分财产的夫妻一方在婚姻维度上对共同财产享有的“抽象份额”会遭受损失。可这样一来，此种抽象份额（汪文在正文还提及“潜在份额”），和债权方案之下夫妻之间的债权性质的请求权有何不同？

固然可以说，在婚姻维度的语境下，夫妻一方对夫妻共同财产的份额是即时的，而不是抽象的；但如果追问下去，这种份额要变成债权人撤销权所

保护的债权或请求权，似乎也得等到离婚等场景？就此而言，笔者认为债权方案和婚姻归属方案，在债权人撤销权的问题上并无实质差别。而且，债权方案反倒有利于揭示真正的教义学难题：夫妻之间的离婚财产债权请求权是将来的、或有的债权，此种债权被侵害时，是否应当例外类推适用债权人撤销权制度？事实上，正是基于此种考虑，《德国民法典》第 1365 条才就其中的极端情形设置了（绝对的）处分权限制。〔1〕

（二）夫妻一方作为案外人提出执行异议

这涉及三种情形。情形一："婚姻维度房产为夫妻共同财产，且在物权维度登记在双方名下，按份共有或共同共有。"这并无争议，因为物权维度也登记在夫妻双方名下，自应当先析产、再执行。

情形二："婚姻维度房产为夫妻共同财产，但物权维度仅登记在一方名下。名义登记人的普通债权人强制执行该房产，另一方能否就其潜在份额阻却执行？"

汪文认为可以，因为非登记名义人的夫妻一方在婚姻维度对该夫妻共同财产享有权利，可基于其"潜在份额"，主张先析产、后执行。但与债权方案对比，问题依旧是：该潜在份额，不就是将来离婚时的某类债权或物权请求权吗？它或者是潜在共有意义上的、离婚时片刻存在的共同共有权，或者就是债权。同时，艰难的价值判断也被遮蔽了：为何夫妻另一方的将来债权，却可以享有优待，成为超级债权，从而先析产、再执行？此种一般性的规则，在物权方案之下是自然的推论；但在所有的非物权方案之下，都是必须慎重回答的价值判断难题。

情形三："婚姻维度依据夫妻房产约定归属于约定产权人，但物权维度尚未完成移转或变更登记（未加名、更名或除名），仍归名义登记人所有。名义登记人的普通债权人请求强制执行房产，约定产权人是否有权提出案外人执行异议阻却执行？"

〔1〕 以家庭住房为例的梳理，参见贺剑：《家庭住房适用善意取得吗？以居住权为重点》，载《月旦法学杂志》2020 年第 12 期。

汪文主张类推2020年修正的《最高人民法院关于人民法院办理执行异议和复议案件若干问题的规定》第28条等规定，认为在满足相关构成要件时，约定产权人虽然尚未取得产权登记，但仍然有权阻却执行。笔者赞同其实质分析，但疑惑依旧在于：此种情形下，“约定产权人”在婚姻维度单独享有特定夫妻共同财产，和该夫妻一方只是该特定夫妻共同财产的特殊债权人，有何不同？如果非要较真，在债权说之下，直接适用前述第28条即可，操作上更简单；而一旦说婚姻维度的归属，就势必涉及，如果这不是物权，也不是单纯的债权，那么它是什么？在逻辑上，或许可以考虑登记对抗主义之下的不完全物权。但这又非汪文的本意。

（三）夫妻内部转让或单独处分共有股权

这个问题更复杂，涉及公司法（股东资格，或者说，享有股权的股东能否对公司主张分红、管理等公司法上的权利）、物权法（股权在财产法上的权属，但主要涉及公司法的股权变动模式是意思主义、登记对抗主义或其他）、婚姻法（股权权属在夫妻内部的归属）的三方联动。笔者只说一点。

汪文指出：“内外归属方案同样可以适用于夫妻共有股权，只是物权维度置换为公司法维度，股东权利由享有股东资格的持股方单独行使；而在婚姻维度，夫妻共同所有的客体是股权权属而非股东资格，夫妻之间可以约定权属收益的分配比例，未约定时股权权属收益全部归入夫妻共同财产。”

笔者的评论是：这遗漏了物权法维度。也就是说，这忽略了股权在公司法、物权法或财产法上的归属，依旧是一个物权法或财产法问题；夫妻共同财产意义上的股权，按照汪文的定义，不应当是（通常的）股权权属，而是比财产权少很多、比债权多一点的婚姻维度上的股权归属。

三、结语

在夫妻财产归属的问题上，笔者和汪洋教授其实是一个战壕的战友。因为内外归属方案也好，债权方案也罢，甚至龙俊教授的潜在共有方案，相比于传统的、主流的夫妻共同财产就是夫妻双方的共同共有财产之“物权方案”

而言，都是弱势群体。某种程度上，这和婚姻法相较于财产法的弱势群体地位，如出一辙。多年前笔者在一篇论文中说过："财产法学者可以不懂婚姻法，婚姻法学者却不能不懂财产法。"〔1〕今天可能依旧如此。在财产法学者看不上婚姻法、婚姻法学者也只有少部分人愿意了解财产法的背景下，包括夫妻财产归属在内的婚姻法回归民法之路，依旧任重道远。

〔1〕 贺剑:《论婚姻法回归民法的基本思路 以法定夫妻财产制为重点》,载《中外法学》2014年第6期。

夫妻财产共同所有的体系涟漪

刘征峰 *

夫妻财产法横跨家庭法与财产法，是当下家庭法研究的热点。《民法典》及配套司法解释虽然所涉条文数量不多，但对这些条文的解释却存在较大的争议，可谓家庭法中最缺乏通说的领域。夫妻财产法的核心在于处理夫妻财产关系的涉他性。在处理涉他性问题上需要进行融贯性阐释，避免评价矛盾。汪洋副教授的文章《泾渭分明：婚姻财产的内外归属方案与内外效应》（以下简称汪文），从内外视角出发，力图为婚内财产归属及变动提供融贯性的解决方案，解决家庭法上的大哉问。汪文总体思路清晰，层次分明，文献资料丰富。提供以下评析，供完善参考：

其一，从论文标题即可以发现，汪文的整体抱负是构建完全泾渭分明的体系。在这一体系中，内外互不干扰，即“上帝的归上帝，凯撒的归凯撒”。但是一旦在价值理念上采纳共同分享理念，即使是所谓的债权方案，也会存在一套保护配偶利益的机制，防止应被分享财产的不当逸失。职是之故，在实定法上不存在纯粹泾渭分明的体系。夫妻财产法或多或少会对抽象人之间的财产法规则造成一定的干扰。在夫妻财产制之外，如家事代理领域，这种干扰也是存在的。立法者在进行夫妻财产制的规范构造时，面临的是度的衡量，而非质的改变。汪文主张通过恶意串通、离婚损害赔偿、离婚财产分割、案外人执行异议以及类推适用债权人撤销权等手段来实现配偶保护，这些机制是否真的能发挥作用，实现防止应被分享财产不当逸失的作用，尚需补充

* 中南财经政法大学法学院副教授。

论证。尤其是在我国当前社会环境之下，以现金等方式转移财产较为普遍，完全按照财产法规则处理的实质是将“追索不能”的风险转嫁给了配偶。此为核心观点上的评析。

其二，汪文的内容分为三个部分，首先比较当下各家学说，权衡其利弊，然后提出了基于债权方案的内外归属方案，第二部分、第三部分相应讨论这一方案的内部效应和外部效应。从文章的标题来看，前半句涉及婚姻财产，后半句只涉及物权变动。文中虽然涉及股权和其他财产，但实际上整个论文仍然主要是围绕物权展开的，聚焦于物权可能更为妥当。诸如债权等实践中较为重要的财产，汪文基本没有涉及。据此，是否应当在题目上进行限缩，殊值考虑。

其三，夫妻财产制不仅包含积极财产的归属和变动规则，亦包含消极财产（债务）的归属和承担规则，两者之间具有高度牵连性。从体系来看，仅实现积极财产层面的融贯性阐释是不够的。易言之，对于积极财产内外归属方案和变动的讨论必须同步关联债务层面的规则。汪文对此虽然有所涉及，如对《民法典》第 1065 条第 3 款夫妻债务责任财产的讨论，但明显关照不够。财产归属和变动规则与债务性质划分和承担规则有无关联，有何种关联，在汪文所主张的内外归属严格区分方案下，债务规范应妥当安排，此类问题付之阙如。尤其是，在涉及第三人时，如果严格按照财产法规则确定财产归属和变动规则，那么区分夫妻共同债务和个人债务是否还有必要？同样，如果婚内财产约定无物权变动效力，为何第三人知道则会引发责任财产的不同？责任财产与财产归属是何种关系？此类问题如不解决，单纯讨论财产归属和物权变动的意义会大幅度降低。

其四，作为论文的核心论点和立论基础，汪文指出“婚姻维度的归属状态无法被简化为夫妻之间的债权债务关系，婚姻维度的归属在夫妻身份内部以及婚姻关系外部都产生法律效应……涉及婚姻关系之外的第三人利益时，婚姻维度的归属并非隐而不现，例如夫妻一方单独处分共同财产即便在物权维度构成有权处分，婚姻维度的归属及其份额影响配偶是否满足债权人撤销权行使要件的判断标准；夫妻中名义登记人的普通债权人执行房产时，该房产在婚姻维度的归属状态影响配偶作为共有人还是约定产权人提出案外人执行异议阻却执行的路径和要件”。从这一表述中无法看出其所称“无法被简化为夫妻之间的债权债务关系”的关系究竟是何种关系？从目前汪文的论证中，无法看出这一关系不同于债权债务关系的特殊之处，或者说配偶地位异于债权人地位的特殊之处。无论是作为债的保全方式的配偶撤销权，还是对抗执行，均以其债权人地位为基础。实际上，夫妻财产法必须依托于主观权利体系进行构建，只不过与消费者保护一样，其上可以根据特殊的法政策考量，叠加一定的特殊效果。

其五，汪文在第二部分（一）以大量篇幅讨论财产公示问题，认为婚姻本身无法在具体财产上公示。但是，能否进行法定公示，在对内层面与其是否享有物权并不属于充要条件关系。相当多类型的财产无法进行共有或者准共有公示，财产是否因无法进行共有或者准共有公示而永远无法产生对外效力，或者说永远无法产生财产变动效力？此问题尚需进一步思考。按照汪文见解，法定财产制作为婚姻的效果，亦属于基于法律行为的物权变动。但是当事人在结婚时本就不存在所谓的财产，也不可能对将有的财产形成所谓的具体归属约定，背后是否存在关于确认具体财产归属的意思，殊值怀疑。

其六，汪文第二部分（二）提出扩张解释《民法典》第1065条所称夫妻财产约定，并将财产约定是否与夫妻身份或者家庭生活相关作为区分财产合同还是夫妻财产约定的关键。要明确夫妻财产约定与财产合同的差异，厘定各自范围，实际上并非易事。或从其约定的对象出发（如是特定财产还是面向将来的概括调整），或从其目的出发。从目的出发的困难在于，夫妻财产约定的动机与目的关系不清，外显的目的夹杂着非外显的情感动机。

其七，汪文第三部分结合夫妻一方单独处分共同财产、夫妻一方作为案外人提出执行异议、夫妻内部转让或者单独处分共同股权等典型情形，讨论内外归属方案的外部效力。实际上，物权方案的核心除了肯定配偶的占有、使用、收益之权益，更为重要的是还对其进行处分权上的限制，防止财产不当逸失。讨论外部效力应当顾及整个体系的评价矛盾。例如，隐名出资的股东尚可享受无权处分——善意取得规则的保护，而名义股东的配偶却沦落为纯粹的债权人。前者虽然不享有股权，但却受此物权性保护。即使基于保护公司人合性的要求（从2023年《公司法》可以看出公司人合性正在降低），认为名义股东的配偶不享有股权，也并不必然使其丧失物权性保护。如此评价是否公平，应予以回应。

动产抵押的顺位设定
——以将来取得的财产为中心*

庄加园 **

内容摘要:动产抵押合同所蕴含的物权合意可分为设立抵押权和登记抵押权两个部分。后者虽借助于单方申请原则,但更多的只是出于登记电子化的效率需求。预先担保登记的授权欠缺可以借助于事后订立动产抵押合同予以补正,并追溯至担保登记之时。现行学说认为浮动担保的设立不适用物权客体现存原则,系对英国法上浮动担保模式的误读。《美国统一商法典》第9编的动产担保模式虽以登记取代动产占有,但将来动产的担保权益自动附着仍以担保人取得将来动产为前提。《民法典》第414条第1款第1项的登记优先原则不仅适用于既有财产的担保,而且适用于将来取得财产的担保。在担保物权尚未成立时,登记优先原则就可为将来成立的担保物权保留优先顺位的可能性。由此,抵押人将其不享有的抵押权优先顺位赋予预先登记而后设定抵押者,实际上是剥夺先设立而后登记的抵押权人享有的优先顺位。这类无权处分行为需要被赋予处分权限才能生效,但其理论基础并非基于权利外观,而是源于声明登记制的功能。"在先登记或在先完善"规则仅在能够警示潜在融资者的范围内适用,除此之外仍不得突破无权处分的限制。

关 键 词:物权合意　客体现存　在先登记或在先完善　有权处分

---

* 本文系国家社科基金一般项目"登记型动产与权利担保的规范统合研究"(23BFX058)的中期成果。本文的部分英语文献有赖于本院2021级研究生尹潇涵同学的收集整理。

** 上海交通大学凯原法学院教授。

动产抵押合同适用“登记对抗要件”，抵押合同一经成立，动产抵押权即告发生。此处涉及抵押合同成立和担保登记的两个步骤。学界虽有观点认为动产担保登记发挥着警示、顺位分配、防止欺诈等作用，[1]但该登记的法律性质究竟如何，在物权变动领域处于何种地位，仍存有较大空白。若解释者以处分行为作为出发点，面临着如何解释动产抵押成立和登记的法律结构，尤其是后者在既有的术语体系中似难找到应有的位置。

动产担保物权的“在先登记”规则并非程序性管制规则，而是涉及当事人权利归属和变动的实体法规范。《民法典》第414条第1款第1项明确竞存的抵押权顺位按照登记顺序决定，即为“在先登记”规则的体现。在民法典编纂过程中，不少文献讨论第416条购置款担保超级优先权时，多以阻却浮动担保“在先登记”所引起的“垄断效应”为该条文的设置理由。[2]但若“在先登记”规则适用于债务人以将来财产设立担保物权，可能面临因将来财产尚未出现，担保物权的设定因缺乏客体而不能成立，在先登记的顺位优先也将无从谈起，“垄断效应”更是宛若空中楼阁。由此，“在先登记”规则将无可避免地与物权客体现存原则发生摩擦。例如，若以将来取得的财产为债权人在先设立登记，之后又将该财产为第三人设定抵押并登记，再后债权人就该财产设定抵押权。在此情况下，在先的担保登记能否为抵押权人发挥处分行为的效力，势必影响先设立抵押而后登记的第三人，又将与有权处分原则发生冲突。为此，“在先登记”规则如何与客体现存、有权处分协调共处，将成为体系解释的重要命题。

若以处分行为的框架出发，动产抵押权的设立除了具备设立抵押权的当事人合意，还须满足处分行为的额外要求：第一，抵押财产已经存在；第二，抵押人对抵押动产享有处分权。为此，本文拟分为三个部分讨论：第一，

---

〔1〕 王洪亮：《动产抵押登记效力规则的独立性解析》，载《法学》2009年第11期；庄加园：《动产抵押的登记对抗原理》，载《法学研究》2018年第5期。

〔2〕 龙俊：《民法典中的动产和权利担保体系》，载《法学研究》2020年第6期；谢鸿飞：《价款债权抵押权的运行机理与规则构造》，载《清华法学》2020年第3期；纪海龙：《民法典动产与权利担保制度的体系展开》，载《法学家》2021年第1期；王利明：《价金超级优先权探疑——以〈民法典〉第416条为中心》，载《环球法律评论》2021年第4期；邹海林：《价款债权抵押权的制度价值与解释》，载《北方法学》2021年第4期；李运杨：《〈民法典〉中超级优先顺位规则的法律适用》，载《法学家》2022年第2期。

如何解释抵押合同、担保登记中的物权合意；第二，将来取得动产上自何时设立抵押权（客体现存）；第三，担保登记对将来取得动产上抵押权的影响（有权处分）。

一、动产抵押设立与登记中的物权合意

（一）两阶段物权合意的解释和探寻

抵押合同在动产抵押权设立过程中是必备的环节。考虑到《民法典》第403条前半段规定动产抵押权自抵押合同生效时设立，动产抵押合同一经成立，动产抵押权即告发生。若在承认处分行为的框架下，抵押合同也就必然包含着当事人设立抵押权的物权合意。按照区分理论，抵押合同可以分为负担行为意义上的抵押合同与处分行为意义上的抵押合同。前者仅使抵押人负担给付义务，如抵押人有义务协助债权人办理抵押登记，或者抵押人基于约定在抵押权存续期间不得转让抵押财产。它与抵押权的设立并无直接关联。[1]后者是指设立抵押权的物权合意。抵押权作为限制物权，成为存于动产所有权之上的物上负担。有学者认为，假使此处抵押合同仅仅是负担行为意义上的合同，只能产生以特定给付为客体的债权债务关系，断然不会产生作为物权的抵押权，能直接导致抵押权设立这一物权变动效果的必然是处分行为意义上的合同或者说物权合同。[2]

动产抵押的设立不同于不动产抵押之处在于，其成立时点可以与顺位确定时点完全分离，而后者的成立时点和顺位确定时点通常是同一的。动产抵押的完成过程表现为两个阶段：第一阶段为动产抵押权的成立，第二阶段为动产抵押权人基于动产担保登记对于同一物上其他担保权人获得优先顺位。[3]从抵押合同生效后至动产抵押权登记完成时，抵押人所有权上的权利负担有

〔1〕 杨代雄：《抵押合同作为负担行为的双重效果》，载《中外法学》2019年第3期。

〔2〕 杨代雄：《抵押合同作为负担行为的双重效果》，载《中外法学》2019年第3期；参见柯勇敏：《〈民法典〉第394条（抵押权的定义）评注》，载《南京大学学报（哲学·人文科学·社会科学）》2023年第2期。

〔3〕 姚明斌：《〈民法典〉体系中处分行为问题之研究》，载《法学的想象（第一卷）：大民法典——苏永钦教授七秩华诞祝寿论文集》，台北，元照出版公司2022年版，第240页。

所增强，由此显现出处分行为的性质。〔1〕就第二阶段而言，动产担保登记使动产抵押权的优先顺位获得提升或保障。根据一般观点，不动产物权在其物权内容上的任何变更，凡不属于物权之设立、转让、设定负担或废止者，也都属于内容变更。〔2〕因此，担保登记引起的物权顺位变更也可归属于物权内容的变更。

据此，有观点认为，动产抵押发生完整对世效力的处分过程被切分为两个阶段，故须借助两次独立的处分合意，有关法律行为的规则如行为能力、意思表示等对于每次处分合意均有适用的可能和必要。〔3〕这一推论在逻辑上自属正常，但若两个阶段的处分合意泾渭分明，其结果却不利于担保交易的顺利进行。假使动产抵押合同订立和动产担保登记存在较长的时间间隔，抵押人在登记时的行为能力或意思表示瑕疵势必影响第二阶段中处分合意的效力。这样的解释未必符合当事人利益，有待斟酌。

有学者认为，所谓的物权行为只是学者们基于萨维尼的物权行为理论对《德国民法典》第873条中关于权利变动之合意进行解释得出的概念。〔4〕就此而言，不动产物权变动与动产物权变动的合意解释并无二致。物权合意的解释也无法脱离抵押合同的条款内容。学界在讨论不动产抵押合同是否涉及登记义务时，将抵押合同条款大致分为三类：其一，当事人签订的抵押合同中约定了抵押登记的义务；其二，当事人签订的抵押合同中未提及抵押登记的义务；其三，当事人签订的抵押合同排除了登记义务。〔5〕除了第三类将会导致动产抵押权丧失优先权而缺少实践价值，前两类对于动产抵押合同也能大体适用。若当事人签订的动产抵押合同条款约定了抵押人的登记义务，第一阶段的抵押合同就可经由解释包括两个阶段的物权合意。美国的动产担保实践早已出现这样的解释方式。当事人既可通过事先交易安排使得担保登记

〔1〕柯勇敏：《〈民法典〉第394条（抵押权的定义）评注》，载《南京大学学报（哲学·人文科学·社会科学）》2023年第2期。

〔2〕参见［德］鲍尔、施蒂尔纳：《德国物权法》（上册），张双根译，法律出版社2004年版，第407页。

〔3〕姚明斌：《〈民法典〉体系中处分行为问题之研究》，载《法学的想象（第一卷）：大民法典——苏永钦教授七秩华诞祝寿论文集》，台北，元照出版公司2022年版，第240页。

〔4〕杨代雄：《抵押合同作为负担行为的双重效果》，载《中外法学》2019年第3期。

〔5〕倪龙燕：《不动产抵押合同的效力探析——以实务中法律救济裁判路径为出发点》，载《法治研究》2019年第1期。

的物权合意提前至担保合同签订时成立，又可制定一种特别授权表格，或者在担保协议中添加明确的授权语言。〔1〕由此，动产抵押合同的物权合意只须根据抵押合同确定的时点判断当事人的行为能力、意思表示瑕疵或代理权等要件。

但若动产抵押合同并未提及抵押登记的义务，债权人欲完成有效的抵押登记，是否需要另行获得抵押人的同意？此时探求当事人的物权合意需要“结合特定的情形为之，须特别顾及相对人个别理解的可能性及当事人依该意思表示所欲实现的私法上的效果。”〔2〕尤其是后者，在合同解释时往往发挥着决定性作用。鉴于动产抵押合同本身就包括设立动产抵押权的物权合意，该合意内容若仅限于成立无对抗效力的抵押权，则难以发挥抵御抵押人破产、遭受强制执行、嗣后设定担保权等诸多风险。基于这一考虑，理性当事人在动产抵押合同中所达成的合意不仅包括设立抵押权，而且还应扩张为抵押人同意设立担保登记，由此才能符合动产抵押的典型交易目的。就此而言，动产抵押合同的效力虽分为两个阶段，但两阶段的物权合意都源于动产抵押合同。

（二）单方申请原则与预先登记的溯及力

与不动产登记采用共同申请模式不同，《动产和权利担保统一登记办法》第 7 条第 1 款第 1 句规定：“担保权人办理登记。”这一表述不免使人认为，动产担保登记奉行单方申请原则。有观点认为，普通动产抵押的构造应该是：债权人可以实施单方的处分行为，该处分行为于登记时生效。〔3〕这一观点恐怕有误读之嫌。因为同条第 1 款第 2 句就明确：“担保权人办理登记前，应当与担保人就登记内容达成一致。”根据文义，双方至少需要对登记内容达成合意。担保权人无权在未经担保人允许的情况下提交登记申请。此外，同条第 2 款也允许担保权人委托他人办理登记。这也说明单方行为只是体现在申请担

〔1〕 U.C.C § 9-509, Official Comment 3(2011).

〔2〕 倪龙燕:《不动产抵押合同的效力探析——以实务中法律救济裁判路径为出发点》,载《法治研究》2019 年第 1 期。

〔3〕 柯勇敏:《〈民法典〉第 394 条(抵押权的定义)评注》,载《南京大学学报(哲学·人文科学·社会科学)》2023 年第 2 期。

保登记的阶段。

当人们对比不动产物权登记程序的合意原则时，不禁产生这样的疑问：动产担保权人的单方登记申请是否违反合意原则？若该登记未经担保人许可，又将发生何种效力？鉴于《动产和权利担保统一登记办法》基本参照《美国统一商法典》第 9 编的声明登记制，回答这些问题也需要探求声明登记制的登记程序变迁。

单方申请原则可追溯至《美国统一商法典》2001 年对登记程序的修改。修订前的第 9-402（1）条要求融资声明书之上应有债务人的签名，修订后的第 9-502 条放弃了这一签字要件。立法理由认为，为促进无纸化登记，有淘汰签字要件的必要。〔1〕声明登记制实际上并不关心究竟谁提交登记申请。《美国统一商法典》第 9-509 条的评注这样解释道："申请提交人的身份无关紧要。本部分所设想的申请方案并未考虑到'申请人'的身份将成为可检索记录的一部分。"〔2〕声明登记制的登记机关并不负责审查登记内容的真实性，也不保证登记内容的准确性。假设担保登记内容不实，即便已在系统中公示，也不会对担保物发生任何实体法效力。

表面上看，登记程序的简化是效率原则战胜公正原则的体现，但仍未放弃合意原则。2001 年修订后的《美国统一商法典》第 9 编继续要求担保人（债务人）授权登记作为申请生效的条件。〔3〕第 9-509（a）条规定，只有在债务人授权登记的情况下，才允许他人登记初始融资声明书、增加担保物的修正声明书或者增加债务人的修正声明书。第 9-509（d）条规定，只在登记担保物权人授权登记的情况下，才允许债务人之外的人登记终止声明书。根据《美国统一商法典》第 9-510（a）条的规定，如果担保登记未经授权，〔4〕已登记的融资声明书则不能有效地公示担保权益。例如，担保物权人可以登记仅涉及存货的

〔1〕 U.C.C § 9-502, Official Comment 3 (2011); Harry C.Sigman, *The Filing System under Revised Article*, American Bankruptcy Law, Vol.73, p.69 (1999).

〔2〕 U.C.C § 9-509, Official Comment 2 (2011).

〔3〕 Harry C.Sigman, *The Filing System under Revised Article 9*, American Bankruptcy Law, Vol.73, p.68-69 (1999).

〔4〕《动产和权利担保统一登记办法》第 24 条第 3 句规定："办理登记时，存在提供虚假材料等行为给他人造成损害的，应当承担相应的法律责任。"但该条款未明确相应的法律责任，不足以应对未授权的担保登记者。

融资声明书；但不能登记涉及其他担保物的融资声明书。倘若担保物权人登记了涉及存货和设备的融资声明书，该融资声明书只在担保权人可以登记的范围内是有效的。因此，融资声明书只能有效地公示存货上的担保权益，而不能有效地公示设备上的担保权益。[1] 由此可见，在动产抵押合同成立的前提下，即便抵押权人单方申请动产担保登记，抵押权的设定还是建立在当事人已达成物权合意的前提上，单方申请只是为提高登记效率所作的程序变通。

担保权人不仅有权单方提交登记申请，而且可以在订立担保合同之前就提交担保登记。这样的预先登记似乎难以理解，但这在声明登记制下却是极为正常的交易安排。因为声明登记制只是提供有限信息的担保物记录（融资声明），而非担保协议本身，其旨在警示担保物上可能存在担保权益。由此，潜在融资者被鼓励进行进一步的调查，以发现完整的交易信息。动产担保的信息越早完成登记，潜在融资者就能越早获得有关的担保信息。《美国统一商法典》第 9-502（d）条也明确认可，当事人在订立担保协议或担保权益附着之前就可以提交担保融资声明。《动产和权利担保统一登记办法》也并未要求标的物必须现存于担保登记时。

当未授权的担保登记先于担保合同订立而提交担保系统时，后订立的担保合同将构成对先提交担保登记的授权，以弥补该登记缺少债务人授权的瑕疵。根据《美国统一商法典》第 9-509（b）条的规定，债务人确认担保合同或者受担保合同约束，事实上就构成债务人对涉及该担保合同所述的担保物的融资声明书登记的授权。由此，担保权人无须取得单独授权。担保合同的认证足以构成这种授权，旨在避免当事人再次申请动产担保登记时的麻烦，更多地出于提高效率的考虑。[2] 但当担保登记录入系统时，其因缺少授权根本不能获得优先顺位，事后订立的担保合同虽能补正授权瑕疵，但动产担保的优先权（顺位）究竟应自担保合同订立的补正时点起算，还是仍然根据动产担保登记时点起算，即承认授权的溯及既往效力。现有的实体法和《动产和权利担保统一登记办法》都未对此加以回应，《美国统一商法典》也未设置明

〔1〕 U.C.C § 9-510, Official Comment 2 (2011).

〔2〕 Harry C.Sigman, *The Filing System under Revised Article 9*, American Bankruptcy Law, Vol.73, p.70 (1999).

确的解决方案。

当我们将债务人未授权的担保登记与未经同意的法律行为加以比较时，可能发现两者的效力都取决于授权或同意（追认）。法律行为的追认只要没有相反规定，就能溯及至法律行为实施之时。但这种溯及效力不能损害追认前发生的就该法律行为之标的物所为的处分（参见《德国民法典》第184条）。参照法律行为之同意，担保登记的授权似乎也应具有溯及既往的效力，回溯至动产担保登记的时点。但若已有第二担保权人完成担保登记，该授权的溯及效力可能危及第二担保权人的担保顺位。

《美国统一商法典》第9-509条的评注3却表明，债务人追认（ratification）将有助于使先前的融资声明登记生效。[1]假设在先前的登记获得追认之前，第二债权人以同一担保物为担保登记。基于登记时间的优先权规则而言，追认应使担保登记自提交申请之日起生效。第二债权人毕竟大概率知道预先的登记，应当采取必要步骤来保护自己的利益。[2]因为根据声明登记制的警示功能，潜在融资者查询的只是动产担保登记，而不关心该登记是否获得授权。[3]所以，追认的溯及既往效力在评注中不仅获得认可，而且不必考虑中间担保登记权利人。因为此人本应查询登记而得知已有预先担保登记，根本不值得保护。

2015年判决生效的 In re The Adoni Group 一案中出现了事后订立的担保协议能否追认预先担保登记的争议。[4]担保权人在当事人签署担保协议之前提交了融资声明，债务人未另行授权担保权人登记备案。但是，由于债务人最终签署了担保协议，法院认为债务人实际上认可了登记备案，担保权人的担保权益是有效的。本案的关键在于第9-509（b）条是否考虑到通过事后追认担保协议来授权登记。法院认为，《美国统一商法典》的官方评注支持对“授

〔1〕 U.C.C § 9-509, Official Comment 3 (2011).

〔2〕 David Frisch, *The Recent Amendments to UCC Article 9: Problems and Solutions*, University of Richmond Law Review, Vol.45, p.1027 (2011).

〔3〕 Russell A.Hakes & Stephen L.Sepinuck, *The Uniform Commercial Code Survey: Introduction*, Business Lawyer, Vol.65, p.1208 (2010).

〔4〕 Official Comm.of Unsecured Creditors of Adoni Grp., Inc.v.Capital Business Credit, LLC (In re Adoni Grp., Inc.), 530 B.R.592.

权”一词进行广义解释。法院认为评注者的意图很明显，即登记可以在事后“授权”。由于第 9-509（b）条规定，签署担保协议即授权登记。债务人签署担保协议具有追溯效力，使未经债务人事先书面授权而提交的融资声明生效。此外，法院从《美国统一商法典》登记要求所依据的政策中找到了对其裁决的额外支持，因为当事人被鼓励尽早通知潜在融资者资产可能被设定担保。法院基于上述理由，认为当事人签署担保协议使担保权人预先提交的融资声明生效并完善了担保权益。

二、嗣后取得财产的动产担保权设立：客体现存

在现代信贷主导的商业社会中，担保人以将来取得的财产设定担保并不罕见。由此，完全可能发生物权合意在先发生，而抵押权设立在后完成。动产担保设立时无法回避物权客体现存原则，仅有物权合意尚不足以设立动产抵押权。物权特定原则首先要求物权客体现存，然后才能使得物权成立或变动时为担保人或出让人所享有。〔1〕其原因在于，在担保物既存之前，任何人都无法对物享有任何权利，更不可能在其之上创设担保物权或转让所有权。即使物权客体特定的要求因将来财产担保而有所缓和，物权客体现存的要求绝不应也无法被舍弃。〔2〕尤其在将来物上设立动产担保，物权变动何时发生，成为不可回避的先决问题。

（一）浮动担保“客体浮动”的误解

早先观点多认为，我国的浮动抵押源于英国衡平法的浮动担保。普通法系的浮动担保不受制于客体现存要求，成为逃脱物权法基本原则的遁词。在担保法继受之初，我国代表性的观点主张：“浮动担保者，并非将来担保；而系即刻对表明包括于担保权中之公司所有财产发生效力之现代担保。”〔3〕

〔1〕 参见孙宪忠：《中国物权法总论》，法律出版社 2018 年版，第 348~349 页；谢在全：《民法物权论》（上册），台北，新学林出版股份有限公司 2023 年版，第 16 页。

〔2〕 参见［德］鲍尔、施蒂尔纳：《德国物权法》（下册），申卫星、王洪亮译，法律出版社 2006 年版，第 608~610 页、第 655~657 页。

〔3〕 梁慧星主编：《中国物权法研究》（下册），法律出版社 1998 年版，第 902 页。

在民法典的编纂过程中，多数观点对于浮动抵押的认识产生转向，认为我国采用“美式浮动担保”模式，〔1〕浮动抵押的顺位无须在实现前确定（“结晶”），而直接根据设立时间先后确定。但其同样回避客体现存的原则，在关键之处依然留有空白。为此，本文认为有必要回顾英国浮动担保的法律构造。

国内学说引用最多的便是巴克利（Buckley）的观点：“浮动担保不是一种未来的担保；它是一种现在的担保，它目前影响着被表示包括在其中的公司的所有资产。”〔2〕但更重要的则是后面几句：“浮动抵押不是对资产的特定抵押，加上对抵押人在其业务过程中处置资产的许可，而是适用于抵押物中的每一个项目的浮动抵押，但不具体影响任何项目，直到某些事件发生或抵押人的某些行为导致其具体化为固定的抵押权。”〔3〕因此，国内学说一般认为浮动抵押只有在“确定”之后才发挥效力，“确定”之前一直处于“休眠”状态。〔4〕但这一解说仍未对“确定”前浮动担保的性质和效力予以回应。既然浮动担保在“确定”前处于“休眠”状态，如何成为“现在的担保”？

实际上，浮动担保作为“现在的担保”仅属于衡平法上的权利，〔5〕其旨在弥补普通法上损害赔偿不足以保障充分救济的缺陷。尤其在债务人（抵押人）无资力履行金钱赔偿时，担保权人有权向法院申请强制执行（specific performance）担保。1862 年英国法院在霍尔罗艾德诉马歇尔（Holroyd v.Marshall）案中认为，未来财产担保人可以向担保权人授予一种衡平法利益（equitable interest），即使在进行处分之时他尚不实际拥有该担保财产。〔6〕具体言之，在抵押人取得财产之前，抵押权人更多地表现为享有类似

〔1〕 参见龙俊：《民法典中的动产和权利担保体系》，载《法学研究》2020 年第 6 期；杨立新：《民法典物权编规定的抵押权新规则解读》，载《法学论坛》2020 年第 4 期；纪海龙：《民法典动产与权利担保制度的体系展开》，载《法学家》2021 年第 1 期。

〔2〕 Evans v.Rival Granite Quarries Ltd,［1910］2 K.B.979（1910）.

〔3〕 Evans v.Rival Granite Quarries Ltd,［1910］2 K.B.979（1910）.

〔4〕 参见梁慧星主编：《中国物权法研究》（下册），法律出版社 1998 年版，第 905~906 页；王利明：《物权法研究》（下册），中国人民大学出版社 2013 年版，第 1280 页。

〔5〕 Sarah Worthington, *Floating Charges -An Alternative Theory*, Cambridge Law Journal, Vol.53, p.82（1994）.

〔6〕 Holroyd v.Marshall［1862］10 HLC 191, 11 ER 999.

债法上的权利；自抵押人取得财产时，抵押权人立即获得衡平法上的所有权权益（proprietary interest），抵押人也可以通过执行抵押权获得普通法的所有权。〔1〕

就此而言，英国浮动担保仍未突破物权客体现存的原则。因为根据普通法，出卖人或借款人出卖或抵押嗣后获得的货物是无效的，即使该货物在成为出卖人或借款人的所有权客体时已有充分的描述，并且很容易确定，也无法自动移转法律上的所有权。该交易很可能构成出卖人或借款人在获得所有权时转让普通法上所有权的合同，但普通法的法院不能强制执行该合同，因此它没有产生任何附着在货物上的义务，也不能针对其他人强制执行。例如，判决确定的出卖人或借款人的债权人或其破产受托人。〔2〕浮动抵押的“确定”需要“某些事件的发生或抵押人的某些行为”，如只有担保物的占有移转，才能发生固定担保设立的效力，转化为普通法的权利。

其实，英国浮动担保的“确定”还是遵循着动产物权变动的规则，需要物权出让人将物权变动的意思通过一定的公示方式表现于外部，即为理性第三人所能察觉。这一外部公示的要求在动产“一物二卖”中表现得最为明显。当出卖人以保留直接占有的方式向多人转移动产所有权时，只有受让人最终取得直接占有，才能取得该动产所有权（参见《德国民法典》第930条）。先受让人即便因占有改定而先获得动产所有权，也会因后受让人根据善意取得规则失去所有权。在占有作为物权变动的公示模式下，立法者更多地着眼于保障出让人的转让自由，鼓励物权受让人通过优先获得占有最终取得所有权。

（二）担保权益的自动附着

浮动担保在美国担保实践领域源于担保协议中约定的“嗣后取得条款”（after-acquired clause）。相对于传统的衡平法观点，米歇尔诉温斯洛案

---

〔1〕 Robert R.Pennington, *The Genesis of the Floating Charge*, The Modern Law Review, Vol.23, p.637-638(1960).

〔2〕 Robert R.Pennington, *The Genesis of the Floating Charge*, The Modern Law Review, Vol.23, p.632(1960).

（Mitchell v. Winslow）〔1〕代表了未来财产担保演变过程中最为激进的观点，它创设的规则也被称为“自动完善规则”。但这一激进的转变并未获得其他法院的认可。马萨诸塞法院在不久之后的琼斯诉理查森案（Jones v.Richardson）和穆迪诉赖特案（Moody v.Wright）的案件中都否决米歇尔诉温斯洛案的转变。Moody 案的法官又一次重申 Jones 案的立场。除非抵押权人在取得财产后采取“进一步的行动”以“完善”其普通法上的权利（title），衡平法规则应当与普通法规则相同。将来财产的担保是一个待履行的协议，一旦担保权人取得了担保财产的占有（授权来自该待履行的协议），衡平法权益才能转变为普通法上有效的担保权。〔2〕

“自动完善”规则和马萨诸塞规则的争论核心在于，担保权人在嗣后取得财产上的权益是否在他取得财产时（至少在衡平法）自动附着，或者在取得财产之后还须履行“新的行为”以“完善其普通法上的权利”或“同意抵押”。客体现存原则依然在普通法上获得延续，即抵押人只能处分设定抵押时既有的财产，而且该财产必须属于抵押人。〔3〕支持自动完善的观点虽在后世逐渐占据上风，但并非理论上的原因，而只是基于实践的考虑。物权客体现存原则在嗣后取得财产的担保实践中似乎逐步被一些例外所突破。法院在担保物的特殊类型中给予浮动担保权人对抗第三人的权利，如铁路融资、〔4〕成长中的农作物、不动产的附着物。〔5〕虽然公共利益支持铁路作为浮动担保物获得特殊对待，却面临着如下质疑：通过其他私有资本融资的嗣后取得的工厂、设备为何不能获得同等对待？〔6〕

---

〔1〕 Mitchell v.Winslow, 17 F.Cas.527, 6 Law Rep.347, 2 Story, 630（1843）. 斯托雷（Story）法官认为，“以所有财产作为担保物”包含将未来财产纳入其中的意图。将来财产可以用于现在抵押，无论此时是否存在。从衡平的角度，一旦转让方或订约人取得所有权，该担保权便附着在特定财产并且具有对抗后者的效力。

〔2〕 See Moody v.Wright, 54 Mass.17, 13 Met.17（1847）.

〔3〕 Grant Gilmore, *Security interests in personal property*, Volume I, Little, Brown and Company 1965, p.33.

〔4〕 Pennock v.Coe, 64 U.S.117（23 How.1860）.

〔5〕 Grant Gilmore, *Security interests in personal property*, Volume I, Little, Brown and Company 1965, p.33–35.

〔6〕 Grant Gilmore, *Security interests in personal property*, Volume I, Little, Brown and Company 1965, p.36–37.

一直未受充分关注的因素在于，在嗣后取得的抵押权与第三人权利的竞合方面，抵押权应在多大程度上获得保护，尤其当后续交易的第三人不知将来财产担保已设立时？为此，立法者逐渐引入动产登记备案制度，试图平衡嗣后取得的抵押权人与第三人之间的利益。20 世纪初生效的《美国统一买卖法》等法规明确赋予了在不改变占有的情况下进行抵押的权限，将抵押权作为公共记录登记取代了占有变动。[1] 当这种财产被抵押人获得时，根据法规正式提交登记的动产抵押取代了占有的改变，并使任何占有的改变成为不必要。有的学者认为，正式订立和提交登记的动产抵押合同应被视为在抵押人获得这些动产时对其生效，这才符合担保当事人的意思。[2] 若登记取代占有移转，将来动产的抵押权人将不仅获得优于抵押人之债权人的所有权，而且优先于向抵押人支付对价的购买人之所有权，除非这种转让可能得到抵押权人本人的明示或默示授权；抵押动产的登记运作就如同向所有人发出通知，使得抵押权人的衡平法权利与法定权利一样有效。[3] 1926 年生效的《美国统一动产抵押法》承认了将来取得财产上抵押权的自动取得效力。该法第 24 条 2（a）规定，如果抵押文书或符合本法登记要求的副本在取得标的物之前已正式登记，这类抵押对抵押人的债权人有效，而且根据第 42 条（3）（b），对正式登记或收到抵押通知后的取得人（purchaser）也都有效。

1952 年《美国统一商法典》第一次系统地整合未来财产担保制度，将有形财产和无形财产都纳入第 9-204 条的调整范围。所有的主体（不考虑商主体）都可以在除消费品和商事侵权债权以外的未来财产上设定担保。第 9-204 条的第 1 款和第 3 款明确规定，无论是债务人根据担保协议基于对担保物既有权利而设定的担保权益，还是基于嗣后取得条款而产生的担保权益，二者具有同等地位。担保权益不仅仅是一种“衡平法”权益，因为它不需要

[1] Williston, *Transfers of After-Acquired Personal Property*, Harvard Law Review, Vol.19, p.567-568 (1906).

[2] William F.Walsh, *Mortgages of Property to be Subsequently Acquired*, New York University Law Quarterly Review, Vol.10, p.318 (1933).

[3] Williston, *Transfers of After-Acquired Personal Property*, Harvard Law Review, Vol.19, p.569 (1906).

担保权人采取进一步行动，如就新担保物达成补充协议。[1] 当时《美国统一商法典》第 9-303 条的评论进一步解释，如果事先采取了完善步骤（例如，担保权人在给付对价之前或在债务人获得对担保物的权利之前提交融资声明），则担保权益在附着时自动完善。[2]

将来取得的财产担保的自动附着、自动完善有赖于担保登记制度的建立。美国制定法使得担保物权的公示方式从占有转变为登记。担保权益自然也无须再次移转担保动产的占有，以确认其最终的物权变动意思。早期抵押动产的逐个登记确实造成登记程序的不便和低效，但随着声明登记制的引入，担保动产的概括声明最终克服了这些缺点。

三、适用于将来财产的 FTFOP 规则与有权处分原则

自动附着理论并未偏离处分行为的构成要件，因为处分行为的前提如物权客体现存、处分人享有处分权等原则仍不可缺少。尤其在抵押权设立与担保登记存在时间先后时，这些原则对于在将来财产上设立动产抵押权显得尤为重要。在担保权人先为动产担保登记，后设立担保物权的情形下，客体现存的原则与有权处分要件如何获得实现，本文将着重讨论。

（一）在先登记或在先完善（FTFOP）规则

《民法典》第 414 条第 1 款第 1 项确定竞存的抵押权顺位按照登记顺序决定，被称为抵押权的顺位原则。在中国法语境下，该条款不仅适用于不动产抵押权领域，而且也适用于动产抵押权的顺位。当既有的动产作为担保物时，在先完成的担保登记如何实现抵押权优先顺位的设定，请见下例。

---

〔1〕 Harold Skelton, *Maine: The After-Acquired Property Clause and Article 9*, Maine Law Review, Vol.14, p.104 (1962).

〔2〕 Bernard A.Riemer, *The After-Acquired Property Clause Revisited*, Commercial Law Journal, Vol.70, p.336 (1965).

1. 既有动产作为担保物

例 1：登记与完善在同一时点

债务人 D 在第 1 天与担保权人 1（secured party，SP1）订立借款合同与动产抵押合同，在设备 El 上为 SP1 设立动产抵押权，但并未完成登记，SP1 享有的抵押权不具有对抗效力。然后，D 在第 2 天又与担保权人 2（SP2）订立借款合同与动产抵押合同，在设备 El 上又为 SP2 设立动产抵押权，并完成动产担保登记。这时，根据《民法典》第 414 条第 1 款第 2 项的文义，已登记的抵押权优先于未登记的抵押权，因此，SP2 的动产抵押权优先于 SP1。第 3 天，尽管 SP1 完成在设备 El 上的动产担保登记，但 SP2 的登记时间早于 SP1。根据《民法典》第 414 条第 1 款第 1 项，抵押权已经登记的，根据登记时间确定清偿顺序，还是 SP2 在设备 El 上的动产抵押权优先。

动产抵押顺位不仅以登记时间决定，而且受制于物权客体现存和有权处分的要求。既有动产抵押符合客体现存的要求，此处仅需要考察担保登记的处分权要件。由于 D 在第 2 天只是在设备 El 上为 SP2 设立动产抵押权，并完成担保登记，所以 D 对设备 El 仍然享有所有权，再次为 E1 完成担保登记虽是处分行为，但仍在 D 作为所有权人的处分权限之内。D 在第 3 天为 SP1 设定动产抵押时仍对 E1 享有所有权，也符合有权处分的要求。在此，登记顺位原则也满足了客体现存和有权处分的要求。

动产担保登记的重要功能之一在于警示功能，便于查询者注意到担保物上目前和未来的权益。由此，后续在登记担保动产上取得担保权的人无论是否实际查询在先登记，都被认为同意在清偿顺位上劣后于优先登记的担保权。[1] 换言之，SP1 在第 3 天完成 El 上的担保登记时，能够查阅到 E1 上登记了 SP2 的动产担保，他仍完成后位的担保登记，只能推定其愿意接受设备 E1 上劣后顺位的动产抵押权。若 SP1 由于疏忽在第 3 天未查阅 E1 上的其他负担，也不影响劣后顺位的成立，这是其因未予查询而承担的不利后果。就此

〔1〕 Lynn M.LoPucki, Elizabeth Warren & Robert M.Lawless, *Secured Transactions -A Systems Approach* (8th ed.), Wolters Kluwer, 2016, p.525.

例而言，动产抵押优先权的法律构造与不动产抵押并无不同。

2. 将来取得动产作为担保物

动产担保登记常以既有动产作为出发点，却对将来取得动产作为担保物的情形关注不足。若担保当事人完成担保登记在先，由于抵押人在登记时尚未取得担保物，此时适用《民法典》第 414 条第 1 款第 1 项的在先登记原则，将会突破物权客体现存原则，使尚未取得的动产已负担着动产抵押权。若抵押人将来无法取得担保登记所描述的动产，则在先登记所设立的动产抵押权将存续于永远不存在的某个虚幻物，成为法律概念上的“怪胎”。《美国统一商法典》担保权益的完善以附着为前提，实际贯彻了物权客体现存原则。这也正是担保权益的附着（相当于担保权成立）不能早于担保人实际取得担保物权利的原因。〔1〕此外，根据抵押权的从属性原则，若担保债权尚未发生，则抵押权通常也不能成立。所以，只有担保登记存在而无担保债权和抵押合同，债权人仅根据担保登记无法在实体法上获得动产抵押权。

但若抵押权人完成担保登记在先，订立抵押合同在后，抵押人最后取得抵押动产，则将来物上的动产抵押权何时发生，值得讨论。根据抵押权的从属性原理，由于被担保债权与抵押合同订立的时间晚于担保登记时间，动产抵押权最早发生于借款合同与抵押合同订立之时。但在上述两类合同订立时，抵押人未取得抵押动产，所以，若纯以抵押权的从属性出发，将会违反物权客体现存原则。假使依照文义，《民法典》第 414 条第 1 款第 1 项仅根据登记时间决定动产抵押权设立时间，必将使抵押权成立时点更为提前，不仅违反担保物权的从属性原理，而且实有抵触物权客体现存原则之嫌。

虽然《民法典》第 414 条第 1 款第 1 项在文义上覆盖所有的抵押权设立情形，却忽视了不动产抵押和动产担保的登记原理存在巨大差异。前者采用物的编成主义，若不动产尚未于登记簿完成初始登记，则该不动产上不可能被设立抵押权。而且，不动产物权登记为设权要件，基于法律行为的物权变动若未经登记，不能发生当事人所意欲的物权变动效果。动产担保登记则采用人的编成主义，其奉行的声明登记制特点在于，登记的担保物信息独立于

---

〔1〕 See U.C.C. § 9-204, Official Comment 2 (2011).

担保协议，申请人无须为登记通知而提交基础担保文件或提供与登记有关的担保权其他证据。基于动产担保登记，后续贷款人只能获得可能设立担保权的担保物范围，并不能从登记系统直接获得担保合同的全面信息。他们仍须对债务人财产状况进行调查，以确认担保交易的具体内容。[1]由此，担保权人获得授权的动产担保登记未必伴随着动产担保物权的成立，后续贷款人查阅到在先的担保登记，未必确认该登记相对应的担保物权已经成立。

3. 在先登记或在先完善规则

《美国统一商法典》第 9-322（a）（1）条便是基于声明登记制在动产担保领域的基本优先权规则，但其决定因素并非局限于担保物登记时间，而是也包括担保权益的完善时间。该条款规定："除本条款另有规定外，同一担保物上的冲突担保权益和农业担保权之间的优先权按照下列规则确定：（1）冲突的完善担保权益和农业担保权按照登记或完善时的优先顺序排列。优先权日期自首次提交涉及担保物的登记或首次完善担保权益或农业担保权之时起算，如果此后没有登记或完善的时期。"这条规则被称为"在先登记或在先完善（first to file or first to perfect）规则"，也简称为 FTFOP 规则。

FTFOP 规则与《民法典》第 414 条第 1 款第 1 项相比，为担保权人获得优先顺位提供了两个不同的决定时间。担保权人只要先完成担保物的登记或担保权益的完善，就将在与他人关于该担保物的竞争中取得优先顺位。若以担保权益完善时间作为优先标准，"完善时间"就是担保登记时间，即动产抵押权取得对抗效力的时间，这对于大陆法系并不陌生。对于通常的动产抵押设定过程而言，则是抵押合同订立和担保登记先后或同时发生的时间，担保登记时间便可确定优先顺位。然而，就担保物登记时间作为决定因素而言，主要包括担保登记先于抵押合同订立的情形。此时，尽管债权人通过担保登记，拥有获得优先顺位的可能性，但可能尚未取得动产抵押权。这种脱离实体物权的"优先顺位"在传统不动产抵押的登记程序中显得匪夷所思。因为不动产物权顺位涉及其与同一不动产上其他限制物权的对物（或物权）关系，

---

〔1〕 Uncitral, *Legislative Guide on Secured Transactions*, United Nations Publication, 2010, p.174.

顺位也被认为是它的法定效果、性质或内容。〔1〕基于这样的认识前提，不动产抵押权的顺位作为其属性，原则上不能与抵押权的实体权利分离。

但在动产担保领域，出于担保权尽早获得优先顺位的需求，担保权人预先登记担保动产，在动产担保情形中并不少见。由此，顺位和实体权利的分离则在实践中渐渐成为常态。《联合国担保示范法》也认可预先担保登记，认为它有如下益处。其一，它为担保人获得信贷提供便利，因为当担保人正在与融资者就担保协议谈判时，后者根据先登记者优先的一般规则确定其对其他担保债权人有优先权，而不必担心登记和正式签署担保协议的时间顺序问题。它还避免了在基础担保协议于登记时存在技术缺陷但后来得到纠正的情况下登记无效的风险。其二，它增强了当事人之间融资关系的灵活性。因为当事人能够调整担保安排的条款，并针对担保人不断变化的情况订立涵盖相同担保财产的新的担保协议，应对担保人不断变化的融资需求，而无须进行新的担保登记。〔2〕

更为重要的因素在于，为了促进“财产担保”，FTFOP 规则还包含突破无权处分原则的可能性。FTFOP 规则与《民法典》第 414 条第 1 款第 1 项的区别主要体现于将来物上设定动产担保权。具体言之，若担保人嗣后就同一担保物为多数债权人设立动产抵押，该物上的担保顺位是否依然根据动产担保的登记时间予以确定，本文将在下文展开讨论。

（二）“预先登记”的优先效力：顺位保留

例 2：担保权成立前登记作为优先权依据

债务人 D 和有担保的贷方 SP1 开始协商 SP1 向 D 提供贷款，该贷款由 D 的设备担保。D 只拥有设备 El。第 1 天，D 授权 SP1 提交了涵盖 D 的所有设备的担保登记。此时，SP1 对 D 的设备 El 还不享有抵押权。然而，SP1 行动缓慢，D 开始与 SP2 谈判以 D 的设备担保的贷款。SP2 行动迅速。在第 15 天，D 签署动产抵押合同，为 SP2 在 D 当时拥有或之后获得的所有设备上设

〔1〕不动产物权顺位的性质在德国理论上存在争议，其主要包括物权的法定效果、物权的性质、物权内容、类似内容的物权效力。MüKoBGB/Lettmaier, 9.Aufl.2023, BGB § 879 Rn.3.

〔2〕UNCITRAL, *Legislative Guide on Secured Transactions*, United Nations Publication, 2010, p.174.

立抵押权，SP2 向 D 支付贷款资金。第 16 天，SP2 提交了涵盖 D 设备的动产担保登记。因此，在第 15 天，SP2 对 D 的设备 El 享有抵押权——这在第 16 天完成担保登记。在第 16 天，SP1 仍然对 D 的设备不享有抵押权。然而，SP1 最终批准了对 D 的贷款，并且在第 30 天，D 与 SP1 订立动产抵押合同，为 SP1 对 D 当时拥有或之后获得的所有设备设立动产抵押权，并且 SP1 向 D 支付了资金。因为 SP1 在第 1 天预先提交了涵盖 D 设备的担保登记，他在第 30 天对 D 的设备 El 拥有登记的动产抵押权。即使 SP2 首先获得对 D 设备的抵押权（第 15 天）并完成动产担保登记（第 16 天），SP1 也根据其预先提交的动产担保登记对 El 享有优先顺位。也就是说，虽然 SP1 的抵押权成立时间晚于 SP2，但在先登记原则推翻了 SP2 基于先成立抵押权对 El 所享有的优先顺位。然后，在第 45 天，D 获得了另外的设备 E2。同日，SP1 的抵押权和 SP2 的抵押权同时附着 E2 并同时完善。若根据完善时间在先的原则，SP1 和 SP2 将具有相同的优先级，并且可能会按比例分享担保物的权益。然而，根据 FTFOP 规则，登记或完善二者中的先完成者将具有优先权。SP1 因担保登记时间较早，其抵押权相较于 SP2 享有在设备 E2 上的优先顺位。[1]

若担保人仅授权预先提交的动产登记，最终并未与债权人订立抵押合同，此种登记将因其缺乏抵押权设立（附着）的标的物而不能发挥实体法上的效力。由于预先登记者最终并未取得抵押权，“同一财产向两个以上债权人抵押的”情形可能并不具备，《民法典》第 414 条第 1 款的顺位规则受制于上述文义而恐难适用。但未明确的问题则是：若预先登记者的抵押合同嗣后生效，抵押动产的在先登记能否使得后成立的抵押权获得优先顺位？鉴于后登记的抵押权先成立，先登记的抵押权如何在教义学上实现顺位超越，值得详细讨论。

例 2 中的债务人 D 在第 15 天向 SP2 授予在第 16 天登记的设备 E1 的抵押权时，D 不能将这些权利转让给 SP1。SP2 拥有对设备 E1 唯一的抵押权。然而，由于 D 仅授予 SP2 抵押权而不是完整的所有权——D 保留对 E1 的所

〔1〕 Thomas E.Plank, *Article 9 of the UCC: Reconciling Fundamental Property Principles and Plain Language*, Business Lawyer（ABA）, Vol.68, p.457–458（2012）.

有权。因此，D 可以通过订立其他抵押合同来设立有利于 SP1 的抵押权。一旦 D 在第 30 天向 SP1 授予对 El 的抵押权，SP2 和 SP1 在同一个担保物 El 中都拥有登记的抵押权。因为，SP1 在 SP2 登记之前已登记抵押动产——甚至在 SP2 获得抵押权之前。一旦 SP1 和 SP2 都拥有登记的抵押权，FTFOP 规则赋予 D 转让 SP2 享有的对 E1 的抵押权优先顺位的权限。同样，当 D 在第 45 天获得 E2 的所有权时，若严守处分权原则，SP1 和 SP2 将按比例获得 E2 的担保权益。然而，根据 FTFOP 规则，SP1 的抵押权优先于 SP2 的抵押权。FTFOP 规则赋予 D 以权限（power）将原本 SP2 享有的第一顺位抵押权转让给 SP1。然而，本案的关键因素在于 D 保留在担保物 El 和 E2 中的所有权，由此方能有权设立多个担保物权。〔1〕

上述情形的担保人被认为实施了无权处分，使后成立、先登记的抵押权获得相较于先成立、后登记抵押权的优先顺位。因为债务人在为 SP1 设立抵押权时，SP2 对设备 E1 享有唯一的已登记的抵押权。SP1 后成立的抵押权若要“捷足先登”，就必须剥夺 SP2 的优先顺位。FTFOP 规则赋予债务人将其不拥有的抵押权优先顺位转让给后续担保权人的权限。这类抵押权的成立方式，在中国法下略显陌生，但在比较法上却并不罕见。

德国法上较相似的制度来自于顺位保留（《德国民法典》第 881 条）。它的基础是母权利人和负担该保留的后位权利人达成合意，解决首位权利人不确定而次位权利确定的现实。但顺位保留也依附于负担它的后位权利，最终产生令人头痛的相对顺位，即被保留顺位的权利优于负担它的后位权利，但不优于该后位权利之后的权利，而后位权利又优于其后的权利。〔2〕由于顺位保留仅产生相对效力，而不能发生绝对效力，难以在担保领域发挥作用。与之相比，预告登记赋予记载于不动产登记簿的预告登记以绝对的顺位保留效力（《德国民法典》第 883 条第 3 款）。这样的顺位保留并不会阻碍后登记的限制物权载入登记簿，而是体现为挫败或妨碍请求权实现的处分在内容上相对

---

〔1〕 Thomas E.Plank, *Article 9 of the UCC: Reconciling Fundamental Property Principles and Plain Language*, Business Lawyer (ABA), Vol.68, p.461-462 (2012).

〔2〕 常鹏翱:《民法中的财产权竞合规范——以优先规范为中心》,载《法学研究》2010 年第 5 期;[德]鲍尔、施蒂尔纳:《德国物权法》(上册),张双根译,法律出版社 2004 年版,第 354 页以下。

不生效力。当后登记的物权载入登记簿时，其权利人知道或者应当知道之前保留的顺位，并受其约束。一旦本登记物权的前提具备，预告登记权利人就可直接请求预告登记义务人（不动产物权人）同意登记该物权，而不必征得先登记的其他物权人同意。〔1〕

不动产预告登记的相对无效效力近似于动产担保的预先登记效力，只是还须额外获得预告登记义务人的同意，而无须他人同意。假设我们将不动产预告登记适用于同一动产负担多重抵押权的情形，先登记而后成立的抵押权人将有权直接向动产所有权人请求登记该抵押权，而不必征得先成立、后登记的抵押权人同意。实际上，后成立的抵押权基于预先登记自动获得优先于后登记抵押权的顺位。然而，动产担保的登记原理有别于不动产登记制度。不动产预告登记的前提仍是对物登记制——所谓物的编成主义，要求以登记的不动产现存为前提。若将来实现物权变动的不动产在预告登记申请时尚不存在，则预告登记难有用武之地。反之，动产担保的声明登记制则无须以担保物现存为前提，而是允许潜在融资者（甚至是非债权人）提前登记。即便在担保权益还未成立时，他们也可以预先保留担保物权的优先顺位。〔2〕《美国统一商法典》如要借助有权处分的框架很难实现这一结果，而只能依据无权处分进行解释。

《美国统一商法典》第9-203（b）（2）条旨在规范担保权益的附着，是对FTFOP规则的补充，同时也在一定程度上发挥着补充无权处分欠缺正当权限的功能。根据该条，除非债务人将担保物上的权利转让给担保权人时拥有对担保物的“权利”（right）或“权限”（power），否则担保权益不会附着。第一个引用的“权利”短语反映有权处分原则。债务人不能在其没有权利的担保物上设定担保权益，而对担保物拥有权利的债务人只能对其拥有的权利设定担保权益。第二句短语“权限”限制了无权处分的适用范围，允许债务人可以转让（设定担保权益）债务人不享有的权利。因为第9编并未说明债务人何时享有权限转让其不拥有权利的所有情况，这里出现了解释上的空档，尽管其中的一些情形可在《美国统一商法典》的其他条文中找到，但其他情

〔1〕［德］鲍尔、施蒂尔纳：《德国物权法》（上册），张双根译，法律出版社2004年版，第433～434页。

〔2〕Rolf Stürner, *Perfection and Priority of Security Rights: Commentary*, 5 ECFR 166, 170（2008）.

形则只能从优先权规则本身中推得。例 2 中，FTFOP 规则的适用反映了 D 有权转让其先前转让给 SP1 的权利，赋予后来的抵押权以凌驾于先前存在的抵押权的优先顺位。[1] 然而，FTFOP 规则的补充无权处分欠缺正当权限的功能也必须遵循物权客体现存原则。该处分行为最早也仅能在债务人取得担保动产时为之，而不能发生于预先担保登记时，因为担保动产那时尚不存在。将来担保的登记并不具有溯及效力，其优先效力并非处分行为回溯至担保登记时，而仅仅表现为“顺位保留”可能性与“法律承认的无权处分”的叠加效力。因此，预先担保登记所保留的顺位方能在“法律承认的无权处分”框架下转化为优先顺位的动产抵押权。

《民法典》第 414 条第 1 款第 1 项同样需要遵循有权处分原则，即抵押人设立抵押权时需要具备对抵押动产的处分权，由此设立的抵押权根据登记时间决定先后顺位也是顺理成章之事。但例 2 中的债务人 D 在将来取得的动产上先后为 SP2、SP1 设立抵押权，SP1 的担保登记先于其抵押权设立，而 SP2 的担保登记和抵押权设立迟于 SP1 的担保登记，又早于 SP1 的抵押权设立。即便在第 45 天，SP2 的抵押权与 SP1 的抵押权同时附着并完善（设立并取得对抗效力），SP1 的概括担保登记还是最早完成。此时，立法者和司法者同样面临着 FTFOP 规则的考验：债务人 D 能否将 SP2 享有的抵押权优先顺位处分给 SP1？

因为 SP1 的担保登记最早发生，后续的交易者可以通过查询动产担保登记获悉 SP1 在先的担保登记，采取必要的查询和应对措施。例如，SP2 取消和债务人 D 的交易，或者请求债务人 D 提供第三人担保，甚至 SP2 直接与 SP1 谈判，协商更换担保顺位。如果 SP2 知道或应当知道 SP1 在先的担保登记，而仍熟视无睹，那就表示其愿意承担 SP1 在先的担保登记转化为后续抵押权的风险。就担保登记旨在“促进财产担保”的目的而言，优先保护 SP1 可能不会给 SP2 带来新的重大负担。假使法律赋予 SP2 优先权，SP1 固然可以通过在每笔后续交易之前进行搜索来保护自己，但这将使得交易更加烦琐，由此违反《美国统一商法典》第 9 编预先提交担保登记的立法意图：降低担

---

[1] Steven L.Harris &Charles W.Mooney, Jr., *Using First Principles of UCC Article 9 to Solve Statutory Puzzles in Receivables Financing*, Gonzaga Law Review, Vol.46, p.302 (2011).

保交易成本、提高担保效率。[1]因此，这一优待先登记者的立法政策在将来取得的动产抵押领域同样应当得到贯彻。

《民法典》第 414 条第 1 款第 1 项若要发挥“促进财产担保”的目的，保证预先登记的顺位保留，必然需要承认抵押权顺位的无权处分。这类无权处分他人抵押权的优先顺位在国内讨论较少。在现行法中，无权处分借助于善意取得制度补正权利瑕疵或是通常路径。《民法典》第 311 条关于其他物权的善意取得根据该条第 3 款，参照适用前两款规定。在第 311 条第 1 款规定的三个要件中，SP1 满足第三个要件并无太大的争议，因为他的担保登记已早早完成。第二个要件“合理的价格转让”在抵押设立中不存在。第一个要件“受让人受让该不动产或者动产时为善意”在设立抵押权时，则符合逻辑地应被转换为“受让人设立抵押权时为善意”。此时，我们需要考虑 SP1 在设立动产抵押权时的第 30 天是否为善意。由于 SP2 在第 15 天不仅设立动产抵押权，而且完成担保登记。SP1 在第 30 天订立动产抵押合同时，知道或应当知道 SP2 已完成担保登记。“善意”在民法上是指不知或不应当知道他人权利，若 SP1 明知 SP2 抵押权成立于设备 E1 的事实，则通常难谓符合善意的要求。

然而，《美国统一商法典》第 9 编却改变了普通法上当事人知悉他人权利即为非善意的传统规则，使动产担保权的优先顺位完全根据登记时间决定。其理由在于，后登记的抵押权人是否知悉在先设立抵押权，在证明上非常困难。而且，这样做其实是鼓励懒惰的不调查者，而惩罚勤勉谨慎的人。后登记抵押权人若在订立抵押合同后知悉该事实，又将面临顺位下降而改变抵押合同的权利义务，如要求提高贷款利率，或要求对方提供其他担保，这将给交易带来极大的不确定性。[2]只要权利的状态能从向公众开放登记簿中得出，第三人知晓权利存在的事实（恶意）就不可推翻。[3]因此，担保权竞争者的善意纯粹根据担保登记确定，不考虑是否知道或应当知道在先设立的其他权利，

---

〔1〕 Stephen L.Sepinuck, *Perfecting Article 9: A Partial Prescription for the Next Revision*, Gonzaga Law Review, Vol.46, p.558(2010).

〔2〕 Gerard McCormack, *Secured Credit under English and American Law*, Cambridge University Press, 2004, p.155-156.

〔3〕 我国学者近来也多支持善意纯以抵押权登记而定，参见龙俊：《动产抵押对抗规则研究》，载《法学家》2016 年第 3 期；汪志刚：《准不动产物权变动与对抗》，载《中外法学》2011 年第 5 期。

SP1 的善意要求也就获得满足。

即便如此解释，后登记抵押权人的善意要求似乎也超出预定的适用范围。一般的善意取得通常都基于权利外观发生，物权受让人信赖处分人享有实际上并不存在的处分权限。例 2 的 SP1 取得抵押权的优先顺位并非依据不动产登记或动产占有这类权利外观，也不存在信赖债务人对设备 E1 享有处分权。因为 SP1 通过查询担保登记应该知道 D 已将 E1 为 SP2 设立具有完整效力的抵押权。这里的抵押权优先顺位取得更多的是源于动产担保登记的警示功能和顺位分配功能：一旦先登记者的担保权人完成担保权设立的所有要件，他将获得担保物上的优先顺位。所以，SP1 取得优先于 SP2 的抵押权顺位，完全是出于声明登记制采取"登记竞争"的宗旨。我们与其迂回地解释善意的主观要求，面对权利外观缺失的困境，倒不如直接诉诸声明登记制的立法目的，直接赋予先登记者以无权处分的处分权限，才更符合"登记在先，权利在先"的原则。

基于上述考虑，《民法典》第 414 条第 1 款第 1 项的登记优先原则不仅适用于担保人有权处分设立担保权的情形，而且适用于担保人无权处分设立担保权的情形。这一结果即便超出立法者预料的既有担保案型，扩展至将来物担保，仍符合声明登记制所倡导的立法目的。

（三）先登记者优先的例外：处分权的限制

尽管 FTFOP 规则具有促进"财产担保"的作用，但它不能总是凌驾于有权处分原则之上（nemo dat）。只有在有强烈的政策理由支持时，才能突破处分权要件。例如，赞成对本来秘密的担保权进行公开通知的政策，可以确保财产利益的安全和担保交易的效率，而且该政策的益处超过适用该政策有关的成本。所以，如果法律适用者没有充分的理由推翻有权处分原则，则应遵循处分权要件。〔1〕由于《民法典》第 414 条的文义只适用于同一财产上的多重

〔1〕 Thomas E.Plank, *Article 9 of the UCC: Reconciling Fundamental Property Principles and Plain Language*, Business Lawyer (ABA), Vol.68, p.462 (2012); Steven L.Harris & Charles W.Mooney, *Jr., Using First Principles of UCC Article 9 to Solve Statutory Puzzles in Receivables Financing*, Gonzaga Law Review, Vol.46, p.318 (2011).

抵押情形，立法者并未对其他权利竞合情形设定明确的规则。假使优先权争夺的主体并非互相冲突的担保权人，而是主张其他权利的第三人，登记优先原则能否依然适用，存在相当大的疑问。

1. 不同担保人设立的抵押权

例 3：双重债务人与双重担保权人

在第 1 天，D2 以当时拥有或之后获得的动产为 SP2 设立抵押权，并且在第 1 天提交动产担保登记。在第 30 天，D1 以当时拥有或之后获得的动产为 SP1 设立抵押权，并且在第 30 天为该抵押权提交动产担保登记。在第 60 天，Dl 转让上述动产给 D2。D2 将这些动产置于 SP1 的抵押权之下。先前由 D1 拥有并由 D2 收购的转让资产负担着 SP2 登记抵押权。SP1 和 SP2 具有相互冲突的登记抵押权。试问哪个抵押权优先？[1]

第 1 天，SP2 在 D2 的现在与将来的全部动产上设立已登记的抵押权。第 30 天，SP1 在 D1 的现在与将来的全部动产上设立已登记的抵押权。此时，SP1 和 SP2 的抵押权互不影响，不会发生担保物的争夺。但在第 60 天，当 Dl 转让动产给 D2 时，由于 SP2 根据第 1 天订立的抵押合同会使得其第一天登记的抵押权延伸至 D2 将来取得的财产。而 D1 的转让资产又负担着 SP1 在第 30 天享有的已登记抵押权。于是，D1 转让给 D2 的争议资产上似乎既存在 SP2 先登记、后设立的抵押权，又负担着 SP1 后登记、先设立的抵押权。因为 SP2 的抵押权登记在先，根据 FTFOP 规则和第 414 条第 1 款的文义，应该是 SP2 的抵押权优先于 SP1。然而，根据有权处分原则，SP2 在第 60 天转让动产中的抵押权将劣后于 SP1 的抵押权，因为 D2 收购的转让资产应该负担着为 SP1 在先设立的抵押权。在此例中，由于适用的原理不同，本案的解决方案竟然完全相反。

---

〔1〕 Thomas E.Plank, *Article 9 of the UCC: Reconciling Fundamental Property Principles and Plain Language*, Business Lawyer (ABA), Vol.68, p.462-463 (2012); Robert H.Skilton, *Security Interests in After-acquired Property under the Uniform Commercial Code*, Wisconsin Law Review, Vol.1974, p.946 (1974).

在 2001 年之前，《美国统一商法典》没有明确的规则解决有权处分原则与 FTFOP 规则之间的冲突。然而，前第 9 编的一个有利于 SP1 的案例解决了这种模糊性。[1] 被告 SP1 在债务人子公司 D1 拥有的应收账款中拥有完善的担保权益。债务人子公司的所有资产均转移给相关子公司 D2。原告 SP2 对相关子公司拥有的抵押物（包括应收账款）拥有完善的担保权益。被告保留了转让给相关子公司的应收账款，原告提起诉讼，要求收回应收账款。1988 年，美国第九巡回上诉法院支持有权处分原则，以保留 SP1（被告）在转让资产中的优先权。其理由在于，债权人 D1 向另一方 D2 转让的财产不能超过其拥有的财产。换言之，受让人 D2 对转让财产的权利不能大于其转让方 D1 对该财产享有的权利。[2] 否则，SP2 从 D2 获得的担保权益范围就将大于 D1 在同一财产上所设定的担保权益，以至于违反有权处分原则。此外，如果适用 FTFOP 规则，SP1 将无法防范这种风险。即使 SP1 仔细搜索备案，并对设备进行实物检查，确保没有债权人在先完善，也无法提前发现这种风险。毕竟，SP1 无法提前获悉担保物的买受人究竟是谁。[3]

2001 年《美国统一商法典》第 9 编的修订中增加第 9–325 条，该条明确采用有权处分原则而非登记优先原则，使得 SP2 在转让财产中的担保权益顺位劣后于 SP1 在这些资产中的担保权益。SP1 根据第 9–325（a）条获得优先权，需要满足三个前提：（1）债务人取得另一人设定担保权益的担保物；（2）当债务人取得担保物时，另一人设定的担保权益已经完善；（3）该担保权益此后不存在尚未完善的期间。需要注意的是，本条仅适用于受让人取得担保物时转让担保物上的担保权益已登记的情况。若不满足此前提，则适用正常的优先权规则。[4] 在这种情况下，有权处分原则占了上风，因为登记优先原则作为例外的正当性难以获得证成。正如《美国统一商法典》第 9–325 条的评注所指出的，SP2 可以通过搜索和查找 SP1 的融资声明来保护自己，但

---

〔1〕 Thomas E.Plank, *Article 9 of the UCC: Reconciling Fundamental Property Principles and Plain Language*, Business Lawyer (ABA), Vol.68, p.464 (2012).

〔2〕 Bank of West v.Commercial Credit Financial Services, Inc., 852 F.2d 1162, 1174 (9th Cir.1988).

〔3〕 Stephen L.Sepinuck, *Perfecting Article 9: A Partial Prescription for the Next Revision*, Gonzaga Law Review, Vol.46, p.561 (2010).

〔4〕 U.C.C § 9–204, Official Comment 4 (2011).

SP1 永远无法通过搜索和查找其他融资声明对抗较早登记的 SP2，因为即使他知道融资声明，也不太可能在事实上阻止 D1 转让资产。[1]

2. 在先登记者未设立抵押权

《民法典》第 414 条第 1 款的登记优先原则只是为先登记后设立的抵押权保留优先顺位，并不能在登记时即刻在抵押人不享有的担保财产上设立抵押权。因此，与抵押人在先登记时是否享有处分权并不相关，抵押人只是必须在设立抵押权之日对担保物享有处分权。以下两个例子用于说明纯粹的在先担保登记不能阻止买受人获得担保物所有权或抵押人的债权人扣押担保物，登记优先原则仍在很大程度上受制于有权处分原则。[2]

例 4：在先登记者诉后续购买设备者

D 拥有十件设备。第 1 天，经 D 授权，SP1 提交一份涵盖 D 享有的所有设备的动产担保登记。SP1 对 D 的设备尚不享有抵押权。在第 15 天，D 以合理价格将设备 El 出售给 P2 并交付。SP1 批准了对 D 的贷款，在第 30 天，D 与 SP1 订立抵押合同，授予 SP1 对 D 享有的所有设备的抵押权。此外，抵押合同具体按名称列出所有设备，即设备 E1 至 E10。SP1 向 D 支付贷款。如今，SP1 对 D 在第 30 天拥有的 D 的设备（E2 到 E10）拥有抵押权。但问题在于，由于 SP1 之前已提交了涵盖 D 设备的动产担保登记，因此 SP1 是否会在出售给 P2 的设备 E1 上享有抵押权，并延续在 P2 取得的 E1 所有权之上？

FTFOP 规则和《民法典》第 414 条的文义只适用于同一财产上的多重抵押，并不涉及抵押权人和买受人对同一动产的利益冲突。但若抵押权人对现有动产享有已登记抵押权，则后续买受人仍要附着该财产附着的抵押权，对于将来的动产抵押是否结果相同，有待斟酌。此处，抵押权设立仍须遵循处分权原则，只有当 SP1 和 D 订立抵押合同，且 D 对抵押设备享有处分权时，

---

〔1〕 U.C.C § 9-204, Official Comment 3(2011).

〔2〕 Thomas E.Plank, *Article 9 of the UCC: Reconciling Fundamental Property Principles and Plain Language*, Business Lawyer(ABA), Vol.68, p.465-466(2012); Robert H.Skilton, *Security Interests in after-Acquired Property under the Uniform Commercial Code*, Wisconsin Law Review, Vol.925, p.944(1974).

抵押权才能在 E1 至 E10 的设备上设立。因此，SP1 对设备 E1 不享有抵押权。因为 D 在第 15 天将 E1 卖给 P2，后者取得 E1 的所有权。第 30 天，D 对 El 没有任何权利，他无权为 SP1 在 P2 享有所有权的设备 E1 上设立抵押权。

这里需要思考的问题是，D 是否享有对 E1 的“转让权利的权限”？换言之，FTFOP 规则是否如例 2 那样赋予 D 转让 P2 对 E1 的权限，使 SP1 基于 D 的无权处分取得动产抵押权？若 SP1 预先完成动产担保登记，P2 作为设备 E1 的买受人是否值得保护？一般认为，P2 若为正常经营买受人，其无须查询动产担保登记，可无负担地获得动产所有权（《民法典》第 404 条）。[1]若 D 就是设备生产者，P2 向设备销售者购买设备 E1（E1 性质应为存货），也能根据正常经营买受人规则获得无负担的所有权。[2]但例 4 的事实仅强调 E1 的担保动产属性为设备，而非物理属性。据此，D 并非设备生产者和销售者，而只是存货出卖者，P2 若不能援用正常经营买受人规则，能否豁免查询动产担保登记的义务？

本文认为，后续买受人 P2 不应负有查询动产担保登记的义务，这主要出于两个方面的考虑：一方面是基于动产担保登记的“有限警示功能”，[3]另一方面是动产所有权移转的要件存在差异。正如上文所述，尽管《民法典》第 414 条第 1 款将不动产抵押权与动产抵押权规定于同一条文，但两者遵循登记优先原则的理论基础存在显著差异。动产担保登记并不具有不动产物权登记的公示公信效力，仅旨在对潜在融资者警示可能存在的担保风险，并促使其开展相关查询。它的警示效力并非针对所有人发生，而仅作用于负有查询登记义务的潜在融资者。因为动产担保的顺位根据登记确定，潜在融资者若未查询到债务人存有在先担保登记，就可尽快完成自己的担保登记，以获得有利的优先顺位。相反，动产买受人希望获得动产所有权，而非为提供融资而设立担保权。考虑到动产担保登记的上述警示范围，动产买受人显然不属于需要被警示的融资者范围。此外，动产买卖旨在促进财产的迅速流通。所有权移转通常以交付为要件，买受人在交易时无须查询动产担保登记。即便出

---

〔1〕 龙俊:《民法典中的动产和权利担保体系》,载《法学研究》2020 年第 6 期。
〔2〕 庄加园:《探析抵押动产的正常经营买受人规则》,载《法学》2023 年第 1 期。
〔3〕 龙俊:《民法典中的动产和权利担保体系》,载《法学研究》2020 年第 6 期。

卖人对出卖动产不享有所有权，只要动产买受人信赖出卖人的占有外观，并完成交付，便有可能借助善意取得规则（或正常经营买受人规则）获得无负担的所有权，由此消除原所有权人对该动产的一切追及可能性。因此，在本例中，仅提交动产担保登记不会构成对后续买受人 P2 的负担，登记优先原则尚不足以推翻有权处分原则，因为 D 在第 30 天没有拥有 E1 的所有权，SP1 不能基于 D 的无权处分在 E1 上取得抵押权。

例 5：在先登记者诉扣押债权人

与例 4 一样，D 拥有 10 件设备。第 1 天，经 D 授权，SP1 提交一份涵盖 D 享有的所有设备的动产担保登记。SP1 对 D 的设备不享有抵押权。在第 10 天，D 的债权人（lien creditor，LC）就未偿还的无担保债务获得针对 D 的胜诉判决。在第 15 天，法院根据生效的判决文书扣押设备 E1，LC 对被扣押的设备享有司法担保权，并开始在强制执行程序中准备出售 E1。在第 30 天，D 与 SP1 订立抵押合同，使 SP1 对 D 的所有设备享有抵押权。SP1 向 D 拨付贷款资金。现在 SP1 在 D 的设备 E1 至 E10 上拥有抵押权，D 在第 30 天拥有该设备。D 仍然拥有 E1，尽管它负担着 LC 的扣押质权。[1]

正如前文所述，债权人预先提交动产担保登记并不构成对后续担保权人的负担。此处的争议在于，由于 SP1 之前已经提交了一份涵盖 D 设备 E1 的动产担保登记，FTFOP 原则是否会如例 2 那样，为 SP1 后发生的抵押权保留登记在先的顺位，从而推翻扣押债权人 LC 的优先顺位？仅从文义出发，扣押债权人并非动产抵押权人，也不属于民法典所规范的任意一种担保物权，因此不属于《民法典》第 414 条“同一财产向两个以上债权人抵押的”的情形。但若学说承认扣押债权人 LC 的实体权利为法定担保物权（或称“扣押

〔1〕 Thomas E.Plank, *Article 9 of the UCC: Reconciling Fundamental Property Principles and Plain Language*, Business Lawyer (ABA), Vol.68, p.467 (2012); Robert H.Skilton, *Security Interests in after-Acquired Property under the Uniform Commercial Code*, Wisconsin Law Review, Vol.1974, p.944 (1974).

质权”），[1]则其与 SP1 同样作为担保权人，似乎又应适用在先登记原则。

然而，这一认识却忽略了 LC 与 SP1 的担保权发生原因的差异。LC 的扣押质权并非基于当事人合意取得，也不属于《美国统一商法典》第 9 编根据担保协议而发生的担保权益。扣押债权人 LC 并非贷款人，它在申请扣押债务人特定财产时不会去查询动产担保登记系统。就声明登记制所旨在发生的警示功能而言，他明显不属于潜在融资者，也不依赖动产担保登记系统来促进其利益的实现。[2]因此，在例 5 中，有权处分原则应当压倒在先登记原则，在先登记者不享有处分扣押债权人优先顺位的权利。在第 30 天时，D 无权为 SP1 在已被扣押的 E1 上设立优先于 LC 的动产抵押权。LC 的扣押质权应当优先于 SP1 后成立的抵押权。

四、结论

动产担保的预先登记旨在提高担保效率，降低交易成本。一方面，在先登记者之后免去搜寻同一债务人（担保人）担保登记的负担；另一方面，同一债务人的其他交易者可以通过搜寻担保登记发现在先登记，及时采取预防措施。基于电子化登记的效率原因，动产担保登记实行单方申请原则，但仍需要担保人（债务人）授权登记。该授权未必必须为之，而可从动产抵押合同的意思推知。动产抵押权人若未经授权而预先登记，事后成立的动产抵押合同可补正授权的欠缺，并具有溯及至担保登记时的效力。

在民法典的编纂过程中，多数观点虽认为我国采用“美式浮动担保”模式，却忽视了浮动担保其实无法摆脱物权客体现存原则。即便是在英国浮动担保的衡平法构造中，也只有在担保人嗣后取得财产时才能获得衡平法权益，

〔1〕司法担保权的债权人通过判决、征税、扣押或其他法律或衡平程序获得法定担保物权，其类似于德国法的扣押质权或查封质权。我国民事诉讼法至今尚未明确这类债权人是否获得担保物权。参见马强伟：《论查封债权人的优先受偿地位及其效力限制》，载《法学》2023 年第 1 期。

〔2〕See U.C.C. § 9-317(a)(2)(B).Thomas E.Plank, *Article 9 of the UCC: Reconciling Fundamental Property Principles and Plain Language*, Business Lawyer (ABA), Vol.68, p.468-469 (2012).2001 年第 9 编扩大 FTFOP 规则的适用范围。预先提交融资声明可以使尚未在担保物上创造担保权益的担保权人优先于对同一担保物具有执行司法担保权的司法担保权债权人，但前提是债务人先于另一方认证担保协议。

依然不能创设例外。该权益需要额外的履行行为（如担保人取得占有），才能使得衡平法权益转化为普通法上的物权。《美国统一商法典》第 9 编主要以声明登记制取代传统的动产占有，以便担保权益自动附着、自动完善，但仍未脱离物权客体现存原则。

《民法典》第 414 条第 1 款第 1 项以不动产抵押登记为基础的登记优先规则忽视了声明登记制背后的登记原理，没有意识到后者的担保登记可以在担保物权未成立的前提下，为在先登记者保留将来担保物权优先顺位的可能性。若司法者仅根据文义适用该条款，将使对将来物设定动产抵押权违反客体现存原则和有权处分原则。在此，我国司法者可能需要参考《美国统一商法典》第 9 编的 FTFOP 规则，仅在动产担保登记能够警示潜在融资者的范围内（“促进财产担保”）适用“在先登记或在先完善”规则，在一定范围内突破无权处分的限制。但“在先登记或在先完善”规则并不影响非潜在融资群体，例如复数担保人、动产的先买受人、动产的在先扣押人。在此，FTFOP 规则不得突破有权处分原则。

动产抵押中的物权合意

张家勇 *

庄加园教授的文章《动产抵押的顺位设定——以将来取得的财产为中心》（以下简称庄文），讨论将来动产抵押权的物权效力问题，认为动产抵押中的物权合意包括抵押权的设立合意与登记合意两个部分，先登记授权的欠缺因事后订立抵押合同的事实得到补正，登记合意的效力溯及至登记时。先登记的动产抵押权因担保人取得将来动产而自动附着，从而仍然遵循物权客体特定原则；先登记而未设立的动产抵押具有优先顺位保留效果，实际上剥夺了先取得后登记之抵押权人的顺位利益，从而应依善意取得规定才能满足有权处分原则。由此，《民法典》第 414 条第 1 款第 1 项之适用受到限制：先登记未设立的动产抵押权、不同担保人设立的动产抵押权及动产的在先买受人或在先扣押人的权利等，均不适用该规定确立的“先登记者优先”规则。庄文环环相扣，步步为营，反映出作者高超的论证能力。文章的关键命题，如将来财产担保仍需满足特定性与有权处分原则，值得肯定，有关《民法典》第 414 条之适用问题的见解总体上也值得赞同。

但是，既然庄文主要借鉴《美国统一商法典》的经验，讨论我国法上动产抵押的顺位设定问题，“物权合意”这个概念对文中的观点确立具有何种作用？是必要的吗？作者承认动产抵押中物权合意存在设立合意与登记合意两个部分，它们各自的含义如何？是“（整体中）部分与部分”的关联关系还是“各自独立”的关系？登记合意与顺位合意可以互换使用还是指称两种不同的

* 中南财经政法大学法学院教授。

合意？如果抵押权顺位合意与登记结果不一致，如当事人约定设立第一顺位抵押权，实际上却被登记为第二顺位抵押权，应当如何处理？

尽管庄文对于抵押登记与动产抵押权之关系的某些见解值得赞同，如不满足客体特定原则的动产抵押登记并不确认抵押权，有权处分原则即使在将来财产抵押情形也仍然不能被突破，但是文中的另一些观点则欠缺坚实的基础。例如，在动产抵押权能否善意取得的法律立场尚且未明的情况下，抵押登记优先顺位的善意取得何以证成？在涉及将来动产抵押时，抵押合同与抵押登记的先后顺序是否会产生不同法律效果？在承认先登记后设立的抵押权具有优先顺位保留的效果，且后设立的抵押权具有溯及效果的前提下，为何要以登记时间为基准，再借助善意取得确认先登记者的优先顺位？换言之，顺位保留是否具有排除无权处分的效果？先登记后设立的动产抵押权是否总是能够借助"自动附着"机制而溯及生效？比如，在担保人破产情形，自动附着机制是否有修正的必要？

此外，既然作者最终目的落脚于中国法之解释构造，"先完善"所指为何？中国《民法典》中是否存在"动产抵押权完善"的规范依据？这涉及比较法方法的使用方式问题：能否将特定域外法的形式理由证成替换为国内法的解释构造？

以下结合上述问题，作简要评述。

一、动产抵押权的"物权合意"与顺位设定

庄文认为，动产抵押中涉及抵押权设立合意与登记合意两个部分，但并未言明这两个部分的关系：它们是一个物权合意的不同内容，还是两个独立的物权合意？在抵押权设立与登记分离的情况下，如果抵押权最终并未设立，登记合意如何成为物权合意？登记具有强化动产抵押权效力的效果，即能够对抗善意第三人，但这种对抗效果并非合意的内容，而是法律规定的效果（《民法典》第 403 条）。由此看来，登记合意的唯一内容是同意将抵押权设立之事实提交登记或预先登记。此项内容虽然基于抵押合同中当事人的合意，但与物权变动效果无关，恰恰不能赋予物权合意的效果。

在逻辑上，应当认为，登记合意以先有设立动产抵押权的合意为前提，而设立合意则无须先有登记合意之成立，这使动产抵押权设立合意与登记合意可以分离。即使在当事人就将来动产订立抵押合同的情形下，登记合意已生效而设立合意未生效，纵然已经登记，抵押权也未设立，以登记时间确定顺位的抵押权竞存问题仍无从发生。在将来动产抵押的情形下，真正的问题恰恰不在抵押权设立合意之成立先后，而在于设立合意生效时间之确定，该时间的确定以满足客体特定性与有权处分原则为必要。据此，该问题的重点不是抵押权设立要不要满足该二项原则，而是能否针对将来取得之动产而预先设立抵押。恰如《美国统一商法典》第 9-204（a）条规定的那样，担保合同可以在嗣后取得的担保物上设立担保物权。也就是说，抵押权设立合意可以“附着”于抵押人将来取得的动产之上（反过来说也一样），且其效果与设立在特定且有权处分的动产上的抵押权一样。既然如此，在将来动产上设立抵押权时，尽管在抵押人取得抵押动产之际，订立的多个抵押合同的债权人都同时取得抵押权，但先登记的抵押权人相比于后登记的抵押权人，却因登记在先的原因而享有“逻辑上一秒钟”的时间优势。因此，特定性与有权处分原则仅影响动产抵押权的取得，而不能影响其顺位。《民法典》第 403 条有关动产抵押权自抵押合同生效时设立的规定，只能理解为抵押合同自抵押物特定且满足处分权原则时生效。庄文对客体特定性以及有权处分原则的强调，具有限定《民法典》第 414 条第 1 款适用前提的意义，但对于抵押顺位的确定却并无意义。尽管如此，还是存在一个需要处理的问题：在抵押物特定前，抵押合同属于何种性质的法律行为？

理论上有观点主张，抵押合同具有负担行为的属性，但也有观点认为，抵押合同仅有处分行为的属性。后者是德国民法理论的通说，而前者似乎可视为我国理论界的主流观点。问题是，要是抵押合同为负担行为，认为抵押合同生效时即设立动产抵押，或者说抵押合同自抵押物特定且有权处分时才生效，就与其负担行为属性难以协调。从经验的角度看，在抵押物特定前，抵押合同就已经生效，否则，依抵押合同而完成的抵押登记，甚至嗣后的“附着”效果都将欠缺规范基础。不过，既然《民法典》第 403 条称动产抵押权自抵押合同生效时设立，则其所指抵押合同就只能是处分行为，其必须满足客体特定与有权处分原则的要求。由此可见，我国现行法上的抵押合同的确应区分为负担行为和处分行为两种类型。庄文认为，设立动产抵押权的“物权合意”可以“附条件或附期限”，认为担保物权合同可以约定担保物权延迟设立。这种延后设立担保物权的做法是对特定担保权人的限制，并不会造成担保物上其他利益相关者遭受不利，有其合理性。但是，这种合意无论如何也与抵押登记合意无关，因而也与抵押顺位没有直接关系，不过为牵连问题而已。

由于动产抵押登记不影响抵押权的取得，只影响抵押权的效力，因而会发生不同于不动产抵押登记的分离效应，即抵押登记可独立于抵押权设立而发挥效用，当事人甚至可以先设立无须登记的抵押，事后再约定登记以强化动产抵押权的效力。这样来看，设立抵押权的合意与登记合意就再次被分隔开来。不过，要是在设立抵押权时即约定登记，而非在设立之后再另行约定抵押登记，设立合意与登记合意在形式上就都内含于同一抵押合同中。为何事后约定登记却能够成为独立于设立合意的另一个物权合意？其实，登记合意只是因为与变更（强化）抵押权效力的合意结合而具有物权合意的表象，真正的物权合意仍然表现为抵押权效力变更合意而非登记合意，这与抵押权设立时的登记合意是完全相同的。这再一次说明，登记合意只能依附于物权合意，最多被看作是后者的组成部分，而不能将其视为独立的物权合意。

剩余的问题则是，在没有抵押合同却预先登记的情形下，如何认识登记合意与物权合意的关系？由于登记合意以抵押权的设立合意的存在为前提，在抵押合同订立前的先行登记，如果系债权人单方申请，实际上具有“为他人财产设定负担”的效果，具有真正无权处分甚至侵权的属性，因此，庄文认为嗣后订立的抵押合同具有补正未授权之单方申请登记瑕疵的效果，也应当在这种意义上理解。不过尚需补充的是，除非能够从抵押合同的订立中推导出登记合意，否则，就仍然因欠缺合意基础而不能发生这种补正效果！由此也提出一个庄文未予言明的问题：动产抵押合同是否当然包含抵押登记合意？从庄文认为未登记之动产抵押权之实践价值不足的立场来看，似乎暗含肯定之意。笔者对此亦持肯定看法，除非抵押合同有相反约定，否则，生效的抵押合同具有授权抵押权人单方申请登记的效果。

由此来看，抵押登记本身与物权合意无关，其不过是物权合意的生效（不动产抵押）或者效力强化（动产抵押）要件。从而，顺位与当事人的意思无关，仅与登记本身的状况有关。将登记合意作为物权合意对待，甚至将其等同于顺位合意，应当说具有误导性。

二、将来财产抵押权的设立与无权处分

如前文所述，在将来动产上设立抵押权除须有抵押合同外，还涉及物权客体特定性与有权处分原则的贯彻问题。在抵押合同订立前先行办理抵押登记的，是否存在无权处分的问题呢？应当说，当事人对未来取得的财产先行处分的，在实际取得财产时，只需该财产“附着”于先前处分行为即可发生物权设立或变动效果，无须采取其他行动。但是，庄文在承认该前提下却认为，先设立后登记的抵押权本来占据了优先顺位，因为在先登记动产抵押权在此时尚未设立，只有在先登记的抵押权事后因“附着”而实际设立时，在贯彻抵押权溯及效力的情况下，才使先登记后设立的抵押权获得了优先于后登记抵押权的顺位利益。对于这种效果的发生机制，庄文解释说，是因为“在先登记或在先完善”（FTFOP）规则赋予抵押人如下权限：将先设立后登记抵押权人的顺位利益向先登记后设立抵押权人转让。由此，担保人实际上实施了对先设立后登记抵押权人顺位利益的无权处分行为，只是因为法律规定而使之例外有效而已。

有关“无权处分”的解释确如作者所说，“远远超出《民法典》立法者的想象空间”，但是，笔者并没有看出使这种想象成为必要的理由。

首先，如前文所述，动产抵押登记并非抵押权设立要件，而是其对抗第三人的要件，或者说主要反映为顺位利益的对抗要件。如前文所述，抵押登记只是顺位利益的表征，当事人的约定（相对的顺位利益）以及登记时间（绝对的顺位利益）才是确定顺位利益的关键。从这个角度看，完全没有必要将抵押登记作为针对实体权益的“处分行为”对待，这在前文有关“物权合意”的评述中已有说明，不再赘述。质言之，先登记尚未设立的抵押权，是以抵押权设立为条件发挥以登记时间表征顺位保留的效果，无论如何不构

成无权处分。

其次，既然法律允许在抵押权设立前通过先登记而保留顺位，顺位保留因登记而具有警示效果，则对于先设立后登记的抵押权人来说，其取得的就是劣后于先登记之可能设立的抵押权的利益。这种效果既可以视为其抵押合同中的意思（明示或默示之意思），亦可以视为法定的不可推翻之效果。既如此，先登记之抵押权嗣后实际设立时，即满足该种规范效果的适用条件时，何须辗转经由抵押人之手，将先设立后登记之抵押权人的顺位利益向先登记后设立之抵押权人转让？只要承认抵押登记的警示和顺位分配功能的正当性，就完全无须考虑无权处分之问题。

再次，若承认先登记之抵押权在嗣后订立的抵押合同生效（现物抵押），且将来取得所抵押动产时（将来动产抵押）才设立，则无论是先行办理抵押登记还是签订将来动产抵押合同，由于先设立后登记的抵押权在彼时尚未设立，所以，其不可能构成对后者的“无权处分”。在先设立后登记的抵押权设立后，抵押人与先登记之债权人订立抵押合同以设立抵押权的，其要么是履行在先登记时已有的设立抵押权允诺，要么是实施基于所有权人身份的担保物权设定权限（power）。既然法律允许在一物上设立多项抵押权，且法律允许后设立的抵押权取得按先登记时间确定的抵押顺位，也就没有理由认为，抵押人事后设立抵押权的行为构成对他人权益的无权处分。在将来取得之动产因“附着”而依法发生抵押权设定效果的情形，前述结论仍然成立。

最后，庄文在无权处分构造下，进一步通过善意取得来为先登记后设立抵押权人的优先顺位提供正当性，也有叠床架屋之感。庄文并非认为抵押人事后设立抵押权的行为构成无权处分，而是认为其取得“优先顺位”构成无权处分。一方面，先登记之抵押权人在登记时尚无抵押权，还谈不上“取得”，自无“善意取得”可能；另一方面，在先登记抵押权人事后实际取得抵押权时，其顺位利益系因法律将其顺位利益“溯及至”登记时，而非其意定效果，或者说其意定效果乃基于前述溯及效果规定，也谈不上对他人权益的剥夺。更为重要的是，如果以登记时为判断“善意”的基准时，先登记的抵押权人就总能满足善意取得要件，“无权处分+善意取得”的解释构造只是想为“先登记者优先”规则提供正当性说明，根本没有规范上的意义。正如本评论提出的替代解释方案所示，这种复杂且迂曲的解释构造完全是没有必要的。

顺带说明的是，庄文在“例 2”中讨论的“无权处分”，其实是以“现物抵押”为基础的，也就是以既存动产抵押的先登记后设立为例讨论，然后将其结论“扩及于”将来动产抵押。这种“扩张”可能还是有些轻率了：在存在多个先后登记的未来动产抵押合同的情况下，“附着”的逻辑效果只能是多个动产抵押权同时成立。既然是同时成立，依法确定的竞存顺位何以与“无权处分”相关？

不难发现，“无权处分说”实际上假定，先设立已登记的抵押权就当然的“事实上”取得优先顺位；正是这个“事实”判定，提供了“无权处分”的事实基础。但是，这个基础却是没有规范依据的，在承认顺位保留的前提下，先设立已登记的抵押权根本不可能享有优先顺位！登记抵押权优先于未登记抵押权实现、未登记抵押权平等受偿的规定（《民法典》第 414 条第 1 款第 2 项、第 3 项），也反映出类似的立场，登记顺位的确定与抵押权设立时间先后并无关联。由此可见，庄文基于嗣后取得财产的动产担保的设定仍需满足客体特定性原则的有效前提，却无法合乎逻辑地推导出“无权处分说”的结论。

三、“先登记者优先”规则的适用范围

在将来财产抵押时，一旦认为抵押权自“附着”时设立，那么，若在“附着”前，存在由他人设立且已经登记的抵押权，其当然不得因为“附着”引发的抵押权设立的溯及效果而被排除。这是因为，动产抵押登记采人的编成主义，在先设立并登记的抵押权人无论如何都无法想象，由于抵押物因转让而落入他人在先登记的抵押权中，自己已登记的抵押权竟然要因时间劣后而须承受不利。恰如庄文所言，受让人所取得的动产本来已承受他人抵押权的负担，该种负担不能因被受让人设立的抵押权“捕获”而被排除；被“捕获”的只能是存在他人抵押权负担的财产，因此，其自然不能以登记时间在先而主张优先于他人已登记的抵押权。这也间接说明，在贯彻动产抵押登记人的编成主义情形下，《民法典》第 414 条第 1 款第 1 项以登记时间先后确定

抵押权优先顺序的，只能是同一担保人下的多个抵押权。这与处分权限制无关，而与进入浮动抵押之财产的特性相关，即被浮动抵押“捕获”的动产上是否存在他人已享有对抗效力的其他担保物权，从而也与先登记者优先规则的例外无关。

因将来财产会直接“附着”于预先实施的处分行为而发生处分效果，如果“附着”发生时处分人的能力发生变化，是以处分行为实施时还是以“附着”发生时作为判断处分行为效力的基准时呢？若严格依循规范逻辑，既然允许预先处分，则处分行为的效力就应当以行为实施时为判断基准时。在担保人破产时，如果担保人在后取得的财产当然被预先缔结的担保合同所“捕获”，可能会挫败破产管理人取得财产的积极性。同时，既然担保权自“附着”时才设立，而“附着”发生在担保人破产后，“附着”实际上就具有类似偏颇清偿的效果，不应当允许其生效（《企业破产法》第 32 条），破产管理人有权请求法院撤销“附着”效果。从而，在先登记的抵押权因未设立而不能赋予债权人优先受偿的效果。庄文对此未予讨论，这里权作补充。

此外，对于不要求登记的抵押动产的其他权利人，如扣押债权人，因法律并无登记要求，因此，也不得作为未登记之担保权人而因有其他已登记之担保权人而遭受不利（《民法典》第 414 条第 1 款第 2 项）。不过，对于动产的在先买受人是否在担保登记所警示的潜在交易者范围内，学界并非没有疑义。在贯彻物、债二分原则下，特定物债权是否能够优先于已登记的担保物权，或许需要更充分的论证。尽管这个问题与《民法典》第 414 条所处理的问题无关，但仍与抵押登记引发的权利竞存问题有关。在某种意义上可以认为，权利竞存问题也是权利顺位问题。

四、比较法方法在本国法解释中的运用

在这里，我们显然没有必要一般性地讨论如何认识比较法在法学研究中的运用，可只从消极方面提及避免比较法方法的误用问题。庄文从抵押合同中的物权合意出发，更多借鉴了《美国统一商法典》的经验展开动产抵押权顺位问题的讨论。不难看出，“物权合意”概念是一个德国法传统的特殊概

念，纵然将其作为分析性术语，能否满足法律比较的分析目的，也并非没有疑问。这种概念使用可能造成论证基础的偏失问题，仍然值得警惕。恰如所见，对于讨论动产抵押顺位设定而言，无论如何都没有使用“物权合意”概念的必要。如前所述，顺位问题实际上不过是权利竞存的另一种表达形式，处理顺位问题的核心不在意思自治，而在实质标准的选取。

此外，作者在论证中还使用了中国法背景下并无规范基础的概念，如担保物权的“完善”。这个概念具有典型的美国法色彩，是指确保担保权益优先性的相关措施，如登记、占有或控制等。在中国法背景下，“完善”这个概念也是不必要的，直接使用登记、占有或交付等概念更容易被理解。相反，“附着”作为描述性概念，则不会因借用而引发误解。

客体特定与顺位保留

王立栋*

一、浮动抵押与客体特定：谈论“客体特定”时，我们在谈论什么？

浮动担保的客体变动不居，在通过法律移植引入该制度的国家或地区，或多或少地面临着或面临过客体特定方面的疑虑。[1] 庄加园教授的《动产抵押的顺位设定——以将来取得的财产为中心》（以下简称庄文）指出，于嗣后取得的财产之上设立动产担保权须满足客体特定原则。但在浮动抵押中，抵押权的客体其实处于变动不居的状态，这与传统物权法上的客体特定原则不完全相符，需要进一步明确或重新界定其含义。

（一）物权客体特定原则的初始含义及其变迁

物权是人对物直接支配的权利。为使法律关系明确，便于公示以保护交易安全，物权之客体须为特定物。在德国法上，尚有学者主张进一步区分“物权客体特定原则”（Spezialitätsgrundsatz）与“物权客体确定原则”（Bestimmtheitsgrundsatz）：前者是指物权之客体须为独立物，集合物不得成为物权之客体；而后者强调须在特定的基础之上进一步指明物权之客体究竟是哪个（些）具体的独立物。在德国学界，多数学者认为区分“特定”与

---

* 吉林大学法学院副教授。

〔1〕 Vgl.von Bar, Gemeineuropäisches Sachenrecht, Band I, C.H.Beck, 2015, S.119; Cabrelli, The Case against the Floating Charge in Scotland, in: EdinLR, Vol.9, 2009, p.408; Kleweta, Die Sicherungsfunktion der Floating Charge in Deutschland, Mohr Siebeck, 2018, S.126.

“确定”的实际意义非常有限，甚至认为二者同义。[1]我国学者的观点与德国通说基本一致，不再细分“特定”与“确定”，直接称其为“物权客体特定原则”。按学界的一般认识，物权客体特定原则包括以下内容：第一，物权的客体须为已经存在的特定物。第二，物权的客体应为独立的物，物之成分上不得成立物权。第三，每项物权的客体，应以一物为原则。因此，所有权或限制物权的客体原则上只能是具体的有体物，不能为集合物。该原则无差别地适用于所有权和他物权。

动产物权变动规则可作为物权客体特定原则的法教义学基础。从法教义学角度看，物权合意（处分行为）与交付均要求客体特定。首先，处分行为直接指向权利变动，其法律后果应当清晰且明确，处分权利者必然想知道自己究竟处分了哪些权利。可以说，在德国式物权变动模式下，物权客体特定是处分行为的必然要求之一。[2]其次，交付的标的物仅限于个别的物。转让数物之所有权时，须就每个物的所有权之移转分别实施一项处分行为，于交付之时，每个处分行为皆可一一展现出来。在《德国民法典》的原始构想中，物权客体特定原则与分离原则相辅相成。

但是，现代的交易形式已经在很大程度上放弃了交付原则。现代动产交易已经脱离了《德国民法典》第929条第1句预设的基本模式。在法律实践中，所有权的转让经常借助占有改定和让与返还请求权，从而不再需要现实交付，故时至今日严格的交付原则已经难以为继。在动产担保方面，德国法亦极大缓和了对物权客体特定的要求。首先，德国实务中存在与中国“流动质押”颇为类似的动产质押。其次，在德国常见的“流转补充型概括担保”中，债务人可将现有及将有的库存动产之所有权让与债权人作为担保（让与担保）。[3]在这两种情形中：一方面，设立质权或转让所有权的物权行为在事实上已经难以一一达成；另一方面，双方既无须完成现实交付，亦不会一一清点担保物。[4]由此导致的结果是，再将交付原则或处分行为作为物权客体特

〔1〕 Vgl.Füller, Eigenständiges Sachenrecht? Mohr Siebeck, 2006, S.16 f.

〔2〕 Vgl.Wiegand, Akzessorietät und Spezialität, in: Probleme der Kreditsicherung, Stämpfli, 1982, S.41.

〔3〕 Vgl.Rombach, Die anfängliche und nachträgliche Übersicherung, Duncker &Humblot, 2000, S.27.

〔4〕 Vgl.Bülow, Recht der Kreditsicherheiten, 7.Aufl., C.F.Müller, 2017, S.463.

定原则的法教义学基础，说服力会大打折扣。有学者甚至认为，允许通过占有改定完成概括式让与担保，无异于承认集合物可以作为物权之客体，[1]不再受物权客体特定原则约束。

（二）美式浮动抵押与客体特定

按《美国统一商法典》第9编，动产担保权益（含动产抵押权）的实现分为附着（attachment）和完善（perfection）两个环节。订立担保合同后，担保权益并非当然可执行，尚须使担保权益“附着”到抵押财产上。依据《美国统一商法典》第9-203条的规定，担保权益之附着需要满足三个条件:（1）具有支付价值;（2）享有处分权;（3）经债务人授权或认证（authenticate）的抵押合同包含关于抵押物之描述，或者，针对特定类型的抵押物，依照抵押合同，由抵押权人“占有”或“控制”。该法第9-204条进一步规定，双方可就未来取得的财产（消费品除外）设立担保权益，或为此种担保权益作出约定。

嗣后购入的动产之抵押权，自抵押人取得所有权之时自动附着、自动完善，但以完成登记为前提。《美国统一商法典》采纳的声明登记制克服了早期抵押动产需逐个登记的不便和低效，但仍需要对担保动产的范围作概括声明。此处的“概括声明”依据该法第9-203条的规定仍需要满足充分性要求。依据该法第9-108条第1款的规定，对动产或不动产所为之描述，无论描述是否具体只要能“合理识别被描述者”即可。至于何为“合理识别”，《美国统一商法典》列举了主要情形并以“可客观查明”作为兜底标准。根据第9-108条第2款的规定，使用下列方式描述担保物皆属可“合理识别”:（1）列明具体的担保物;（2）列明担保物种类;（3）除另有规定外，按《美国统一商法典》定义的类别描述担保物;（4）说明担保物的数量;（5）说明计算或分配的公式或程序;（6）除另有规定外，使用任何其他方式，只要能客观查明担保物即可。假定双方约定了担保物数量（某型号卡车100辆），在《美国统一商法典》的制度设计下，如果抵押人买进150辆该型号汽车，

[1] Vgl.Süss, Das Traditionsprinzip, in: FS Wolff, J.C.B.Mohr (Paul Siebeck), 1952, S.164.

担保权益仅附着在其中的 100 辆汽车上，至于具体是哪 100 辆汽车，仍然无法达到传统民法对物权客体具体且明确的要求。

（三）《民法典》浮动抵押与客体特定：合理识别

在动产所有权转让中，《民法典》第 224 条与原《物权法》第 23 条的内容完全相同，明确采纳交付要件主义。就此而言，针对以现实交付为要件的动产物权变动，无论是否采纳物权行为理论，物权客体特定原则都有基本的法教义学基础。但是，动产抵押权系以登记作为对抗要件，与动产所有权转让存在明显不同。因此，在抵押财产特定化问题上，其显得左右为难：权利之设立无须交付，故无法借助交付完成特定化；尽管可以选择登记，但只能将已经设立完毕的权利登入系统，登记无助于权利设立时担保物的特定化。通过担保合同完成特定化，几乎成为唯一选项。问题在于，如何通过担保合同完成特定化，怎么才算完成特定化？

按照我国《民法典》采纳的概念，动产抵押权的有效成立分为“设立”（合同生效时设立）及产生对抗效力（登记对抗）两个环节（第 403 条）。如果以美国法为参照，中国法上动产固定抵押权的“设立”相当于美国法意义上的“附着”。基于抵押权的从属性，欲有效设立动产抵押，需要存在被担保的主债权（相当于《美国统一商法典》第 9-203 条要求的“支付价值”）。当然，如果动产抵押合同签订在先，主债权产生在后并由在先签订的抵押合同担保，这个过程也属于“附着”。

需要加以解释的是动产浮动抵押。浮动抵押在设定之后，担保财产有进有出，抵押权要附着到嗣后取得的新财产上。问题在于，按照客体特定的要求，需要确定到底哪些新财产之上会被附着抵押权。根据《民法典》第 400 条第 2 款的规定，抵押合同一般包括被担保债权的种类和数额、履行债务的期限、抵押财产的名称和数量等情况、担保的范围。第 2 款第 3 项将具体描述改为概括描述；据此，在设立抵押权时，概括描述“名称、数量等情况”即可完成抵押物之特定化。根据《最高人民法院关于适用〈中华人民共和国民法典〉有关担保制度的解释》第 53 条的规定，“当事人在动产和权利担保合同中对担保财产进行概括描述，该描述能够合理识别担保财产的，人民法院应当认定担保成立”。可见，《民法典》及司法解释已将物权客体特定的要求从原《物权法》时的具体描述弱化为以“合理识别”为基础的概括描述。在确保“合理识别”的前提下，嗣后取得的新财产可成为浮动抵押的客体。在解释上可以认为，双方在抵押合同中预先达成物权合意，该物权合意为可分的法律行为，包括就现有财产及将有财产设立抵押权两部分内容。针对已经存在担保财产的部分物权合意，先行生效。针对嗣后取得的担保财产的部分物权合意，因为标的物尚不存在而无法正常发生效力；在达到抵押合同中对抵押财产描述的标准，特别是可以“合理识别”之后，该部分物权合意亦可发生效力。

（四）还是原来意义上的客体特定吗？

从上面的分析可以看出，嗣后取得财产上担保权益之附着，仍然需要满足“客体特定”的要求，但是此“客体特定”已经不是最开始意义上的客体特定了：从“具体且明确”变成了“合理识别”。庄文以传统民法上的物权客体特定原则为出发点，在分析动态质押中的客体特定时，已可看出其面临解释上的困难，需要重新界定何为“客体特定”。在浮动抵押中，抵押权附着于嗣后取得的动产时，在担保财产描述中只需要达到“合理识别”标准即可。至于这算不算客体特定，取决于如何界定客体特定。

因行使抵押权而需要确定抵押物的确切范围时，如果双方在抵押合同中已经确立了清晰的标准，如在对标的物作了具体描述、对种类物的数量或比例作了约定或者约定了确定抵押物范围的计算方式时，可直接依约定确定抵押物的范围。其他情况下，应通过合同解释合理查明其确切范围（《民法典》第 142 条），最终无法确定时由债权人承担不利后果。确定抵押物的范围之后，抵押权还是存在于具体的个别标的物之上，这实际上又回到了传统物权法中的客体特定原则。从最终结果上看，动产抵押中以“合理识别”为标准的客体特定，须等到行使抵押权时才能真正完成特定化（具体且明确）。

二、通过先行登记保留顺位的法理基础

在登记模式上，不动产采物的编成主义，若不动产尚未于登记簿完成初

始登记，则不可能在该不动产上设立抵押权；动产则采用人的编成主义和声明登记制，登记的担保物信息独立于担保协议。另外，不动产抵押权采登记要件主义，仅有抵押合同不足以设立抵押权。《民法典》第 414 条第 1 款第 1 项未区分动产和不动产。庄文参照美国法上的做法，指出我国《动产和权利担保统一登记办法》存在诸多未作明确规定或有待解决的问题。

庄文指出，“基于动产担保登记，后续贷款人只能获得可能设立担保权的担保物范围，并不能从登记系统直接获得担保合同的全面信息。他们仍须对债务人财产状况进行调查，以确认担保交易的具体内容。由此，担保权人获得授权的动产担保登记未必伴随着动产担保物权的成立，后续贷款人查阅到在先的担保登记，未必确认该登记相对应的担保物权已经成立”。在此情形下，可能发生登记在先附着在后的抵押权与附着在后但登记在先的抵押权顺位冲突。《美国统一商法典》通过在先登记或在先完善（FTFOP）规则，确认先行登记的抵押权顺位在先。但是，正如庄文所言，以下问题仍有待解释：抵押动产的在先登记如何使后成立的抵押权获得优先顺位？毕竟后登记的抵押权先成立，先登记的抵押权在法教义学上如何实现顺位超越？我国《民法典》第 414 条第 1 款第 1 款是否也存在类似问题？又应如何解释？

（一）意定乎？

通过双方合意是否可以保留第一顺位？按照庄文之理解，“理性当事人在动产抵押合同中所达成的合意不仅包括设立抵押权，而且还应扩张为抵押人同意设立担保登记，由此才能符合动产抵押的典型交易目的。就此而言，动产抵押合同的效力虽分为两个阶段，但两阶段的物权合意都源于动产抵押合同”。顺位系抵押权不可分割的一部分，在上述两阶段物权合意中皆有其身影。以第一顺位的抵押权为例，双方订立抵押合同之时不仅有设立第一顺位抵押权的合意，亦有为第一顺位抵押权办理登记的合意。既然可以预先达成设立抵押权和办理抵押登记的合意，那么就顺位预先达成合意也就当然被包括在内。上述物权合意可于标的物“特定化”时产生设立抵押权的效果（“附着”），再加上与此相配套的登记，产生预先设立的顺位效果，也就理所当然。问题在于，在附着之前预先办理登记时，第一顺位的抵押权其实并不存在，从逻辑上看，既然第一顺位的抵押权尚不存在，其在未来发生与否，亦在未定之天，因此，抵押人仍然可以为第三人设立第一顺位的抵押权。登记在后但附着在先的抵押权被登记后，成为第一顺位抵押权，该过程亦未超出双方合意的内容。可见，纯粹通过合意机制，难以圆满解释该问题。

（二）法定乎？

针对先登记的抵押权后附着，后登记的抵押权先附着的情形以及在将来取得的财产上通过预先登记保留第一顺位抵押权的情形，美国法提供的解决方案是适用 FTFOP 规则，我们当然可以将其理解为法定的特殊情况。但恰恰是这些“法定情形”，经常需要我们追问其背后的原理。

美国法对上述两种情况均有自己的解释方案。庄文指出，针对先登记的抵押权后附着、后登记的抵押权先附着的情形：“根据 FTFOP 规则，SP1 的抵押权优先于 SP2 的抵押权。FTFOP 规则赋予 D 以权限（power）将原本 SP2 享有的第一顺位抵押权转让给 SP1。然而，本案的关键因素在于 D 保留在担保物 El 和 E2 中的所有权，由此方能有权设立多个担保物权。”针对就将来财产通过预先登记保留顺位，庄文指出：“将来担保的登记并不具有溯及效力，其优先效力并非处分行为回溯至担保登记时，而仅仅表现为‘顺位保留’可能性与‘法律承认的无权处分’的叠加效力。”庄文又指出：德国法上类似的解决方案是不动产物权预告登记的顺位保留。但是，动产担保的登记原理有别于不动产登记制度。不动产预告登记的前提仍是适用对物登记制，要求以登记的不动产现存为前提。若将来实现物权变动的不动产在预告登记申请时尚不存在，则预告登记难有用武之地。

（三）中国法如何解释？

中国的动产担保制度具有明显的混合继受特征：在基本概念上虽然是欧陆式的，但在具体制度上又大量借鉴《美国统一商法典》。在解释上，我们不妨也采取混合解释：以欧陆民法原理，重新阐释《美国统一商法典》上的制度。

具体而言，如果我们赞同庄文的观点（设立抵押权和登记分别对应一个阶段的处分行为）的话，那么还可以通过附条件处分行为对未决期间的效力进行解释：登记的合意（处分行为）以抵押权之附着为法定的生效条件（产生对抗第三人的法律效果），在条件成就之前（效力未决期间），抵押人的处分权受限。其原理可参照《德国民法典》第 161 条第 1 款。据此，对标的物实施的处分行为如果附了生效条件，在条件成就与否尚未确定的期间，再对标的物实施处分行为的，在条件成就后，处分人在未决期间所为的新处分行为在会破坏或侵害取决于条件的效力的限度内不发生效力。我国《民法典》并无类似规定，如果承认负担行为与处分行为的区分，在处分行为的效力未决期间，亦须保护处分行为相对人之利益。职是之故，我国亦有学者主张仿照德国模式，对未决期间实施的其他处分行为施加相同限制，在第三人对前述处分行为为善意时，其信赖受保护。〔1〕在抵押权人已预先办理登记的情况下，后续办理登记的其他债权人亦无法主张获得善意保护（善意无负担取得，类推《民法典》第 313 条）。

针对现有财产（庄文“例 2”）：以涵盖设备 E1 的登记以及嗣后以 E1 设立（第一顺位）抵押权的处分行为，尽管客体已经存在且满足特定化之要求，但因未附着（尚未支付价值）而不生效力，SP1 的第一顺位的抵押权登记也因此而不能发生效力，但是，在此期间，D 的处分权受限。SP1 的抵押权发生附着后，D 与 SP2 就 E1 设立抵押权并登记的行为会妨碍 SP1 的抵押权成为第一顺位。在此限度内，D 与 SP2 的处分行为不生效力，SP1 的抵押权成为第一顺位，SP2 的抵押权为第二顺位。

针对将来取得的财产：应以预先达成的处分行为（针对第一顺位抵押权之设立，因客体未特定而不发生效力）叠加附条件处分行为（针对第一顺位之登记，以抵押权附着为生效条件）。一旦标的物完成特定化，就会引发连锁反应：第一顺位抵押权发生附着，因抵押权发生附着，针对登记的处分行为溯及既往地发生效力。

概言之，在上述两种情形下，在预先登记的抵押权发生附着之前，登记

〔1〕 参见杨代雄：《法律行为论》，北京大学出版社 2021 年版，第 484~486 页；朱庆育：《民法总论》（第 2 版），北京大学出版社 2016 年版，第 133 页。两位学者所举例子皆为德国法上所有权保留买卖中所有权的附条件转让，但《德国民法典》第 161 条第 1 款的适用范围不限于此。

在后的抵押权可暂时维持第一顺位。当预先登记的抵押权发生附着之时，登记在后的抵押权占据着第一顺位，由于第二次登记发生在第一次处分行为的效力未决期间，且会妨碍登记在先的抵押权成为第一顺位抵押权，因此，在第一次登记的抵押权附着后，第二次登记的抵押权在影响第一次登记的抵押权成为第一顺位抵押权的限度内无效。此时，预先登记的抵押权溯及既往地成为第一顺位抵押权，而登记在后的抵押权只能成为第二顺位抵押权。如果按照上述方式解释，就没有必要承认抵押人对抵押权顺位的无权处分（见庄文）。

让动产抵押回归物权法基本原理

李运杨 *

一、动产抵押合同中的物权合意

根据物权合意原则，基于法律行为的物权变动需要当事人就物权变动达成物权合意。在登记对抗主义下，整个物权变动过程一分为二：先设立一个无对抗效力的物权，然后再将这个无对抗效力的物权变成一个有对抗效力的物权。将物权合意原则适用于登记对抗主义物权变动时会遇到一个问题，即这两个阶段的物权变动需要几个物权合意？对此，有观点认为，基于登记对抗主义，动产抵押权发生完整对世效力的处分过程被分为两个阶段，故需借助两次独立的处分合意，并两次适用法律行为或意思表示的相关规则。〔1〕庄加园教授则认为，“两个独立的物权合意”不利于担保交易的顺利进行。因为假使动产抵押合同订立和动产抵押登记存在较长的时间间隔，抵押人在登记时的行为能力或意思表示瑕疵势必影响第二阶段中处分合意的效力。这样一来，债权人只能获得一个无对抗效力的抵押权，这可能不符合理性当事人的最初的合意内容。〔2〕所以，抵押合同就可以经由解释获得两个阶段的物权合意，两个阶段的物权合意都源于动产抵押合同，对于动产抵押合同的物权合意只需根据抵押合同订立时点判断当事人的行为能力、意思表示瑕疵或代

* 华东政法大学法律学院副研究员。

〔1〕 参见姚明斌:《〈民法典〉体系中处分行为问题之研究》,载《法学的想象:大民法典——苏永钦教授七秩华诞祝寿论文集》(第1卷),台北,元照出版公司2022年版,第240页。

〔2〕 参见庄加园:《动产抵押的顺位设定——以将来取得的财产为中心》,载《中国法律评论》2024年第1期。

理权等要件。

本文认为，动产抵押合同中的物权合意在效力上虽然体现为两个阶段，但并非存在两个物权合意，而是只存在一个物权合意，合意的内容就是在特定物上为债权人设立一个具有完整效力的抵押权；只不过，该合意的生效不是一次性的，而是分阶段的。换言之，在满足客体特定及有处分权的条件下，该物权合意产生抵押权设立的效果；在满足办理抵押登记要件的条件下，该物权合意产生剩余部分的效力。这种解释背后的理论依据就是法律行为部分生效或部分无效理论。通常我们在讲到法律行为部分生效或部分无效的时候，会认为负担行为存在效力的可分性，其实处分行为同样存在效力的可分，同样存在部分生效或部分无效的适用。我国物权变动中登记对抗主义的广泛采纳为这种解释路径提供了大有可为的空间。

根据处分行为部分生效这种解释路径，既然在动产抵押合同中，抵押登记是物权合意的特别生效要件，而非物权合意本身，那么我们把视角切换到不动产抵押，在不动产抵押合同中，其实抵押登记也构成了物权合意的特别生效要件。在办理抵押登记之前，从不动产抵押合同中完全可以解读出一个已经成立但尚未生效的物权合意；办理抵押登记，只是让一个已经成立的物权合意满足生效要件，从而发生抵押权设立的效果。无论是动产抵押，还是不动产抵押，只要当事人达成了抵押合意，那么当事人的合意内容并无二致，均为以特定抵押物担保债权的实现。基于意思表示的同一性，意思表示的解释也应坚持同一性。因此，无论是动产抵押合同，还是不动产抵押合同，只要当事人就特定财产达成抵押合意，这样的抵押合同就必然具有处分行为的属性。〔1〕只不过，在承认区分原则的背景下，动产抵押合同的处分行为属性因意思主义的物权变动得以清晰呈现，而不动产抵押合同的处分行为属性却因形式主义的物权变动被隐藏，但只要区分处分行为的成立与生效，不动产抵押合同的处分行为属性就可彰显。

---

〔1〕 参见李运杨:《论作为处分行为的抵押合同》,载《清华法学》2024 年第 2 期。

二、声明登记制下的顺位规则

与不动产抵押不同，动产抵押的登记采用声明登记制。在声明登记制下，贯彻人的编成主义，而非物的编成主义，这就使在抵押权还未有效设立的情况下进行预先登记成为可能。预先登记的意义在于，债权人可以抢占抵押权的顺位，从而取得相较于其他担保权人更优越的地位。但是，仅凭抵押登记无法在实体法上产生抵押权，因为抵押权的产生最终要受到从属性、物权客体特定、存在处分行为及有处分权等物权基本原理的限制。因此，预先登记会带来顺位与实体权利分离的问题。

考虑到顺位与实体权利的分离，《美国统一商法典》第 9–322 条（a）（1）项下在确定多重抵押场合下抵押权的顺位时，就将登记时间（time of filing）和完善时间（time of perfection）同时作为标准，将二者中较早的时间作为确定顺位的时点。[1] 其中，登记是指融资声明的登记；完善是指获得一项完善的担保权益，为此该担保权益首先要附着（attachment），然后要完成必要的完善方法。[2] 在当事人先订立抵押合同后办理登记或者二者同时发生的情况下，抵押权的完善时间等同于登记时间。但在当事人先办理登记后订立抵押合同的情况下，就会出现登记时间早于完善时间的现象，因为抵押权的完善是以订立抵押合同设立抵押权为前提的，在抵押合同订立之前，抵押权不会完善，即使已经办理了登记。

在预先登记的情况下，如果以较晚的完善时间为确定顺位的标准，就会使抵押权人在每次放贷时不得不查询是否有在先的抵押登记，从而使声明登记制（notice–filing system）的功效大大降低。为了保护声明登记制，应将较早的登记时间作为确定顺位的标准。例如，2 月 1 日，A 登记了一份涵盖债务

---

〔1〕 该条款规定："除本条款另有规定外，同一担保物上的冲突担保权益和农业担保权之间的优先顺位按照下列规则确定：(1) 冲突的完善担保权益和农业担保权按照登记或完善时的优先顺序排列。优先顺位日期自首次提交涉及担保物的登记或首次完善担保权益或农业担保权之时起算，只要此后没有登记或完善的中断。"

〔2〕 See U.C.C § 9–322, Official Comment 4 (2011).

人设备的融资声明书。3 月 1 日，B 登记了一份涵盖相同设备的融资声明书。4 月 1 日，B 向债务人发放贷款，并订立担保合同获得设备的担保权益。5 月 1 日，A 向债务人发放贷款，并订立担保合同获得相同设备上的担保权益。即使 B 的贷款在先发放，并且在发放时已经完善，A 仍享有优先权。将登记时间作为顺位的确定标准是声明登记制下独有的问题，主要理由在于保护声明登记制。也就是说，允许第一个登记的担保权人在进行后续放款时，不必每次都查询登记。

在多重抵押的情况下，我国《民法典》第 414 条确立了“登记在先，效力在先”的一般顺位规则。该一般规则仅以登记时间为基础，未考虑到抵押权的设立问题。究其原因，可能是因为该条统一适用于动产抵押与不动产抵押，在不动产抵押中，原则上不存在预先登记，登记时间就是抵押权的设立时间，所以一般不会出现顺位与实体权利的分离。但是，在动产抵押中，大量存在预先登记，以登记作为确定顺位的标准，就会出现顺位与实体权利的分离，这与大陆法系物权法的基本原理存在龃龉。对于动产上的多重抵押，《民法典》第 414 条确立的一般顺位规则如何在物权法基本原理的框架下得到妥当解释，就成为我国担保法亟须解决的问题。

三、现有财产抵押中的顺位规则

“登记在先，效力在先”的一般顺位规则既适用于现有财产抵押，也适用于将有财产抵押。预先登记的承认及以此为基础的一般顺位规则在现有财产抵押与将有财产抵押中给物权法基本原理带来的挑战是不同的。在解释动产抵押的顺位设定时，应区分现有财产抵押与将有财产抵押。

在现有财产抵押的情况下，“登记在先，效力在先”这一顺位规则面临的挑战是，设立在后的抵押权为什么可以凭借在先的登记实现顺位超越，在法教义学上该如何解释这里的顺位超越。这里有个前提需要交代一下，那就是后设立的动产抵押权要获得优先顺位是一种物权变动。既然动产抵押权优先顺位的获得与动产抵押权实体权利的产生一样，都是一种物权变动，那么就要满足物权变动的基本原理。其中，首先受到影响便是有权处分原则，即抵押人赋予设立在后的抵押权以优先顺位应当是有权处分，如果是无权处分，必须借助其他因素弥补处分权的欠缺。

若按照不动产预告登记的思路解释设立在后的抵押权人的顺位超越，则抵押人赋予设立在后的抵押权以优先顺位为有权处分。将不动产预告登记产生的相对无效效力适用到动产担保的预先登记上，当同一动产负担多重抵押权时，先登记而后成立的抵押权人有权直接向抵押人请求登记该抵押权，而不必征得先成立而后登记的抵押权人同意。实际上，后成立的抵押权基于预先登记自动获得优先于后登记抵押权的顺位。庄加园教授认为，不动产预告登记的要求以登记的不动产存在为前提。若将来实现物权变动的不动产在预告登记申请时尚不存在，则预告登记难有用武之地。〔1〕

本文认为，我国不动产预告登记早已不要求登记的不动产存在，期房买卖中的所有权移转预告登记与抵押权设立预告登记在我国大量存在，且《最高人民法院关于适用〈中华人民共和国民法典〉有关担保制度的解释》第52条将抵押权预告登记的时间作为抵押权顺位的确定时点。因此，中国与德国预告登记制度存在区别，我国法中的不动产预告登记可以存在于将有不动产上。就此而言，借助于预告登记中的顺位保留效力来解释“登记在先，效力在先”的一般顺位规则也未尝不可。此外，我国法中的将有财产抵押也不限于动产，不动产上也存在将有财产抵押。比如我国法承认的在建工程抵押，在原理上就属于将有财产抵押，因为在建工程并非物权客体特定意义上的物，只不过为了满足开发商的融资需求，突破了物权客体特定原则而已。

如果不借助不动产预告登记的效力解释动产抵押的预先登记，那么抵押人赋予设立在后的抵押权以优先顺位就只能视为无权处分，此时必须进一步借助其他要素来弥补处分权的欠缺。庄加园教授尝试用《美国统一商法典》第9-203条（b）（2）项来弥补处分权的欠缺，使抵押人的无权处分变成有权

〔1〕 参见庄加园：《动产抵押的顺位设定——以将来取得的财产为中心》，载《中国法律评论》2024年第1期。

处分。[1] 具体而言，第 9–203 条（b）（2）项规定了只有在抵押人享有处分抵押物的权利（right）或权力（power）时，抵押权才会发生附着。“登记在先，效力在先”规则赋予债务人一项第 9–203 条（b）（2）项规定的 power，即债务人有权转让其先前转让给他人的优先顺位，从而使债务人为在后设立的抵押权赋予优先顺位由无权变为有权。换言之，“登记在先，效力在先”规则的存在使抵押人虽然没有处分的 right，但却享有处分的 power，可以说“处分权力”比“处分权利”的范围更广，包含了有能力处分标的物的所有情形。但是，第 9–203 条（b）（2）项主要解决抵押权的附着，也就是抵押权是否设立的问题，能否用于解决抵押权的顺位超越，值得商榷。也就是说，抵押人作为一个所有权人为第二个债权人设立一个抵押权是不成问题的，问题是第二个债权人的抵押权能否具有比第一个债权人更为优越的顺位，而这个问题已经不再是抵押权附着的问题了。

四、将有财产抵押中的顺位规则

在现有财产抵押场合，预先登记仅仅是一种可能性。为了抢占顺位，抵押权人可能会预先登记，进而可能产生登记时间与完善时间不一致，但债权人仍然可以在抵押权设立的同时或之后去办理抵押登记。在现有财产多重抵押的情形下，适用“登记在先，效力在先”的一般顺位规则虽然违反有权处分原则，但由于抵押财产已经存在，所以在抵押权设立问题上至少不会违反物权客体特定原则。但在将有财产抵押场合，预先登记是必然的。只要将有财产的抵押权人办理登记，该登记就必然是预先登记，进而导致登记时间与完善时间必然不一致。这个时候“登记在先，效力在先”的一般顺位规则面临的疑问更多，不仅要解决将有财产上抵押权顺位规则问题，还要解决将有财产上抵押权何时设立这一基础性问题。这也使将有财产抵押中的顺位设定的问题面临更多的挑战。

关于将有财产上的抵押权何时设立，现行通说认为以浮动抵押为代表的

〔1〕 参见庄加园：《动产抵押的顺位设定——以将来取得的财产为中心》，载《中国法律评论》2024 年第 1 期。

将来财产担保权不适用客体特定原则，或者构成了物权客体特定原则的缓和，其实这是一种对浮动抵押的误解。无论是浮动抵押，还是所谓的动态质押，将有财产上的担保权只有在将有财产变成现有财产那一刻才有效设立。《美国统一商法典》第9编的动产担保模式虽以登记取代动产占有，但将来动产的担保权自动附着仍然遵循客体特定原则，以担保人取得将来动产为前提。

需要补充的是，与现有财产抵押不同，将有财产抵押中的当事人预先实施了一个处分行为，浮动抵押中的物权客体特定原则没有被突破，但是处分行为的标的物特定原则却被突破了。物权是一个支配权，只能存在于一个特定的标的物上；与此相适应，以物权变动为法律效果的处分行为之标的物也应当是特定的。〔1〕但是为了满足商事实践中处分不特定财产的需求，现代物权法不得不对处分行为标的物之特定性要求作出缓和，比如承认在将有财产上也可以预先实施一个处分行为，此时在解释上应认为处分行为的成立已经不要求标的物确定，只需可确定即可。〔2〕但由于处分行为生效会直接引起物权变动，所以处分行为的生效仍然要求标的物已经确定。换言之，通过区分法律行为的成立与生效，适用于处分行为的标的物特定原则虽有所缓和，但原本适用于物权的客体特定原则并未缓和。允许在将有财产设立抵押仅表明当事人可以在将有财产上实施一个抵押行为，这不等于承认在将有财产上可以有效设立抵押权。浮动抵押仅突破了处分行为的标的物特定原则，未突破物权客体的特定原则。

在明确将有财产上的抵押权何时设立之后，需要解决将有财产上多重抵押的顺位问题。虽然数个抵押权的登记时间有先后，但由于将有财产上的抵押权只有在变成现有财产时才能设立，所以数个抵押权的设立时间及完善时间是相同的。若根据抵押权的完善时间确定顺位，数个抵押权可能会按照比例受偿。此时，如果按照登记时间确定顺位，则论证负担相对较轻，因为数个抵押登记都是预先登记，在均为预先登记的数个抵押权之间根据登记时

---

〔1〕为了区分物权与处分行为对标的物的要求，一般将前者称为特定原则（Spezialitaetsprinzip），将后者称为确定原则（Bestimmtheitsgrundsatz），vgl.Paulus, Grundfragen des Sicherungsrechts, JuS 1995, S.188。

〔2〕Vgl.Paulus, Grundfragen des Sicherungsrechts, JuS 1995, S.188.

间先后确定顺位不会触及无权处分原则，此时单纯根据登记的顺位加以解释即可。

五、结语

庄加园教授的大作在标题上虽然聚焦将有财产上的抵押权顺位规则，但在内容上已超出这个题目的范围：不仅涉及将有财产上的抵押权顺位规则，还涉及现有财产上的抵押权顺位规则；不仅涉及抵押权的顺位规则，还涉及抵押权的设立规则；不仅涉及将有财产上抵押权的设立，还涉及现有财产上抵押权的设立。但无论如何，该文始终围绕动产抵押这一核心。作为一种非占有型动产担保，动产抵押虽然在经济上有巨大的需求，但在法律上却极其棘手，因为动产抵押规则难以融入传统动产物权变动规则中，比如登记对抗规则、将有财产抵押规则以及“登记在先，效力在先”的顺位规则，从而使动产抵押呈现出游离在传统物权变动规则之外的假象。但是，该文恰恰旨在识破这种假象，用物权法的基本原理来解释动产抵押，让动产抵押回归物权法。此种研究思路值得赞同。

最后，总结一下，物权合意原则可适用于形式主义的物权变动，动产抵押权的登记对抗同样体现了物权合意原则；在现有财产抵押的顺位设定上，同样存在有权处分原则的适用；将有财产抵押的承认只构成处分行为客体特定原则的突破，并不构成物权客体特定原则的突破。